王阳明

李永鑫◎著

国际文化出版公司
·北京·

图书在版编目（CIP）数据

王阳明 / 李永鑫著 . 一北京 : 国际文化出版公司, 2018.2 (2023.1 重印)

ISBN 978-7-5125-0953-5

Ⅰ . ①王… Ⅱ . ①李… Ⅲ . ①王阳明（1472—1529）—生平事迹

Ⅳ . ① B248.21

中国版本图书馆 CIP 数据核字（2018）第 012187 号

王阳明

作　　者	李永鑫
责任编辑	宋亚眶
美术编辑	秦　宇
出版发行	国际文化出版公司
经　　销	国文润华文化传媒（北京）有限责任公司
印　　刷	天津画中画印刷有限公司
开　　本	710 毫米 ×1000 毫米　　　　16 开 22.25 印张　　　　474 千字
版　　次	2018 年 2 月第 1 版 2023 年 1 月第 2 次印刷
书　　号	ISBN 978-7-5125-0953-5
定　　价	49.00 元

国际文化出版公司

北京朝阳区东土城路乙 9 号邮编：100013

总编室：（010）64271551 传真：（010）64271578

销售热线：（010）64271187

传真：（010）64271187-800

E-mail：icpc@95777.sina.net

前　言

　　王阳明(1472—1529)，幼名云，五岁更名守仁，字伯安。因曾筑室修道于会稽山阳明洞天，自号阳明子，世称阳明先生。明朝浙江绍兴府余姚县人，是著名的思想家、军事家、文学家、哲学家、书法家、教育家，精通儒释道诸说，是阳明心学的创始人。王阳明与孔子、孟子、朱熹被合称为孔孟朱王，被公认为"立德、立功、立言"的真三不朽。王阳明是弘治十二年（1499）进士，历任刑部主事、贵州龙场驿丞、庐陵知县、右佥都御史、南赣巡抚、两广总督等职，晚年官至南京兵部尚书、都察院左都御史。因平定宁王朱宸濠之乱的军功而被封为新建伯，隆庆年间追赠新建侯，谥文成，故又称王文成公。万历年间，从祀于孔庙，奉祀孔庙东庑第五十八位。

　　王阳明弟子黄绾在《阳明先生行状》末，对王阳明一生的风格特点做了概括："公生而天资绝伦，读书过目成诵。少喜任侠，长好词章、仙、释，既而以斯道为己任，以圣人为必可学而至。实心改过，以去己之疵；奋不顾身，以当天下之难。上欲以其学辅吾君，下以其学淑吾民，惓惓欲人同归于善，欲以仁覆天下苍生。人有宿怨深仇，皆置不较。虽处富贵，常有烟霞物表之思。视弃千金，犹如土芥，藜羹珍鼎，锦衣缊袍，大厦穷庐，视之如一。真所谓天生豪杰，挺然特立于世，求之近古，诚所未有者也。"

　　然而，王阳明的最大成就还是他的心学理论。阳明心学是明朝中后期影响最大的哲学思想，主旨是尊重人性及人性释放。后传至日本、朝鲜半岛、东南亚各地，以及我国的台湾地区，弟子及仰慕者众多。

阳明心学源于孔孟，孟子过世后，儒教身心之学丧失殆尽，王阳明重整心学，并将其发扬光大，开创了身心之学的新学风。

在王阳明看来，无论圣人还是凡夫，无论贤士还是愚人，无论学者还是白丁，只要是人，心中皆有良知，良知是永远不灭的光明，是每个人与生俱来的东西。只要听从良知的命令，无论遇到什么困难都可以轻松克服，并且不会误入歧途。

只要在任何事物上都"致良知"，那么任何人都可以成为圣人。圣人和普通人没有本质区别，只有含金量的多少。人心像镜子，圣人的心如明镜，因为圣人天天在抹拭镜子，没有灰尘；普通人的心不够明亮，因为普通人缺少抹拭镜子的功夫。这个抹拭心镜的功夫也叫"致良知"。

王阳明说人人都可以成为圣人、满街都是圣人、人人心中有良知的学说振奋了弱者的心灵，给那些深陷权势和名利的旋涡而不能自拔，遭受现世重压而不能逃脱的世俗中人指出了一条光明正大、强而有力的快乐生存之路。"良知"说不仅鼓舞了知识分子，也鼓舞了不通文墨的平民百姓，它迅速从都市和乡村中传播开来，成为风靡一时的学说。

阳明心学被认为是行动哲学，其实还与王阳明独创的"知行合一"说有关。"知行合一"说是王阳明在龙场悟道时提出的学说，此学说的中心是"行"，而不是"知"，这是一种实践主义的思想。所谓的"行"，并不是与"知"对应的"行"，也不是局限于具体的实践行动。王阳明曾说："一念发动处即是行。"可以看出，"行"包含的范围很广，心中萌发的意念也可以看作是"行"。"知行合一"学说就是面对当时只说不做，空谈误国的社会风气，也是针对以八股文为工具的科举考试的弊病的。八股取士，选出的文官会说不会做，选出的武官，会用刀枪，但不会指挥战争。这是明朝衰落的重要原因。"知行合一"之说就是想解决当时的社会大问题。

当然，"知行合一"理论也有不科学的地方，王阳明及时发现了此说的弊病，在晚年就概括了"良知"学说。想以"良知"改造人、改造社会。

在阳明心学中，做事低调、治学严谨的学者很多。他们的学问都做得很精深，德行也很高尚。很多学者对于自己的"一念之动"和行为都会进行深刻的反思。并能"戒慎恐惧"，保持"慎独"，做一个真正的正人君子。

王阳明是心学大师，是中国人的心灵导师，也是中国文艺复兴的大功臣。中国的文艺复兴一般被认为是始于宋代，严格来说，中国真正的文艺复兴始于王阳明。王阳明创立"良知"说，认为自我和圣人一样，生而伟大，存而无异，这种强调自我的主张正是文艺复兴开始的标志。

阳明学在明末臻于成熟，西方的文艺复兴也恰好在这一时期达到巅峰，二者都高呼人性解放，反对旧道德对人性的束缚，强调男女平等，呼吁言论自由。阳明心学对那些虚伪的儒家充满憎恶，对佛道的"虚无"也表现了不屑，心学的信奉者以率性而为、随行而乐为善，开启了中国真正的文艺复兴之路。

王阳明的心学高扬主体意识，强调内心的力量，追求透明本心、胸中洒脱，对改善现代人的精神状态有着积极的作用，可以让疲惫脆弱的现代人重新获得强大的内心世界，在浮躁的社会中获得内心的宁静、充实和幸福。同时，王阳明的心学智慧对现代人个性发展、思想的自由解放、事业的开拓进取也都有着有益的启示。

在科技十分发达的现代，特别是到了中华民族伟大复兴的当下，人们正在思考以什么样的心态对待自己、对待世界。当我们走向"一带一路"，走出国门，走向世界的时候，我们会感到茫然、产生畏惧、心神不定。但是学习了王阳明的心学智慧以后，我们顿觉眼被照亮，心有感悟！我们不再彷徨，不再焦虑，感到心中有底，行路不慌！

目录 Contents

第一章　狂狷少年　问鼎"第一等事"

诗书传家世

王阳明出生在官宦之家、状元府第。其祖可追溯到东汉末年的王览。"二十四孝"有个"卧冰求鲤"的故事，主人公王祥就是王览同父异母的兄长。王祥、王览自幼皆以孝悌著称。

王祥，字休征，王览之兄，汉代谏议大夫王吉的后裔，琅琊人。王祥母亲早丧，继母朱氏不慈，生了王览后，更看不起王祥。还经常在王祥父亲那儿挑拨，使王祥的父亲也看不起王祥，于是王祥既没母爱也失去了父爱。继母经常让王祥做重活、脏活。可王祥是个大孝子，不管父亲和继母怎样怠慢他，他都更加恭敬谨慎。父母有病，他衣不解带地悉心服侍，煎汤熬药还要先尝过，以验证是否有毒，为的是保证父母的健康。

王祥对亲生父亲至孝，对继母也一样至孝。有一年冬天，继母有病想吃鲜鱼，正是天寒地冻的季节，街上没有鱼买，王祥便脱下衣服要去破冰捉鱼，可冰厚无法下水，王祥就躺在冰上，用自己的体温使冰融化。可能是他的孝心感动了神灵，就在王祥快冻僵的时候，冰面忽然自裂，两条鲤鱼从中跃出，王祥捉鱼回家孝敬继母。继母想吃烤黄雀，王祥做了一个捕雀的幕帐，说来奇怪，幕帐一装好，就有几十只黄雀飞入，王祥将其精心烤制后孝敬给继母吃。

继母确是一个毫无仁慈之心的人。有一天，暴风雨快来的时候，她叫王祥去看守一棵果树，并要求他不能让快成熟的果实落地，王祥逆来顺受，只能抱树大哭，老天怜悯王祥，居然风暴就停了。王祥后来因孝廉出仕，晋武帝时，出任太保。

王祥的弟弟王览，是余姚王家始祖，和王祥是同父异母兄弟。王览（206—278），字玄通，生有六子：裁、基、会、正、彦、琛。长子王裁生王导，四子王正生王旷，王旷生王羲之。王导被后世尊为乌衣大房一世祖。

王导（276—339），字茂弘，谥号文献公，王览之孙，王裁之子。东晋元帝时，出任丞相，明帝、成帝时，出任司徒、太傅。王导后裔传至北宋初年，乌衣王氏二十三世孙王祐（924—987），王祐一支后裔王道在南宋建炎年间扈驾南渡，被赠爵余杭县开国男，居余杭仙宅，成为"王氏余杭派"之始祖。王道生有四子：资之、补之、辅之、翊之。次子王补之和三子王辅之又从余杭迁居绍兴府上虞县达溪。传至王补之曾孙王季时，复从上虞迁居余姚秘图山北。

王季，字应良是余姚秘图王氏的始迁祖。王阳明家谱里确切可考的祖先应从生活在元末明初的六世祖王纲开始。王纲是王季的曾孙，是王阳明的六世祖。

王纲，字性常，又字德常。元末，社会动荡，王纲带着母亲从余姚来到诸暨五泄，暂避战乱。

在五泄，王纲碰到一位叫赵缘督的隐士，因感谢王纲的热情接待，教给了他占卜秘术。这位赵隐士断定王纲将来要干大事，留名青史。提议王纲一起到外面游历。

但王纲说，他家有老母，恐怕不便远游。

道士笑着说："公俗缘未断，吾故知之。"然后飘然而去。

当时，王纲与刘基都有文名，两人时有来往。刘基（1311—1375），字伯温，谥文成，青田县南田乡人，时人称他刘青田，明洪武三年封诚意伯，又称刘诚意。元末明初军事家、政治家及诗人，通经史、晓天文、精兵法。他辅佐朱元璋完成帝业、开创明朝并尽力保持国家的安定，驰名天下，被后人比作诸葛武侯。

洪武初，王纲在刘伯温的举荐下，以文学征见，皇帝亲自过问国家的治理之道，拜为兵部郎中，时年已近七十岁。但王纲确是个异人，七十岁的人了，头发、牙齿都像四五十岁的壮年人。

当时，广东潮州发生民变，朝廷任命王纲为广东参议，前去督运军粮。王纲会占卜，知道自己这次远行一定是回不来了。他写信与家人诀别，带着儿子王彦达一起前往广东。

王纲出师顺利，一举完成了任务。但当王纲回到增城时，遇到了意外情况，落入海盗曹真等人手里。海盗与王纲没有仇恨，只是听说王纲很有才能，希望留他重用。海盗曹真也懂用人之道，士可杀不可辱，要用王纲就得设法感化他。于是设坛请王纲上座，曹真要强拜他为头领。但王纲不为所动，却劝诫说："你们这是为什么呢？当今圣上下诏平定地方叛乱，你们本是良民，理应在此太平盛世安心生活，却发动动乱，无疑自谋死路。"众海盗不听他的劝诫，于是王纲厉声斥骂。海盗大怒，杀了王纲。

王彦达当年十六岁，他与海盗交涉，留下父亲，让他代父死。凶残的海盗准备把他们父子一起杀死，幸而曹真还有些见识，他说："父忠而子孝，杀之不祥。"于是，释放了王彦达。王彦达把父亲王纲的遗体装在一个羊皮袋里，设法从潮州背回余姚，葬在禾山。

由于这次变故，从王彦达以下三代，即王阳明的高祖王与准、曾祖王杰和祖父王伦，都绝意仕途，隐逸乡间，诗书传家。

王与准，字公度，自号遁石翁，早年闭门读书，精通《礼》《易》，著有《易微》数千言。王杰，字世杰，自号槐里子，学者称槐里先生，十四岁时就精通《四书》《五经》及宋诸大儒之说。一直不想入仕，以家有老母做挡箭牌，母亲在去世之前叮嘱儿子说："你已经穷得不像样子了，等我死后你一定要出去做官！"后应贡入南雍太学，在没得朝廷重用前就去世了。一生著有《易说》《春秋说》《周礼考正》《槐里杂稿》数卷。

王阳明祖父王伦，字天叙。王伦平生好竹，在自家房子周边遍植竹子，每日在竹林中吟啸诗歌，世称"竹轩先生"。王伦喜读《义礼》《左传》以及司马迁《史记》等。为文好简古而厌浮靡，赋诗援笔立就，所著有《竹轩稿》《江湖杂稿》等若干卷。王伦淡泊名利，早年秉承父训，隐居家乡。王伦擅长弹琴，每当风清月朗之时，都会焚香弹上数曲。之后咏诵诗歌，让弟子和之。王伦心胸坦荡，素有魏晋风度。王伦的生活很清苦，靠教授弟子来维持家用。后来，王阳明出生以后，王伦的主要精力是调教孙子，因此，王阳明在性格、气质等方面非常像祖父王伦。

父亲是状元

王阳明的父亲王华，字德辉，号实庵，晚年又号"海日翁"，曾在余姚龙泉山的寺庙中读书，所以，后人又尊称其为"龙山先生"。明宪宗成化十七年辛丑科进士第一人。授翰林院修撰，官至翰林院学士，正德年间南京礼部尚书。著名诗人。

王华从小聪明，有过耳能诵、过目不忘的能力。

王华幼年时就有良好的教养和品德，有一次，他和一群小伙伴一起在河边玩耍。这时有一个喝醉酒的人来到水边洗脚，洗完之后把他手里拿着的提包忘记了。王华最先发现那名醉汉落了东西，跑过去一看，原来是个钱包，里面装满了银子。王华当时猜想，那名醉汉酒醒了，一定会回来找的，但他又怕被别人发现拿走，脑子一动就把钱包扔进了浅水里，坐在那儿等待。

等了好一会儿，那醉汉酒醒后果然回来了，哭丧着脸一路寻找钱包。王华站起来问他是不是丢了东西，醉汉诉说了丢钱包的经过，王华告诉他钱包就在浅水中，醉汉下水一摸，钱包就摸到了。打开一看，里面分文未少。醉汉高兴得不得了，于是取出银子，表示酬谢。

王华推辞不要，醉汉就跟着到了王华家，不管老少都拜了一遍，然后离开。

王华的母亲常在窗下织布，王华就会坐在旁边读书。有一天，恰逢迎春赛会，街上异常热闹，小朋友们都高兴得大呼小叫地上街观看，唯独王华继续在家读书。母亲对他说："你也快去看会儿吧！"王华回答说："看赛会还不如看书有味道。"

王华十一岁开始上学，学习进步非常快，一年以后，已没什么可教了，私塾老师赞叹说："岁终吾无以教尔矣。"

王华读书极其专心，有一次，县令率随从视察私塾，同学们都放下书本拥到门口看热闹，唯有王华不为所动，依然伏案朗诵课文。老师感到非常惊奇，就跟他开玩笑说："你不去看，县令会认为你倨傲，批评你，怎么办？"王华说："县令亦是人，有什么可看的？我读书不辍，他有什么可以批评的呢？"老师对此很感慨，对王华父亲竹轩公说："公子德器如是，断非凡儿。"

十四岁时，王华和数名王氏子弟一起在龙泉山寺里读书，寺庙已古旧，据寺里的僧人介绍，寺内曾有妖怪作祟。同学数人素称豪侠，十分自负，不相信寺僧的话，也不尊重僧人，还不时给僧人找麻烦。有一天风雨之夜，妖怪果然作祟，弄伤了好几个人。寺僧又借此渲染，大家都狼狈地逃回了家。唯独王华没有逃跑，他独自一人留在庙里，一如往常。寺僧感到很诧异，于是每晚都会登上房顶，大笑狂叫，或用瓦片、石块投掷王华的卧榻，敲击王华房间的墙壁，想尽一切办法吓唬他，但结果依然没有任何效果。

当寺僧所有手段都用尽之后，便从容地问王华："妖怪作祟时，不少人受伤，难道你不感到害怕吗？"

王华回答说："这有什么可怕的？只看见几个小和尚在装鬼啊！"

众僧人听后既佩服又惭愧，向王华道歉说："我辈只是想以此考验考验你的，你真是天人啊，异时福德不可估量！"这个故事一直在龙泉山寺里流传。

王华的品学德行被当时浙江学政张时敏看重，他推荐王华到浙江布政使宁良家任家教。王华到了宁家，被宁家的数千卷藏书所吸引。他白天认真教课，晚上则挑灯夜读。

在宁家三年的时间，王华学问大有长进，他差不多看完了宁家所有的藏书。因此，王华日后高中状元，在很多人看来也是意料之中的事情。

到明宪宗成化十七年（1481），三十六岁的王华考中状元。考取当年，王华就被授以翰林院编修。成化二十年，又被授殿试弥封官。成化二十三年，王华出任会试主考官。所谓会试，是指将各省举人会集到京城进行的中央考试。在会试中合格的考生，被称为"贡生"。明孝宗弘治元年（1488），王华参与编写《宪庙实录》，出任经筵讲官，负责给皇帝讲读经书。后来升任为礼部左侍郎、南京礼部尚书等。

神童话语迟

王阳明的出生富有神话色彩。钱德洪编撰的《王文成公年谱》、黄绾的《阳明先生行状》都记载了王阳明出生时近乎神话的故事。

明宪宗成化八年（1472），王阳明的父亲王华外出教书，当时王华的夫人怀孕已经十四个月了，还没有生产的迹象，王家上下焦急万分。尤其是王阳明的祖父王伦和祖母岑氏更是担心得睡不着觉。

一天，老妇人岑氏夜晚做梦，梦中到了云雾缭绕的天庭，天门向她敞开，仙乐在四处飘荡，她感到自己也似仙非仙的时候，看到从云朵深处飘来一位红衣仙子，将怀抱着的一个男婴交给岑氏。岑氏抱着男婴从梦中醒来，就听到一阵阵婴儿嘹亮的啼哭声，竟然是从儿媳妇的房中传出来的，岑氏速速来到儿媳房内，发现孙子同梦中的孩子一模一样。后来岑氏把梦中的情形告诉王伦，王伦意识到岑氏做的梦不是空穴来风，而是神灵托梦，说明孙儿是上天赐的，来自彩云之中。于是，王伦为孙子取名为：王云。将王云出生的那座小楼，称为"瑞云楼"。

出生有传奇色彩的王云与一般正常小孩一样健康成长，灵活健壮，活泼可爱。但家人发现王云有一点不正常，那就是到了五岁，居然还不会说话。不知吃了多少中药，看了多少名医，甚至天天求神拜佛，仍然无法使王云开口说话，几乎让王伦一家绝望了。

有一天，一位云游道士，路过瑞云楼，发现了正在和小伙伴玩耍的王云与众不同，于是，道士摸着王云的头，感慨地说"好个孩儿，可惜道破"。

王伦听后恍然大悟，原来孙儿的名字泄露了天机，所以才受到口不能言的惩罚。王伦连忙为孙儿改名，取了"守仁"二字，之后奇迹出现了，王云不但能够口齿伶俐地说话了，而且还一字不差地背出了一篇王伦时常吟诵的文章。

明宪宗成化十七年（1481），王华高中状元。即被任命为翰林院编修，第二年，王华觉得自己在京师已站稳了脚跟，就派人去家乡接王伦和年仅十一岁的王阳明到京城一起生活。

去京城生活，这对王伦和王阳明来说都是天大的喜讯。王伦虽然饱读诗书，了解各地的名胜古迹，但因诸多原因，却一直没有机会外出游览。这次上京，可以亲临一些地方，大饱眼福。对于年幼的王阳明来说，那更是天上掉馅饼一样，兴奋不已。

王伦带着王阳明，一路乘船，前往京城。沿运河走，所到的都是从没见过的大都市，如杭州、苏州、无锡、扬州、淮安、德州、天津等，这让王伦祖孙二人大开眼界。

这次出门，值得记载的是游镇江的故事。王伦一行到达镇江西郊的金山寺，这是传说中"白娘子水漫金山"的所在。金山寺始建于东晋，是镇江的名胜古迹。那天登临，已是暮色茫茫，站在金山寺边，远眺暮霭之中的群山、楼阁、树木都若隐若现，再加上天空中点点繁星与江上的灯火互相辉映，是一幅十分典雅的水墨画。王伦看了很激动，开口吟诗，但不知怎么的，结结巴巴，一下子用不上词，正在冥思苦想，不知如何连上时，只听王阳明率先大声吟道：

> 金山一点大如拳，打破维扬水底天。
> 醉倚妙高台上月，玉箫吹彻洞龙眠。

这富有豪气和仙气的诗，将天上人间组合成一幅"水月玉箫"图，意境开阔，确实震惊了当时的众游客。有一位从杭州上船的旅客，看起来也是饱读诗书的长者，他为王阳明的敏捷思路所激发，指着天上的明月和远处若隐若现的群山，以《蔽月山房》为题，要王阳明再作诗一首。王阳明没有胆怯，也不理会祖父王伦的故意推辞，镇定自若，稍作思索，便吟诵道：

> 山近月远觉月小，便道此山大于月。
> 若有人眼大如天，还见山小月更阔。

此诗气势雄浑，从人的视觉感应入手，用艺术手段揭示物象变化的辩证关系，富有哲理，说明王阳明从小就建立了宇宙概念。诗一出口，顿时，赢得大家热烈喝彩。于是，一大堆吉祥恭贺的话都抛给了王伦，王伦笑得合不拢嘴。一个相面先生的预言是最有说服力的："这孩子将来定为出将入相，成就非凡功业。"

触因结圣胎

王阳明少年时，生性豪迈，胸怀大志，想干一番事业。钱德洪在《王文成公年谱》中描写少年王阳明"豪迈不羁"这四个字，黄绾在《阳明先生行状》中给出了更为清晰的表述："性豪迈不羁，喜任侠。"十一岁时，王阳明来到京城，还是喜欢舞枪弄棒，游山玩水，自然率性。

王华接父亲和儿子来京城，一方面是孝敬父亲，让他享晚福，另一方面是可以亲自调教儿子。由于王华常年在外的缘故，儿子王阳明受祖父的影响极深，而且王伦对孙子又多少有些溺爱，所以接到京城亲自管教，也是对儿子负责。

到京城后不久，王阳明便被安排到他家附近的私塾读书。对于私塾里的《三字经》《百家姓》，王阳明毫不费劲，比其他同学掌握得快，因为这些书本，他在家乡的时候就已经背得滚瓜烂熟了。所以，王阳明精力过剩，每天都在找刺激的事做。王华对王阳明的管教从小就非常严厉。年幼的王阳明每天不仅要学习文化知识，还要习武修身，非常辛苦。那个时候的王阳明非常喜欢下棋，经常因为沉迷于下棋而耽误了功课，父亲王华为此很伤脑筋。

终于有一次，王阳明又因为下棋而忘了去学习，这惹恼了他的父亲，其父一气之下将他的象棋扔进了河里。父亲王华的这一行为对当时的王阳明造成了很大的冲击和影响。年仅十二岁的他自此开始认真学习，还写了一首诗来寄托自己的志向："象棋终日乐悠悠，苦被严亲一旦丢。兵卒坠河皆不救，将军溺水一齐休。马行千里随波去，象入三川逐浪游。炮响一声天地震，忽然惊起卧龙愁。"

王阳明又找到了新的乐趣，就是在上下学的路上要经过一条很繁荣的商业街，街面上吃喝玩乐，应有尽有，这让王阳明兴趣盎然。他一有时间就和同学到街上游玩。

后来，王华还是发现了王阳明这个小秘密，他严厉地训斥王阳明。但尽管贪玩，王阳明的学业还是天天向上的，王华也就很放心。祖父王伦更是袒护王阳明，认为小孩子多接触一下社会并不是坏事，了解京城人的生活对孩子长大干大事有好处。王阳明的性格深受祖父的影响，其少年时的不羁也只有旷达的祖父才能理解。

幼时的王阳明常以诸葛亮自喻，渴望能够像诸葛亮一样做出一番事业。为此，他付出了常人难以想象的努力，也取得了重大收获。王阳明不仅经史子集、骑射兵法都日趋精通，还可以上马治军、下马治民，以文官之职掌管兵符，集文武谋略于一身，最终成为一个受人敬仰的人。

状元王华的人生光芒，对王阳明的成长产生了潜移默化的积极影响。自宣宗宣德元年（1426）开始，内府便设立了内书堂，专门用来培训小宦官的参政能力。而在内书堂任教的翰林官日后则多会得到宦官们的关照,这是朝廷任职的重要人脉基础。王华的几位同僚教过正德朝的大宦官刘瑾,并还常向刘瑾推荐王华的人品和学问,这一段经历是王华后来没有在刘瑾风暴中倒下的重要原因。

王华是状元,直接入翰林,便被时人视为"储相",王华在当时是被人刮目相看的。但面对十里八乡亲友的道喜和祝贺,王伦却是淡然处之,依然表现得和平日无任何异样,儿子的风光似乎与他无关。这种不动声色的态度,对当时仅有十岁的王阳明来说,影响十分深刻。

虽然王阳明也为父亲高兴和自豪,但是他更多地还是攻读自己的书本,以学业为重。或许是受了祖父处世观的影响,王阳明不以一般的读书、作诗为满足。他有自己的志向,即通过读书成为圣贤。

王阳明生来豪放,不愿被规矩拘束,所以经常偷偷跑出来,和外面的小朋友们玩"战争游戏"。王阳明自制了大大小小的旗帜,让小伙伴们举着,侍立在四周,他是大将,坐在中间,指挥着大家忽左忽右,就跟排兵布阵一样。

王华获悉之后,怒斥他道:"我家世以读书显,安用是为。"

王阳明问:"读书有何用处?"

王华道:"读书则为大官。如汝父中状元,皆读书力也。"

王阳明问:"父中状元,子孙世代还是状元否?"

王华道:"止我一世耳。汝若要中状元,还是去勤读。"

王阳明笑道:"止一代,虽状元不为稀罕。"

王华听罢,只感到愤怒,也没什么好办法。但其祖父王伦却毫不在意,他觉得王阳明不是一般孩子的贪玩懒读书,而是另有奇志,将来肯定会成为一个大人物。

有一天,又出现了一件奇事。王阳明去市场上闲逛,看到有人买麻雀,他非常喜欢,就想买一只,但没带钱,多时把玩,那人觉得王阳明玩了麻雀又不存心买,就不让再看,两人争起来,恰在这时,有一个云游道士从王阳明身边经过。道士对王阳明的面相十分惊讶,对众人说:"这孩子将来会大富大贵。"他出钱给王阳明买了麻雀,并且摸着王阳明的头说:"吾为尔相,后须忆吾言:须拂领,其时入圣境。须至上丹台,其时结圣胎。须至下丹田,其时圣果圆。"意思是说,等王阳明的胡须长到衣领处的时候,就会进入圣人的境界,胡须长到胸前的时候,就会有成圣的初步成就,胡须长到肚子的时候,成圣的梦就圆了。接着道士又嘱咐他自重自爱:"孺子当读书自爱。吾所言将来以有应验。"

王阳明当时毕竟年少，对这番话的理解拘泥在一个"圣"字上，成圣就是王阳明心中种下的种子。王阳明自认为仕途并非读书的最终途径，成为圣贤才是归途。虽是想成为圣贤之人，但王阳明却并未像古往今来那些圣贤之人一样，循规蹈矩地恪守古训，安分守己地去攻读圣贤之书。他认为要成为圣贤，读死书是没有用的，需要从多方面来锻炼自己，增长才能，扩展知识。

有一次，王阳明问私塾老师："何为第一等事？"私塾老师回答："惟读书登第耳。"王阳明怀疑说："登第恐未为第一等事，或读书学圣贤耳。"王阳明父亲听说这事，笑着说："汝欲做圣贤耶？孺子之志何其奢也。"

孔子曾说："古之学者为己，今之学者为人。"（《论语·为宪篇》）但是，宋代以后的一些学者，他们做学问不是为了科举考试，而是为了成为圣贤。

自从科举以来，儒生做学问都功利化了，做学问都是为了科举考试，为了加官晋爵。但到了宋代出现了一些儒生，例如程明道（程颢）等人，他们从过去的弊端中解脱出来，强调做学问不是为了科举考试，而是为了成为圣人。其实，这才是"孔孟之教"的根本，是最崇高的精神。王阳明当时虽然年少，却一语道出了圣学的真谛。

梦谒马伏波

王阳明在京城居住读书，一晃就是两年有余。这时的明朝正在走下坡路，皇帝昏庸，官僚腐败，老百姓生活困苦，民变不断，社会动荡。边关烽烟四起，也不太平，先是蒙古瓦剌部的挑衅和掠夺，瓦剌衰落后，又被势力日渐升起的鞑靼所侵扰，北方民众尤其苦不堪言。

王阳明十二岁时，鞑靼侵入大同，明军战败。内忧外患令王阳明的忧国之情顿生，当时他打算直接向皇帝上书，陈述对策。

王阳明对他父亲说："欲以诸生上书请效终军故事，愿得壮卒万人，削平草寇，以靖海内。"

王华听罢，惊讶道："汝病狂耶！书生妄言取死耳。"

"终军故事"是指汉武帝时期的一名谏议大夫，当时，南越王反，终军主动请缨，去劝说南越王归顺汉朝。

王阳明十四岁的时候，开始学习弓马之术，研读《六韬》《三略》等兵法书籍。他认为儒生的最大缺点就是不懂兵法，那些舞文弄墨的人，做文章粉饰太平，一旦遇事，就束手无策，这是明朝最大的问题。

王阳明十五岁的时候，有机会和父亲王华同游居庸关。此时，他注重了解蒙古人的情况，思考防御对策。最关键的是如何对付骑兵。蒙古人文化落后，但骑兵厉害，在明朝还没有防御骑兵的万全之策，王阳明一心思考对付骑兵的办法。他想到了东汉时的伏波将军。有一天，王阳明居然梦见自己拜谒伏波将军庙，梦中还写了一首诗《梦中绝句》：

> 卷甲归来马伏波，早年兵法鬓毛皤。
>
> 云埋铜柱雷轰折，六字题文尚不磨。

诗写伏波将军马援，暮年平定交趾之乱后，在国界上立了一根铜柱，上书"铜柱折，交趾灭"六字，作为镇边之物，后来铜柱被雷轰折了，六个字却清晰可见。

伏波将军马援（前14—公元49），扶风茂陵（今陕西兴平东北）人，是东汉光武帝时期的名将，因讨伐羌族有功，被封为伏波将军。此后马援又屡立战功，先后平定交趾叛乱，征讨匈奴和乌桓，讨伐南方武陵玉溪蛮族暴动等。老年时，在此出兵匈奴，最终病死疆场。王阳明心中仰慕伏波，也表明了自己要以伏波为榜样，立志经略四方，为国效力。

马援的忠诚和人品令少年王阳明推崇备至。

在居庸关考察的那一个多月的时间里，他登长城，评古迹，思战略，这对他的军事才干的成长十分有利。

这次边塞行的回程途中，又出现了一个奇迹。

王阳明和随从正骑马往回走，看到远处两个骑马的鞑靼人正向他们走来，在那个谈"胡"色变的时代，王阳明内心镇定，不但不躲闪，反而迎上前去，拈弓搭箭，大声吼叫，吓跑了两个鞑靼人。从这件事可以看出王阳明确有过人的胆略和勇气，这些基本素质，正是他日后征战取胜的基础。

新婚玩失踪

　　弘治元年（1488），王阳明十七岁了，已经到了参加科举考试的年纪。按照当时的规定，参加童试、乡试都是要回原籍的，王华就让王阳明回绍兴老家参加童试。童试县里考，考中的就是秀才，以王阳明的水平，考秀才不在话下，所以，在王阳明《王文成公年谱》中不曾提及。中了秀才后就是乡试，那是省考，三年一次，这是大事，是以后发展的基础。王阳明对此也很重视，提前回家乡做准备。

　　王阳明回到绍兴老家。他的生母郑氏早已去世多年，只有老奶奶还健在，睹物思人，再一次感受到人生一世，生死不由命的残酷。他再次觉得人生一场，不过是本来无一物的旅程。他身患结核病，对自己的健康状况充满了不安，这种不安使他从外向型行为转变为开始探究人的内心世界。

　　王阳明回家后，多次跑寺院、道观，研究起道家思想来了。自宋以来，儒学家在年轻时大多沉迷于道教。道士基本上都是隐士，在世人看来，他们脱离尘世，志向高远，因而受到世人尊敬。王阳明学的源头在陆象山（陆九渊），陆象山与王阳明一样，也患有结核病。因为身体状况的原因，他们不再执着于复杂的理性的思辨，也不再纠结于事物终极的存在，而是转向通过简单直接的直观方法来探究事物之理。

　　王阳明在绍兴老家的家庭环境，对准备乡试是很不利的。而且王家本来就有隐逸的传统，一旦道学入门，王阳明可能就不想再走仕途了，这与王华的期望正好相反。

　　其实，王华都料到和安排好了，要有一个好的学习环境，就要给他一个真正的家，这就是结婚成家。在明代参加乡试的人多数都结了婚，由妻子管理考生的衣食住行。

　　王阳明的父亲在京城做官，没有时间为儿子完婚，只好托亲家翁包办了。王阳明未来的岳父叫诸养和，余姚人，是王华的至交好友，时任江西布政司参议。所以，这门亲事在王阳明很小的时候，两家人便已经说定了。

　　根据王华的安排，婚礼是在南昌诸养和的官署里办的，因王华在北京脱不了身，所以一切事宜都委托亲家翁把持。王阳明坐享其成，对婚礼似乎不太上心，大礼过后，就出门看热闹，偶然来到铁柱宫。

铁柱宫是南昌的一座著名道馆，又叫万寿宫，是为了供奉为民除害的许逊而建的。许逊，东汉时期人，传说他曾带领百姓与猛兽孽龙搏斗，留下了舍己保百姓的佳话，后修炼成仙，当地人尊称他为"许真君"，建了铁柱宫以供奉。

王阳明一进门，就见一位道士在一旁盘腿静坐。走近细看，发现是一位白眉毛、白头发的老道。

王阳明直觉，此道士非同一般，于是，好奇地问："老道哪里人？"

道士回答说："蜀人也，因访道侣至此。"

王阳明又问道："道者今年高寿？"

道士回答说："九十六矣。"

王阳明继续问道："敢问先生尊名？"

道士回答说："自幼出外，不知姓名。人见我时时静坐，呼我曰无为道者。"

这位道者虽然已年近百岁，但身体硬朗，气脉旺盛，声如洪钟。王阳明觉得这样的得道高人很难见到，脱口便问养生成仙之术。

老道对王阳明也觉有缘，有问必答，对养生秘诀，毫不保留，滔滔相告。他说："养生之诀，无过一静。老子清净，庄生逍遥。惟清净而后能逍遥也。"然后又教给王阳明导引之术。导引之术是信奉道教的道士修炼的一种静坐功法。

王阳明习得导引术后，立即在道士的指导下练功，时间就不知不觉过去，一晃，东方已白。

王阳明在大婚之日突然离家出走，并且到了晚上都不回家，这令新婚妻子诸氏非常担心，她将此事告知了父亲诸养和。诸养和派人四处寻找，找了一夜都没找到。第二天清晨，终于在铁柱宫找到王阳明，王阳明如梦惊醒，只好连说抱歉。这边就和无为道士惜别。道士对他说："珍重珍重，二十年后，当再见于海上也。"

诸养和倒没有责怪这个任性的新女婿，但他受王华委托要管好这个女婿，不能再疏失，鉴于这次教训，诸养和为了防止这个女婿到处乱跑，便让他到自己的官署上班，每日按时报到，处理公文。就这样，王阳明住了一年左右的时间，处理公文，学习书法。

第二章　矢志圣学 穿越儒释道丛林

书法心上学

王阳明在南昌结婚后，官署里实在无事可做，每日的公文只需半个时辰就可以完成，实在无聊的王阳明便用练习书法来打发时间。官署内有数箱纸，王阳明每日用这些纸练习书法。一年以后，王阳明要回绍兴了，盛纸的箱子也已经空了。

王阳明练书法，还创造了一种方法，叫作"心上学"，写字前必拟形于心，凝思静虑，然后落笔，意在笔前。

王阳明的书法，写的是意境。这就相当于北宋大画家范宽的写意画。中国的文人画是北宋开始的，文人画的特点不是写实，而是通过水墨描写意境。

王阳明学书法受北宋大儒程颢的影响颇深。程颢曾说："某写字时甚敬，非是要字好，只此是学。"

程颢不是为书法而书法，而是把写书法当作一种心灵磨炼的载体，写字就像做学问，要用心。王阳明体会更深："既非要字好，又何学也？乃知古人随时随事只在心上学，此心精明，字好也在其中矣。"

王阳明与弟子交流自己的写字心得，也是修心的心得时说："吾始学书，对模古帖，止得字形。后举笔不轻易落纸，凝思静虑，拟形于心，久之始通其法。"这段话的大意是：我开始练习书法的时候，对着古帖，学的结果不理想。后来先在脑子里思考，把要写的字在心里想成熟了，再动笔，这样才真正地把握了书法的诀窍。

　　王阳明指出了一个人的心理态度与学习各项技能之间的关系，强调不论学习什么事情，都要有一个正确、恭敬、专心的学习态度，心能真正地静下来，让所要学习的事物在心中形成一个明确生动的心理图像，越生动逼真越好，这样自然就能达到令人满意的效果。

　　就像深谙绘画之道的画家在作画时，心凝气静，万虑皆空，意随心转，笔随意动，在常人看来只是寥寥数笔，这一点，那一画，一幅栩栩如生的翠竹图便呈现在眼前。你如果问画家，为什么画得那样逼真，画家会说，因为他心中早有这些竹子了。这就是所谓的"胸有成竹"的典故。

　　王阳明以自己的心法练习书法，他的书法大有长进，明朝著名书法家徐文长在评价他的字时认为：王羲之以书掩人，王守仁以人掩书。王阳明书法真迹留下来的有两封家书，还有《何陋轩记》《客座私祝》和《矫亭说》，清代学者把王阳明书法和朱熹的书法比较后说："朱熹的书法骨劲老练，有苍松怪石壁立千仞之势。王阳明的书法骨挺神骏，有鹰击长空之态。二者的书法骨格清奇，实乃二人功业德行使然。"

　　王阳明练习书法的方法还用到了学习其他事物上。即善于培养先用"心"来想象学习的习惯，使自己产生平静、自信的感觉，让"心"能够突破自我的束缚，这样就能达到灵活自如地掌握所学事物规律的目的。

　　从王阳明关于"心上学"的论述中，我们不仅可洞悉快速学习技能的奥秘，还可以发现其中包含了如何掌控人生的妙法。

　　纵观王阳明的一生，虽然遭遇坎坷，历经磨难，但令人惊奇的是，王阳明在面临危机、困境甚至绝境的关键时刻，总能找到解决问题的契机，这不是什么神秘的超自然力所致，而是与他那超强的自控力有关。

　　因为无论在怎样困难的环境里，王阳明都能很快调整自己的心境，保持一种坦然淡定的状态。在这种状态里，内心宁静而充满自信，就能在错综复杂的形势里洞察到事物的运行规律，从而采取正确的应对方法。

　　王阳明的"心上学"理论还提到了"有意注意"。王阳明说："讽诵之际，务令专心一志，口诵心惟，字字句句，紬绎反复，抑扬其音节，宽虚其心意。久则义礼浃洽，聪明日开矣。"王阳明在讲述教育孩子的问题时，特别指出了只有专心致志、用心思考，才能开发自己的智慧，做好学问。当然，要让平时杂乱无章的思维或观察活动进入有序、宁静的心灵层次，在刚开始的时候，是需要按照一定的方法去进行练习的。只有静下心来，反复实践，也就是"绅绎反复""宽虚其心意"，意即让心境进入平静宽虚的状态，反复思索，掌握其节奏，才能逐步引出头绪及发现规律。

广信会娄谅

王阳明在南昌结婚以后的第二年，弘治二年（1489），是年十二月，王阳明带着妻子诸氏返回绍兴。在南昌的十四个月间，他潜心书法，遍读儒家经典，尤其是宋儒的文章。他游览过名山大川，多处寻仙问道。王阳明这次回乡是与祖父王伦翌年的去世有关的。在得知祖父病重的消息之后，王阳明便启程返乡。他从南昌出发，经过鄱阳湖，然后沿信江逆流而上，从东部离开江西境地。又从钱塘江上游的常山出发，经过衢州到达杭州，最终回到家乡绍兴。

在王阳明沿信江逆流而上，到达广信府上饶时，顺便拜谒了娄谅，向他请教宋儒的"格物"说。

此时的王阳明，一心想做圣贤，读透了圣贤书。虽学有所得，但还没有经历过大风大浪的磨炼。

受父亲和进入仕途的大僚影响，一心想着建功立业、造福一方百姓，他只好努力攻读八股文，热心举子业。

至于王阳明的内心深处，他非常喜爱兵事，想统御三军，振兴国防，于是他熟读兵书，经常用果核排兵布阵，模仿两军对阵，研究制胜之道。

当圣人、建功业、做军事家，这样三个目标在他的头脑中交叉出现时，不断推进着他此后的人生。当然，还有一个消极的目标就是归隐山林，逍遥自在，这一思想始终与前三个目标交替存在。

虽然王阳明一心想要成为圣贤，而且这是他的第一目标，却又找不着合适的途径。不过，王阳明身上总是会出现一些奇迹的，此次与娄谅的见面便是他人生更改的契机。

娄谅，明代著名理学家，字克贞，别号一斋，江西广信上饶人。少年时就有志于成圣的学问，听说吴与弼在临川讲学，于是到他那里学习。其学以收放心为居敬之门，以何思何虑、勿忘勿助为居敬要旨。

娄谅也是个传奇人物，他早年进京参加会试，走到杭州之时，却突然感到不舒服，返回江西。大家问他缘由，他只是神秘地说："此行非但不第，且有危祸。"果然，没几天，会试的贡院起火，烧死了很多人，娄谅逃过一劫。

娄谅为了做圣贤，也四处拜访名师，他失望地发现，"都是些举子学，不是身心学"。

最终，娄谅找到了江西临川的著名理学家吴与弼，吴与弼将朱学视为正宗。吴与弼是江西人士，当时陆学余脉在江西比较兴盛，他的一些好友就信奉陆学。受明初文化风潮以及江西陆学的影响，吴与弼身上陆学的影响痕迹更加明显。

吴与弼的学说自然影响了娄谅。

娄谅天性聪明豪迈，但不屑于世务。四十三岁时，出任成都训导，但不久就辞职返乡。返乡之后，以矫正邻里风俗为己任，专心教授弟子，著书立说。据说娄谅当时事无巨细都会加以晓谕禁戒，时不时地得罪一些人。这样，娄谅的官也就当不下去了。

娄谅主张"居敬存养"，他认为《易》中的"何思何虑"和《孟子》中的"勿助勿忘"是"居敬"之要旨，"收心放心"为"居敬"之门。娄谅的学说以"静修"为本，主张做学问的"自然性"。娄谅认为"圣人必可学而至"，只要不断努力，就可以成功。从儒学来讲，这个道理其实是通则，不过它正好解答了王阳明存在于内心多年的疑惑，也坚定了他想要成为圣贤的志向。

与娄谅相见恨晚，两人相谈甚欢。王阳明感谢娄谅为自己指明了方向，娄谅高兴自己终于发现了一个真正想成为圣贤的年轻人，两人各得其所，十分相得。

王阳明向娄谅请教宋儒格物之说，娄谅可能还传授了自己的生活方式以及做学问的态度等。

王阳明与娄谅的会面和朱熹与李侗的会面有些相似。李侗是朱熹的父亲的好友，朱熹在和他会面之后，开始意识到佛学和老庄的不足，转而笃信儒学，最终成为儒学的集大成者。之前，整个时代风潮都是倾向于佛学和老庄。如果没有和李侗的会面，朱熹应该不会转向儒学，也不会把当时的时代风潮从佛学和老庄那里扭转过来。

王阳明受到娄谅的影响，从他早期的一些思想就能够看出来，两人有很多共通之处。黄宗羲就曾经在《明儒学案》中讲，心学的始端来自娄谅。娄谅提倡"身心学"，反对"举子学"，这些也都是心学的思想。

娄谅对王阳明思想的点拨起了很大的作用，因此，王阳明十分敬重娄谅。可以说娄谅是王阳明心学的启蒙导师。如果王阳明没有和娄谅的这次会面，也不会开创明代儒学的新篇章。

格竹穷天理

王阳明十七岁时开始钻研宋代理学，找来朱熹的所有著作，认真研读。朱熹众多的思想中"格物致知"是非常流行的一种观点。所谓"格物致知"，就是要求人们不仅要了解事物的表面，还要深入钻研，探究事物的原理。"格物"就是面对事物，用理性去了解和彻悟事物的道理。

朱熹认为，《五经》是儒家最高深的学问，《四书》是通往五经的阶梯，《大学》是"入德之门"，而格物是齐家、治国、平天下的关键。王阳明把《大学》作为圣人之学的教科书，特别是《大学》的首章，这是王阳明心学的出发点：

> 大学之道，在明明德，在亲民，在止于至善。知止而后有定，定而后能静，静而后能安，安而后能虑，虑而后能得。物有本末，事有终始，知所先后，则近道矣。
>
> 古之欲明明德于天下者，先治其国；欲治其国者，先齐其家；欲齐其家者，先修其身；欲修其身者，先正其心；欲正其心者，先诚其意；欲诚其意者，先致其知；致知在格物。物格而后知至；知至而后意诚；意诚而后心正；心正而后身修；身修而后家齐；家齐而后国治；国治而后天下平。
>
> 自天子以至于庶人，壹是皆以修身为本。其本乱而末治者，否矣。其所厚者薄，而其所薄者厚，未之有也！

这段话中最先讲到的是"三纲领"与"八条目","三纲领"就是"明明德""亲民""止于至善";"八条目"是"格物""致知""诚意""正心""修身""齐家""治国""平天下"。这里格物致知是治国、平天下的开始,也是关键所在。因此对格物致知的理解和把握是十分重要的。对此朱熹做了权威性的解释:

> 所谓致知在格物者,言欲致吾之知,在即物而穷其理也。盖人心之灵莫不有知,而天下之物莫不有理,惟于理有未穷,故其知有不尽也。是以大学始教,必使学者即凡天下之物,莫不因其已知之理而盖穷之,以求至乎其极。至于用力之久,而一旦豁然贯通焉,则众物之表里精粗无不到,而吾心之全体大用无不明矣。此谓物格,此谓知之至也。

王阳明对朱熹的学说深信不疑,只是王阳明当时还没有真正掌握朱熹"格物"理论的实质。一天,一个钱姓同学,到王阳明家做客,两人谈到朱熹的学说,最感兴趣的就是静坐格物。于是,钱姓同学坐在王阳明家门边的竹林里"格竹",一坐三天,没有什么发现,钱姓朋友却倒下了。对此,王阳明不服输,接替钱姓同学也坐下来"格竹",坐了七天,什么也没有发现,还是病倒了。后来"格竹"这件事成了一个笑话,可是王阳明不是这样认为的,王阳明却在"格竹"失败中得到启示,格物这条路走不通,那就格心吧,从自己内心找到万物之理,这就为后来的"龙场悟道"打下了基础。

为什么王阳明"格竹"会失败呢?最根本的原因在于他没有按照朱熹的教诲去"格物穷理"。清初的朱子学者陆桴亭对王阳明的这一做法持批评态度,他认为王阳明完全没有理解朱子格物穷理的主旨,他的做法类似于禅宗的竹篦子话。更接近于禅宗参禅悟道的一种形式。也就是说,王阳明的格竹接近于佛家的"顿悟"。

朱熹在给陈齐仲的书信中说:"且如今为此学而不穷天理、明人伦、讲圣言、通世故乃兀然存心于一草一木器用之间,此是何学问!"

朱熹的"格物穷理"并不仅仅局限于道德和人伦,而是将其扩展到自然界的万事万物。虽然范围扩大了,但其大纲还是人伦道德。如果舍弃大纲,仅就具体的一草一木去探求其理,那就丧失了朱熹思想的精髓。

格物也一样，首先要弄清楚每种事物特有的法则，然后才能进一步探究其存在的生命根本之理。朱熹认为，总合天地万物之理，会形成大的"一理"，每个事物分开来又都有各自之理，千差万别的事物都是"一理"的体现，即所谓的"理一分殊"：总合天地万物的理，只是一个理，分开来，每个事物都各自有一个理。

然而，当时的王阳明还不知道朱熹格物之学的根本就是探究分殊之理。王阳明在"格竹"时希望立即悟出总的天地万物的大的"一理"。因此说他的做法更接近于道家和禅家的做法，接近于佛家的"顿悟"。想通过"格竹"一举求得穷极之理，按照他当时的修为，这一目的显然是难以达到的。

王阳明的这一穷理方法虽然违背了朱熹之道，却和陆九渊的穷理之道如出一辙。陆九渊主张"心即理"，把理看成是心的体现，王阳明的穷理方法和他的主张极其相似。

比较宋明之学的差异，会发现前者是唯"理"论，后者是唯"心"论；前者是"性宗之学"，后者是"心宗之学"。若单从心学来看，明初心学是始于吴与弼的高徒陈献章。《明史·儒林传》在序中将明初诸儒都视作是朱熹弟子的支流余脉，直到陈献章和王阳明，学术才开始出现分流。

吴与弼对朱熹极度崇拜，甚至做梦都会梦见朱熹，并在梦中祈求朱熹教授自己学问。吴与弼之学传至陈献章时，心学的迹象更加明显。陈献章主张："其观于天地，日月晦明，山川流峙，四时所以运行，万物所以生化，无非在我之极……"他认为道乃虚无，超越言诠。若想求道，必须默识神通，贵在自得。他的"自得之说"意即道蕴藏于人的内心之中，只有去领悟，才能得道。

王阳明当时肯定了陈献章"自得之说"的方法，但继承的内核是孟子和陆九渊的学说。在阳明学和陆学之间起到媒介作用的是娄谅之学。

娄谅的学说以"静修"为本，主张做学问的"自然性"，娄谅穷理重在用心，"心之妙用"可致理现。这正是王阳明"心学"的基本运动原理。因此，黄宗羲说："姚江之学（阳明学）一斋（娄谅）为发端也。"

我爱龙泉寺

拜访了娄谅以后，王阳明很快就回到了绍兴，这时王阳明祖父王伦已经病重。王阳明全心守候在祖父旁边服侍，他同祖父之间的感情非常深厚，甚至在他的身上都可以看到很多王伦的影子。

弘治三年（1490），王阳明十九岁。是年，祖父王伦去世，祖父的死对于王阳明来说是个非常大的打击。

王阳明父亲王华是典型的孝子，王伦去世后，王华丁忧回老家守丧，出殡之后，王伦被葬于余姚东边的穴湖山。据说墓旁曾经是个虎穴，王华浑然不顾，在墓旁搭一草庐，为父亲守丧。

王阳明在失去祖父的悲伤中，心情平复过来，投入了准备乡试的紧张学习中。为了让王阳明考好，王华吩咐其弟王冕、王阶、王宫及妹婿等人，与王阳明一起学习经书。王阳明白天跟随众人努力学习科考书籍，夜深人静时，则搜寻经史子集，勤奋攻读。

闲暇之时，几位王家子弟相互切磋，但都以王阳明的功力为最深厚，大家都惊呼："彼已游心于举业之外，吾辈不及也！"

在日渐刻苦的学习中，王阳明的个性习惯也发生了变化，王阳明年少时是"和易善谑"，爱开玩笑，是个性格开朗、活泼的人。这次从江西回来，就变得"端坐省言"，一本正经，整日里端坐学习，似乎真的要做圣人了。对此，王阳明有过解释，他说，"吾昔放逸，今知过矣。"以前不懂事，太放任自己了，从今以后要注意规范自己的言语和行为。对这一转变，最高兴的是王华，王华终于放心了，儿子走上仕进正道了。

弘治五年（1492），二十一岁的王阳明参加浙江省乡试，中举人，获得去北京参加会试的资格。当时，同王阳明一起中举的还有王阳明的两个朋友，即孙燧和胡世宁。

这次乡试，还有一个奇闻，即乡试开始的前夜，巡场官员在巡视考场时，隐约发现两个巨人，一个身着绯红色衣服，一个身着绿色衣服，二人东西相向而立，还有谈话声，说："三人好做事！"巡场人员仔细看时，突然就不见了。

这件奇事没有引起更多的猜想，直到宁王叛乱，人们这才联想到，那次同科举人合力解决了宁王的叛乱问题：胡世宁检其奸，孙燧死其难，王阳明平其乱。人们感叹，事有因果，天锄其奸。

孙燧，字德成，浙江余姚人，弘治六年（1493）进士。历任刑部主事，河南右布政使。正德十年（1515），升任右副都御使，被任命为江西巡抚。他发现宸濠有谋逆之心后，七次上书痛陈宸濠必将叛乱，但每次都被人从中作梗，奏折未能送达皇帝手中。正德十四年宁王宸濠最终发动叛乱，孙燧也惨遭杀害。后来，朝廷追授他为礼部尚书，谥号"忠烈"。

胡世宁，字永清，号静庵，浙江仁和（杭州）人，弘治六年（1493）进士。胡世宁性格刚直，精通兵法，历任德安府推官和南京刑部主事。在任时，上书直言时政之弊，后来被迁为江西副使，上书痛陈宸濠之奸诈。宸濠之乱后，升任兵部尚书，后来托病归乡，卒年六十二岁。朝廷追授他为少保，谥号"端敏"。

弘治六年（1493），二十二岁的王阳明参加会试，结果以失败而告终。这个时候，父亲王华晋升迁为右春坊右德谕，为此招来一些朋友登门道喜。同时，大家对王阳明的落榜表示遗憾，安慰他下次科举考试肯定能够像父亲一样高中状元。本届会试的主考官李东阳也在诸客之列，向王阳明打趣说："汝今岁不第，来科必为状元，试作来科状元赋。"

王阳明听后援笔立就，身边诸老都惊叹："天才！天才！"王阳明对没有考上倒也显得非常豁达，不太在意这次考试的结果，这却引来旁人的闲话，认为他目中无人。

从制度设计考虑，设立科举的本意，是为了求得圣人之道和朝政之势的有机结合。但是明朝末期，科举考试以八股文为载体，死记硬背时文，学术与政治已经完全脱离，儒家经典也只是敲门砖了。

王阳明主攻圣人之学，对枯燥的八股文不够重视，所以，即便学问深厚，但却无法在仕途上迈出更大的一步。而且，王阳明成名过早，锋芒毕露，自古以来，露锋芒者必遭人嫉恨，考试文章露锋芒也会受到平庸考官的打压。

三年后，弘治九年（1496），二十五岁的王阳明第二次参加会试，再次落榜。当时同僚中有人因为落第而感到羞愧，王阳明安慰他们说："世以不得第为耻，吾以不得第动心为耻。"那人听后对王阳明佩服不已。

落榜还是说明了王阳明从政的日子还未到来，"苦其心志，劳其筋骨"，王阳明在左冲右突、反反复复中磨炼。考取功名，落榜是正常的事，不需要对此过分在意。

第二次落第后，王阳明回老家绍兴，一路考察游历，写了许多诗赋。

王阳明出京以后顺道游览了山东任城（济宁）。他登上李白住过的太白楼，写下《太白楼赋》，其中写道："开元之绍基兮，亦遑遑其求理。生逢时以就列兮，固云台麟阁而容与。夫何漂泊于天之涯兮？登斯楼乎延伫。信流俗之嫉妒兮，自前世而固然。怀夫子之故都兮，沛余涕之溪溪。"

在赋中，王阳明将李白写成是因为受世俗之人的嫉妒，心中郁闷，所以才登上此楼。王阳明借李白的典故，暗指自己科举落第的原因——为俗人所嫉妒。

在《太白楼赋》的最后，王阳明用了以下两句结尾："舟之人兮俨服，亦有庶几夫之踪者！"

王阳明在此表明了自己将一直追寻圣人之道的决心。

考场失意，寄情于山水诗画之间，这是古代文人常常会做的事情。王阳明虽然认为谋事在人，成事在天，也说"世以不得第为耻，吾以不得第动心为耻"，但落榜大事，还是对他有所触动。

回到家乡后，他的龙泉山诗社热热闹闹地展开了，明朝的文人骚客多喜欢结诗社、办文会，以此能够与志同道合的人士畅谈、切磋学问。

他的诗社成员人数不多，没有名噪一时的文人，大家聚在一起，无非就是下棋饮酒，游山玩水。其中有一位致仕高官叫魏瀚，与王阳明成了忘年诗友。

余姚纯朴的民风、朴实的文人，同多年来在京城所感受到的浮夸的文人之风是大有区别的。在创办诗社的这一时期中，王阳明以诗言志，抒发苦闷，佳句迭出。如："我爱龙泉寺，山僧颇疏野。尽日坐井栏，有时卧松下。一夕别山云，三年走车马。愧杀岩下泉，朝夕自清泻。"在龙泉山清秀的环境中，王阳明度过了他人生中最为惬意悠闲的一段时光。

"君不见富贵中人如中酒，折腰解酲（醉酒）须五斗？未妨适意山水间，浮名于我亦何有！"这是他那时内心真实的感受，他毕竟是烈鸟，需要一片天空展翅高飞，一片山坞无法满足他内心高飞的渴望。

王阳明此时的诗如《春晴散步》：

清晨急雨过林霏，余点烟梢尚滴衣。
隔水霞明桃乱吐，沿溪风暖药初肥。

物情到底能容懒，世事从前且任非。

对眼春光唯自领，如谁歌咏月中归。

（《诗赋·墓志·祭文》195页，华中科技大学出版社）

这是总结前段时间，没有把握好时光，科举失败了，当然，王阳明对前途没有灰心，不忘庙堂之业，能够领悟春光，有所收获。

王阳明的酬酢之作《次韵毕方伯写怀之作》：

孔颜心迹皋夔业，落落乾坤无古今。

公自平王怀真气，谁能晚节负初心？

猎情老去惊犹在，此乐年来不费寻。

矮屋低头真局促，且从峰顶一高吟。

这首诗是赞扬朋友的情怀，同时也表达了自己的高远境界，这可以说是青春励志诗。"猎情老去惊犹在，此乐年来不费寻。"一句是"见猎心喜"典故的活用。

王阳明的龙泉山诗充满着生命的激情。如《雨霁游龙山次五松韵二首》：

一

晴日须登独秀台，碧山重叠画图开。

闲心自与澄江老，逸兴谁还白发来？

潮入海门舟乱发，风临松顶鹤双回。

夜凭虚阁窥星汉，殊觉诸峰近斗魁。

二

严光亭子胜云台，雨后高凭远目开。

乡里正须吾辈在，湖山不负此公来。

江边秋思丹枫尽，霜外缄书白雁回。

幽朔会传戈甲散，已闻南檄授渠魁。

这两首诗随兴而发，触景生情。从诗中可知，王阳明曾和魏翰兴致勃勃地登龙泉山，极目远望，四方锦绣，姚江东去，千帆竞发，丹枫尽染，松鹤旋空。深秋的姚城一派生机。诗中的"严光亭子"即严子陵钓台，严子陵是东汉余姚人，与东汉光武帝一同游学，刘秀即位后，他改变姓名，隐居不见。王阳明非常敬佩严子陵，几乎成了王阳明生命历程的航标。

王阳明在命运受挫后，对世态已有了一定的警惕。对庙堂与江湖、入世与出世有了较深的思考。

王阳明对"田园世界"充满憧憬，他的《雪窗闲卧》诗，表达出向往自由的心境，抒发了对辞赋的浓厚兴趣：

> 梦回双阙曙光浮，懒卧茅斋且自由。
> 巷僻料应无客到，景多唯拟作诗酬。
> 千岩积素供开卷，叠嶂回溪好放舟。
> 破虏玉关真细事，未将吾笔遂轻投。

"梦回双阙曙光浮，懒卧茅斋且自由。"两句点出了青年王阳明有"庙堂与江湖"的双重情节。"破虏玉关真细事，未将吾笔遂轻投。"两句表达了王阳明落第后结社龙泉山的原因。

后来，王阳明发现他的田园思想和他自己想要的生活越来越远。整日"吟诵风月，摆弄花草"，充其量不过是个诗人，是个名士，自己想要的是"做圣人"。为此，他开始反省，经常思考自己今后的人生该何去何从，如何才能一步步实现自己的理想。

虽然龙泉山在余姚城里，算是一处风景秀丽的地方，山清水秀，空气清新，清静幽雅，如若在这里终老一生，也算不枉此生，可是王阳明在一段时间的沉寂之后，那颗看似平静的心逐渐蠢蠢欲动。他的这种心境在一首《赠陈宗鲁》诗中表露无余：

> 学文须学古，脱俗去陈言。
> 譬若千丈木，勿为藤蔓缠。
> 又如昆仑派，一泻成大川。
> 人言古今异，此语皆虚传。
> 吾苟得其意，今古何异焉？

> 子才良可进，望汝师圣贤。
>
> 学文乃余事，聊云子所偏。

王阳明发现喜欢写诗、爱好辞章，已经走偏了路，王阳明焦灼不安的心在这首诗中体现得淋漓尽致，他的人生并没有因为龙泉山诗社而终止。

在这首诗中，我们也已经看出他萌生出打通古今创心学的念头，"成圣贤"更是他内心最后的归属。他知道，自己虽然饱读诗书，但是两次科举失利也是不可争辩的事实。即使自己一向对于功名利禄并不在乎，但是如果不能在科举考试时崭露头角，那么即便是很小的理想和信念都无从谈起，更不用说实践。于是，他离开了龙泉山诗社，离开了余姚，于弘治八年（1495）再一次回到了京城。王阳明还忘不了龙泉山，写了一首《忆诸弟》诗：

> 久别龙山云，时梦龙山雨。
>
> 觉来枕簟凉，诸弟在何许？
>
> 终年走风尘，何似山中住。
>
> 百岁如转蓬，拂衣从此去。

此诗强烈地表达了王阳明对故乡、对亲属的深情。他留恋故乡山水，厌倦官场，叹息时间流逝。舜水龙山的美好记忆是王阳明的精神家园。

在龙泉山诗社两年的生活，王阳明抛开了纷繁复杂的世俗，为自己提供了思考和反省的机会，为他今后的生涯积蓄了力量。

工部观政员

弘治十年（1497），王阳明二十六岁。是年，他再赴北京。回到京城之后，他的内心深处还是充满了彷徨和矛盾，一面是"做圣贤"的人生理想，一面是多年来追求的考科举。这对矛盾之外是他热衷的兵法。

弘治元年，鞑靼向明朝派使，希望通好。弘治八年正月，鞑靼进犯凉州。弘治十年五月，鞑靼小王子又攻扰潮河川，明朝指挥官刘钦等战死。是年十月，朝廷起用王越，封为三边总制。

边境危急，急报频传，朝廷狼狈不堪，遍求良将而不得。王阳明慨叹说：武举之设，仅得骑射击刺之士，而不可以收韬略统御之才。平时不讲将略，欲备仓卒之用，难矣。

王阳明希望挑起统御三军的重担，于是，他继续用心钻研兵法。每遇宾宴，经常把吃过的果核排列为阵。演示制胜之道。

王阳明此时学习的兵书是《武经七书》，其中最出名的就是《孙子兵法》。王阳明后来在平叛过程中，还对《孙子兵法》和《吴子兵法》进行了比较，认为《孙子兵法》多理性，《吴子兵法》多实用，说明他年轻时学习的兵法理论都派上用场了。

弘治十二年（1499），王阳明二十八岁，他第三次参加会试，功夫不负有心人，这次总算榜上有名，他中了进士。

王阳明在中进士之后，先被派往工部观政，按照现在的话说就是实习，先让他去熟悉一下工部的事务。当时，工部正在建造威宁伯王越的坟墓。监工的任务就交给了王阳明。

王越，字世昌，浚县人，明景泰二年（1451）进士，曾任兵部尚书，晚年被任命为三边总制，享年七十六岁，谥号"襄敏"，著有《襄敏集》。为防范鞑靼侵扰立下了卓越功勋，后被朝廷封为威宁伯。他曾三次出兵与鞑靼作战，收复了河套地区。王越是一位伟大的战略家，有十余年的作战经验，兵法出奇制胜。

王越性格豪爽，知人善任，有许多传奇故事。

在王越与鞑靼决战期间，有一天，天降大雪，王越坐在暖炉旁饮酒取暖。此时，一名士兵从前线侦察敌情归来。王越立即将其招入帐中，听他禀报前方敌情。那名士兵的汇报非常详细，王越大悦，于是将手中的酒杯递给他，请他饮酒。王越待士兵像待兄弟，士兵都乐于为他卖命。

还有一次，一天夜里，王越率兵偷袭敌营，突然狂风大作，吹得眼睛都睁不开。士兵们都踌躇不前，希望撤兵回营。这时，一位老兵从队列中走出来，对天空喊"天助我也"！王越听到后更加坚定了偷袭胡虏阵营的决心，觉得这种天气正是上天赐给自己的好时机。于是他立即下马，走到那位老兵面前，向他行礼，对他的提醒表示感谢。

王阳明是很有灵验的人，在他还没有进入工部的时候，他曾梦见过威宁伯王越。在梦中，王越解下腰间宝剑，将它送给王阳明。王阳明醒来之后对人说："吾当效威宁以斧钺之任，垂功名于竹帛，吾志遂矣。"

王阳明的梦变成了现实。

王阳明非常崇拜王越的兵法，所以当他来到浚县后，立即向王越的后人询问王越的兵法。王越的后人也很乐意将自己所知的兵法告诉他。王阳明便将兵法应用到了建造坟墓中。他用"十五之法"来管理民工，每五个人分为一组，十个人分为一队，负责人有连带责任。这样一来，王阳明自己的监管反而轻松了，工作效率也提高了。王阳明还第一次用兵法进行了一次"实战"。

工程提前完成，质量也很好，威宁伯的家人对坟墓的建造也非常满意，为了表达感激之情，他们将威宁伯生前用过的佩剑送给了王阳明。

王阳明回到京城后，有彗星从天空扫过，彗星意味着战争，对付战争的办法，就是加强边境防务。王阳明立刻上了一篇《陈言边务疏》，王阳明通过古今之实例来阐述兵法，强调边境防务要慎重务实，然后内陈"边务八策"，提出了自己的见解。

王阳明一开始就痛陈时政之弊，说当今的朝廷大臣表面上装出老成持重的样子，心里全在为私利盘算；皇帝身边的人只会阻塞言路，招权纳贿。真是把全体大臣都得罪了。王阳明开篇写道：

> 臣愚以为今之大患，在于为大臣者外托慎重老成之名，而内为固禄希宠之计，为左右者内挟交蟠蔽壅之资，而外肆招权纳贿之恶。习以成俗，互相为奸。忧世者谓之迂狂，进言者目以浮躁，沮抑正大刚直之气，而养成怯懦因循之风。故其衰耗颓塌，将至于不可支持而不自觉。今幸上天仁爱，适有边陲之患，是忧虑警省，易辙改辙之机也。此在陛下，必宜自有所以痛革弊源、惩艾而振作之者矣。新进小臣，何敢僭闻其事，以干出位之诛？至于军情之利害，时机之得失，苟有所见，是固刍荛之所可进，卒伍之所得言者也，臣亦何为而不可之有？虽其所陈，未必尽合时论，然私心窃以为必宜如此，则又不可以苟避乖剌而遂已于言也。

（《王阳明全集 奏疏·公移》003页，华中科技大学出版社）

接着他又列出了自己的"边务八策"。第一策：蓄才以备急。王阳明认为举用人才不能再像过去那样纸上谈兵，而是要注重实地训练，挑选真正的有用之才，这样才能确保一旦边境有急，能够迅速应对。第二策：舍短以用长。"使功不如使过""舍短以用长""善恶两端，非冰炭相反，实乃一物耳。"王阳明后来在平定地方叛乱时，就敢于使用归顺之士去讨伐其他叛贼，并且取得了不错的战果。第三策：简师以省费。主旨是"兵贵精不贵多"。第四策：屯田以给食。正如孙子所谓，长途运输军粮实为用兵大忌，所以王阳明建议用兵屯田。第五策：行法以振威。王阳明在这一对策中，直陈军法之混乱，军威之无存，指出军律严明是制胜之根本，敦促皇上要自我振作。王阳明认为，士兵在战场上的同仇敌忾之心非常重要。第六策：敷恩以激怒。王阳明在这一策中详细阐述了激发士兵怒气的方法，大致可以归纳为两点：一是宣以国恩，二是明以大义。第七策：捐小以全大。王阳明指出，不中敌人的圈套，不使王师奔逐疲劳，"我师常逸""兵威无损"，此乃制胜安国之道。第八策：严守以乘弊。王阳明在这一策中指出，《孙子兵法》中的"故善战者，立于不败之地，而不失敌之败也"，正是对付胡虏的良策。

王阳明在"边务八策"的结尾处写道：

> 右臣所陈，非有奇特出人之见，固皆兵家之常谈，今之为将者之所共见也。但今边关将帅，虽或知之而不能行，类皆视为常谈，漫不加省。势有所轶，则委于无可奈何；事惮烦难，则为因循苟且。是以玩习弛废，一至于此。陛下不忽其微，乞敕兵部将臣所奏熟议可否，传行提督等官，即为斟酌施行。毋使视为虚文，务欲责以实效，庶于军机必有少补。臣不胜为国悒悒之至！

文章结尾时，希望皇帝能用他的观点，并通过兵部贯彻执行，当然这是他的理想抑或幻想。不过，我们通过这篇上书，可以看出王阳明年轻时就对《孙子兵法》很有研究，甚至精通。这篇文章中，王阳明的兵略思想基本形成。

王阳明早年熟读兵书，这些基础在被委任督造威宁伯的坟墓一事中得到了充分的展示，如何运筹帷幄在统率民工中也有了很好的实践。

这件差使完成得相当漂亮，使得朝廷的其他同僚对他的统率才能都刮目相看。而王阳明自己也切实地感受到了统御之权的作用，能够掌握实权才能够用众、服众，才能够干成大事。

审囚识腐败

弘治十三年（1500），王阳明观政期满，被授予刑部云南清吏司主事一职。云南清吏司主事不是去云南，而是在北京的刑部分管来自云南的案件。

当时，刑部的设置中有一个提牢厅，专管提审犯人。刑部的各司主事每个月都要轮流去提牢。十月，轮到王阳明。王阳明第一次感受到原来监狱这么腐败。王阳明发现囚犯吃的是米糠。就问狱吏，狱吏回答说是缺粮。他出来的时候看到监狱边上的猪圈，猪吃的是白面细粮。王阳明顿时明白了，马上下令，杀了所有的猪给囚犯吃。

其实这种情形在当时没有什么大不了的，只是王阳明初入官场，刚到刑部，见得少而已。王阳明本应见怪不怪，但他不管官场的潜规则，不是他不懂，是因为他率性。

王阳明在刑部的工作非常烦琐，明朝的法律规定：各地死囚犯人都要解到北京重审处决，尤其是秋决之时，各种变故弄得王阳明心力交瘁。一个月的当差结束后，他感到如释重负。

王阳明当时身患咳嗽之疾，他在《提牢厅壁题名记》中描述了当时的情景："夫予天下之至拙也，其平居无恙，一遇纷扰，且支离厌倦，不能酬酢，况兹多病之余，疲顿憔悴，又其平生至不可强之日。"

但王阳明当时丝毫没有受疾病所扰，他励精图治，制定了狱中规则，并为后世所运用。

弘治十四年八月，王阳明三十岁，受命被派往直隶、淮安等府与当地巡按御使一同审决重犯。王阳明认真对照证据和当朝的法律条文，谨慎、公正地做出判决。他的这段经历被学生们记载为"所录囚多所平反"，看来一向公平、公正的王阳明应该平反了很多的冤假错案。

弘治十五年（1502），王阳明三十一岁。是年春天，忙完淮北的公事之后，王阳明终于可以忙里偷闲地来修身养性了。他前往道教名山茅山游玩。在茅山，他偶遇同在茅山游玩的丹阳人士汤云谷。

王阳明和汤云谷登上"三茅之巅"，在洞窟中小憩，于道馆中休息，踏访陶弘景留下的遗迹，慨叹现世之秽浊，飘然有脱屣人之志。王阳明一直对神仙的超脱境界羡慕不已，这一念头萦绕在他心头多年。

但经过多次探索和研究后，王阳明终于悟得道教神仙之不足，于是，一心圣学，大步向前。汤云谷最初也是向往道教神仙的，但后来也转变了思想，最终还是踏入了官场。

九华山觅仙

王阳明从茅山下来之后，来到了九华山。九华山是佛门圣地，也是王阳明静心修炼的精神家园。一登上山，就立即陶醉于眼前的青山秀水中，远离尘世的喧嚣、繁杂，内心极为宁静。寄情于山水，心情顿感愉悦，心性得以恢复，诗性也得以复归，他一口气竟写下三十多篇诗赋。

王阳明夜宿古刹，白天观奇览胜，心中充满无限感慨，于是作赋一首，题曰《九华山赋》。他在赋中写道：

> 循长江而南下，指青阳以幽讨。启鸿蒙之神秀，发九华之天巧。非效灵于坤轴，孰构奇于玄造！涉五溪而径入，宿无相之窈窕。访王生于邃谷，掏金沙之清潦。凌风雨乎半霄，登望江而远眺。步千仞之苍壁，俯龙池于深窅。吊谪仙之遗迹，跻化城之缥缈。钦钵盂之朝露，见莲花之孤标。扣云门而望天柱，列仙舞于晴昊。俨双椒之辟门，真人驾阳云而独蹻。翠盖平临乎石照，绮霞掩映乎天姥。二神升于翠微，九子邻于积稻。炎燝起于玉甑，烂石碑之文藻。回澄秋于枕月，建少微之星旄。覆瓯承滴翠之余沥，展旗立云外之旌纛。下安禅而步逍遥，览双泉于松

杪。逾西洪而憩黄石，悬百丈之灏灏。

濑流筋而萦纤，遗石船于涧道；呼白鹤于云峰，钓嘉鱼于龙沼；倚透碧之岿巩，谢尘寰之纷扰。攀齐云之巉削，鉴琉璃之浩瀁。沿东阳而西历，殯九节之蒲草。樵人导余以冥探，排碧云之瑶岛。群峦翳其缪蔼，失阴阳之昏晓。垂七布之沉沉，灵龟隐而复佻。履高僧而屧招贤，开白日之杲杲。试明茗于春阳，汲垂云之渊湫；凌绣壁而据石屋，何文殊螺髻之蟠纠？梯拱辰而盼，曛遗光于拾宝。缁裳迒于黄匏，休圆寂之幽偆。鸟呼春于丛篁，和《云》《韶》之鸑鸶，唤起促余之晨兴，落星河于檐橑；护山嘎其惊飞，怪游人之太早。揽卉木之如濯，被晨辉而争姣。静镵声之剥啄，幽人刷参蔽于冥杳。碧鸡哕于青林，鹏翻云而失皓。隐捣药以樛萝，挟提壶饼焦而翔绕。凤凰承盂冠以相遗，饮沆瀣之仙醥；羞竹实以嬉翔，集梧枝之袅袅。岚欲雨而霏霏，鸣湿湿于芊葆；躐三游而转青峭，拂天香于茫渺。席泓潭以濯缨，浮桃泻而扬缟。淙渐渐而落荫，饮猿猱之捷狡。睨斧柯而升大还，望会仙于云表。悯子京之故宅，款知微之碧桃。倏金光之闪映，睫累景于穹坳。弄玄珠于赤水，舞千尺之潜蛟。并花塘而峻极，散香林之回飙。抚浮屠之突兀，泛五钗之翠涛。袭珍芳于绝巘，裹金步之摇摇。莎罗踯躅芬敷而灿耀，幢玉女之妖娇。搴龙须于灵宝，堕钵囊之飘飖。开仙掌于崷嵌，散青馨之迢迢。披白云而躇崇寿，见参错之僧寮。日既夕而山冥，挂星辰于窿嵍。宿南台之明月，虎夜啸而黑嗥。鹿麋群游于左右，若将侣幽人之岑寥。迥高寒其无寐，闻冰壑之洞箫。

溪女厉晴泷而曝术，杂精苓之春苗。邀予筋以玉液，饭玉粒之琼瑶；溢辞予而远去，飒霞裾之飘飘。复中峰而怅望，或仙踪之可招。乃下见阳陵之蜿蜓，忽有感于子明之宿要。逝予将遗世而独立，采石芝于层霄。虽长处于穷僻，乃永离乎阽罵。彼苍黎之缉缉，固吾生之同胞；苟颠连之能济，吾岂靳于一毛！矧狂胡之越獗，王师局而奔劳。吾宁不欲请长缨于阙下，快平生之郁陶？顾力微而任重，惧覆败于或遭；又出位以图远，将无诮于鹤鹈。嗟有生之迫隘，等灭没于风泡；亦富贵其奚为？犹荣莽之一朝。旷百世而兴感，蔽雄杰于蓬蒿。吾诚不能同草木而腐朽，又何避乎群喙之呶呶！

已矣乎！吾其鞭风霆而骑日月，被九霞之翠袍。抟鹏翼于北溟，钓三山之巨鳌。道昆仑而息驾，听王母之云璈。呼浮丘于子晋，招句曲之三茅。长遨游于碧落，共太虚而逍遥。

乱曰：蓬壶之藐藐兮，列仙之所逃兮；九华之矫矫兮，吾将于此巢兮。匪尘心之足搅兮，念鞠育之劬劳兮。苟初心之可绍兮，永矢弗挠兮！（《王阳明全集 诗赋·墓志·祭文》005页，华中科技大学出版社）

王阳明在赋中感慨人生如梦，怀才不遇，十分羡慕佛教、道教隐修成仙。但是儒家兼济天下之心非常坚定，最终使他有意识地摆脱了仙佛之道的诱惑。《九华山赋》是一篇十分富有文学修养的文章，可以说是王阳明辞章之学的集大成篇。

王阳明因为牵挂对自己有养育之恩的父母，所以不忍弃世入山，如果没有这些羁绊，他也许早已出家修行去了。或许正是这份念及"鞠育念劬劳"之心，才让他最终悟出佛教老庄之不足，转而笃信儒学。

在九华山时，王阳明夜宿化城寺，恰巧碰见一位姓蔡的道士正在大堂中静坐。这位道士蓬头垢面，衣服破烂不堪，似癫若狂。王阳明心想这定非凡人，于是毕恭毕敬地上前打招呼："请问神仙可学否？"

道士回答说："尚未，尚未。"

过了一会儿，王阳明屏退左右侍从，将道士引入后亭，再次行礼，又问了同样的问题，但是道士仍然摇头回答："尚未，尚未。"

王阳明没有作罢，继续恳求不已。最终道士对他说："汝自谓拜揖尽礼，我看你一团官相，说甚神仙？"

王阳明听后，大笑而去。蔡道士的一番话恰是击中了王阳明的内心。

王阳明又听说九华山中的地藏洞有一位老道正在修行。这位老道坐卧松毛，不食人间烟火。王阳明非常好奇，决定立刻前往拜访此人。他扶着树木爬上悬崖，一直爬到山顶，见一老道正蜷腿熟睡。王阳明坐在旁边，用手抚摸老道的脚。过了好一会儿，老道才醒来，发现有人坐在旁边，惊讶不已。他问王阳明："如此危险，安得至此？"

王阳明回答："欲与长者论道，不敢辞劳也。"

老道被王阳明的热忱打动，将佛教和道教的要义直言相告，后来又将话题转到儒学上："周濂溪（周敦颐）、程明道（程颢），是儒者两个好秀才。朱考亭（朱熹）是个讲师，只未到最上一乘。"

王阳明非常喜欢老道的谈论，乃至于天色已晚都不肯归去，但最终也只好作罢。翌日，王阳明又去拜访老道，但老道已徙居他处。有诗为证："路入岩头别有天，松毛一片自安眠。高谈已散人何处，古洞荒凉散冷烟。"

九华山化城寺是王阳明心仪之处。此次游九华山借宿该寺，说明王阳明与化城寺的情缘非同一般，化城寺是九华山的开山寺，为表达对化城寺的敬仰之情，王阳明作《化城寺六首》，下面列出其中三首：

一

化成高住万山深，楼阁凭空上界侵。

天外清秋度明月，人间微雨结浮阴。

钵龙降处云生座，岩虎归时风满林。

最爱山僧能好事，夜堂灯火伴孤吟。

二

云里轩窗半上钩，望中千里见江流。

高林日出三更晓，幽谷风多六月秋。

仙骨自怜何日化，尘缘翻觉此生浮。

夜深忽起蓬莱兴，飞上青天十二楼。

三

云端鼓角落星斗，松顶袈裟散雨花。

一百六峰开碧汉，八十四梯踏紫霞。

山空仙骨葬金椁，春暖石芝抽玉芽。

独挥谈麈拂烟雾，一笑天地真无涯。

化城寺组诗由七律和五律各三首构成，诗人将化城寺神奇的景象、佛道境界和他自己的游兴相融合，营造了扑朔迷离的佛道世界，表达了对现世污浊的厌弃，反衬对佛道境界的向往。

十九年之后，王阳明重游化城寺，又到地藏洞探看了一次，却无功而返。两番遭际，两样心绪，尽写在《重游化城寺》两首七律里：

> 爱山日日望山晴，忽到山中眼自明。
>
> 鸟道渐非前度险，龙潭更比旧时清。
>
> 会心人远空遗洞，识面僧来不记名。
>
> 莫谓中丞喜忘世，前途风浪苦难行。
>
> 山寺从来十九秋，旧僧零落老比丘。
>
> 檐松尽长青冥干，瀑水犹悬翠壁流。
>
> 人住层崖嫌洞浅，鸟鸣春涧觉山幽。
>
> 年来别有闲寻意，不似当时孟浪游。

　　无拘无束的大自然正好能够衬出官场的束缚。为政或为学，王阳明的内心一直都在左右摇摆着。游刃于二者之间，却也激发了他的思考与豪情。两样看似截然不同的事情，如此相得益彰，也算是人生一大快事。不过名士有时只是一种风格，终究不是职业。正如他下山时所写的诗句："明日归城市，风尘又马鞍。"

　　弘治十五年，审查完毕后，王阳明原本打算回京复命，但由于旧病复发，只好作罢。弘治十五年八月，他上奏《乞养病疏》，希望能够回家治病。他在疏中写道：

> 　　切缘臣自去岁三月，忽患虚弱咳嗽之疾，剂灸交攻，入秋稍愈。遽欲谢去药石，医师不可，以为病根既植，当复萌芽，勉强服饮，颇亦臻效。及奉命南行，渐益平复。遂以为无复他虑，竟废医言，捐弃药饵。冲冒风寒，恬无顾忌，内耗外侵，旧患仍作。及事竣北上，行至扬州，转增烦热，迁延三月，尪羸日甚。心虽恋阙，势不能前，追诵医言，则既晚矣。先民有云："忠言逆耳利于行，良药苦口利于病。"臣之致此，则是不信医者逆耳之言，而畏难苦口之药之过也。今虽悔之，其可能乎！
>
> 　　臣自惟田野竖儒，粗通章句；遭遇圣明，窃禄部署。未效答于涓埃，惧遂填于沟壑。蝼蚁之私，期得暂离职任，投养幽闲，苟全余生，庶申初志。伏望圣思垂悯，乞敕吏部容臣暂归原籍就医调治。

　　从疏中可以看出，王阳明审查完江北囚徒之后，游历了九华山，一度北上，打算回京复命。但到了五月，行至扬州时，突然病情加重，继而卧床不起。迫不得已，他只好向朝廷请假，乞求回乡养病。

古越阳明子

弘治十五年（1502），王阳明三十一岁。他向朝廷上书，乞求归乡养病。获得批准后，他回到家乡绍兴，筑室于会稽山之阳明洞天。在北部山顶，王阳明还构筑了一个观象台，在那里夜观天象，预测天气，预测天道。

阳明洞天不是一个山洞，而是道教的洞天福地。地址在会稽山脉东部的宛委山，其间有龙瑞宫，唐玄宗时就有贺知章《龙瑞宫记》刻石。山北面是陡崖巨石，巨石形似大佛，南宋大诗人王十朋写《会稽赋》，提到高数十丈的巨石，并题名为"阳明大佛头"。后来，王阳明以此洞名，作为自己的号，并自称古越阳明子。

在《阳明先生行状》中，黄绾写道："养病归越，辟阳明书院，究极仙经秘旨，静坐，为长生久视之道，久能预知。"

据说，王阳明在草堂中修习神仙引导术一个月后，感觉阳神已经能够从身体中自由出入，而且还能预知未来。有一天，他对身边的书童说："有四位相公来此相访，汝可往五云门迎之。"

书童来到五云门静候，果见王文辕、许璋等四人前来拜访。此四人都是王阳明的好友，书童将受王阳明差遣、特意前来相迎一事告知四人。四人都感到诧异，见到王阳明之后，问他："子何以预知吾等之至？"

王阳明笑着说："只是心清。"

后来经常有人前来拜访王阳明，向他请教吉凶祸福。不可思议的是，王阳明大多都能言中。众人都夸赞他，以为是得道的缘故，但王阳明却说："此簸弄精神，非正觉也。"随后绝口不言，不再为他人预测未来。王阳明追求宁静，希望脱离尘网，弃绝杂念，渴望超然出仕隐遁。

王阳明在归乡养病期间作《归越诗》三十五首。通过这些诗歌，仿佛可以窥见王阳明当时访寺问仙、倾慕仙境的情怀，也可以看到他希望超脱世俗、无念无思的愿望。其中两首绝句是：

> 人间酷暑避不得，清风都在深山中。
> 池边一坐即三日，忽见岩头碧树红。
> 两到浮峰兴转剧，醉眠三日不知还。
> 眼前风景色色异，惟有人声似世间。

王阳明当时，正像诗中"池边一坐即三日"和"醉眠三日不知还"所描绘的那样，独坐于深山之中，弃绝一切俗念，在融通无碍的世界中畅游。诗中"坐忘"是《庄子·大宗师》中的词，后来变成了一则寓言：

> 颜回曰："回益矣。"仲尼曰："何谓也？"曰："回忘仁义矣。"曰："可矣，犹未也。"他日复见，曰："回益矣。"曰："何谓也？""回忘礼乐矣！"曰："可矣，犹未也。"他日复见，曰："回益矣！"曰："何谓也？"曰："回坐忘矣。"仲尼蹴然曰："何谓坐忘？"颜回曰："堕肢体，黜聪明，离形去知，同于大通，此谓坐忘。"仲尼曰："同则无好也，化则无常也。而果其贤乎！丘也请从而后也。"

根据孔子和颜回的对话，可以看出"坐忘"其实就是达到物我两忘境界的一种修行方法。

王阳明追求心灵的平静，希望自己也能达到《庄子》中的"坐忘"以及佛教中的"无相无想"的境界，超越世间的一切羁绊。但王阳明的心中还有一份无论如何都挥之不去的牵挂。特别是归越修养后，祖母、父亲对他的关爱，使他无法放下。在绍兴静养一段时间之后，王阳明突然觉悟到："此孝悌一念，生于孩提。此念若可去，断灭种姓矣。此吾儒所以辟二氏。"

至此，王阳明心中的迷雾一扫而空，他悟出了佛学和道教的不足，转而笃信儒学。佛教和道教追求的是弃绝人伦，也就是放弃对亲人的恩爱之念，这完全有悖于王阳明有志于家国民生的志向，王阳明能够迷途知返，幡然悔悟，正是他的伟大之处。

当然，王阳明也受到儒家朋友的启发和影响。

一位是王文辕。王文辕，字司舆，也作思舆，绍兴山阴人。成年后，身体多病，故修行静坐隐居之术。读书喜欢自己体会，不喜欢章句训诂，他曾对别人说："朱子注说多不得经意。"十多年后，即正德十一年（1516）九月，王阳明受朝廷之命，前往江西南赣、福建汀漳二州巡查，平定盘踞当地的叛贼。出发前夕，王文辕对王阳明的弟子说道："阳明此行，必立事功。"众人问其缘由，王文辕回答说："吾触之不动矣。"

另一位是许璋。许璋是王文辕的好友，当王阳明在阳明洞养生时经常去拜访。许璋，字半圭，绍兴上虞人，许璋性格淳厚，潜习性命之学，对世事恬淡无欲。此外，他还善权谋之术，精通天文、地理、兵法和奇门遁甲。他曾把诸葛亮的阵法和奇门遁甲之术传授给王阳明。因此，王阳明在绍兴会稽山阳明洞休养期间，也坚定了事功成圣的决心。

在绍兴休养一段时间后，王阳明又来到杭州西湖疗养。王阳明作过两首与西湖有关的诗，题为《西湖醉中漫书二首》：

> 十年尘海劳魂梦，此日重来眼倍清。
> 好景恨无苏老笔，乞归徒有贺公情。
> 白凫飞处青林晚，翠壁明边返照晴。
> 烂醉湖云宿湖寺，不知山月堕江城。
>
> 掩映红妆莫谩猜，隔林知是藕花开。
> 共君醉卧不须到，自有香风拂面来。

第一首诗的首联写重见西湖的感觉，眼前的西湖美景赏心悦目，使人心旷神怡。颔联写对西湖难以言传的情感，此时借苏轼的诗才以释怀，借贺知章乞归之心以言情。颈联写西湖夕照的美景，尾联写诗人沉溺西湖的神态。西湖的妩媚化解了诗人心中的忧思。第二首诗表达了王阳明对西湖莲花的钟爱，同时也表达了崇敬周敦颐的"爱莲"情怀。

王阳明选择了西湖这片风光明媚的胜地来疗养身心，并且一有闲暇就去当地的古刹。一次，王阳明去虎跑寺游玩，听闻有一禅僧已经坐关三年，终日闭门静坐，不发一语，不视一物。

王阳明径直来到禅僧面前，粗声大气地说："这和尚终日口巴巴说什么？终日眼睁睁看什么？"

和尚受惊不已，立刻起身。摆弄禅机的禅僧反而被王阳明的禅机吓了一跳，觉得王阳明定非凡人，于是毕恭毕敬地行礼问："小僧不言、不语、不视已三年于兹。檀越却口巴巴说什么，眼睁睁看什么，此何说也？"

王阳明没有直接回答，反而问他："汝何处人，离家几年了？"

和尚回答说："某河南人，离家十余年矣。"

王阳明问："汝家中亲族还有何人？"

和尚回答："只有一老母，未知存亡。"

王阳明问："还起念否？"

和尚回答："不能不起念也。"

于是，王阳明说道："汝既不能不起念，虽终日不言，心中已自说着；终日不视，心中自看着了。"

和尚听完这番话，幡然醒悟，合掌向王阳明请教说："檀越妙论，更望开示。"

王阳明回答："父母天性，岂能断灭？你不能不起念，便是真性发现。虽终日呆坐，徒乱心曲。俗语云：爹娘便是灵山佛，不敬爹娘敬甚人。"

和尚听了不禁大哭起来，他对王阳明说："檀越说得极是，小僧明早便归家省吾老母。"

第二天，王阳明再次拜访该寺，问及坐关僧去向，寺内的僧人说，禅僧一早收拾行李启程返乡了。

在王阳明悟得佛教和道教之不足的第二年，即弘治十六年（1503），王阳明三十二岁，是年，他受绍兴太守佟公之邀，从杭州来到会稽山为百姓祈雨，并作《祈雨文》一篇。

早在北京的时候，王阳明一家与佟公是邻居，后来佟公到苏州任职，又到绍兴担任太守，两人关系很好。弘治十六年四月至八月，绍兴地区遭遇大旱。佟公特意请王阳明前来祈雨。之所以邀请王阳明来祈雨，不仅因为王阳明是绍兴的名人，还与王阳明在阳明洞修行道术、能够发挥灵能的传闻有关。在佟公的再三请求下，王阳明回绍兴祈雨。王阳明在《答佟太守求雨》的开篇写道："昨杨、李二丞来，备传尊教，且询致雨之术，不胜惭悚！今早谒节推辱临，复申前请，尤为肯至，令人益增惶惧。天道幽远，岂凡庸所能测识？然执事忧勤为民之意真切如是，仆亦何可以无一言之复！"

王阳明在《答佟太守求雨》中发誓将排斥异端之术，专心致力于修己治人的儒学之道，用自己的诚心来感动山川社稷之神。奇怪的是，求雨两天之后绍兴会稽山地区真的下起了大雨，也许这是被王阳明的诚心所感动的。通过《答佟太守求雨》一文，也可以看到王阳明信奉儒学、排斥道教神仙之学的态度。《答佟太守求雨》，认认真真地讲出了自己的态度：

> 昨杨、李二丞来，备传尊教，且询致雨之术，不胜惭悚！今早谨节推辱临，复申前请，尤为恳至，令人益增惶惧。天道幽远，岂凡庸所能测识？然执事忧勤为民之意真切如是，仆亦何可以无一言之复！
>
> 孔子云："丘之祷久矣。"盖君子之祷不在于对越祈祝之际，而在于日用操存之先。执事之治吾越，几年于此矣。凡所以为民祛患除弊兴利而致福者，何莫而非先事之祷，而何俟于今日？然而暑旱尚存而雨泽未应者，岂别有所以致此者欤？古者岁旱，则为之主者减膳撤乐，省狱薄赋，修祀典，问疾苦，引咎赈乏，为民遍请于山川社稷，故有叩天求雨之祭，有省咎自责之文，有归诚请改之祷。盖《史记》所载汤以六事自责，《礼》谓"大雩，帝用盛乐"，《春秋》书"秋九月，大雩"，皆此类也。仆之所闻于古如是，未闻有所谓书符咒水而可以得雨者也。唯后世方术之士或时有之。然彼皆有高洁不污之操，特立坚忍之心。虽其所为不必合于中道，而亦有以异于寻常，是以或能致此。然皆出小说而不见于经传，君子犹以为附会之谈；又况如今之方士之流，曾不少殊于市井嚚顽，而欲望之以挥斥雷电，呼吸风雨之事，岂不难哉！仆谓执事且宜出斋于厅事，罢不急之务，开省过之门，洗简冤滞，禁抑奢繁，淬诚涤虑，痛自悔责，以为八邑之民请于山川社稷。而彼方士之祈请者，听民间从便得自为之，但弗之禁而不专倚以为重轻。
>
> 夫以执事平日之所操存，苟诚无愧于神明，而又临事省惕，躬帅僚属致恳乞诚，虽天道亢旱，亦自有数。使人事良修，旬日之内，自宜有应。仆虽不肖，无以自别于凡民，使可以诚有致雨之术，亦安忍坐视民患而恬不知顾，乃劳执事之仆，仆岂无人之心者耶？一二日内，仆亦

将祷于南镇，以助执事之诚。执事其但为民悉心以请，毋惑于邪说，毋急于近名。天道虽远，至诚而不动者，未之有也！（《传习录·书信》227页）

王阳明在这封信中，告诉佟太守，他的祈雨与迷信者、道士祈雨的出发点是不一样的，他明辨了迷信之祷和君子之祷，他说："君子之祷不在于对越祈祝之际，而在于日用操存之先。"君子之祷在于敬诚，也就是说，在于全心全意地为民执事。

山东主考官

王阳明结束西湖疗养回到京城。第二年，王阳明被聘为山东乡试的主考官。能在孔孟之乡做主考官，是件十分荣幸的事，当然责任也很重大。王阳明当时已很有名气，所以山东方面特地派人到京城去请。

担任主考官，当然要出试题，这也是衡量一个人的真正水平时，出得好，还能青史留名。王阳明出的试题有十三道经义题、五道策论题，论、表各一题。

《四书》三题："所谓大臣者以道事君，不可则止。""齐民盛服，非礼不动，所以修身也。""禹思天下有溺者，由己溺之也；稷思天下有饥者，由己饥之也。"

《易》二题："先天天弗违，后天奉天时。""河出图，洛出书，圣人则之。"

《书》二题："王懋昭大德，建中于民，以义制事，以礼制心，垂裕后昆。予闻曰：'能自得诗者王。'""继自今，立政其勿以憸人，其惟吉士。"

《诗》二题："不遑启居，狁狁之故。""新庙制以顺人心。"

《春秋》二题："楚子入陈，楚子围郑，晋荀林父帅师，及楚子战于邲，晋师败绩。楚子灭萧。晋人、宋人、卫人、曹人同盟于清丘。""楚子、蔡侯、陈侯、许男、顿子、沈子、徐人、越人伐吾。"

《礼记》二题："君子慎其所以与人者。""心好之，身必安之；君好之，民必欲之。"

论一题："人君之心惟在所养。"

表一题："拟唐张九龄上《千秋金鉴录表》。"

策问"策五道"："礼乐论""佛老批判论""伊尹论与颜回论""风俗论""急务论"。

这些题目十分敏感、冒险。王阳明之所以这样做，当然是结合当时实际情况，希望选拔出有真才实学的士子。

王阳明后来写了《山东乡试录》序，叙述了他出题的原因，映射出他从民生出发思考问题的良苦用心。《山东乡试录》序：

山东，古齐、鲁、宋、卫之地，而吾夫子之乡也。尝读夫子《家语》，其门人高弟，大抵皆出于齐、鲁、宋、卫之叶，固愿一至其地，以观其山川之灵秀奇特，将必有如古人者生其间，而吾无从得之也。今年为弘治甲子，天下当复大比。山东巡按监察御史陆偁辈以礼与币来请守仁为考试官。

故事，司考校者惟务得人，初不限以职任。其后三四十年来，始皆一用学职，遂致应名取具，事归外帘，而糊名易书之意微。自顷言者颇以为不便，大臣上其议。天子曰："然，其如故事。"于是聘礼考校，尽如国初之旧。而守仁得以部属来典试事于兹土，虽非其人，宁不自庆其遭际！又况夫子之乡，固其平日所愿一至焉者，而乃得以尽观其所谓贤士者之文而考校之，岂非平生之大幸欤！虽然，亦窃有大惧焉。夫委重于考校，将以求才也。求才而心有不尽，是不忠也。心之尽矣，而真才之弗得，是弗明也。不忠之责，吾知尽吾心尔矣；不明之罪，吾终且奈何哉！盖昔者夫子之时，及门之士尝三千矣，身通六艺者七十余人。其尤卓然而显者，德行言语则有颜、闵、予、赐之徒，政事文学则有由、求、游、夏之属。今所取士，其始拔自提学副使陈某者盖三千有奇，而得千有四百，既而试之，得七十有五人焉。呜呼！是三千有奇者，皆其夫子乡人之后进而获游于门墙者乎？是七十有五人者，其皆身通六艺者乎？夫今之山东，犹古之山东也，虽今之不逮于古，顾亦宁无

一二人如昔贤者？而今之所取苟不与焉，岂非司考校者不明之罪欤？虽
然，某于诸士亦愿有言者。夫有其人而弗取，是诚司考校者不明之罪
矣。司考校者以是求之，以是取之，而诸士之中苟无其人焉以应其求，
以不负其所取，是亦诸士者之耻也。……然则司考校者之与诸士，亦均
有责焉耳矣。嗟夫！司考校者之责，自今不能以无惧，而不可以有为
矣。若夫诸士之责，其不听者犹可以自勉，而又惧其或以自画也。诸士
无亦曰吾其勖哉，无使司考校者终不免于不明也。其无愧于是举，无愧
于夫子之乡人也矣。（《序记说·杂著》26页）

王阳明的这篇文章讲述了他以主考官的身份来到山东之后的所见、所闻、所
感。他希望能从千百考生中挑出精通六艺的人来。但是他也叹息，如今的山东已
不如往昔，圣人到哪儿去寻呢！

王阳明认为朝廷求贤不得，科举的一些制度束缚就是一个很大的原因，不仅
主考官要负起责任来，考生也要自行努力。

负责山东乡试，王阳明也算是展露才华，但是因为没有附和某些势力，他心
中所想并没有得到完全发挥。王阳明主持山东乡试期间，曾登过泰山，并作《登
泰山五首》（选自《诗赋墓志：祭文》）：

一

晓登泰山道，行行人烟霏。

阳光散岩壑，秋容淡相辉。

云梯挂青壁，仰见蛛丝微。

长风吹海色，飘遥送天衣。

峰顶动笙乐，青童两相依。

振衣将往从，凌云忽高飞。

挥手若相待，丹霞闪余晖。

凡躯无健羽，怅望未能归。

第一首写诗人晓登泰山的所见所感，首先写出泰山的"峻"，再写泰山浓郁
的仙家气氛，诗人不但与仙人对话，而且向往起仙家的生活境界，体现了王阳明

心底的仙家意识和奇思遐想。

二

天门何崔嵬，下见青云浮。

泱漭绝人世，迥豁高天秋。

暝色从地起，夜宿天上楼。

天鸡鸣半夜，日出东海头。

隐约蓬壶树，缥缈扶桑洲。

浩歌落青冥，遗响入沧流。

唐虞变楚汉，灭没如风沤。

蒇矣鹤山仙，秦皇岂堪求？

金砂费日月，颓颜竟难留。

吾意在庞古，泠然驭凉飚。

相期广成子，太虚显遨游。

枯槁向岩谷，黄绮不足俦。

第二首写泰山巍峨雄奇的景象和诗人对人生宇宙的思考。一开始王阳明就抒发了对泰山的崇敬之情，然后联想千年，对秦始皇求仙祈求长生不老的幻想做了讥讽，说明王阳明的慕仙只是回归自然，归隐仙山不是为了长生不老，只是表达不恋仕途、归隐青山的潜在意识。

三

穷崖不可极，飞步凌烟虹。

危泉泻石道，空影垂云松。

千峰互攒簇，掩映青芙蓉。

高台倚巉削，倾侧临崆峒。

失足堕烟雾，碎骨颠厓中。

下愚竟难晓，摧折纷相从。

吾方坐日观，披云笑天风。

赤水问轩后，苍梧叫重瞳。

隐隐落天语，阊阖开玲珑。

去去勿复道，浊世将焉穷！

第三首写泰山的危峻，曲折地流露对浊世的批判态度，也是王阳明流露出世思想的原因。

四

尘网苦羁縻，富贵真露草！

不如骑白鹿，东游入蓬岛。

朝登太山望，洪涛隔缥缈。

阳辉出海云，来作天门晓。

遥见碧霞君，翩翩起员峤。

玉女紫鸾笙，双吹入晴昊。

举首望不及，下拜风浩浩。

掷我《玉虚篇》，读之殊未了；

傍有长眉翁，一一能指道。

从此炼金砂，人间迹如扫。

第四首将泰山的道教氛围和自己的心态融为一体。这首诗中的仙道意识在组诗中体现最明显。尽管王阳明在游泰山期间对仙道的危害已有较深的认识，但长期的习惯还在，一碰到仕途不顺，就会露出归隐的情节。

五

我才不救时，匡扶志空大。

置我有无间，缓急非所赖。

孤坐万峰巅，嗒然遗下块。

已矣复何求？至精谅斯在。

淡泊非虚杳，洒脱无蒂芥。

世人闻余言，不笑即吁怪。

吾亦不强语，惟复笑相待。

　　鲁叟不可作，此意聊自快。

　　第五首写自己空有报国之情、壮志难伸的复杂情感。王阳明在诗中描述了自己登顶之后，抛却世俗之心，纯净无垢的洒脱心境，并表示只有孔子才能理解自己的这一心境。

　　弘治十七年（1504）九月，王阳明回京城后，朝廷下达诏令，将他从刑部云南清吏司主事调兵部武选司主事，负责选拔武官的考试。

　　在任期间，王阳明却干起了自己爱好的事业——身心修炼之学，并开始讲学。当时的学者都沉溺于辞章记诵之学，而不知身心修行为何物。到弘治十八年，也就是王阳明开始讲学的第二年，已有人拜倒在他的门下，跟随学习。

　　王阳明竭诚提倡圣贤之学，但当时的学者因为沉溺于记诵之学和口耳之学太深，反而批判王阳明是在提倡异端、为自己博取名声。

　　但非常庆幸的是，当时有一位学者对王阳明非常支持，这位学者就是翰林院庶吉士湛甘泉。两人一见如故，共同致力于复兴圣学。

　　王阳明和湛甘泉会面时，王阳明当时三十四岁，湛甘泉四十岁。当时的湛甘泉和王阳明一样，也痛感记诵辞章之学之弊，专心致力于身心体认之学。

　　湛甘泉，名若水，字元明，号甘泉，世称"甘泉先生"。弘治十八年（1505）进士。初任翰林院庶吉士，后来被提拔为翰林院编修。嘉靖三年，出任南京国子监祭酒。此后，任兵部尚书。嘉靖十九年，辞职归乡。

　　湛甘泉在很多地方创立书院，直到晚年仍坚持讲学，门人近四千。湛甘泉师从心学家陈献章，继承了宋代程颢对天理的体认的学说，提出了"随处体认天理"的学说。王阳明与湛甘泉会面的时候，王阳明对心学的认识还不是十分深刻，但两人都是以体认为本的学说，一见如故，意气相投也是必然的。

进言下诏狱

　　弘治十八年（1505）五月，孝宗皇帝朱祐樘驾崩，时年三十六岁。当时只有十五岁的皇太子朱厚照继承了皇位，年号改为"正德"。他就是明武宗。

朱祐樘死前为朱厚照指定了三位辅政大臣：端正持重、眼里揉不得半点沙子的刘健；善于辩论，并坚持原则的谢迁和那位让王阳明做《来科状元赋》的李东阳。李东阳，字宾之，号西涯，谥文正。祖籍湖南茶陵。明代中后期茶陵诗派的核心人物，诗人、书法家、政治家。天顺八年进士，授编修，累迁侍讲学士，充东宫讲官，弘治八年以礼部侍郎兼文渊阁大学士，直内阁，预机务。从三位大臣的眼中看朱厚照，朱厚照是个任性自我、我行我素的十五岁的大男孩。无论如何，这样一个半成品皇帝，需要他们精心塑造。而儒家知识分子最大的追求就是把皇帝塑造成德高望重的圣贤。

但是，朱厚照自继位之后，除了在早朝露一面外，其他时间都和刘瑾在一起享受人生。刘瑾出生于陕西贫苦人家，本姓谈，伶俐乖巧，有冒险精神。六岁时跟人到北京城流浪，被一位宫中的刘姓太监收养，遂改名刘瑾。十几岁时，刘瑾在养父的怂恿下主动阉割进入皇宫做了小太监。刘瑾的特长是能在最短时间里摸透别人的心思，于是他先得到了皇帝朱祐樘的喜爱，朱祐樘把他交给太子朱厚照时，在他意料之中地得到了后者更深的宠信。

刘瑾和朱厚照建立了深厚的主仆友谊。这缘于刘瑾对朱厚照各种欲望的纵容和引导，朱厚照一日都不能没有刘瑾。

孝宗从小体质不好，经常生病，因此朝中大事都交给文官们处理，自己很少过问。但是，武宗不喜欢文官，非常反感文官们的繁文缛节和喋喋不休的说教，喜欢与宦官们打成一片。

文官们的意见得不到重视，地位也一落千丈，于是他们联合起来，开始进行声势浩大的争斗。

一方以内阁大学士刘健、谢迁和户部尚书韩文为首，他们的目的就是打压宦官参政，让新皇帝按规矩办事，重新确立文官们在朝中的地位。

另一方是皇帝和一些领头太监。武宗登基之后，立即任命刘瑾为内官监。当时除了刘瑾外宦官集团还有马永成、谷大用、张永、罗祥、魏彬、丘聚、高凤等七人，称为"八虎"。

大学士刘健和李东阳看不惯"八虎"的专横跋扈，上书指斥他们的行为。后来，户部尚书韩文等人也上书直陈"八虎"的罪行。

刘瑾获悉有人弹劾自己之后，立即联合其他七人一起来到皇帝面前哭诉。

结果，武宗不仅不再追究，反而还对他们加以重用，让刘瑾主持司礼监要职，刘健、谢迁和韩文被罢免，皇帝身边的忠臣王岳也被处死。刘瑾就完全控制了政权。

大批文官因为进言，被辞退的辞退，挨打的挨打。

这时，刘健和谢迁决定用多年来赚取的地位、威望和声誉做最后一击——辞职。

他们认为这是一着好棋。因为他们是先皇指定的辅臣，朱厚照再顽劣荒唐，也不可能对他们的辞职无动于衷。朱厚照的确没有无动于衷，他在辞职信上快活地批示了"准"。

刘健和谢迁的时代过去了，他们根本不了解朱厚照，早已把身心都沉浸在玩乐中的朱厚照巴不得他们离开。

刘健和谢迁现在已无回旋余地，只能回家养老。李东阳在送行会上对二人说："我不能走，我要继续您二人未竟的事业。"

刘、谢二人笑了笑，说："好啊，我们的时代结束了，不知道你的时代是否真能开始。"

李东阳的时代没有办法开始。李东阳是个懂政治的人，他看清了刘瑾已经站立很稳，坚如磐石，短时期内，没有任何力量可以把他从高处拉下来。

当北京方面的很多官员要求李东阳扛旗向朱厚照上书挽留刘健、谢迁二人时，李东阳说："你们这不是救人，而是害人。刘瑾对他二人已恨之入骨，我们现在又去挽留，这不是给刘瑾火上浇油吗？先不说诸位的命，刘、谢二人也命不久矣。"

北京方面由此销声匿迹，南京方面开始生龙活虎。

北京方面的"打虎"行动彻底失败后，南京方面接过了这个不可能完成的任务。

刘瑾上欺武宗，下乱朝纲，排斥忠臣，并且还安插自己的心腹掌管重要的职位。正德元年（1506）十月，给事中戴铣、御史薄彦徽共同上书弹劾刘瑾，请求留用刘健和谢迁，"皇上新政，宜亲君子，远小人。不宜轻斥大臣，任用阉寺。"

刘瑾知悉后，向武宗进献谗言，说戴铣等人所述乃一派胡言，并将他们全部打入大牢。

戴铣，字宝之，江西婺源人。薄彦徽，字舜美，山西阳曲人。二人同为弘治九年（1496）进士，并且都是豪放忠直之士。

王阳明在兵部武选司的位置上，结交名家，到处讲学，他的才能已经受到了朝廷的关注，而王阳明自己虽然受到一些势力的干扰，但是总体来说也还收获颇丰，内心感到非常充实，隐隐约约地感觉到自己是在一点点地走在通向"圣贤"的道路上。

面对刘瑾专权，眼看着那些朝中大臣被打的打，跑的跑，降的降，王阳明却并未做出任何举动，他在观察，在认真思索。王阳明并不是贪生怕死、没有原则的人，所以他在思索完毕之后，觉得还是有责任向皇上表达一下自己的看法。于是他上了一道精彩绝伦的奏折——《乞宥言官去权奸以章圣德疏》（《奏疏·公移》10、11页），就是在这个时候，王阳明以一份为戴铣等人辩解的上疏将自己也卷入了这场血雨腥风：

　　臣闻君仁则臣直。大舜之所以圣，以能隐恶而扬善也。臣迩者窃见陛下以南京户科给事中戴铣等上言时事，特敕锦衣卫差官校拿解赴京。臣不知所言之当理与否，意其间必有触冒忌讳，上干雷霆之怒者。但铣等职居谏司，以言为责。其言而善，自宜嘉纳施行。如其未善，亦宜包容隐覆，以开忠谠之路。乃今赫然下令，远事拘囚，在陛下之心，不过少示惩创，使其后日不敢轻率妄有论列，非果有意怒绝之也。下民无知，妄生疑惧，臣切惜之！今在廷之臣，莫不以此举为非宜，然而莫敢为陛下言者，岂其无忧国爱君之心哉？惧陛下复以罪铣等者罪之，则非惟无补于国事，而徒足以增陛下之过举耳。然则自是而后，虽有上关宗社危疑不制之事，陛下孰从而闻之？陛下聪明超绝，苟念及此，宁不寒心！况今天时冻沍，万一差去官校督束过严，铣等在道或致失所，遂填沟壑，使陛下有杀谏臣之名，兴群臣纷纷之议，其时陛下必将追咎左右莫有言者，则既晚矣。伏愿陛下追收前旨，使铣等仍旧供职，扩大公无我之仁，明改过不吝之勇。圣德昭布远迩，人民胥悦，岂不休哉！

　　臣又惟君者，元首也。臣者，耳目手足也。陛下思耳目之不可使壅塞，手足之不可使痿痹，必将恻然而有所不忍。臣承乏下僚，僭言实罪。伏睹陛下明旨有"政事得失，许诸人直言无隐"之条，故敢昧死为陛下一言。伏惟俯垂宥察，不胜干冒战栗之至！

　　王阳明在奏疏里恳求皇帝放了戴铣，奏疏正文半点也没有"去权奸"的意思，也没有提到过宦官刘瑾，奏折写得很有水平，言辞婉转，用语考究，绝无对皇帝的冒犯，也没有对当事人的攻击。王阳明写这道奏折不过是想让皇帝警醒一下，看清楚身边的人。

　　上书以后，皇帝没有声音，专权的刘瑾却把王阳明关到牢里，并处以"廷杖"三十，免掉了兵部武选司主事的职务。

　　王阳明被投入监狱之后，家人和好友都焦急万分，日日盼着他平安无事，早日回家。王阳明虽然心有所忧，却并没有因此意气消沉、万念俱灰，而是谈笑自如、从容镇静。

　　身在狱中，王阳明心里明白，此次的遭遇除了宦官刘瑾作恶多端、排除异己的丑恶嘴脸之外，和当朝皇帝不辨是非，一味听信宠臣言论的做事风格以及懦弱的性格有很大的关系。一次性牵连这么多官员，皇帝却不明是非，不闻不问，任凭宦官随意处置，这种态度让人感到心寒。面对这种局势，王阳明深感无力扭转。

　　王阳明被关入大牢后，遭受的廷杖三十大板对于本来就瘦弱的王阳明来说，并非那么轻易就能够挨过去的。待在监狱的那段时间正好是十二月，正值寒冬腊月，天寒地冻，黑暗的牢狱里王阳明冷得瑟瑟发抖，整夜里都不得安睡。有时心里还反复地自问，为什么要走仕途呢？如果像祖父那样，归隐山林，每日读书吟诗，抛开世俗的尔虞我诈，不也是人生的一大享受吗？那么又哪里需要在此遭这样的罪呢？

　　关于王阳明这段黑暗的牢狱生涯，在后来王阳明留下的诗中可以知晓一二。不过这些诗句都是他对牢狱中寒冷、失眠、孤独之苦的描述，肉体上的痛苦只字未提，一方面可以看出他不愿意被人看到这种痛苦，另一方面从这些诗歌中可以看到王阳明当时已经非常关注学术追求，即使在暗无天日的牢狱之中，仍然在讲学论道，他曾经在狱中写道"累累囹圄间……至道良足悦。"

　　正德元年十二月，王阳明被打入大牢，是在牢中过的新年。在此期间，王阳明写了《狱中诗十四首》。

　　在锦衣卫暗无天日的牢房里，王阳明幸而未受酷刑，只是这突如其来的打击使他有些彷徨，有时决绝，有时又会陷入消沉。决绝时，他写下了《有室七章》，是王阳明在政治上遭受巨大打击之后，对黑暗专制统治和理学失范的深刻反思：

一

有室如簋，周之崇墉。窒如穴处，无秋无冬！

二

耿彼屋漏，天光入之。瞻彼日月，何嗟及之！

三

倏晦倏明，凄其以风。倏雨倏雪，当昼而蒙。

四

夜何其矣，靡星靡粲。岂无白日？寤寐永叹！

五

心之忧矣，匪家匪室。或其启矣，殒予匪恤。

六

氤氲其埃，日之光矣，渊渊其鼓，明既昌矣。

七

朝既式矣，日既夕矣。悠悠我思，曷其极矣！

此诗采用《诗经》的四言句式，独立成章。诗歌从牢房的幽暗无光嗟叹政局的幽暗无光，表达了王阳明对时间流逝的惆怅和无法解释的苦闷之情。但转而说自己的忧思不是为了个人与家庭的命运，只要皇帝可以醒悟过来，自己就算死掉也在所不惜。全诗展示了正直士大夫恪守道德人格理想和"忧国怨深"的情怀。

王阳明狱中诗的"怨愤"之情，在《屋罅月》一诗中表达得更加委婉、细腻和感人：

幽室不知年，夜长昼苦短。

但见屋罅月，清光自亏满。

佳人宴清夜，繁丝激哀管；

朱阁出浮云，高歌正凄婉。

宁知幽室妇，中夜独愁叹！

良人事游侠，经岁去不返。

来归在何时？年华忽将晚。

萧条念宗祀，泪下长如霰。

　　诗人用"屋罅月"这一特定的意象，抒发了亲人分离而长夜相思的情感煎熬。牢狱屋顶漏下来的丝丝月光，常常勾起他的思亲之情。身陷图圄，怕见月光，这是一种悲痛的情感折磨。

　　有时他又会消沉下来，想到退隐，如《读易》一诗所写：

> 囚居亦何事？省愆惧安饱。
> 瞑坐玩羲《易》，洗心见微奥。
> 乃知先天翁，画画有至教。
> 包蒙戒为寇，童牿事宜早；
> 蹇蹇匪为节，虩虩未违道。
> 《遁》四获我心，《蛊》上庸自保。
> 俯仰天地间，触目俱浩浩。
> 箪瓢有余乐，此意良匪娇。
> 幽哉阳明麓，可以忘吾老。

　　此诗是一首经学味很浓的五言古诗，前六句写读易的原因，中间六句如"蒙""童牿""蹇""遁""蛊"等都是《周易》中的卦名。按照古人的智慧，静待其变，一定会有新的起色。

　　读《周易》是中国文人一直有的传统，在艰难困苦之际，很多人都会选择读《周易》，王阳明自然也不例外。王阳明通过读《周易》，忘却了狱中的烦恼和忧愁。王阳明在狱中钻研《易经》，把牢狱当成了思想修炼的场所，最后，他战胜自己，获得了精神上的超越。

　　王阳明在残酷的惩罚面前，没有屈服，反而写下了感人肺腑的《别友狱中》诗：

> 居常念朋旧，薄领成阔绝。
> 嗟我二三友，胡然此簪盍！
> 累累图圄间，讲诵未能辍。
> 桎梏敢忘罪？至道良足悦。
> 所恨精诚眇，尚口徒自蹶。

天王本明圣，旋已但中热。

行藏未可期，明当与君别。

愿言无诡随，努力从前哲！

　　这首诗抒发了王阳明与狱中难友风雨同舟、休戚与共的深厚情谊。

　　王阳明的父亲王华也在朝为官，在王阳明身陷囹圄之时，王华得到权宦刘瑾多次暗示，如果他能够替王阳明认错，在他面前服软，那么刘瑾就完全可以把王阳明无罪释放。但是生性倔强、自视清高的王华怎可能去屈尊求人呢？就连狱中的王阳明也不会答应的。所以，王阳明只得在狱中听凭发落。好在对王阳明的处罚很快就下达了，他被贬到贵州龙场驿当驿丞。这是当时的官吏等级中最低级的官吏，其实充其量就是个役吏而已，称官都有点夸张了。不过对于此时的王阳明来讲，也算是拨开乌云见明月了，终于可以摆脱牢狱之苦，至于今后的路到底去向何方，也只能听天由命了。

第三章　龙场悟道 吾性自足可成圣

亡命走天涯

　　王阳明被贬的文书很快就到了他的手里，他这次被贬到贵州龙场去做驿丞。这个地方位于现在贵州省修文县，属于偏远山区，但在当时却是作为贵州通往川东官道上的九个驿站之一。

　　正德二年（1507）春天，王阳明离开北京。离开时，几位至交好友汪抑之、湛若水、崔子钟等前来送行。大家对王阳明这次远赴贵州都感到惋惜和遗憾，但是无奈自己力量渺小。文人送行，喝酒作诗，王阳明不擅喝酒，对诗却是拿手好戏。于是，千言万语都化作一首首诗作，其中湛若水文采极好，他一挥而就，模仿屈原作《九章》，其中，第七篇的题目为《皇天》，诗曰：

　　　　皇天常无私，日月常盈亏。

　　　　圣人常无为，万物常往来。

　　　　何名为无为，自然无安排。

　　　　勿忘与勿助，此中有天机。

　　最后一首是《天问》：

　　　　天地我一体，宇宙本同家。

　　　　与君心已通，别离何怨嗟。

浮云去不停，游子路转赊。

愿言崇明德，浩浩同无涯。

另外，汪抑之、崔子钟也都写诗赠别。对此诗此景，王阳明无限感慨。于是，他也作诗以咏志，作《八咏》以答，如：

一

君莫歌九章，歌以伤我心。

微言破寥寂，重以离别吟。

别离悲尚浅，言微感逾深。

瓦缶易谐俗，谁辨黄钟音？

二

君莫歌五诗，歌之增离忧。

岂无良朋侣？洵乐相遨游。

譬彼桃与李，不为仓囷谋。

君莫忘五诗，忘之我焉求？

三

洙泗流浸微，伊洛仅如线。

后来三四公，瑕瑜未相掩。

嗟予不量力，跛鳖期致远。

屡兴还屡仆，惴息几不免。

道逢同心人，秉节倡予敢。

力争毫厘间，万里或可勉。

风波忽相失，言之泪徒泫。

四

此心还此理，宁论己与人。

千古一嘘吸，谁为叹离群？

浩浩天地内，何物非同春！

相思辄奋励，无为俗所分。

但使心无间，万里如相亲。

不见宴游交，征逐胥以沦。

五

器道不可离，二之即非性。

孔圣欲无言，下学从泛应。

君子勤小物，蕴蓄乃成形。

我诵穷诗篇，于子既闻命。

如何圜中士，空谷以为静？

六

静虚非虚寂，中有未发中。

中有亦何有？无之即成空。

无欲见真体，忘助皆非功。

至哉玄化机，非子孰于穷。

第一首是赠给湛甘泉的，第二首是赠给崔子钟的，第三、第四、第五、第六首诗歌以诗论道，王阳明自命为道统传人，上接二程，却不以朱熹为然。表现出对道友的信赖和昌明圣学矢志不移的决心。

这一次毕竟是被贬，一个人要远赴人生地不熟的贵州，因此诗中充满了忧郁和感伤。拜别亲友后，他开始踏上了前往贬谪处的征程。孤苦无依的旅途中，他常常会想起这几位挚友所作的诗，反复品读，以慰藉孤苦的内心。

汪俊，字抑之，号石潭，江西人。弘治六年进士，授庶吉士，进翰林院编修。王阳明与他参加会试时认识，当年王阳明不幸落榜，但是汪俊却是会试第一名（会员）。汪俊为人正直，与王阳明十分要好，两人非常默契。离开京城后，王阳明常常睡不着觉，想起好友汪俊，就情不自禁地写了一首《怀抑之》诗：

一日复一日，去子日以远。

惠我金石言，沉郁未能展。

人生各有际，道谊尤所眷。

尝嗤儿女悲，忧来仍不免。

缅怀沧洲期，聊以慰迟晚。

后来的几天里，王阳明也经常想起京城的好友，竟然在梦中都会相见，他写的《梦与抑之昆季语》就能够看出他当时心中的不舍：

> 梦与故人语，语我以相思。
> 才为旬日别，宛若三秋期。
> 令弟坐我侧，屈指如有为。
> 须臾湛君至，崔子行相随。
> 肴醑旋罗列，语笑如平时。
> 纵言及微奥，会意忘其辞。
> 觉来复何有？起坐空嗟咨。

王阳明此去贵州路途遥远，在去之前想着再去余姚看望一下八十八岁的祖母，于是王阳明就沿运河南下，经临清、徐州、淮安、扬州、镇江、苏州，来到杭州。

王阳明到杭州的目的是养病，因为经过牢狱之灾，王阳明的肺病不断加重，要在山清水秀的杭州疗养一段时间，才可以去龙场。

王阳明船到杭州北新关时，他的弟弟们一起前来迎接。王阳明非常高兴，写了《赴谪次新关喜见诸弟》诗：

> 扁舟风雨泊江关，兄弟相看梦寐间。
> 已分天涯成死别，宁知意外得生还。
> 投荒自识君恩远，多病心便吏事闲。
> 携汝耕樵应有日，好移茅屋傍云山。

诗中没有愁肠寸断的哀怨，而是阐明自己对生死、祸福的达观态度。面对"死亡之旅"，表示做好了最坏打算的思想准备，在诗的最后我们看到了作者回家的信心，回来与弟兄们一起耕樵吧！

王阳明在杭州是先住在南屏山麓的净慈寺，上次西湖疗养也住在这里，在此期间，他又作了几首诗，其中一首是《南屏》：

> 溪风漠漠南屏路，春服初成病眼开。
> 花竹日新僧已老，湖山如旧我重来。
> 层楼雨急青林迥，古殿云晴碧嶂回。
> 独有幽禽解相信，双飞时下读书台。

　　岁月流逝，命运多舛。面对湖山如旧，但今非昔比。此刻应是良辰美景虚设，唯有幽禽相伴，读书解忧。诗人抒发了苦闷的心情。

　　在《卧病静慈写怀》一诗中，王阳明抒发了解缨归越的心愿：

> 卧病空山春复夏，山中幽事最能知。
> 雨晴阶下泉声急，夜静松间月色迟。
> 把卷有时眠白石，解缨随意濯清漪。
> 吴山越峤俱堪老，正奈燕云系远思！

　　诗中将自然界新陈代谢与人生易老对举，表达了对命运不定、时世难测的伤感。月色松影，王阳明把卷眠石，但内心迷茫，前途堪忧。

　　但刚到杭州，王阳明就感觉被盯梢了，他知道刘瑾不会轻易放过他，为了避免连累家人，他只有叫家童先回余姚报信，自己则暂避城外胜果寺。

　　胜果寺在钱江边上，更加隐蔽，而且来往香客较少，更适宜于静养。在胜果寺，王阳明作了《移居胜果寺二首》：

> 一
>
> 江上俱知山色好，峰回始见寺门开。
> 半空虚阁有云住，六月深松无暑来。
> 病肺正思移枕簟，洗心兼得远尘埃。
> 富春咫尺烟涛外，时倚层霞望钓台。
>
> 二
>
> 病余岩阁坐朝曛，异景相新得未闻。
> 日脚倒明千顷雾，雨声高度万峰云。
> 越山阵水当吴峤，江月随潮上海门。

便欲携书从此老，不教猿鹤更移文。

这两首诗记录了王阳明当时在胜果寺因肺病修养的情形，面对富春江，王阳明十分向往过严子陵式的淡泊生活。面对朝廷的腐败，仕途的险恶，王阳明发出了"便欲携书从此老，不教猿鹤更移文"的心声。

刘瑾虽然在这次争斗中大获全胜，但是他依然不肯善罢甘休，坚决奉行斩草要除根的原则，对曾经对抗过他的文官们进行悄悄的暗杀。

夏日的一天下午，有几名锦衣卫来到胜果寺，寺中王阳明的一位好友马上发现这几人很可疑。好友提醒王阳明说："最近住进了几个北方口音的人，脸上都是杀气，可能是来找你的。"

王阳明怦然心动，立即让好友去侦察虚实。于是，他的这位好友就请锦衣卫吃大餐。酒喝得差不多了，王阳明的好友开门见山地问道："你等为何要杀王阳明？"锦衣卫也是明人不做暗事："奉了刘公公之命。"好友说："何时动手？"锦衣卫回答说："今晚。"

王阳明的好友说："王阳明有病躺在房中，虽是必死，我们也无话说，只是佛家净地动手不是办法，最好黄昏以后到钱塘江边，风高浪急，不知不觉。"

锦衣卫点头，叫寺僧把王阳明的房间悄悄锁上，接着开怀大饮，为杀王阳明壮胆。王阳明的好友一边劝酒，一边悄悄地通知王阳明：等天一黑就跑路。

王阳明得信，在房间的一面墙壁前写了《绝命诗》一首：

学道无成岁月虚，天乎至此欲何如。
生曾许国渐无补，死不忘亲恨不余。
自信孤忠悬日月，岂论遗骨葬江鱼。
百年臣子悲何极，日夜潮声泣子胥。

这首诗一看就是命绝了，王阳明在最后说自己跟春秋时期的伍子胥差不多。伍子胥被害后，尸体被投入钱塘江，传说钱塘江大潮的声音是纪念伍子胥的哭声。

写完一首，意犹未尽，又写一首，写完还作一篇《绝命辞》，在《绝命辞》最后写上"投江以谢皇上"六个字。大作完成，王阳明便带上行李出门了，来到钱塘江边，他脱下外衣鞋子，然后上了一艘船。

这边，两个锦衣卫喝得醉醺醺的，觉得已是月上柳梢头了，便来到王阳明的房间，开门不见王阳明，但见墙上两首《绝命诗》和桌上的《绝命辞》，见到"投江以谢皇上"几个字，知道是王阳明投江自杀。为了复命，锦衣卫是活要见人，死要见尸，于是，匆忙追到江边，看见岸边一件外套，一只鞋子，还有一只鞋子漂在江上。锦衣卫认定王阳明确已投江而死，有实物在手，也可以复命了。

第二天，寺僧把王阳明投江而死的情况报告了杭州府，许多王阳明的弟子、朋友都到江边祭祀慰灵。这时，正是准备秋天乡试时节，王阳明的弟弟王守文也在杭州，闻讯来到江边哭祭王阳明，胜果寺住持把王阳明的《绝命辞》等遗物都交给了王守文。这样一来，众人都确信王阳明真的投水而亡了。

甩掉刺客的王阳明随商船出海，由于大北风，漂泊一天一夜竟然来到了福建的北部。王阳明乘坐的船好不容易靠岸之后，他就赶紧上了岸。这时，天色已晚，四周都是荒山野岭，无奈之下他只能顺着山道走，走了几里地后，发现前面有一座寺庙。看到了能够居住的地方，他才感到心里踏实些，赶紧上前去敲门。却没有想到，开门的和尚上下打量了他一下说："本寺有禁约，不留夜客歇宿。寺旁有野庙久废，可往他处歇宿。"说完关上了大门。

王阳明没有办法，只好去找野庙就宿。

走了很久后，他看到不远处似乎又有一座庙宇。于是，他欣喜地跑过去，却发现这座庙已经废弃，四周都是残垣断壁，早已无人居住。但是，即便如此，也比露宿荒山要好，他就蜷缩在屋子的一角睡下了，心想可以到天亮再赶路。

由于一路的颠沛流离，王阳明很快就睡着了。睡到半夜的时候，却听到耳边有野兽的咆哮之声，他被惊醒了，发现身边什么也没有后才又沉沉地睡去了。

翌日清晨，周围都静悄悄的。寺僧在半夜听到老虎咆哮之声，以为夜宿野庙之人已经被老虎吃了，于是就想将王阳明的行囊和财物据为己有。当寺僧来到野庙后，发现王阳明横躺在地上。寺僧想确认一下王阳明到底死了没有，于是就用棍子敲了敲他的腿。王阳明惊坐起来，反而把寺僧吓了一跳。

王阳明看到他，心中很是不满，倒是寺僧带着愧疚之情，主动解释昨晚的事情。原来，这一带经常有歹徒行凶抢劫，因此寺庙一般不愿意接待生人。之后，和尚又假惺惺地问他："不知昨夜你是否就在此处休息？"王阳明说："我一过路之人，你又不肯收留，当然只能在此处休息了。"和尚大为惊讶地说："施主真是福大命大，这座山上经常有老虎出没，这座破庙也早已成了虎穴，不知昨晚你是如何逃过一劫的？"

王阳明一听此话，就明白了这位和尚的歹毒用心，明明知道此处有虎，却仍然不肯收留，硬逼着自己在此处安身。他今天出现在此，不是担心他，而是看他有没有被老虎吃掉，真是虚伪的人！转念一想，王阳明决定来个将计就计，他装作非常不屑一顾的样子说："昨夜的确有老虎出没，我刚刚睡下，就有猛虎咆哮之声由远及近，我心想，此时既然无法脱身，就干脆以静制动，于是就原地不动，与老虎相对。老虎竟然被吓得不敢近前，之后就跑了。你说这是何道理？"

寺僧听后，非常吃惊，他再次上下打量着王阳明说："你定然是个贵人，能够让猛虎惧怕的人，一定有过人之处！"说完，就一改之前冷冰冰的态度，非常殷勤地邀请王阳明到寺庙中歇息。

王阳明拗不过他，就跟随他来到寺庙。进入庙中，王阳明看到寺院内古树参天、环境幽雅，极其幽静，细细一看，发现这里居然是福州五大禅寺之一的千年古刹涌泉寺！王阳明顿时对这里增加了敬重之情，但是刚才那位和尚的卑劣行径，又让他感到世风日下的悲凉。

王阳明来到了寺中的一座大殿内，突然发现一位道士，当他正诧异庙中怎会出现道士时，又觉得这道士、这光景非常眼熟，可是又实在想不起来，不觉地停下了脚步，仔细琢磨起来。他再端详道士的面庞，一下子想到了这位道士正是二十多年前南昌铁柱宫的那位无为道士！这让他感到万分惊喜。

王阳明发现这道士也在注视着他，四目相对，甚是感动！道士带着王阳明来到了一个僻静的屋子，王阳明将自己这些年来的情形细细地说来，无为道士非常认真地听完他的叙述后，问他有何打算。王阳明不免对前途感到失意，想要学祖父归隐山林。

无为道士听后，再三摇头，说王阳明如今已经是被朝廷贬谪，如何能够脱身？即便真的能够隐姓埋名，远走他乡，家人也难以逃脱，一走了之，不是最好的解决办法。

王阳明听后也为自己的任性感到愧疚，这才算是真正意识到自己的处境。他诚恳地向无为道士征询以后的去处，无为道士思索片刻，对他说，放弃志向也可全身而退，只是拥有这么深的学问，就这样放弃，岂不可惜。为了激发王阳明的斗志，无为道士以上天的旨意来鼓舞他的信心。无为道士特意为他占了一卜，算得"明夷"，意为黎明前的黑暗。既然是"黎明前的黑暗"，那光明就不远了。无为道士还为王阳明写了一首诗：

> 二十年前已识君，今来消息我先闻。
> 君将性命轻毫发，谁把纲常重一分。
> 寰海已知夸令德，皇天终不丧斯文。
> 英雄自古多折磨，好拂青萍建大勋。

诗中，无为道士对王阳明寄予了建立彪炳史册大功勋的期望。两人促膝长谈后，王阳明心中的郁闷已经消解大半，他似乎又找回了那个英姿勃发、斗志昂扬的自己，于是就写下了一首《泛海》诗以咏志：

> 险夷原不滞胸中，何异浮云过太空。
> 夜静海涛三万里，月明飞锡下天风。

此诗写于王阳明从海上附舟漂至福建登陆后，上武夷山题诗于寺院壁间。题诗前，王阳明卜得"明夷"卦。根据卦意所示，克服一切艰难，始能有利。王阳明领悟，决意放弃遁世的念头，继续赴谪。

看到这首诗，一旁的道士不由得为王阳明的志向而喝彩！关于这次奇遇，王阳明的弟子有不同详略的记载，真实性还有待考证，但是不管这次的奇遇是真是假，可以肯定的是王阳明前往贵州的道路是极为坎坷的。

王阳明与道士告别后，心情豁然开朗，不再有其他的念头。王阳明沿着小道登上了武夷山。在山中游玩期间，他在岩壁上题诗《武夷次壁间韵》：

> 肩舆飞度万峰云，回首沧波月下闻。
> 海上曾为沧水使，山中又拜武夷君。
> 溪流九曲初谙路，精舍千年始及门。
> 归去高堂慰垂白，细探更拟在春分。

这首诗前面两句，说明人生旅途有偶然性，又有"天无绝人之路"的必然性。谪旅没有从精神上摧毁王阳明，反而在磨炼中体悟了生命的顽强和壮丽。

王阳明下了武夷山后，先取道南京探望父亲，当时王华为南京礼部尚书。在南京修整好后，王阳明没有直接去贵州，而是取道杭州，回到余姚看望祖母。

一路西南行

王阳明在余姚，告别祖母，准备西行，这时妹婿徐爱带着好友蔡宗兖、朱节来了，郑重其事地行了纳贽拜师之礼，"奋然有志于学"。这三人是刚刚在浙江乡试考试中考得举人资格的年轻人，凭着一腔热血拜王阳明为师，这三人是阳明心学的第一代传人，其中又以徐爱最为关键，徐爱之于王阳明，正如颜渊之于孔子。

徐爱，字曰仁，号横山，绍兴府余姚人。他是王阳明的妹婿，比王阳明小十六岁，正德三年（1508）进士，后任南京兵部郎中，因病于正德十二年（1517）辞职返乡。

蔡希渊，名宗兖，字希渊，号我斋，绍兴山阴人，正德十二年（1517）进士。曾任翰林院庶吉士，性格耿直，不随流俗，常为当政者嫌恶。

朱守中，名节，字守中，号白浦，绍兴山阴人，正德八年（1513）进士。朱守中后来出任御史，是一位以天下为己任的官员。

师生名分既定，王阳明匆匆上路，临行前写下一篇《别三子序》：

自程、朱诸大儒没而师友之道遂亡。《六经》分裂于训诂，支离芜蔓于辞章业举之习，圣学几于息矣。有志之士思起而兴之，然卒徘徊咨嗟，逡巡而不振；因弛然自废者，亦志之弗立，弗讲于师友之道也。夫一人为之，二人从而翼之，已而翼之者益众焉，虽有难为之事，其弗成者鲜矣。一人为之，二人从而危之，已而危之者益众焉，虽有易成之功，其克济者亦鲜矣。故凡有志之士，必求助于师友。无师友之助者，志之弗立弗求者也。自予始知学，即求师于天下，而莫予诲也；求友于天下，而与予者寡矣；又求同志之士，二三子之外，邈乎其寥寥也。殆予之志有未立邪？盖自近年而又得蔡希颜、朱守忠于山阴之白洋，得徐曰仁于余姚之马堰。曰仁，予妹婿也。希颜之深潜，守忠之明敏，曰仁之温恭，皆予所不逮。三子者，徒以一日之长视予以先辈，予亦居之而弗辞。非能有加也，姑欲假三子者而为之证，遂忘其非有也。而三子者，亦姑欲假予而存师友之仪羊，不谓其不可也。当是之时，其相与也，亦渺乎难哉！予有归隐之图，方将与三子就云霞，依泉石，追濂、洛之遗风，求孔、颜之真趣，洒然而乐，超然而游，忽焉而忘吾之老也。

今年三子者为有司所选，一举而尽之。何予得之之难，而有司者袭取之之易也！予未暇以得举为三子喜，而先以失助为予憾；三子亦无喜于其得举，而方且憾于其去予也。漆雕开有言：“吾斯之未能信”，斯三子之心欤？曾点志于咏歌浴沂，而夫子喟然与之，斯予与三子之冥然而契，不言而得之者欤？三子行矣，遂使举进士，任职就列，吾知其能也，然而非所欲也。使遂不进而归，咏歌优游有日，吾知其乐也，然而未可必也。天将降大任于是人，必先违其所乐而投之于其所不欲，所以衡心拂虑而增其所不能。是玉之成也，其在兹行欤！三子则焉往而非学矣，而予终寡于同志之助也！三子行矣。“深潜刚克，高明柔克”，非箕子之言乎？温恭亦沉潜也，三子识之，焉往而非学矣。苟三子之学成，虽不吾迩，其为同志之助也，不多乎哉！

增城湛原明宦于京师，吾之同道友也，三子往见焉，犹吾见也已。

文中，王阳明叙说了朱熹以后圣学的逐渐消亡，辞章之学兴盛，儒家经典成为考试的工具。追求圣学的人不多，自己成了弘扬圣学的担当者。当然复兴儒学是本人追求的大事，有志者事竟成，立志很重要。文中流露着一种“天将降大任于是人也”的使命感，成为圣人，舍我其谁！

王阳明辞别故乡，经江西、湖南而赴贵州。三十七岁的王阳明于正德三年（1508）元夕途经广信，当地蒋知府不避嫌疑，亲自登舟探访，真令迁客王阳明暖心，于是写了《广信元夕蒋太守舟中夜话》：

楼台灯火水西东，箫鼓星桥渡碧空。

何处忽谈尘世外，百年惟此月明中。

客途孤寂浑常事，远地相求见古风。

别后新诗如不惜，衡南今亦有飞鸿。

知府亲临使王阳明十分欣喜，但也有故旧无寻的怅惘，遥想二十年前于此拜访娄谅，而今物是人非，身为贬官，前途未卜，不免伤感。这首诗通过舟中夜话这个动人的插曲，集中地反映了王阳明与正直地方官员的深厚情谊。

接着王阳明写了《夜泊石亭寺用韵，呈陈娄诸公，因寄储柴墟都宪及乔白岩太常诸友》：

一

廿年不到石亭寺，惟有西山只旧青。

白拂挂墙僧已去，红兰照水客重经。

沙村远树凝春望，江雨孤篷入夜听。

何处故人还笑语，东风啼鸟梦初醒。

二

怅望沙头成久坐，江洲春树何青青。

烟霞故国虚梦想，风雨客途真惯经！

白璧屡投终自信，朱弦一绝好谁听？

扁舟心事沧浪旧，从与渔人笑独醒。

王阳明的"白璧屡投终自信"，表明了自己即使受到再严厉的刑罚，也不会改变初衷，即使刘瑾如何残酷迫害，内心也决不会动摇。"朱弦一绝好谁听"是用"清庙之瑟"喻指自己的信仰，就是说自己的信仰即使不被世间所容，那又有什么可以抱怨的呢？

一路走来，地方官员给予了热情的接待，王阳明是贬官，但是大家看重的是他的人品、他的才情。《游岳麓书事》一诗则十分形象地叙述了王阳明与正直地方官员之间的人间真情：

醴陵西来涉湘水，信宿江城沮风雨。
不独病齿畏风湿，泥潦侵途绝行旅。
人言岳麓最形胜，隔水溟蒙隐云雾；
赵侯需晴邀我游，故人徐陈各传语；
周生好事屡来速，森森雨脚何由住！
晓来阴翳稍披拂，便携周生涉江去。
戒令休遣府中知，徒尔劳人更妨务。
橘洲僧寺浮江流，鸣钟出延立沙际。
停桡一至答其情，三洲连绵亦佳处。
行云散漫浮日色，是时峰峦益开霁。
乱流荡桨济倏忽，系械江边老檀树。
岸行里许入麓口，周生道予勤指顾。
柳溪梅堤存仿佛，道林林壑独如故。
赤沙想像虚田中，西屿倾颓今冢墓。
道乡荒趾留突兀，赫曦远望石如鼓。
殿堂释菜礼从宜，下拜朱张息游地。
凿石开山面势改，双峰辟阙见江渚；
闻是吴君所规画，此举良是反遭忌。
九仞谁亏一篑功，叹息遗基独延伫！
浮屠观阁摩青霄，盘据名区遍寰宇；
其徒素为儒所摈，以此方之反多愧。
爱礼思存告朔羊，况此实作匪文具。
人云赵侯意颇深，隐忍调停旋修举；
昨来风雨破栋脊，方遣圬人补残敝。
予闻此语心稍慰，野人蔬蕨亦罗置；
欣然一酌才举杯，津夫走报郡侯至。
此行隐迹何由闻？遣骑候访自吾寓；
潜来鄙意正为此，仓卒行庖益劳费。
整冠出迓见两盖，乃知王君亦同御。
肴羞层叠丝竹繁，避席兴辞恳莫拒。

多仪劣薄非所承，乐阕觞周日将暮。
黄堂吏散君请先，病夫沾醉须少憩。
入舟暝色渐微茫，却喜顺流还易渡。
严城灯火人已稀，小巷曲折忘归路。
仙宫酣倦成熟寐，晓闻檐声复如注。
昨游偶遂实天假，信知行乐皆有数。
涉躐差偿夙好心，尚有名山敢多慕！
齿角盈亏分则然，行李虽淹吾不恶。

这首古体叙事诗，记叙了王阳明携周生共同游览岳麓名胜的情形，抒发了王阳明不以贬谪为怀，乐观、亲近自然的兴趣，以及与长沙地方官、朋友之间的真挚情谊，重点写出了长沙赵太守和王推官真诚相待的人间真情。

沿途探胜讲学，成为谪旅的重要内容。他在滞留长沙时与友人涉湘江、登岳麓，随处与友人交流圣学，《涉湘于迈，岳麓是尊，仰止先哲，因怀友生丽泽，兴感伐木，寄言二首》记录了当时的情景：

一

客行长沙道，山川郁绸缪。
西探指岳麓，凌晨渡湘流；
逾冈复陟巘，吊古还寻幽。
林壑有余采，昔贤此藏修；
我来实仰止，匪伊事盘游。
衡云闲晓望，洞野浮春洲。
怀我二三友，《伐木》增离忧。
何当此来聚？道谊日相求。

二

林间憩白石，好风亦时来。
春阳熙百物，欣然得予怀。
缅思两夫子，此地得徘徊。
当年靡童冠，旷代登堂阶。

高情诇今昔，物色遗吾侪。

顾谓二三子，取瑟为我谐。

我弹尔为歌，尔舞我与偕。

吾道有至乐，富贵真浮埃！

若时乘大化，勿愧点与回。

陟冈采松柏，将以遗所思；

勿采松柏枝，两贤昔所依。

缘峰践台石，将以望所期；

勿践台上石，两贤昔所跻。

两贤去邈矣，我友何相违？

吾斯未能信，役役空尔疲。

胡不此簪盍，丽泽相遨嬉？

渴饮松下泉，饥餐石上芝。

偃仰绝余念，迁客难久稽。

洞庭春浪阔，浮云隔九疑。

江洲满芳草，目极令人悲。

已矣从此去，奚必兹山为！

恋系乃从欲，安土惟随时。

晚闻冀有得，此外吾何知！

　　这两首五言古诗，内容是吊古、敬仰先哲，及怀友抒情。但王阳明的重点是表达"点回"乐境的向往。他用"伐木""丽泽"委婉含蓄地表达了怀友、共创圣学的精神寄托。

　　王阳明艰难地继续前往龙场，到龙场时已是春天。但龙场是一块难以想象的荒蛮之地。当时的贵州，在明朝十三个布政司中是设置最晚的，由于地理位置偏僻，交通不便，开发也是较晚的。王阳明这次走的路线是从湖南出发，经过湘江到达广西，再从广西经过云南，到达贵州。

　　王阳明这次要去的龙场，坐落在今贵州省贵阳市修文县，距离贵阳还有大概八十里的路程。龙场的四周都是高山叠嶂、树木茂盛，几乎看不到人烟。山高路远，险象环生，丛林中毒蛇、猛兽经常出没。

　　王阳明到达这里后，偶尔能够碰到一些苗人、彝人、瑶人路过此地，或者就是逃避官府抓捕的逃犯，这使王阳明感到了一种从未有过的孤独和寂寞。

　　龙场驿是在明太祖洪武年间设立的，但是，王阳明来到这里的时候，龙场驿已经名存实亡，完全没有了以前的热闹。龙场驿的建制，只有驿丞一名、马二十三匹、卧具二十三副，但洪武年间的建制到了正德年间也只是徒有虚名罢了，此时的驿站几乎与废墟无异。

悲悯《瘗旅文》

　　踏入与贵州相交的湘西少数民族地区以后，王阳明就用惊异的目光审视异域的山水风情。在进入贵州龙场的时候，最能反映当时忧伤心情的是《去妇叹》五首，题下有小序："楚人有间于新娶而去其妇者。其妇无所归，去之山间独居，怀绻不忘，终无他适。予闻其事而悲之，为作《去妇叹》。"

一

委身奉箕帚，中道成弃捐。
苍蝇间白璧，君心亦何怨！
独嗟贫家女，素质难为妍。
命薄良自喟，敢忘君子贤？
春华不再艳，颓魄无重圆。
新欢莫终恃，令仪慎周还。

二

依违出门去，欲行复迟迟。
邻姬尽出别，强语含辛悲。
陋质容有缪，放逐理则宜；
姑老藉相慰，缺乏多所资。
妾行长已矣，会面当无时！

三

妾命如草芥，君身比琅玕。

奈何以妾故，废食怀愤冤？

无为伤姑意，燕尔且为欢；

中厨存宿旨，为姑备朝餐。

畜育意千绪，仓卒徒悲酸。

伊迩望门屏，盍从新人言。

夫意已如此，妾还当谁颜！

四

去矣勿复道，已去还踟蹰。

鸡鸣尚闻响，犬恋犹相随。

感此摧肝肺，泪下不可挥。

冈回行渐远，日落群鸟飞。

群鸟各有托，孤妾去何之？

五

空谷多凄风，树木何萧森！

浣衣涧冰合，采苓山雪深。

离居寄岩穴，忧思托鸣琴。

朝弹别鹤操，暮弹孤鸿吟。

弹苦思弥切，巉岏隔云岑。

君聪甚明哲，何因闻此音？

　　王阳明在诗中借楚人新娶而去其妇的传闻，用组诗的形式塑造了一个高压淳朴而被丈夫无情抛弃的弃妇形象。同时，王阳明希望"君聪甚明哲，何因闻此音？"说明王阳明在谪旅中始终没有停止对圣学的思考，孜孜不倦地探求人生、社会的道理。

　　初到龙场，无处居住。王阳明自己动手搭建低矮的草棚，野兽环居，生活极端艰难。《初至龙场无所止结草庵居之》一诗真实地记录了当时的居住状况：

　　草庵不及肩，旅倦体方适。

开棘自成篱，土阶漫无级；
迎风亦萧疏，漏雨易补缉。
灵濑响朝湍，深林凝暮色。
群獠怀聚讯，语庞意颇质。
鹿豕且同游，兹类犹人属。
污樽映瓦豆，尽醉不知夕。
缅怀黄唐化，略称茅茨迹。

自己搭建的草屋虽然非常简陋，但是王阳明是个天性乐观之人，而且感觉十分愉悦。房子建好后，也就有了固定居所，原本很难见到他人的地方，竟然经常会有当地的少数民族居民前来造访。相互之间有了简单的交流，也逐渐打消了孤独感。

王阳明还带着仆人四处游走，翻山越岭，考察周边环境，常常会有新的发现，让他颇有心旷神怡之感。一日，他带着仆人四处游逛之时，竟然发现一处石洞，和老家绍兴会稽山阳明洞天差不多。这使他感到非常兴奋，当即就冒出了搬到这里居住的念头。

说搬就搬，四个人卷起铺盖，来到山洞，安顿完毕，有人提议王阳明给新居取名，王阳明随即就说，叫"阳明小洞天"吧！话音刚落，大家鼓掌称好。

新居落成当有所记，今天我们会在《始得东洞遂改为阳明小洞天三首》诗中读出一种"大隐之内，其乐也融融"的意味：

一

古洞闷荒僻，虚设疑相待。
披莱历风磴，移居快幽垲。
营炊就岩窦，放榻依石垒。
穹室旋薰塞，夷坎仍扫洒。
卷帙漫堆列，樽壶动光彩。
夷居信何陋，恬淡意方在。
岂不桑梓怀？素位聊无悔。

二

童仆自相语，洞居颇不恶。

人力免结构，天巧谢雕凿。

清泉傍厨落，翠雾还成幕。

我辈日嬉倨，主人自愉乐。

虽无荣戟荣，且远尘嚚聒。

但恐霜雪凝，云深衣絮薄。

三

我闻莞尔笑，周虑愧尔言。

上古处巢窟，坏饮皆污樽。

沍极阳内伏，古穴多冬暄。

豹隐文始泽，龙蛰身乃存。

岂无数尺椽，轻裘吾不温。

邈矣箪瓢子，此心期与论。

　　第一首记述阳明小洞天的开发经过，第二首开始变得有趣，看来王阳明的乐观态度已经深深感染了身边的童仆，就连他们也开始认真体会这石洞生活的佳处了。童仆们发现这石洞这好那好，只有一点略堪忧虑，那就是怕冬天洞里太冷，没有足够的棉衣、棉被过冬。第三首字面上是王阳明对童仆们之忧虑的答复，更深一层的意思是对君子境界的一种标榜。为了打消童仆们的疑虑，王阳明从今昔对比入手：上古巢居，生活水平还远不如我们；接下来给出"科学解释"，说阳气会在洞里封闭不散，所以洞内的冬天反而很有暖意。

　　在龙场驿的遭际，于王阳明当时写下的《瘗旅文》可见一斑。《瘗旅文》后来被《古文观止》收录，成为传诵天下的名文：

　　维正德四年秋月三日，有吏目云自京来者，不知其名氏。携一子一仆，将之任，过龙场，投宿土苗家。予从篱落间望见之，阴雨昏黑，欲就问讯北来事，不果。明早，遣人觇之，已行矣。薄午有人自蜈蚣坡来，云："一老人死坡下，傍两人哭之哀。"予曰："此必吏目死矣。伤哉！"薄暮，复有人来，云："城下死者二人，傍一人坐哭。"询其状，则其子又死矣。明日，复有人来，云："见坡下积尸三焉。"则其仆又死矣。呜呼伤哉！念其暴骨无主，将二童子持畚、锸往瘗之，二童子有难色然。予曰："嘻！吾与尔犹彼也！"二童悯然涕下，请往。就其傍山麓为三坎，埋之。又以只鸡、饭三盂，嗟吁涕洟而告之。曰：

呜呼伤哉！繄何人？繄何人？吾龙场驿丞余姚王守仁也。吾与尔皆中土之产，吾不知尔郡邑，尔乌为乎来为兹山之鬼乎？古者重去其乡，游宦不逾千里。吾以窜逐而来此，宜也。尔亦何辜乎？闻尔官吏目耳，俸不能五斗，尔率妻子躬耕可有也。乌为乎以五斗而易尔七尺之躯？又不足，而益以尔子与仆乎？呜呼伤哉！尔诚恋兹五斗而来，则宜欣然就道，胡为乎吾昨望见尔容蹙然，盖不任其忧者？夫冲冒雾露，扳援崖壁，行万峰之顶，饥渴劳顿，筋骨疲惫，而又瘴厉侵其外，忧郁攻其中，其能以无死乎？吾固知尔之必死，然不谓若是其速，又不谓尔子尔仆亦遽然奄忽也！皆尔自取，谓之何哉！吾念尔三骨之无依而来瘗尔，乃使吾有无穷之怆也。呜呼痛哉！纵不尔瘗，幽崖之狐成群，阴壑之虺如车轮，亦必能葬尔于腹，不致久暴露尔。尔既已无知，然吾何能违心乎？自吾去父母乡国而来此，三年矣，历瘴毒而苟能自全，以吾未尝一日之戚戚也。今悲伤若此，是吾为尔者重，而自为者轻也。吾不宜复为尔悲矣。吾为尔歌，尔听之。歌曰：

连峰际天兮，飞鸟不通。游子怀乡兮，莫知西东。莫知西东兮，维天则同。异域殊方兮，环海之中。达观随寓兮，奚必予宫。魂兮魂兮，无悲以恫！

又歌以慰之，曰：

与尔皆乡土之离兮，蛮之人言语不相知兮。性命不可期，吾苟死于兹兮，率尔子仆，来从予兮。吾与尔遨以嬉兮，骖紫彪而乘文螭兮，登望故乡而嘘唏兮。吾苟获生归兮，尔子尔仆，尚尔随兮，无以无侣悲兮！道傍之冢累累兮，多中土之流离兮，相与呼啸而徘徊兮。餐风饮露，无尔饥兮。朝友麋鹿，暮猿与栖兮。尔安尔居兮，无为厉于兹墟兮！（《诗赋·墓志·祭文》240页）

　　文章叙述一名不知姓名的吏员带着一子一仆途经龙场驿，前往偏远的蛮荒之地赴任，结果暴毙于途中的悲惨情景。王阳明出于怜悯之情为之葬、为之歌。一方面是悲吏员的不幸，另一方面也描述了龙场处境的险恶。但王阳明是有理想的人，两年多的龙场生活，他从不悲观，反而把这艰苦生活当作磨砺自己的最好机会，所以，王阳明坚强地活了下来。

　　王阳明主仆在"阳明小洞天"中的生活虽然新奇，但是时间一长，就觉得有问题了，艰难的环境使得大家很快都感觉到了身体上的不适。原来，石洞阴冷潮湿，终日不见太阳，很容易滋生疾病。好在王阳明自会静功，有抵抗能力，倒是苦了三个仆人，他们三个很快就病倒了，不得不卧床休息。王阳明天性善良，再加上和他们相处的日子里，可谓患难与共、生死相依，因此，他每天只身到四周的山上采药，回来就生火熬制汤药给他们三人喝。仆人们哪里受过如此待遇，心中自然是感激不尽。

　　但是，在王阳明看来，三人每日神情焦虑，病情也不见好转，于是他就再三询问其中的缘由。仆人们这才说出了他们内心的恐惧，原来当地的民众非常信奉诅咒蛊毒的法术。而人一旦生病，很可能就是被诅咒的，这样一来即使药草也无法医治。王阳明得知后，也感到束手无策。如何才能消除他们内心的恐惧呢？忽然，王阳明计上心头，他想如果自己能够占卜算卦，三人肯定对他会崇拜有加。于是，他就装模作样地算卦，告诉他们诅咒已经解除，不久就会痊愈。三人信以为真，病情也就好了一半。在王阳明的照料下，三人不久就康复了。

　　可是接下来王阳明自己也病了，当地人出于好意，建议王阳明用巫术治病，却被他婉转地拒绝了，他还写了一首诗《却巫》：

> 卧病空山无药石，相传土俗事神巫。
> 吾行久矣将焉祷，众议纷然反见迂。
> 积习片言容未解，舆情三月或应孚。
> 也知伯有能为厉，自笑孙侨非丈夫。

　　诗中用到两则典故。"吾行久矣将焉祷，众议纷然反见迂。"
孔子生病的时候，弟子子路急着要给老师祷告，却被孔子谢绝了。"也知伯有能为厉，自笑孙侨非丈夫。"郑国的大臣伯有，因为争权被杀，哄传他的阴魂化作厉鬼，接着政敌一连死了几个，弄得上下一片恐慌。事情与子产无关，但他心里也颇不轻松。王阳明当然要讥笑子产不是大丈夫了。

王阳明坚持用自己的方法，教仆人采挖草药，坚持静坐，几天以后，他的病也慢慢地好了。

不知不觉，来到贵州已经有些日子了。这里虽然没有京城繁华热闹，也比不上杭州等地富饶喧嚣，但是此处草木葱茏、空气清新，是修身养性的好地方。王阳明也感觉到自己天天跋山涉水，无形中身体已经变得愈来愈健硕，心情也舒畅很多。

龙场生活的最大困难在于粮食不足，经常会出现上顿不接下顿的情况，于是王阳明就向当地人学习种粮的方法。王阳明焚烧草木，开垦耕作土地。他在《谪居绝粮，请学于农，将田南山，永言寄怀》诗中描述种粮的情况：

> 谪居屡在陈，从者有愠见。
> 山荒聊可田，钱镈还易办。
> 夷俗多火耕，仿习亦颇便。
> 及兹春未深，数亩犹足佃。
> 岂徒实口腹？且以理荒宴。
> 遗穗及鸟雀，贫寡发余羡。
> 出来在明辰，山寒易霜霰。

《采蕨》："采蕨西山下，扳援陟崔嵬。"这样一来，谷物就有了剩余。王阳明用剩余的粮食接济穷人，有时还会举办宴会，甚至用遗漏的稻穗喂小鸟。

又如《西园》：

> 方园不盈亩，蔬卉颇成列。
> 分溪免瓮灌，补篱防豕蹢。
> 芜草稍焚薙，清雨夜来歇。
> 濯濯新叶敷，荧荧夜花发。
> 放锄息重阴，旧书漫披阅。
> 倦枕竹下石，醒望松间月。

起来步闲谣，晚酌檐下设。

尽醉即草铺，忘与邻翁别。

诗里抒发的是农家自得其乐的心境，自由快活的生活。做饭没有柴火，王阳明亲率仆人上山砍伐，附带采一些野果充作口粮。《采薪二首》：

一

朝采山上薪，暮采谷中栗。

深谷多凄风，霜露沾衣湿。

采薪勿辞辛，昨来断薪拾。

晚归阴壑底，抱瓮还自汲。

薪水良独劳，不愧食吾力！

二

倚担青岩际，历斧崖下石。

持斧起环顾，长松百余尺。

徘徊不忍挥，俯略涧边棘。

同行笑吾馁，尔斧安用历？

快意岂不能，物材各有适。

可以相天子，众稚讵足识！

第一首主要反映王阳明亲自劳动的情形，第二首则表达了王阳明对自然的态度和独到的人生体悟。

王阳明在龙场定居不久，便与在四周居住的苗人、瑶人、彝人熟识起来，慢慢地也能够用一些语言进行沟通。大家非常喜欢王阳明给他们讲中原发生的故事，当地人十分淳朴和热情，他们把王阳明当作亲密的老师和朋友，相互之间建立了良好的关系。

王阳明在谪三年，第一个元夕是在广信舟中度过的，第三个元夕是离开贵州的舟中度过的。王阳明在龙场过年时，是通过写诗度过的。这一天，他一连写了四首七律，以抒发他对故园、对亲人的思念。其中《元夕二首》：

一

故园今夕是元宵，独向蛮村坐寂寥。

赖有遗经堪作伴，喜无车马过相邀。

春还草阁梅先动，月满虚庭雪未消。

堂上花灯诸弟集，重闱应念一身遥。

二

去年今日卧燕台，铜鼓中宵隐地雷。

月傍苑楼灯彩淡，风传阁道马蹄回。

炎荒万里频回首，羌笛三更谩自哀。

尚忆先朝多乐事，孝皇曾为两宫开。

第一首写元夕之夜，诗人孤独地静坐村头，遥望故园，表达出浓烈的思亲之情。第二首，回忆了自己言事下狱遭贬的情景，尾联借赞前朝的美德，表达了对当朝统治者的否定和愤慨之情。

心学伊甸园

当龙场附近的村民看到王阳明居然住在冰冷潮湿的山洞里时，大家都商量着要给他建造一个舒适的居所，并且很快就破土动工了。动工之前，大家反复地征求王阳明的意见，力求建造的居室满足王阳明的起居、读书、处理政务的要求。

在大家齐心协力的帮助下，新居所居然不到一个月时间就建成了。虽然此屋难以与王阳明在京城的居所相比，但是在方圆几十里内，这已经是规模最大、构造最齐全的房屋，包括居室、书房、客厅、凉亭，远远望去可称得上庄重大方、气势壮观。新居建成后，竟然成了当地的"知名"建筑，再加上王阳明的学识渊博，因此吸引了周围很多读书人前来拜访。王阳明对众多当地人十分感激，作《龙冈新构》诗二首，足以看出当时王阳明的欣喜之情。他在诗小序中写道："诸夷以予穴居颇阴湿，请构小庐。欣然趋事，不月而成。诸生闻之，亦皆来集。请名'龙冈书院'，其轩曰'何陋'。"

一

谪居聊假息，荒秽亦须治。

凿巇薙林条，小构自成趣。

开窗入远峰，架扉出深树。

墟寨俯逶迤，竹木互蒙翳。

畦蔬稍溉锄，花药颇杂莳。

宴适岂专予，来者得同憩。

轮奂非致美，毋令易倾敝。

二

营茅乘田隙，洽旬始苟完。

初心待风雨，落成还美观。

锄荒既开径，拓樊亦理园。

低檐避松偃，疏土行竹根。

勿剪墙下棘，来列因可藩；

莫撷林间萝，蒙笼覆云轩。

素缺农圃学，因兹得深论。

毋为轻鄙事，吾道固斯存。

　　王阳明在这两首诗中，尽情地抒发了乔迁新居的欣喜之情。在王阳明看来，人生的道理就在身边，就在心中。既然如此，有何贵贱。

　　王阳明的生活随着新居的落成陡然间变得忙碌而充实，他经常要接待慕名前来求教的读书人，和他们一起畅谈学术，已经成为他的一大乐事。时间长了，大家都建议王阳明为新居取个名字，王阳明也欣然应允。因凉亭的四周树木葱茏、层峦叠嶂，常常有读书人在这里谈古论今，于是就将此亭命名为"君子亭"；而居室虽然简陋，没有名贵物品的点缀，却是窗明几净、朴实无华，就命名为"何陋轩"。

　　王阳明认为这里既为自己的居所，同时又是传播知识、畅谈学问之地，就将这个居所命名为"龙冈书院"，此名赢得了众人一致的称赞。王阳明也非常高兴，于是就作一篇《何陋轩记》来抒发自己的感想：

　　昔孔子欲居九夷，人以为陋。孔子曰："君子居之，何陋之有？"守仁以罪谪龙场，龙场，古夷蔡之外，于今为要绥，而习类尚因故。人皆以予自上国往，将陋其地，弗能居也。而予处之旬月，安而乐之，求其所谓甚陋者而莫得。独其结题鸟言，山栖羝服，无轩裳宫室之观、文仪揖让之缛，然此犹淳庞质素之遗焉。盖古之时，法制未备，则有然矣，不得以为陋也。夫爱憎面背，乱白黝丹，浚奸穷黠，外良而中螫，诸夏盖不免焉。若是而彬郁其容、宋甫鲁掖，折旋矩矱，将无为陋乎？夷之人乃不能此，其好言恶詈，直情率遂，则有矣。世徒以其言辞物采之眇而陋之，吾不谓然也。始予至，无室以止，居于丛棘之间，则郁也；迁于东峰，就石穴而居之，又阴以湿。龙场之民，老稚日来视，予喜不予陋，益予比。予尝圃于丛棘之右，民谓予之乐之也，相与伐木阁之材，就其地为轩以居予。予因而翳之以桧竹，莳之以卉药；列堂阶、辨室奥；琴编图史，讲诵游适之道略俱，学士之来游者，亦稍稍而集于是。人之及吾轩者，若观于通都焉，而予亦忘予之居夷也。因名之曰"何陋"，以信孔子之言。

　　嗟夫！诸夏之盛，其典章礼乐，历圣修而传之，夷不能有也，则谓之陋固宜；于后蔑道德而专法令，搜抉钩繁之术穷，而狡匿谲诈，无所不至，浑朴尽矣！

　　夷之民，方若未琢之璞，未绳之木，虽粗砺顽梗，而椎斧尚有施也，安可以陋之？斯孔子所谓欲居也欤？虽然，典章文物，则亦胡可无讲？今夷之俗，崇巫而事鬼，渎礼而任情，不中不节，卒未免于陋之名，则亦不讲于是耳。然此无损于其质也。诚有君子而居焉，其化之也盖易。而予非其人也，记之以俟来者。

王阳明用自己亲身的经历，赞扬了当地人民质朴且乐于助人的品格，批驳了"陋"的说法。孔子曾居九夷，不以为陋，王阳明今居龙场，也不以为陋。相反，比起中原那些诡诈、无所不至的人来说倒是更加显得本真，像从未雕琢过。当然，这篇《何陋轩记》并非简单地描述居所本身，而是以此来表达自己对人生、社会的思考。王阳明出身书香门第，家境优越，衣食无忧，因此他自己从小到大并未直接接触过生活在社会最底层的人。之前自己对社会的理解和认识多是受到书籍的影响，很少有机会能够切实接触到社会的真实生活。因此，这次被贬到贵州来，虽然在物质生活上的确非常简陋，但是却是他人生中非常重要的阅历，为他提供了认识和理解社会最穷苦民众真实生活的机会，更加激励着他洞察世事、砥砺学问的志向。

在何陋轩前的空地上，王阳明驾楹为亭，环植以竹，是为君子亭。并作《君子亭记》：

> 　　阳明子既为何陋轩，复因轩之前营，驾楹为亭，环植以竹，而名之曰"君子"。曰："竹有君子之道四焉：中虚而静，通而有间，有君子之德；外节而直，贯四时而柯叶无所改，有君子之操；应蛰而出，遇伏而隐，雨雪晦明无所不宜，有君子之时；清风时至，玉声珊然，中采齐而协《肆夏》，揖逊俯仰，若洙泗群贤之交集，风止籁静，挺然特立，不挠不屈，若虞廷群后，端冕正笏而列于堂陛之侧，有君子之容。竹有是四者，而以'君子'名，不愧于其名；吾亭有竹焉，而因以竹名名，不愧于吾亭。"门人曰："夫子盖自道也。吾见夫子之居是亭也，持敬以直内，静虚而若愚，非君子之德乎？遇屯而不慑，处困而能亨，非君子之操乎？昔也行于朝，今也行于夷，顺应物而能当，虽守方而弗拘，非君子之时乎？其交翼翼，其处雍雍，意适而匪懈，气和而能恭，非君子之容乎？夫子盖谦于自名也，而假之竹。虽然，亦有所不容隐也。夫子之名其轩曰'何陋'，则固以自居矣。"阳明子曰："嘻！小子之言过矣，而又弗及。夫是四者何有于我哉？抑学而未能，则可云尔耳。昔者夫子不云乎，'汝为君子儒，无为小人儒'，吾之名亭也，则以竹也。人而嫌以君子自名也，将为小人之归矣，而可乎？小子识之！"

王阳明从小在祖父的身边长大，祖父偏爱竹子，在居所的四周都有竹林，那里是王阳明儿时生活的乐园。长大之后，王阳明就意识到祖父爱竹子不仅仅在于竹子本身，更在于竹子的品质。从小的耳濡目染，王阳明也对竹子有了特殊的爱好，所以他也在自己的居所四周种植了很多竹子，以此鼓舞自己要坚持不懈地砥砺学问，有所作为。他的精神也深深地打动了前来切磋学问的读书人。不过王阳明心里非常清楚，自己距离竹子的高洁品质，还有很大的差距，要再接再厉一步步接近竹子的境界。

君子亭南侧还建有宾阳堂，坐东朝西，为王阳明的迎宾处。王阳明写有《宾阳堂记》，说明取名"宾阳"，出自《尧典》中的"寅宾出日"句，意指"向东方日出之处行礼，谦虚谨慎，勤奋不懈，努力使自己成为一名君子"。

> 传之堂东向曰"宾阳"，取《尧典》"寅宾出日"之义，志向也，宾日，义之职而传冒焉，传职宾宾，义以宾宾之寅而宾日，传以宾日之寅而宾宾也，不曰日乃阳之属，为日、为元、为善、为吉、为亨治，其于人也为君子，其义广矣备矣。内君子而外小人，为泰。曰："宾自外而内之传，将以宾君子而内之也。传以宾君子，而容有小人焉，则如之何？"曰："吾知以君子而宾之耳。吾以君子而宾之也，宾其甘为小人乎哉？"为《宾日之歌》，日出而歌之，宾至而歌之。歌曰：
>
> 日出东方，再拜稽首，人曰予狂。匪日之寅，吾其怠荒。东方日出，稽首再拜，人曰予愈。匪日之爱，吾其荒怠。其翳其晴，其日惟霁；其昀其雾，其日惟雨。勿怅其昀，俟焉以雾；勿谓终翳，或时其晴。晴其光矣，其光熙熙。与尔偕作，与尔偕宜。俟其雾矣，或时以熙；或时以熙，孰知我悲！

文中"寅宾出日"是说历法官于清晨以恭恭敬敬的姿态引导太阳升起。《尚书·尧典》："分命羲仲，宅嵎夷，曰旸谷，寅宾出日。"历法官的职责是引导日出，王阳明的职责是什么呢？他自己认为是教化生灵，他把来龙场的人都当作贵客来接待，当作学子来引导。

王阳明此时还有一个玩易窝，玩易窝是龙场的一个小山洞，王阳明将其改造成为一个居室，自己在里面读《周易》。他写有《玩易窝记》：

> 阳明子之居夷也，穴山麓之窝而读《易》其间。始其未得也，仰而思焉，俯而疑焉，函六合，入无微，茫乎其无所指，子乎其若株。其或得之也，沛兮其若决，瞭兮其若彻，菹淤出焉，精华入焉，若有

相者而莫知其所以然。其得而玩之也，优然其休焉，充然其喜焉，油然其春生焉。精粗一，外内翕，视险若夷，而不知其夷之为阼也。于是阳明子抚几而叹曰："嗟乎！此古之君子所以甘囚奴，忘拘幽，而不知其老之将至也夫！吾知所以终吾身矣。"名其窝曰"玩易"，而为之说曰：

夫《易》，三才之道备焉。古之君子，居则观其象而玩其辞，动则观其变而玩其占。观象玩辞，三才之体立矣；观变玩占，三才之用行矣。体立，故存而神；用行，故动而化。神，故知周万物而无方；化，故范围天地而无迹。无方，则象辞基焉；无迹，则变占生焉。是故君子洗心而退藏于密，斋戒以神明其德也。盖昔者夫子尝韦编三绝焉。呜呼！假我数十年以学《易》，其亦可以无大过已夫！

龙场生活虽然困顿，但有很多闲暇时间，打发时间的办法，对于古代知识分子来说，就是摆弄《周易》这部智力游戏。

王阳明的草屋建好以后，来的人就多了，当地百姓闻声来求教，王阳明的何陋轩就成了龙冈书院，开始来龙冈书院的多数是"蛮夷"子弟。后来周边地区的一些读书人也慕名而来，王阳明向他们出示了必须遵守的王门四规：《教条示龙场诸生》，这其实是书院的学规，其中包括四大项，分别是："立志""勤学""改过"和"责善"。

诸生相从，于此甚盛。恐无能为助也，以四事相规，聊以答诸生之意：一曰立志，二曰勤学，三曰改过，四曰责善。其慎听毋忽！

立志

志不立，天下无可成之事，虽百工技艺，未有不本于志者。今学者旷废隳惰，玩岁愒时，而百无所成，皆由于志之未立耳。故立志而圣，则圣矣；立志而贤，则贤矣。志不立，如无舵之舟，无衔之马，漂荡奔逸，终亦何所底乎？昔人有言，使为善而父母怒之、兄弟怨之、宗族乡党贱恶之，如此而不为善可也；为善则父母爱之、兄弟悦之、宗族乡党敬信之，何苦而不为善为君子？使为恶而父母爱之、兄弟悦之、宗族乡党敬信之，如此而为恶可也；为恶则父母怒之、兄弟怨之、宗族乡党贱恶之，何苦而必为恶为小人？诸生念此，亦可以知所立志矣。

勤学

已立志为君子，自当从事于学。凡学之不勤，必其志之尚未笃也。从吾游者，不以聪慧警捷为高，而以勤确谦抑为上。诸生试观侪辈之中，苟有虚而为盈，无而为有，讳己之不能，忌人之有善，自矜自是，大言欺人者，使其人资禀虽甚超迈，侪辈之中，有弗疾恶之者乎？有弗鄙贱之者乎？彼固将以欺人，人果遂为所欺，有弗窃笑之者乎？苟有谦默自持，无能自处，笃志力行，勤学好问，称人之善，而咎己之失，从人之长，而明己之短，忠信乐易，表里一致者，使其人资禀虽甚鲁钝，侪辈之中，有弗称慕之者乎？彼固以无能自处，而不求上人，人果遂以彼为无能，有弗敬尚之者乎？诸生观此，亦可以知所从事于学矣。

改过

夫过者，自大贤所不免，然不害其卒为大贤者，为其能改也。故不贵于无过，而贵于能改过。诸生自思平日亦有缺于廉耻忠信之行者乎？亦有薄于孝友之道，陷于狡诈偷刻之习者乎？诸生殆不至于此。不幸或有之，皆其不知而误蹈，素无师友之讲习规饬也。诸生试内省，万一有近于是者，固亦不可以不痛自悔咎。然亦不当以此自歉，遂馁于改过从善之心。但能一旦脱然洗涤旧染，虽昔为寇盗，今日不害为君子矣。若曰吾昔已如此，今虽改过而从善，将人不信我，且无赎于前过，反怀羞涩凝沮，而甘心于污浊终焉，则吾亦绝望尔矣。

责善

责善，朋友之道，然须忠告而善道之。悉其忠爱，致其婉曲，使彼闻之而可从，绎之而可改，有所感而无所怒，乃为善耳。若先暴白其过恶，痛毁极诋，使无所容，彼将发其愧耻愤恨之心，虽欲降以相从，而势有所不能，是激之而使为恶矣。故凡讦人之短，攻发人之阴私以沽直者，皆不可以言责善。虽然，我以是而施于人不可也，人以是而加诸我，凡攻我之失者皆我师也，安可以不乐受而心感之乎？某于道未有所得，其学卤莽耳。谬为诸生相从于此，每终夜以思，恶且未免，况于过乎？人谓事师无犯无隐，而遂谓师无可谏，非也。谏师之道，直不至于犯，而婉不至于隐耳。使吾而是也，因得以明其是；吾而非也，因得以去其非：盖教学相长也。诸生责善，当自吾始。

《教条示龙场诸生》是王阳明初创心学时制定的学生守则。王阳明认为立志最重要，志不立无以成大事。勤学就是学习经典，学习美好的品德。在学习过程中难免会有错，那就是要改过，改过就是知行合一。在人生中，还要有一群好朋友，大家互相砥砺，互相纠错，从而成就彼此。这就是责善，这就是王门四规，体现了王阳明教育弟子的良苦用心。

王阳明还集中回答了学员们关心的一些问题，叫《龙场生问答》。

龙场生问于阳明子曰："夫子之言于朝侣也，爱不忘乎君也。今者谴于是，而汲汲于求去，殆有所渝乎？"阳明子曰："吾今则有间矣。今吾又病，是以欲去也。"龙场生曰："夫子之以病也，则吾既闻命矣。敢问其所以有间，何谓也？昔为其贵而今为其贱，昔处于内而今处于外软？夫乘田委吏，孔子尝为之矣。"阳明子曰："非是之谓也。君子之仕也以行道。不以道而仕者，窃也。今吾不得为行道矣。虽古之有禄仕，未尝奸其职也，曰牛羊茁壮，会计当也，今吾不无愧焉。夫禄仕，为贫也，而吾有先世之田，力耕足以供朝夕，子且以吾为道乎？以吾为贫乎？"龙场生曰："夫子之来也，谴也，非仕也。子于父母，惟命之从，臣之于君，同也。不曰事之如一，而可以拂之，无乃为不恭乎？"阳明子曰："吾之来也，谴也，非仕也。吾之谴也，乃仕也，非役也。役者以力，仕者以道，力可屈也，道不可屈也。吾万里而至，以承谴也，然犹有职守焉。不得其职而去，非以谴也。君犹父母，事之如一，固也。不曰就养有方乎？惟命之从而不以道，是妾妇之顺，非所以为恭也。"龙场生曰："圣人不敢忘天下，贤者而皆去，君谁与为国矣！"曰："贤者则忘天下乎？夫出溺于波涛者，没人之能也；陆者冒焉，而胥溺矣。吾惧于胥溺也。"龙场生曰："吾闻贤者之有益于人也，惟所用，无择于小大焉。若是亦有所不利欤？"曰："贤者之用于世也，行其义而已。义无不宜，无不利也。不得其宜，虽有广业，君子不谓之利也。且吾闻之，人各有能有不能，惟圣人而后无不能也。吾犹未得为贤也，而子责我以圣人之事，固非其拟矣。"曰："夫子不屑于用也。夫子而苟屑于用，兰蕙荣于堂阶，而芬馨被于几席。萑苇之刈，可以覆垣；草木之微，则亦有然者，而况贤者乎？"阳明子曰："兰蕙荣于堂阶也，而后芬馨被于几席；萑苇也，而后可刈以覆垣。今子将刈兰蕙而责之以覆垣之用，子为爱之耶？抑为害之耶？

　　这篇问答是王阳明假托的，实际上是王阳明在准备私自离开龙场前的矛盾心理的体现。兰蕙与萑苇的比喻，可以看出，王阳明实际上已经做好了私自离开龙场的心理准备。他已经说服了自己，当开始实际行动的时候，调离龙场的命令就来了。

　　兰蕙与萑苇的比喻十分贴切，割掉香草来盖墙，很准确地反映了明朝社会对贤才野蛮而粗暴的糟践。

圣人之道，吾性自足

　　因为龙场百姓的关爱以及诸生的到来，使得王阳明能够在荒蛮之地隐忍自重，也使他保持一份好心境，以静待人生转机的到来。

　　王阳明本来有静坐的功夫，在龙场更是有时间静坐，闭目养神，澄心静虑。王阳明在屋后建了一个石墩，日夜端坐其中，参悟死之要义，寻求心之静一，以求恍然顿悟。

　　王阳明所研修的就是身心之学。心学上的静坐源于颜回，孔子的弟子颜回经常静坐，这种修行方法还获得过孔子的赞赏。的确，宋明两代的知识分子都好静坐，朱熹就告诫他的学生，半日用来读书，半日用来静坐。王阳明在静坐中，一定获得了很多自以为有用的知识和感悟。

王阳明日日思索、反复推敲，终于看到了希望。据王阳明年谱记载：

> 日夜端居澄默，以求静一。久之，胸中洒洒。而从者皆病，自析薪取水作糜饲之。又恐其怀抑郁，则与诗歌。又不悦，复调越曲，杂以诙笑，始能忘其为疾病夷狄患难也。因念："圣人此处，更有何道？"忽中夜大悟格物致知之旨，寤寐中若有人语之者，不觉呼跃，从者皆惊。始知圣人之道，吾性自足，向之求理于事物者误也。乃以默记《五经》之言证之，莫不吻合，因著《五经臆说》。

这就是心学史上近乎神迹的"龙场悟道"。

王阳明突然意识到自己一直在思索的人性与天道之间并不存在鸿沟，而是能够联为一体的！所谓的天道，也就是宇宙万物每时每刻的变化规律或原理，而这些并不是不可认识、不可理解的，人天生就具备了体察万物的本能，天道是人能够体悟到的。看似复杂、抽象的天理、物理，其实都在每个人的心中。而通往圣贤的路上，也就需要不断挖掘自己的内心、精神境界方可达到。"圣人之道，吾性自足，不假外求。"

王阳明悟出了"圣人之道，吾性自足"的道理，就想通过对五经《诗》《书》《礼》《易》《春秋》内容的解释进行验证。无奈身边没有书本，他只好凭借记忆进行解释，结果完全行得通，五经都得到了近乎完美的解释。而与朱子的注解进行一一对照时，却发现完全自相矛盾。这使他更加坚信朱子误读了五经，而自己通过长期坚持不懈地努力终于与圣道吻合了。

对于自己这个追求圣贤的心路历程，可以在他十年后所著的《朱子晚年定论》序言中得到解释。

王阳明心学的最大意义在于：不是去格物而是来格心。我们今天的科学是从对象上找理，而心学则是从心上找理。王阳明后来说，所谓格物致知并非朱熹所说的用镜子去照竹子，而是下功夫擦亮心镜。心镜明亮，则无物不照。很多心灵学家把静坐当作目的，但王阳明把静坐当成心灵修行的手段。当你抛开手中的事情，静坐一会儿，倾听内心深处的声音，想想良知，看你能得到什么。

王阳明在龙场终于真正找到了方向，简朴融和的生活给王阳明注入了新的生命活力，回想这些生活、教育，思绪万千，于是作《龙冈漫兴五首》，记录了当时自由的心境，抒发了内心欣慰的情怀：

一

投荒万里入炎州，却喜官卑得自由。

心在夷居何有陋？身虽吏隐未忘忧。

春山卉服时相问，雪寨蓝舆每独游。

拟把犁锄从许子，谩将弦诵止言游。

二

旅况萧条寄草堂，虚檐落日自生凉。

芳春已共烟花尽，孟夏俄惊草木长。

绝壁千寻凌杳霭，深崖六月宿冰霜。

人间不有宣尼叟，谁信申韩未是刚？

三

路僻官卑病益闲，空林惟听鸟间关。

地无医药凭书卷，身处蛮夷亦故山。

用世谩怀伊尹耻，思家独切老莱斑。

梦魂兼喜无余事，只在耶溪舜水湾。

四

卧龙一去忘消息，千古龙冈漫有名。

草屋何人方管乐，桑间无耳听《咸英》。

江沙漠漠遗云鸟，草木萧萧动甲兵。

好共鹿门庞处士，相期采药入青冥。

五

归与吾道在沧浪，颜氏何曾击柝忙？

枉尺已非贤者事，斫轮徒有古人方。

白云晚忆归岩洞，苍藓春应遍石床。

寄语峰头双白鹤，野夫终不久龙场。

这组七律诗，反映了王阳明在龙场的思想情感，表达了他向往自由的人格理想，表明了他倡明圣学、学做圣人的志向，抒发了他对故乡、亲人的无限思念之情，表达了自己对前途坚定的信念。

当王阳明在那里悟道圆满时，他的仆人出了问题。其中一名仆人在睡觉时被狗熊抓了一下脸。醒来时发现一半脸皮不见了。在多日的交流中，王阳明和当地的老百姓关系融洽，这群邻居纷纷跑来教王阳明如何防御野兽。不过，王阳明发现这些防御措施的终极目的不仅是为了防御，还是为了吃野兽的肉，结果，王阳明摇头反对。他说，问题是我们动了心，在森林里建房子，如果我们搬出去，就没有这件事了。当然我们还可以把森林烧毁，野兽没有家了，事情也就不发生了。王阳明已经把心外无物用到实际事情上去了。

初试心学法门

王阳明在龙场讲课教学生，影响日益扩大，无意间得罪了地方官僚。一个在京师得罪了权贵被贬谪至此的驿丞，竟然明目张胆，有恃无恐地在这里传学论道，而且还得到了这么多人的拥护，这让当地的个别官员妒忌和不满。

巡抚贵州的都御史王质派人干扰讲学，结果那些派来的人被听讲的群众打了一顿。王质大怒，向当道告了状。贵宁道按察司副使毛应奎派人找到王阳明，劝他尽快赔礼道歉。毛宪副，名科，字应奎，号拙庵，余姚人。弘治十五年由云南调任贵州按察司宪副兼提学副使。

王阳明不以为然，还写了一封信强调了自己的理由，这封被世人称作"不动心"的信的内容是：

> 昨承遣人喻以祸福利害，且令勉赴太府请谢，此非道谊深情，决不至此，感激之至，言无所容！但差人至龙场陵侮，此自差人挟势擅威，非太府使之也。龙场诸夷与之争斗，此自诸夷愤愠不平，亦非某使之也。然则太府固未尝辱某，某亦未尝傲太府，何所得罪而遽请谢乎？跪拜之礼，亦小官常分，不足以为辱，然亦不当无故而行之。不当行而

行，与当行而不行，其为取辱一也。废逐小臣，所守待死者，忠信礼义而已，又弃此而不守，祸莫大焉！凡祸福利害之说，某亦尝讲之。君子以忠信为利，礼义为福。苟忠信礼义之不存，虽禄之万钟，爵以侯王之贵，君子犹谓之祸与害；如其忠信礼义之所在，虽剖心碎首，君子利而行之，自以为福也，况于流离窜逐之微乎？某之居此，盖瘴疠盅毒之与处，魑魅魍魉之与游，日有三死焉。然而居之泰然，未尝以动其中者，诚知生死之有命，不以一朝之患而忘其终身之忧也。太府苟欲加害，而在我诚有以取之，则不可谓无憾；使吾无有以取之而横罹焉，则亦瘴疠而已尔，盅毒而已尔，魑魅魍魉而已尔，吾岂以是而动吾心哉！执事之喻，虽有所不敢承，然因是而益知所以自励，不敢苟有所隳堕，则某也受教多矣，敢不顿首以谢！

读了王阳明的这篇文章，首先想到的一个词就是"不卑不亢"。同时还多方面解决了问题：一是对毛宪副的态度，间接地表明了自己不能屈服于权势的决心。二是对事件本身的评价，讲得在情在理：使者凌辱自己，这是他仗势欺人的个人行为，不是思州长官指使的；龙场驿的少数民族土著与使者争斗，这是土著因为愤恨不平而自发的行为，不是我指使的。三是给太府一个交代，本人没参与此事，龙场百姓纯粹是仗义，所以不用道歉。

这是王阳明第一次发挥心学的力量小试牛刀。在日常生活中处理问题，千万不要先动心，一旦动心，情绪波动，理智会受影响。只有你心不动，才能找到合适的办法，这个办法就是"挪移"。告诉自己，这件事与己无关。

毛宪副还邀请王阳明至贵州讲学，王阳明以病和自谦加以拒绝，并写了《答毛拙庵见招书院》诗：

> 野夫病卧成疏懒，书卷长抛旧学荒。
> 岂有威仪堪法象？实惭文檄过称扬。
> 移居正拟投医肆，虚席仍烦避讲堂。
> 范我定应无所获，空令多士笑王良。

毛宪副请王阳明到文明书院任教，王阳明不乐意这个差使，因为文明书院是为科举服务的，王阳明写诗表示委婉的拒绝。诗中王良就是伯乐，意思是说，你像伯乐一样推荐了我，可我不是千里马，众多的士子会笑话的，还是不去吧！

王阳明的名声越传越远，贵州水西地区的土著豪族安贵荣慕名派人给他送来了许多米和肉，并且希望派人来帮他做一些杂活。尽管王阳明坚辞不受，但后来安贵荣还是给他送来了一些金帛和马匹。安贵荣继承的是父亲的土司之职，出任宣慰，成为管理当地少数民族的最高长官，拥有很大的势力。

面对安贵荣第二次送来的礼物，王阳明立即修书一封，言辞委婉、态度坚决，辞退了礼物。

在明朝，朝廷常借助"土官"的力量去平定地方叛乱，这也导致了"土官"常常对朝廷桀骜不驯。尤其是当他们觉得自己平叛有功，而中央政府给的恩赏少时，就会为自己"抱不平"，这也是导致地方动乱的一大原因。鉴于这种情况，同时也为了增强自身的统治力，朝廷就在边境地区开设了大量的驿站，希望借此来达到削弱"土官"势力的目的。

安贵荣因为镇压贵州炉山的苗族起义有功，被朝廷封为贵州布政使参政。但安贵荣对此任命很不满。他上书请求削减水西地区的驿站，图谋扩张自己在该地区的势力。朝廷故意拖延不决，安贵荣等得有些不耐烦了，就谋划着直接向各驿站安插自己的势力。

他之所以送王阳明礼物，就是希望借王阳明之力，让朝廷答应自己的请求。于是派遣使者向王阳明详细诉说了自己的意图，希望王阳明能够在削减驿站方面提供一些帮助。但是，王阳明却拒绝了他的请求，还写信向他晓谕利害得失，告诫他如果不安分的话，朝廷有可能会把他调往别处，甚至还会没收他祖上的土地和人口，从而使安贵荣打消了歪念。

后来，安贵荣又想夺取水西地区另一个豪族——宋氏的势力范围，于是就挑唆宋氏的部下酋长阿贾和阿札发动叛乱。在这样的情势下，王阳明给安贵荣写了一封信，劝他立即出兵平定叛乱。王阳明在信中警告安贵荣：作为地方的最高长官，管辖的土地有上千里，辖地的百姓多达四十八万，背负的责任非常大，值此叛乱之际，如果不派一兵一卒的话，朝廷就会认为你主动放弃了"土官"的责任，就有可能直接派兵前来征讨，到时候你也肯定脱不了干系。王阳明的这封信真的把安贵荣给震慑住了，他看了信后，大吃一惊，觉得自己的愚蠢想法险些误了大事，立即出兵平定了叛乱。

安贵荣被王阳明感化，开始重视教化，他花钱修好了象祠，并请王阳明写一篇铭文以示纪念。应安贵荣的要求，王阳明作《象祠记》：

> 灵博之山，有象祠焉。其下诸苗夷之居者，咸神而祠之。宣尉安君因诸苗夷之请，新其祠屋，而请记于予。予曰："毁之乎，其新之也？"曰："新之。""新之也，何居乎？"曰："斯祠之肇也，盖莫知其原。然吾诸蛮夷之居是者，自吾父、吾祖溯曾高而上，皆尊奉而禋祀焉，举而不敢废也。"予曰："胡然乎？有庳之祠，唐之人盖尝毁之。象之道，以为子则不孝，以为弟则傲。斥于唐而犹存于今；毁于有庳，而犹盛于兹土也，胡然乎？"我知之矣！君子之爱若人也，推及于其屋之乌，而况于圣人之弟乎哉？然则祀者为舜，非为象也。意象之死，其在干羽既格之后乎？不然，古之骜桀者岂少哉？而象之祠独延于世，吾于是益有以见舜德之至，入人之深，而流泽之远且久也。象之不仁，盖其始焉尔，又乌知其终不见化于舜也？《书》不云乎："克谐以孝，烝烝义，又不格奸。"瞽瞍亦允若，则已化而为慈父。象犹不弟，不可以为谐。进治于善，则不至于恶；不抵于奸，则必入于善。信乎，象盖已化于舜矣！《孟子》曰："天子使吏治其国，象不得以有为也。"斯盖舜爱象之深而虑之详，所以扶持辅导之者之周也。不然，周公之圣，而管、蔡不免焉。斯可以见象之既化于舜，故能任贤使能而安于其位，泽加于其民，既死而人怀之也。诸侯之卿，命于天子，盖《周官》之制，其殆仿于舜之封象欤？吾于是盖有以信人性之善，天下无不可化之人也。然则唐人之毁之也，据象之始也；今之诸夷奉之也，承象之终也。斯义也，吾将以表于世，使知人之不善，虽若象焉，犹可以改；而君子之修德，及其至也，虽若象之不仁，而犹可以化之也。"

王阳明在文章末尾说："始知人之不善虽若象焉，犹可以改；而君子之修德，及其至也，虽若象之不仁，而犹可以化之也。"《象祠记》宗旨就是：人性本善，世间任何人都是可以被感化的。

这时有弟子问及神仙的事，王阳明写了《答人问神仙》：

询及神仙有无，兼请其事，三至而不答，非不欲答也，无可答耳。昨令弟来，必欲得之。仆诚生八岁而即好其说，今已余三十年矣，齿渐摇动，发已有一二茎变化成白，目光仅盈尺，声闻函丈之外，又常经月卧病不出，药量骤进，此殆其效也。而相知者犹妄谓之能得其道，足下又妄听之而以见询。不得已，姑为足下妄言之。

古有至人，淳德凝道，和于阴阳，调于四时，去世离俗，积精全神；游行天地之间，视听八远之外，若广成子之千五百岁而不衰，李伯阳历商、周之代，西度函谷，亦尝有之。若是而谓之曰无，疑于欺子矣。然则呼吸动静，与道为体，精骨完久，禀于受气之始，此殆天之所成，非人力可强也。若后世拔宅飞升，点化投夺之类，谲怪奇骇，是乃秘术曲技，尹文子所谓"幻"，释氏谓之"外道"者也。若是而谓之曰有，亦疑于欺子矣。夫有无之间，非言语可况。存久而明，养深而自得之，未至而强喻，信亦未必能及也。盖吾儒亦自有神仙之道，颜子三十二而卒，至今未亡也。足下能信之乎？后世上阳子之流，盖方外技术之士，未可以为道。若达磨、慧能之徒，则庶几近之矣，然而未易言也。足下欲闻其说，须退处山林三十年，全耳目，一心志，胸中洒洒不挂一尘，而后可以言此，今去仙道尚远也。妄言不罪。

王阳明没有明说神仙有还是没有，他介绍了道家的神仙、佛家的"外道"，又说到儒家也有神仙之道，但那不是人们所说的神仙，而是儒家精神的永存。王阳明最后说，要说神仙那必须先修上三十年，否则就没有资格说。

主讲贵阳书院

王阳明在龙场讲学，并不是采用坐而论道的呆板教学方式，而是继承孔子"沂水之风"，利用龙场独特的自然环境，把课堂设在青山绿水之间。形式多样，有时在龙冈书院讲，有时在阳明小洞天里讲，不少时候就是坐在山石上讲，有时还一边劳动一边讲课。讲课方式也不只我讲你听，而是相互讨论问题，十分自由、生动。如《诸生来》所记的：

> 简滞动雁备，废幽得幸免。
> 夷居虽异俗，野朴意所眷。
> 思亲独疚心，疾忧庸自遣。
> 门生颇群集，樽罍亦时展。
> 讲习性所乐，记问复怀觍。
> 林行或沿涧，洞游还陟巘。
> 月榭坐鸣琴，云窗卧披卷。
> 澹泊生道真，旷达匪荒宴。
> 岂必鹿门栖，自得乃高践。

这首诗写的是龙冈书院来的第一批学生，他们都是秀才或相当于秀才一级的学子，到名师门下问学，这是传统的研修方式之一，主要是起点化作用，也就是听君一席话，胜读十年书那种。

又如《诸生》：

> 人生多离别，佳会难再遇。
> 如何百里来，三宿便辞去？
> 有琴不肯弹，有酒不肯御。
> 远陟见深情，宁予有弗顾？
> 洞云还自栖，溪月谁同步？
> 不念南寺时，寒江雪将暮？
> 不记西园日，桃花夹川路？
> 相去倏几月，秋风落高树。
> 富贵犹尘沙，浮名亦飞絮。
> 嗟我二三子，吾道有真趣。
> 胡不携书来，茆堂好同住！

　　诸生来去匆匆，但都结下了深情。在溪月间、在山洞边学习、交流，"富贵犹尘沙，浮名亦飞絮。嗟我二三子，吾道有真趣。"这样的教育方式，十分有趣。

　　《诸生夜坐》：

> 谪居澹虚寂，眇然怀同游。
> 日入山气夕，孤亭俯平畴。
> 草际见数骑，取径如相求；
> 渐近识颜面，隔树停鸣驺；
> 投辔雁鹜进，携榼各有羞；
> 分席夜堂坐，绛蜡清樽浮；
> 鸣琴复散帙，壶矢交觥筹。
> 夜弄溪上月，晓陟林间丘。
> 村翁或招饮，洞客偕探幽。
> 讲习有真乐，谈笑无俗流。
> 缅怀风沂兴，千载相为谋。

　　这首诗叙述了王阳明带诸生去野外讲习、游乐、饮宴的情形。一些远道而来的诸生还带着美味佳肴。当夜幕降临的时候，大家分席而坐；有的弹琴，有的交流学习体会，有的吃喝游戏。这种寓教于乐、与教育自然的方法，取得了极大的成功。

　　与此同时，一些读书人也不远千里，来到贵州追随王阳明。这使得王阳明大为兴奋，他太需要和弟子们一起讲学，来畅谈自己的感悟。

　　"讲习有真乐，谈笑无俗流；缅怀风沂兴，千载相为谋。"这也是王阳明当时的潇洒写照。

　　王阳明在龙场讲学、悟道的事情已经传播得相当远。当时的很多读书人都希望能够与他当面切磋，相互交流。在正德四年（1509）的一天，贵州提学副使席书来到了龙场，他慕名前来，并且提出了一个问题"朱陆异同"，希望王阳明能够就此问题做出回答。王阳明没有正面回答这个问题，而是告诉他自己的所悟。开始席元山怀疑着回去了。第二天又来，王阳明举了知行合一的许多例子，席元山渐渐省悟，这样往复四次，就豁然大悟了，说："圣人之学复睹于今日；朱陆

异同，各有得失，无事辩诘，求之吾性本自明也。"遂与毛宪副修葺院，

身率贵阳诸生，以所事师礼事之。即邀请王阳明到贵阳书院讲学。

其实王阳明是龙冈书院和贵阳书院两地来回讲课，听讲的学生也是不同层次的。这样的两地讲课，大约有一年时间。据《明史》记载，王阳明的讲课竟达到了"贵州士始知学"的境界，这无疑是对王阳明的赞誉和褒奖。

时间过得很快，在龙场谪居三年的生活快到头了，王阳明此时的心境如《雪夜》诗所谓：

> 天涯久客岁侵寻，茆屋新开枫树林。
> 渐惯省言因病齿，屡经多难解安心。
> 犹怜未系苍生望，且得闲为白石吟。
> 乘兴最堪风雪夜，小舟何日返山阴？

诗中叹息时间的流逝，抒发报国无门的忧伤之情。

王阳明来到这里的第三年年底，终于守得云开见月明。他接到了来自吏部的一道文书，调任他前往江西吉安府庐陵县任知县。王阳明无限感慨，宦海沉浮，个人很难预料到自己今后的仕途究竟前景如何。不管怎样，自己也总算是能够离开这个被贬之地了。

王阳明离开龙场时，天气寒冷，于是作《夜寒》和《冬至》两首诗来记述这最后的几个晚上。《夜寒》：

> 檐际重阴覆夜寒，石炉松火坐更残。
> 穷荒正讶乡书绝，险路仍愁归梦难。
> 仙侣春风怀越峤，钓船明月负严滩。
> 未因谪宦伤憔悴，客鬓还羞镜里看。

快离开了，经过三年艰难的谪居生活，看看脸色还好，白发不多，还有大任可担当。此诗表达的是对前程更大的期望。

正德三年（1508），王阳明三十七岁。是年，他为《五经臆说》作序，我们据此可以获悉他的创作《五经臆说》的动机。

王阳明在序中说：

> 《五经》，圣人之学具焉。然自其已闻者而言之，其于道也，亦筌与糟粕耳。窃尝怪夫世之儒者求鱼于筌，而谓糟粕之为醪也。夫谓糟粕之为醪，犹近也，糟粕之中而醪存。求鱼于筌，则筌与鱼远矣。
>
> 龙场居南夷万山中，书卷不可携，日坐石穴，默记旧所读书而录之。意有所得，辄为之训释。期有七月而《五经》之旨略遍，名之曰《臆说》。盖不必尽合于先贤，聊写其胸臆之见，而因以娱情养性焉耳。则吾之为是，固又忘鱼而钓，寄兴于曲蘖，而非诚旨于味者矣。呜呼！观吾之说而不得其心，以为是亦筌与糟粕也，从而求鱼与醪焉，则失之矣。

据此可以看出，王阳明"龙场顿悟"悟出的就是"心学"。据王阳明在序中介绍，《五经臆说》共包括五十六卷，其中礼经史六卷，其他四经各十卷，后来被王阳明自己烧掉了，仅剩十三条。钱德洪在《五经臆说十三条》的序文中说：

> 师居龙场，学得所悟，证诸《五经》，觉先儒训释未尽，乃随所记忆，为之疏解。阅十有九月，《五经》略遍，命曰《臆说》。既后自觉学益精，工夫益简易，故不复出以示人。洪尝乘间以请。师笑曰："付秦火久矣。"
>
> 洪请问。师曰："只致良知，虽千经万典，异端曲学，如执权衡，天下轻重莫逃焉，更不必支分句析，以知解接人也。"
>
> 后执师丧，偶于废稿中得此数条。洪窃录而读之，乃叹曰："吾师之学，于一处融彻，终日言之不离是矣。即此以例全经，可知也。"

王阳明晚年烧毁自己的《五经臆说》，烧毁的原因想必是怕引起歧义。王阳明主张体验之学，反对大量著述，他对朱熹的大量著述也表示异议。王阳明在世的时候，弟子们要印《传习录》，王阳明也进行了多次的删改。

庐陵试锋芒

正德四年（1509）年底，王阳明结束了自己的被贬生涯，坐船离开贵州。途中恰逢正德四年的除夕夜，他感慨良多，写下了《舟中除夕二首》：

一

扁舟除夕尚穷途，荆楚还怜俗未殊。

处处送神悬楮马，家家迎岁换桃符。

江缪信薄聊相慰，世路多歧谩自吁。

白发频年伤远别，彩衣何日是庭趋。

二

远客天涯又岁除，孤航随处亦吾庐。

也知世上风波满，还恋山中木石居。

事业无心从齿发，亲交多难绝音书。

江湖未就新春计，夜半樵歌忽起予。

从诗中流露出来的思想情感看，王阳明离开谪居的贵州升任庐陵知县，并没有显得特别兴奋，调子低沉。贵州的生活对王阳明的成长特别重要，心学横空出世，一大批心学人才脱颖而出，逆境成全了王阳明。

王阳明乘坐的船只顺着江漂流而下，很快就过了黔阳、泊淑浦，即将到达辰州府的治所武陵（今属湖南）。他打算在这里登岸，因为他惦记着挚友杨名父。杨名父，字子器，号柳塘，浙江慈溪人，成化年间进士，官至河南布政使。而他在龙场时的几位当地学生冀元亨、蒋信、刘观时，打听到王阳明将在辰州上岸，都早早等在那里恭候。见到王阳明后，众学生都非常兴奋，终于见到了日思夜想的恩师。

王阳明参观了位于虎溪山前的龙兴寺。龙兴寺始建于唐贞观年间，可谓名副其实的千年古刹。其地理位置也相当优越，背靠虎溪山，面临沅江水，又与对面的笔架山隔江相望，引得无数的文人墨客前来拜访。

王阳明信步来到了山顶，远远望去，对面的山峦起伏，甚是壮观。王阳明写了一首《辰州虎溪龙兴寺闻杨名父将到留韵壁间》诗：

> 杖藜一过虎溪头，何处僧房是惠休？
> 云间峰头沉阁影，林疏地底见江流。
> 烟花日暖犹含雨，鸥鹭春闲欲满洲。
> 好景同来不同赏，诗篇还为故人留。

王阳明在等待杨名父的几天时间里，又细细端详了这里的一草一木。他期待着与老友重逢的喜悦，可是左等右等始终不见老友到来。王阳明再也待不住了，只好继续赶路。

王阳明离开辰州时，冀元亨要求跟随老师前去，以便有足够的时间向老师请教，探讨学问，王阳明答应了，两人途经桃源县，陶渊明笔下的千古名篇《桃花源记》和《桃花源诗》就是在这里有感而发的。

在正德五年（1510）三月，王阳明经过一路的跋山涉水，终于来到了江西吉安府庐陵县就任。

可是，王阳明到的第二天，就有上千乡民冲入县城，直扑县衙。原来这是反对镇守中官的请愿。镇守中官是在明朝成祖永乐年间开始的，由朝廷向边镇派驻宦官，之后，内地地方上也逐渐设有这个职位，这些人的权力不受巡抚文官和镇守武官的制约，专门搜刮民财，向宫廷进贡。

王阳明只好好言抚慰，先让乡民平静下来，并且保证为他们申诉，解决问题。王阳明当然是说话算数的人，乡民们回去以后，他马上写了题为《庐陵县为乞蠲免以苏民困事》的报告，发给吉安府和江西布政使司，要求当地的镇守中官免除加给本地的过重税负。王阳明确实很率性，不管上级批不批，就以县衙的名义发布了正式的公文，宣布蠲免一切加派的银两。这个公文使得当时的县城内外处于一片兴奋之中。

大概是王阳明一向刚正不阿、做事执着的秉性早已被人所熟知，当时的江西镇守中官竟然对王阳明的这个要求没有表示异议，默许了这个提法。让王阳明棘手的问题还在后面，庐陵人向来好讼，大小事情都会告状，儿子告父亲，父亲告儿子天天有，官员苦于讼案，但案子越来越多。如果简单地想当个包公那样的清官，那你非累死不可。王阳明身体不好，常常卧病，面对这种情况，他运用了心理疏通的办法，撰写了告示《告谕庐陵父老子弟》，先在百姓中造成舆论的影响：

> 庐陵文献之地，而以健讼称，甚为吾民羞之。县令不明，不能听断，且气弱多疾。今与吾民约：自今非有迫于躯命，大不得已事，不得辄兴词。兴词但诉一事，不得牵连，不得过两行，每行不得过三十字。过是者不听，故违者有罚。县中父老谨厚知礼法者，其以吾言归告子弟，务在息争兴让。呜呼！一朝之忿，忘其身以及其亲，破败其家，遗祸于其子孙，孰与和巽自处，以良善称于乡族，为人之所敬爱者乎？吾民其思之。

> 今灾疫大行，无知之民惑于渐染之说，至有骨肉不相顾疗者。汤药饘粥不继，多饥饿以死，乃归咎于疫。夫乡邻之道，宜出入相友，守望相助，疾病相扶持。乃今至于骨肉不相顾。县中父老岂无一二敦行孝义，为子弟倡率者乎？夫民陷于罪，犹且三宥致刑。今吾无辜之民，至于阖门相枕藉以死。为民父母，何忍坐视？言之痛心。中夜忧惶，思所以救疗之道，惟在诸父老劝告子弟，兴行孝弟。各念尔骨肉，毋忍背弃。洒扫尔室宇，具尔汤药，时尔饘粥。贫弗能者，官给之药。虽已遣医生老人分行乡井，恐亦虚文无实。父老凡可以佐令之不逮者，悉已见告。有能兴行孝义者，县令当亲拜其庐。凡此灾疫，实由令之不职，乖爱养之道，上干天和，以至于此。县令亦方有疾，未能躬问疾者，父老其为我慰劳存恤，谕之以此意。

> 谕告父老，为吾训戒子弟，吾所以不放告者，非独为吾病不任事。以今农月，尔民方宜力田，苟春时一失，则终岁无望，放告尔民，将牵连而出，荒尔田亩，弃尔室家，老幼失养，贫病莫全，称贷营求，奔驰供送，愈长刁风，为害滋甚。昨见尔民号呼道路，若真有大苦而莫伸者。姑一放告，尔民之来讼者以数千。披阅其词，类虚妄。取其近似者穷治之，亦多凭空架捏，曾无实事。甚哉，尔民之难喻也，自今吾不复放告。尔民果有大冤抑，人人所共愤者，终必彰闻，吾自能访而知之。有不尽知者，乡老据实呈县。不实，则反坐乡老以其罪。自余宿憾小忿，自宜互相容忍。夫容忍美德，众所悦爱，非独全身保家而已。嗟乎！吾非无严刑峻罚以惩尔民之诞，顾吾为政之日浅，尔民未吾信，未

有德泽及尔，而先概治以法，是虽为政之常，然吾心尚有所未忍也。姑申教尔。申教尔而不复吾听，则吾亦不能复贷尔矣。尔民其熟思之，毋遗悔。

一应公差人员经过河下，验有关文，即行照关应付，毋得留难取罪。其无关文，及虽有关文而分外需求生事者，先将装载船户摘拿，送县取供。即与搜盘行李上驿封贮，仍将本人绑拿送县，以凭参究惩治。其公差人安分守法，以礼自处，而在官人役辄行辱慢者，体访得出，倍加惩究，不恕。

借办银两，本非正法。然亦上人行一时之急计，出于无聊也。今上人有急难，在尔百姓，亦宜与之周旋。宁忍坐视不顾，又从而怨詈讪讦之，则已过矣。夫忘身为民，此在上人之自处。至于全躯保妻子，则亦人情之常耳。尔民毋责望太过。吾岂不愿尔民安居乐业，无此等骚扰事乎？时势之所值，亦不得已也。今急难已过，本府决无复行追求之理。此必奸伪之徒，假府为名，私行需索。自后但有下乡征取者，尔等第与俱来，吾有以处之。毋遽汹汹！

今县境多盗，良由有司不能抚绥，民间又无防御之法，是以盗起益横。近与父老豪杰谋，居城郭者，十家为甲；在乡村者，村自为保。平时相与讲信修睦，寇至务相救援。庶几出入相友，守望相助之义。今城中略已编定。父老其各写乡村为图，付老人呈来。子弟平日染于薄恶者，固有司失于抚绥，亦父老素缺教诲之道也。今亦不追咎，其各改行为善。老人去，宜谕此意，毋有所扰。

谕示乡头粮长人等，上司奏定水次兑运，正恐尔辈在县拖延，不即起运。苟钱粮无亏，先期完事，岂有必以水次责尔之理？纵罪不免，比之后期不纳者，获罪必轻。昨呼兑运军期面语，亦皆乐从，不敢有异。尔辈第于水次速兑，苟有益于民，吾当身任其咎，不以累上官。但后期误事，则吾必尔罚。定限二十九日未时完报。

今天时亢旱，火灾流行，水泉枯竭，民无屋庐，岁且不稔。实由令之不职，获怒神人，以致于此。不然，尔民何罪？今方斋戒省咎，请罪于山川社稷，停催征，纵轻罪。尔民亦宜解讼罢争，息心火，无助烈焰。禁民间毋宰杀酗饮。前已遣老人遍行街巷，其益修火备，察奸民之因火为盗者。县令政有不平，身有缺失，其各赴县直言，吾不惮改。

昨行被火之家，不下千余，实切痛心。何延烧至是，皆由衢道太狭，居室太密，架屋太高，无砖瓦之间，无火巷之隔。是以一遇火起，即不可救扑。昨有人言，民居夹道者，各退地五尺，以辟衢道，相连接者，各退地一尺，以拓火巷。此诚至计。但小民惑近利，迷远图，孰肯为久长之虑，徒往往临难追悔无及。今与吾民约，凡南北夹道居者，各退地三尺为街；东西相连接者，每间让地二寸为巷。又间出银一钱，助边巷者为墙，以断风火。沿街之屋，高不过一丈五六，厢楼不过二丈一二。违者各有罚。地方父老及子弟之谙达事体者，其即赴县议处，毋忽。

昨吴魁昊、石洪等军民互争火巷，魁昊等赴县腾告，以为军强民弱已久。在县之人，皆请抑军扶民。何尔民视吾之小也？夫民吾之民，军亦吾之民也。其田业吾赋税，其室宇吾井落，其兄弟宗族吾役使，其祖宗坟墓吾土地，何彼此乎？今吉安之军，比之边塞虽有间，然其差役亦甚繁难，月粮不得食者半年矣。吾方悯其穷，又可抑乎？今法度严厉，一陷于罪，即投诸边裔，出乐土，离亲戚，坟墓不保其守领，国典具在，吾得而绳之，何强之能为？彼为之官长者，平心一视，未尝少有同异。而尔民先倡为是说，使我负愧于彼多矣。今姑未责尔，教尔以敦睦，其各息争安分，毋相侵陵。火巷吾将亲视，一不得，吾其罪尔矣。诉状诸军，明早先行赴县面审。

谕告父老子弟，县令到任且七月，以多病之故，未能为尔民兴利去弊。中间局于时势，且复未免催科之扰。德泽无及于民，负尔父老子弟多矣。今兹又当北觐，私计往返，与父老且有半年之别。兼亦行藏靡定，父老其各训诫子弟，息忿罢争，讲信修睦，各安尔室家，保尔产业，务为善良，使人爱乐，勿作凶顽，下取怨恶于乡里，上招刑戮于有司。呜呼！言有尽而意无穷，县令且行矣，吾民其听之。

王阳明在告谕中提出了一系列问题的解决办法：一是减少诉讼。若非性命攸关的大事，一概不许诉讼；真要诉讼就只能诉一件事；状纸别写太长，两行三十字。二是做好防疫病的工作，做好救治，不要迷信。三是要妥善对待公差，合法的公差要尊重。四是对待各项摊派，合理的要理解，不合理的要向县衙提出来，不能自己闹事。五是加强治安。六是钱粮征收。七是防火。八是调解军户和民户的矛盾。等等。当地争讼风气的形成由来已久，单凭一张告示并不能解决深层次的问题，为此王阳明制定了一整套的措施用来教化百姓。

当时，庐陵县内经常有盗贼出没。由于官员对百姓的管理不得法，再加上民间缺乏防御盗贼的有效方法，导致盗贼日益骄横。王阳明和父老乡亲商量后，决定在当地实行保甲制度，以防御盗贼。该制度要求：在平素无事之时，四邻之间亲睦友爱；一旦盗贼来袭，彼此要相互救援。"保甲法"是宋代王安石创建的一种自治制度，保甲是一种地方性的自卫组织。十家一保，各保设保长，保中年轻人都配备弓箭，且要进行武艺训练。王阳明当时在庐陵采用的就是王安石制定的"保甲法"。

王阳明在庐陵上任之后，恰逢大旱，水源枯竭，稻米颗粒无收，城内火灾频发。王阳明认为这皆是自己的"不敏"所致，于是斋戒省咎，向山川天地之神明请罪，同时催赋税赦免轻罪，劝谕百姓停止争讼，派遣老人巡查街巷，消除火患，还严查趁火打劫的奸民。

有一次，城内发生大火，烧毁民宅千余家。据说，王阳明在火灾现场向天祈祷，上天被他的诚意所感动，改变了风向，这才使得大火熄灭。面对灾情，王阳明悲痛万分。他彻查了大火的原因，发现原来是由于道路狭窄、房屋密集所致，于是决定系统规划城区。

此外，王阳明还严禁驻兵借搬运粮食之机肆意向民众征税，同时还采取了一系列措施来协调粮食的流通。由于这些举措得当，县内的诉讼越来越少。

在庐陵，王阳明共发布了十六道告谕。他还在上行公文中详述了庐陵县民的贫苦状况，向朝廷请求免除当地的赋税杂役。

后来，因为要入朝觐见，王阳明不得不暂时离开庐陵。

王阳明在庐陵县的时间并不长，但是在近半年的时间里，做了很多影响深远的事情，仅就诉讼的事宜来说，就大大平息了当时的混乱情形，而这段经历也是充分得到认可的，他的弟子对他这段经历也有所记载。王阳明去世后，他的好友湛若水在为其所作的墓志铭中也提到他的功绩，认为他在庐陵"卧治六月而百务具理"。从王阳明的治理效果来看，完全是名副其实。

沉浮的官场总是会出现很多预料不到的因素影响着个人的前途和命运。对此，王阳明早已看得很淡，他也见惯了同朝为官的人中起伏不定的宦海命运。对于自己的前途，他也从不愿意去过多计较。

令他没有想到的是，自己在任庐陵知县期间仕途上居然会发生很大的转机。而昔日一向嚣张跋扈的宦官刘瑾多行不义，竟锒铛入狱，不久就被处以死刑。刘瑾落得如此下场也是王阳明没有想到的。

刘瑾的倒台和他曾经陷害的杨一清有着很大的关系，杨一清本是陕西一带的大将，曾经遭到了刘瑾的百般诬陷并且被投入大牢，杨一清出狱后一直在悄悄地搜集刘瑾的罪证。

正德五年（1510）四月安化王朱寘鐇升起了诛刘瑾、清君侧的大旗，他将刘瑾的罪状尽数罗列并传到各边镇，后来有巡抚檄文上报朝廷安化王造反。

消息传到北京，朱厚照当即命令右都御史杨一清任讨伐军总司令，"八虎"之一的宦官张永为监军，二人迅速开往前线。但杨一清运气不好，刚进宁夏界，就得知安化王被活捉了。活捉他的是被他事先解除兵权的宁夏游击将军仇钺。仇钺很有胆识，他领着百余名社会闲杂人员乘城中空虚，入安化府活捉了安化王。

朱厚照得知消息后，极为高兴，命令杨一清和张永将安化王及一干乱党押解回京。这给了杨一清和张永接近交流的机会，两人相互试探，达成一致，密谋除掉刘瑾。

杨一清上书朝廷力陈刘瑾的种种罪恶，指出后者是引发了安化暴乱的罪魁祸首，并告刘瑾谋反。张永则在皇帝面前陈说利害。皇帝在证据面前，不得不下令对刘瑾抄家，果然从刘瑾那里查抄出来大量的金银财宝以及很多违禁品。于是，刘瑾被凌迟处死，很多曾经遭受其陷害的人总算出了一口怨气。

静坐以修心

王阳明重视静坐修炼内心，在绍兴的时候就在会稽山阳明洞天静坐养身、修炼。在龙场的时候，通过静坐悟得圣人之道，离开龙场的时候写了《与辰中诸生》文章，交流静坐心得：

　　谪居两年，无可与语者。归途乃得诸友，何幸何幸！方以为喜，又
遽尔别去，极怏怏也。绝学之余，求道者少；一齐众楚，最易摇夺。自
非豪杰，鲜有卓然不变者。诸友宜相砥砺夹持，务期有成。近世士夫亦
有稍知求道者，皆因实德未成而先揭标榜，以来世俗之谤，是以往往骤
堕无立，反为斯道之梗。诸友宜以是为鉴，刊落声华，务于切己处著实
用力。

　　前在寺中所云静坐事，非欲坐禅入定。盖因吾辈平日为事物纷拏，
未知为己，欲以此补小学收放心一段工夫耳。明道云："才学便须知有
著力处，既学便须知有著力处。"诸友宜于此处著力，方有进步，异时
始有得力处也。"学要鞭辟近里著己"、"君子之道暗然而日章"、"为
名与为利，虽清浊不同，然其利心则一"、"谦受益"、"不求异于人，
而求同于理"，此数语宜书之壁间，常目在之。举业不患妨功，惟患夺
志。只如前日所约，循循为之，亦自两无相碍。所谓知得洒扫应对，便
是精义入神也。（《传习录·书信》141页）

　　王阳明对静坐颇有研究，形成了一整套理论体系，认为静坐是内心修炼的重
要手段。
　　《传习录》里记载弟子九川和王阳明的一段对话。
　　九川问："近年因厌泛滥之学，每要静坐，求屏息念虑，非惟不能，愈觉扰
扰。如何？"
　　先生曰："念如何可息？只是要正。"
　　曰："当自有无念时否？"
　　先生曰："实无无念时。"
　　曰："如此且如何言静？"
　　曰："静未尝不动，动未尝不静。戒谨恐惧即是念，何分动静？"
　　曰："周子何以言'定之以中正仁义而主静'？"
　　曰："无欲故静，是'静亦定，动亦定'的'定'字。'主'，其本体也。
戒惧之念是活泼泼地，此是天机不息处，所谓'维天之命，于穆不已'。一息便
是死，非本体之念即是私念。"
　　又问："用功收心时，有声、色在前，如常闻见，恐不是专一。"

曰：“如何欲不闻见？除是槁木死灰，耳聋目盲则可。只是虽闻见而不流去便是。”

曰：“昔有人静坐，其子隔壁读书，不知其勤惰。程子称其甚敬。如何？”

曰：“伊川恐亦是讥他。”

这段对话的意思是：静坐时不可能没有念头，念头不能无，只能正。静坐的目的就是要让念头归于纯正。静坐时会有所见、有所闻，这是很正常的。但虽然听见、看见了，只要心不跟着它转，不被打扰就是了。

认识你自己

王阳明说：“天理人欲，其精微必时时用力省察克制，方日渐有见。”

这话的意思是：存天理去私欲，其精微之处必须时刻反省体察克制，才能渐渐有所得。

王阳明非常重视自我反省，只有不断反观自我，才能真正认识自己、改善自己。正如一个东西，用秤称过，才知道它的轻重；用尺量过，才知道它的长短。世间万物，都要经过某些标准的衡量，才知道究竟。而人们通过自我反省、自我检查，就能“自知己短”，从而弥补短处，纠正过失。

孔子说：“学而时习之，不亦说乎？有朋自远方来，不亦乐乎？人不知而不愠，不亦君子乎？”他的弟子曾参说：“吾日三省吾身：为人谋而不忠乎？与朋友交而不信乎？传不习乎？”曾参每天都要从三个方面对自己进行检讨和反思：第一个是帮助别人办事的时候有没有尽心尽力，第二个是和朋友交往的时候有没有推心置腹，第三个是对老师传授的知识有没有认真复习。曾参带着这样的自检规范对自己进行自省，让他的短处越来越少，长处越来越多，最终修炼成一个受人尊敬的人。

王阳明就是一个懂得自省的人。他从“忤逆少年”到心学大师，其关键就在于他认识到了真正自我的力量，这个“真我”虽然不能进行思维，但它能与任何一个层次的思维结合。当它一旦与某个想法融合后，所发出的力量是巨大的。

在每个人的内心深处，那里潜藏着我们未能发挥出来的力量、决心和意志。当我们没有认识到它们时，这些力量、决心和意志就作为潜在的能量隐藏在心中，在我们听从了内心的召唤后，它就会赋予我们无限的潜能，从中获得的力量，足以改变我们自己，让我们重获信心和自由。

王阳明说："人需有为己之心，方能克己，方能成己。"意思是说，人需要有为"真我"着想的心，才能克服自己的弱点。能够克服自己的弱点，才能完善自己的人格，从而成就人生中的事业。反过来说，人生最大的敌人是自己，是不知道自己的弱点。只有那些认真审视自己、时刻反省自己的人，才可能真正觉悟，并能使自己不断进步。

摆脱羁绊，发现心的力量

王阳明说："虚灵不昧，众理具而万事出。心外无理，心外无事。"

意思是说："虚灵不昧"时，也就是非常安宁、专一、虚静的时候，就能体察、发现到各种事物的道理及规律，而万事也由此而生，因此得出了"心外无理，心外无事"的结论。

王阳明所强调的是"纯净心灵"的无穷力量，"纯净心灵"万理齐备，什么事都可以做，各种创新活动，也需要一种心灵高度宁静的状态。获得"纯洁心灵"要求我们追求心灵的自由，排除杂念，完全沉浸、陶醉和专注于当下的所做的事中，用整个身心解决现在的问题，而不是纠缠于"自我"的问题。

王阳明还说，一个人的内心力量来自"和"的心境。陆原静给王阳明写了一封信，信上说："尝试于心，喜怒忧惧之感发也，虽动气之极，而吾心良知一觉，即惘然消阻，或遏于初，或制于中，或悔于后。"王阳明回答说："知此则知未发之中，寂然不动之体，而有发而中节之和，感而遂通之妙矣。"

从王阳明和陆原静的书信来往中，我们可以看出王阳明十分重视人的内心力量，他觉得一个人的内心力量很强大，这种力量甚至能够控制一个人的喜怒哀乐，让一个人的心保持纯洁，达到一种"和"的状态。

平和你的内心

王阳明说："教人为学，不可执一偏。初学时心猿意马，拴缚不定。其所思虑，多是人欲一边。姑且教之静坐，息思虑。"

这段话的意思是，教人如何做学问，不可偏执于一种方法。初学时，思想集中不了，考虑的多是人欲方面的东西，这不要紧。姑且先叫他们静坐，慢慢地让纷乱的思绪平息下来，去掉心中的私欲。

在这里王阳明强调要善于排除私心杂念，这样才能提高效率，做好学问。其实不论做什么事，只有保持内心的安定，进入一种不为外物所动的状态，才能把事情做到完善的地步。

弟子孟源曾问王阳明："我在静坐时，总是想东想西，心里一刻也不得安静，我试过许多办法都不见效，该怎么办呢？"

王阳明回答说："将头脑中那些纷乱复杂的念头强行抹去，那是不可能的，只有寻找到产生这些纷乱复杂念头的根源，观察它，改善它，在自己的内心中进行深刻反省，才能消除内心的那些纷杂思虑，你自然就会安静下来，这其实就是《大学》里所说的'知止而后定'的意思。"

静坐是指放松入静，排除杂念，呼吸自然，主要是为了让人变得安静，能感觉到自己的存在，然后进入忘我境界。静坐可以让一个人的身体保持内外的平衡，有利于提升自己的心灵境界。一个人若能在嘈杂中感悟宁静，也就达到了人生的至高境界。

培养你的定力

有弟子问："学无静根，感物易动，处事多悔，如何？"

王阳明说："三言者病亦相因。惟学而别求静根，故感物而惧其易动；感物而惧其易动，是故处事而多悔也。"

王阳明回答的意思是：你们三个人的病因差不多，做学问刻意去求静，所以碰到事情就怕被扰动；碰到事情怕被扰动，所以处理事情就多悔了。

一个人的本心，是无动无静的。心不可以用动静来区分本体和作用。动静只是就时间而言的。就本体而言，应用在本体之中；就应用而言，本体也寓于应用之中，这就是'体用一源'。所以君子修身、做学问，不要拘泥于动静。拘泥于动静就会怕这怕那，处事多悔了。君子能让本心纯净，不被扰动，不被诱惑，这就是定力。

提升你的决断力

王阳明说："常如猫之捕鼠，一眼看着，一耳听着。才有一念萌动，即与克去。斩钉截铁，不可姑容，与他方便。不可窝藏，不可放他出路，方是真实用功。"

这段话的意思是：做学问如猫捉老鼠，眼要看着，耳要听着。才有一丝杂念开始萌芽产生，即要克除。要如斩钉截铁一般，不可姑息宽容，给老鼠任何机会。不可让它窝藏在那里，也不可放它一条出路，这才是真真切切地用功。

王阳明认为，要彻底除去私心杂念的干扰，一个人必须具有斩钉截铁的勇气和决心，发现私念出现，就要果断除去，决不能犹豫不决，让它蔓延开来，留下后患。做事情也一样，对符合天理的事情，排除万难去做，没有一丝迟疑，这就是决断力。情势瞬息万变，机遇一失，全盘皆输。一个人的决断力大小是衡量一个人成败的主要标志。

提升心灵的层次

王阳明说："昏暗之士，果能随事随物精察此心之天理，以致其本然之良知，则虽愚必明，虽柔必强。"

这句话的意思是：资质平常甚至低下的人，如果能在事物上仔细体察此心运作的规律和奥妙，从而找到本来就有的良知，那么，即使愚昧者也一定会变得聪明起来，柔弱者也一定会变得强大起来。

一位哲人说过，聪明是能够被再发现的，只有一种再发现的方法，这就是静心。这种方法，王阳明成功地多次使用。他认为，如果在做事的过程中，能重现心灵的虚灵明觉，进入一种非常宁静、无分别、物我两忘的境界。这就是所谓的"静心"。达到这种状态，原来愚昧的人就可以变得聪明起来，柔弱的人也会变得刚强起来。

正因为如此，王阳明曾感叹地说："《中庸》所说的'惟天下之圣人为能聪明睿智'，过去看时觉得玄妙莫测，现在看来，原来是人人自有的。耳本来聪，目本来明，心本来是睿智的。圣人只有一种才能，就是发掘出心灵本来的奥秘。众人不能如此，只是因为不能致良知。这是何等明白简易啊！"提升心灵层次的钥匙就是致良知，发现自己的良知，让自己变得再次聪明起来，那就得靠静坐修心。

以诚养心

志道问："荀子云：'养心莫善于诚。'先儒非之，何也？"

王阳明说："此亦未可便以为非。'诚'字有以功夫说者，诚是心之本体，求复其本体，便是思诚的功夫。明道说'以诚敬存之'，亦是此意。《大学》'欲正其心，先诚其意'。荀子之言故多病，然不可一例吹毛求疵。大凡看人言语，若先有意见，便有过当处。'为富不仁'之言，孟子有取于阳虎，此便见圣贤大公之心。"

王阳明回答的意思是：这也不能就认为不对。"诚"字也可以从存养身心上来理解。"诚"是心的本体，要恢复心的本体，就要思诚。程颢先生说"用诚敬的心存养它"，也是这个意思。《大学》里说"要端正人心，必须先端正他的思想"，也是如此。荀子的话固然有很多毛病，然而也不能一概吹毛求疵。一般说来，看待别人的学说，如果事先就存在偏见，自然就会有失当之处。"为富不仁"这句话，就是孟子引用阳虎的话，由此可见圣贤的宽大公正之心。

在王阳明看来，诚敬既是一种境界，也是一种功夫，用精诚的态度生活就是致良知——恢复心的本体的表现。

佛家有一句话："心香一瓣，有诚则灵。"此是说看一个人是要从心而论的。当然这不是说没必要修行了，不然打着"心香"的旗号胡作非为，岂不是戏弄了佛家的宽容与智慧？因此，以精诚的功夫修行，就能达到更高的境界。

培养你的纠错力

王阳明说："夫旧习之溺人，虽已觉悔悟，而其克治之功尚且其难若此，又况溺而不悟，日益以深者，亦将何所抵极乎。"

这句话的意思是：能够认识到自己做过的错事或者是错误的习惯而悔悟，是一件不容易的事情。但是悔悟了，要想战胜习惯的力量，改正这个错误更加不易。人是不怕犯错误的，怕就怕同样的错误一犯再犯。

王阳明说："人有过，多于过上用功，就是补甑，其流必归于文过。"王阳明认为，每个人都会犯错，但如果过于在那个过错上用功，就像是修补破了的饭甑，必然会有文过饰非的弊病。这也是许多人在自省后常犯的错误，主要是因为人们自省有一个错误的认识：认为自省是为了帮助人们更好地掩盖错误，而不是彻底地改正错误。

王阳明说："颜子不迁怒，不贰过，亦是有'未发之中'始能。"

王阳明认为，颜回不迁怒于别人，不会两次犯同样的错，也只有"未发之中"的人能做到这样。

"不迁怒，不贰过"语出《论语·雍也》，意思是指不迁怒于人，不重复自己的过错。鲁哀公问孔子："你的弟子之中谁最好学？"孔子回答说："颜回好学，不迁怒，不贰过。"

不贰过有两层意思：一是知过。知过非常之难，根本问题是在此。我们平常做了许多错事，却往往不知道。二是改过。知过后便不再有过，就是所谓一息不懈，所以说过而能改不为过矣。

提升你的制怒功力

《传习录》有一段关于怒气的对话，问"有所忿懥"一条。

王阳明说："忿懥几件，人心怎能无得，只是不可有耳。凡人忿懥，着了一分意思，便怒得过当，非廓然大公之体了。故有所忿懥，便不得其正也，如今于凡忿懥等件，只是个物来顺应，不要着一分意思，便心体廓然大公，得其本体之正了。"

这段话的意思是：诸如愤怒、恐惧、好乐、忧患等情绪，人心中怎会没有呢？只是不应该有罢了。一个人在愤怒时，较容易感情用事，有时会愤得过分，就失去了廓然大公的本体了。因此，有所愤怒，心就不能中正。如今，对于愤怒等情绪，只要顺其自然，不过分在意，心体自会廓然大公，从而实现本体的中正了。

王阳明认为，愤怒的情绪人人都有，但这种情绪是要不得的，因为愤怒会让一个人的内心无法做到"中正"，容易感情用事。在王阳明看来，处理愤怒情绪最好的办法就是顺其自然，不要过分在意。愤怒的情绪不要留在心上，风雨过后尽开颜，如果一个人能够做到坦然面对，他的内心自然会廓然大公，从而实现本体的中正。这就是制怒的功力，制怒的功力在于让怒气自然消失，而不是让怒气变成怨气。

化解负面情绪

针对弟子薛侃多悔，王阳明说："悔悟是去病之药，然以改之为贵。若留滞于中，则又因药发病。"

这句话的意思是：悔悟是祛除毛病的良药，但能让人有错便改才是它的效用之所在。如果仅仅将悔恨留滞在心里，就会因为用药而添病。

王阳明认为，对于做错的事，有悔恨之心是可以理解的，也是改正错误必经的过程，但必须要有度，有了失误，察觉到了，及时改正就行了。如果对不如意的事念念不忘，老是让这种负面情绪停留在心中折磨自己，则又会因此产生新的毛病。问题是我们如何去看待自己的错误，悔悟之后能不能接受现实，原谅自己，尽快从纠结的情绪中走出来，关键是把握住自己。

怎么做才能把握住自己呢？我们需要做的是返观内照，看看自己的内心世界，把握自己的情绪，而把握自己的情绪，就必须客观地感受和认识自己的情绪。

我们需要为自己的心灵腾出一片安静的空地，让自己置身其中。然后，我们则需要将脑中复杂的思绪一一整理一遍，整理完后，让自己一条一条地脱离这些思绪，如同旁观者一般分析这些情绪，看看是非对错。

也许，你会被一两条思绪所吸引并且纠结其中。这时，你需要提醒自己，我只是个旁观者，看看对错就好，无须纠缠其中。

如此，经过长久的练习，我们心中的杂念便会慢慢消失殆尽，让自己的心灵进入一种恬静美好的状态。如此一来，不管以后面临怎样的情绪时，我们都能清楚地洞悉这些情绪的真实面目，从而不浪费时间和精力纠结于此。

"知行合一"说

王阳明在龙场悟道以后，就提出了"知行合一"的思想。他在《与道通书》中说：

知行合一之说，专为近世学者分知行为两事，必欲先用知之中功而后行，遂致终身不行，故不得已而为此补偏救蔽之言。学者不能著体履，而又常制缠绕于言语之间，愈失而愈远矣。行之明觉精察处即是知，知之真切笃实处即是行，足下但以此语细思之，当自见，无徒为此纷纷也。

《传习录》又载王阳明答弟子"知行合一"问时说：

"此须识我立言宗旨。今人学问，只因知行分作两件，故有一念发动，虽是不善，然却未曾行，便不去禁止。我今说个'知行合一'，正要人晓得一念发动处，便即是行了。发动处有不善，就将这不善的念克倒了。须要彻根彻底，不使那一念不善潜伏在胸中，此是我立言宗旨。"

王阳明的"知行合一"说，其宗旨在于反对空言，提倡力行。王阳明的"知行合一"论有三层意思：一是知是行的主意，行是知的功夫。《传习录上》载徐爱问王阳明："古人说知行做两个，亦是要人见个分晓，一行做知的功夫，一行做行的功夫，即功夫始有下落。"王阳明说："此却失了古人宗旨也。某尝说知是行的主意，行是知的功夫。"二是知是行之始，行是知之成。《传习录上》载王阳明的话说："知是行之始，行是知之成。若会得时，只说一个知，已自有行在；只说一个行，已自有知在。""知者行之始，行者知之成。圣学只一个功夫，知行不可分作两事。"三是知之真切笃实处即是行，行之明觉精察处即是知。王阳明在《答顾东桥书》中说："知之真切笃实处，即是行，行之明觉精察处，即是知：知行功夫，本不可离。只为后世学者分作两截用功，失却知行本体，故有合一并进之说。'真知即所以为行，不行不足谓之知'。"

知行合一，并不是空洞虚幻的哲学思想，而是注重实践的思想，"知"指的是人的道德意识和思想意念，而"行"则指的是人的道德践履和实际行动。世界万物都不能够舍弃知和行。比如，一个人要先有孝敬父母的心，才会有孝敬父母的行为；没有孝敬父母的心，就不会有孝敬父母的行为。所以说，良知离不开笃行，笃行同样也离不开良知。

针对知行合一，王阳明举了这样一个例子：看到小孩不慎落井，怀有恻隐之心，顺着恻隐之心来回奔走呼救挽回孩子的生命，这就是"知行合一"的做法。如果这个人没有恻隐之心，就不可能有奔走呼救的行动。另外，如果这个人只有恻隐之心，却不付之行动，这也算不上"致良知"。所以说，人的行动是靠良知来引导的，一个人只有让心中的良知和行动达到一致，才能称之为"知行合一"。

如何运用知行合一，怎样做到知行合一，王阳明有许多论述，可以说也富有操作性。

重在实践体验

王阳明说："哑子吃苦瓜，与你说不得，你要知此苦，还须你自吃。"

有一句名言说：要想知道梨子的味道，就要亲口尝一尝。王阳明的意思是说，要想知道苦瓜的味道，就要亲口尝一尝。

其实，王阳明这句话的意思是说，为学或为人就像品尝苦瓜一样，任何人都说不得，即使说了也不会有人真正听进去，每个人都需要亲身体验一番才能获得真切感受。这也就是王阳明一贯推崇的"知行合一"的观点。在他看来，一个人成长、成熟都是知行合一的结果，只有认知，而没有实践，一切都是空谈，仍然是虚假的理论。只有真切地体验了，在身心深处领悟了，才是真正的知识，才能沉淀成生命中永恒的智慧。

人生就是一种体验，我们不能在别人的说教中生活一辈子，我们需要自己用血肉之躯去闯荡，去感触世界的心跳。"纸上得来终觉浅，绝知此事要躬行。"王阳明的知行合一是我们成功的法宝。我们不能总是纸上谈兵，还是真刀真枪地干一仗来得痛快，即使战死了，也感受到热血的存在。人生就像一场旅行，体验过各种各样的风景，内心才丰盈富足。所谓的体验，是任何人都无法替代的，正像吃饭、旅游无法替代一样，这些必须自己亲自去做。体验既包括美好的事物，也包括痛苦的、艰辛的，甚至有着生命危险的体验。我们活着就是为了体验，在体验的过程中，我们才感受到当下最真实的存在，以及最清醒的自己。

戒空谈，重实干

王阳明说："若不用克己功夫，终日只是说话而已，天理终不自见，私欲亦终不自见。如人走路一般，走得一段，方认得一段。走到歧路时，有疑便问，问了又走，方渐能到得欲到之处。"

这段话的意思是：如果没有下功夫克制私欲，每天只是说一说，最终也认识不到天理和私欲的区别。就像人走路，走一段才能看清楚前面一段。到了岔路口，有了疑惑就要问，问明白再走，这样才能渐渐走到目的地。

"问了又走，方渐能到得欲到之处"，正是反映了阳明心学最核心的思想——"知行合一"。在王阳明看来，知和行是互生共存、无法被割裂的。当你知道怎么说的时候，就应该知道如何去做。因此，一个只会口若悬河而没有实际行动的人，他所说的那些美丽动听的语言，本身就是错误的，不可取的。判断一个人是否做到了知行合一，不光信其言，还要观其行。

王阳明还把空谈误国延伸到做学问上。他说，天下之所以混乱不堪，只因为写文章的人多，实干的人少。人们力追虚名，而不再懂得还有崇尚真实、返璞归真的笃行。这些都是著书立说的人所导致的。

中国秦汉之后著述之风盛行，当时的文人志士强调著书立说，通过文字的典范阐述自己的观点，使自己名垂千古。各种著述书籍如雨后春笋，充斥世人眼球。很多人都是说得好听，却很少做实事。

针对这样的现状，王阳明主张去除华而不实的表面功夫，做到返璞归真的笃行。就像春秋时期孔子删述《六经》，清除蒙蔽视听的言论，删繁就简，还社会清明。产生言论的本意是指导人们如何践行事实，但是，随着时间的推移，越来越多的人却把著书立说放在首位，反倒忘了初衷，这无疑是舍本逐末的行为。

去掉私心杂念

徐爱因为没有领会老师知行合一的教导，与宗贤、惟贤两人反复辩论，不能决断，于是向老师请教。王阳明说："试举一个例子，我们来分析一下。"徐爱说："现在人们尽管知道对父母应当孝顺，对兄长应该尊敬，但有的人却不能孝顺父母，不能尊敬兄长，由此可以看出，知和行分明是两回事。"王阳明说："这种情况是心被私欲隔断了，已经不再是知行的本体。可以说没有真正知而不行的。知而不行是因为没有真知。"

要达到"知行合一"的境界，就要先将心地打扫得干干净净，杂念尽除，内心如秋月光华一般的澄洁。

如何才能给心灵做个大扫除，把那些遮蔽知行本体的垃圾清除掉呢？我们可以从"止观"入手。"止"，就是要让心中那些乱七八糟的念头止住，平静下来；"观"，就是要在虚静中体察心之本体，了悟智慧。

不论是闲暇或是做任何事，我们都可以借机锻炼自己的心，做止观的功夫。我们必须以"本心"无形无象的性质为主，因为只有无形无象。外界各种事物才干扰不了，也只有在虚无纯净的状态，智慧和能力才能从中生发出来。

知应时而变

《传习录》有一则对话。爱曰："如《三坟》之类，亦有传者，孔子何以删之？"先生曰："纵有传者，亦于世变渐非所宜。风气益开，文采日盛。至于周末，虽欲变以夏商之俗，已不可挽，况唐虞乎？又况羲黄之世乎？"

王阳明答话的意思是：社会风气日益开放，文采日渐兴盛，世道沧桑，那些书即使有些流传下来，也会因时代的变化逐渐不合时宜。周朝末年的时候，要恢复夏商时期的淳朴风俗，已经不可能了，何况尧舜时的世风呢？太古时期的伏羲、黄帝的世风就更不可能挽回了。

王阳明这段话所针对的问题是应时而变，不要墨守成规，是在告诫人们在做事时要根据不同的情况，不同的时间、地点来随机应变，制定相应的、正确的方法。

不仅是王阳明，孔子也强调应时而变，在什么山头唱什么歌。孔子周游列国时，曾被围困在陈国与蔡国之间，整整十天没有饭吃，有时连野菜汤也喝不上，真是饿极了。学生子路不知从哪里弄来了一只煮熟的小猪，孔子不问肉的来路，拿起来就吃，子路又不知用什么方法弄来了酒，孔子也不问酒的来路，端起来就喝。可是，等到鲁哀公迎接他时，孔子却显出正人君子的风度，席子摆不正不坐，肉类割不正不吃。子路便问："先生为什么现在与在陈、蔡受困时不一样了呀？"孔子答道："以前我那样做是为了生存，今天我这样做是为了讲礼呀！"孔子处理事情从容淡定，原因就在于他有着因时而化、因地制宜的头脑。正如王阳明所说："天下事虽万变，吾所以应之。"只有这样，我们才能克服各种困难，获得成功。

把握规律，运用智慧

《传习录》中有一则对话。问："孟子'巧力圣智'之说，朱子云：'三子力有余而巧不足。'何如？"

先生曰："三子固有力，亦有巧。巧、力实非两事，巧亦只在用力处，力而不巧，亦是徒力。三子譬如射，一能步箭，一能马箭，一能远箭。他射得到俱可谓之力，中处俱可谓之巧。但步不能马，马不能远，各有所长，便是才、力分限有不同处，孔子则三者皆长。然孔子之和只得到柳下惠而极，清只得到伯夷而极，任只得到伊尹而极，何曾加得些子。若谓'三子力有余而巧不足'，则其力反超过孔子了。巧、力只是发明圣、知之义，若识得圣，知本体是何物，便自了然。"

王阳明答话的意思是：伯夷、伊尹、柳下惠三个人不仅有"力"，而且还有"巧""巧"与"力"实际上并非两回事，"力"中要有"巧"。有"力"却无"巧"，不过是白费力气。如果用射箭做比喻，他们三个人里，一个能够步行射箭，一个能够骑马射箭，一个能够远程射箭。只要他们都能射到靶子那里，便都能叫作有力；只要能正中靶心，便都能叫作巧。但是，步行射箭的不能够骑马射箭，骑马射箭的又不能远程射箭，他们三个各有所长，才、力各有不同。而孔子则是身皆三长，然而，孔子的"和"最多只能达到柳下惠的水平，而"清"最多能够达到伯夷的水平，"任"最多只能达到伊尹的水平，未曾再添加什么了。如果说"三子力有余而巧不足"，那他们的力加在一起反倒能超过孔子了。巧、力只是为了阐明圣、智的含义，如果认识到了圣、智的本体，自然就能够了然于心。

生活中，有人日出而作，夜深才息，一天甚至埋头苦干十一二个小时，但结果却不尽如人意，一生平庸，碌碌无为。有人却深谙巧干远大于苦干的奥妙，总能找到更简单、更轻松、更快捷的方法。巧干就是要运用智慧，找到正确的方向和道路。

因病而药

王阳明说："日间功夫，觉纷扰，则静坐；觉懒看书，则且看书。是亦因病而药。"

这句话的意思是：在白天学习，觉得被外界繁乱打扰，就学习静坐；觉得懒于看书，就去看书。这也是对症下药。

"因病而药"，既是王阳明解决问题的方法和手段，也是他为人处世的一种哲学思想。说它是方法论，是因为王阳明遇事不盲目做决定，而是先把事情看准、看懂、看透，然后再选择合适的对策来解决；说它是哲学思想，是因为在王阳明看来，大千世界形色各异，到处都是让人眼花缭乱的事物，如果没有一双识别万物真面目的慧眼，心境就会经常处于"纷扰"的状态中，难成大事。王阳明之所以极力主张让人们内心"静下来"，其实就是让眼睛"亮起来"，分辨事物不同的本质，找到一针见血的解决方法。

言行一致

王阳明说："不逆、不臆而为人所欺者，尚亦不失为善，但不如能致其良知，而自然先觉者之尤为贤耳。"

这句话的意思是：不事先怀疑别人的欺诈、怀疑别人的不诚信，是待人以诚的重要方面。但还不如致良知，以示诚信之心，这才是最好的。孔子说："人而无信，不知其可也。"意思是说，如果一个人不讲信用，说话不算数，这个人就不可能做成什么事情，更不可能在社会上立身处世。

王阳明认为，诚信是一个人的立身之本，一个人存在于社会之中，诚信是最基本的道德依存。如果一个人能够坚持以忠实诚信为行事的准则，坚定做圣人的志向，不被时局动摇，不被名利诱惑，德行修养就会越来越高，事业也会越做越大。知行合一如果是一个药方，那就是治言行不一的毛病的。

把握权变之道

《传习录》中有一段关于权变的对话。弟子惟乾向王阳明请教孟子所说"执中无权犹执一"这一句话的含义。孟子说的是：如果一个人只懂得"执中"而不会"权"，那就是"执一"，这样就会"举一而废百"，就会损害道。

王阳明回答说："所谓'中'，就是天理，就是易，随着时间而发生变化，是一种随着具体条件不断变化的原则，必须因时制宜、与时俱进，怎么能'执'而不变呢？所以很难事先确定一个标准。后代的儒生们，想把各种道理阐述得完美无缺，就定了一个个固定的模式，这正是所谓的偏执了。"

王阳明的这个回答，说出了儒学最根本的精神：有经有权。经，就是原则；权，就是权变。

大家都想建立自己的功业，但是并非人人都能拥有自己的事业。建立自己的功业，就要学会权变通达的办事方法，做事千万不要钻牛角尖，要懂得适当的迂回。只有懂得变通办事才能更加顺畅。

"莫将环境拒之心外"。王阳明在《传习录》中提出"人心与物同体"的观点。他认为人心之所以能感应万物，是因为万物具有统一性，心与物之间存在着一种道德性的联系，这就是"一气流通"，也就是不要将环境拒之心外的意思。

建立功业必先顺应环境。王阳明一生中建立过很多让人叹为观止的功业，在他看来，这些功业的建立都有一个前提，就是先要顺应环境。"夫人心本神，本自变动周流，本能开物成务所以蔽累之者，只是利害毁誉两端。"如果我心不动，以顺应万物之自然，只是触机神应，就能够发挥"良知"妙用。意思是说，人的"心"本来就有着神奇的作用，如同行云流水一般，变动周流于万事万物之中，反映着各层次事物的客观规律。如果人能静下心来，自然就能发现其中的规律，从而很自然地将事情完成得十分完美。

那么为什么现在我们经常会出现办事不利的情况呢？王阳明认为，这是因为我们心灵的能力没有发挥出来，长期以来，它被各种诋毁、赞誉等利害关系遮蔽了。如果能摒弃"自我"的束缚，保持我心不动，顺应万物之自然，对待各种事情，心灵就能根据其客观规律，做出自己精准的判断，将别人看似异常神奇的"良知"妙用发挥出来。一旦懂得了让本心顺应外在环境、顺应天地万物的道理，很多烦扰的矛盾顿时就会变得简单通透。

第四章　游学南北 "朱陆之辩" 成 "异端"

京师辩朱陆

　　正德五年（1510）十一月，王阳明入京朝觐。明代制度，地方官每三年进京一次，朝觐皇帝并接受吏部和都察院的考核，称为"朝觐考察"。正德六年（1511）正月正是三年一度的朝觐时间，做了七个月知县的王阳明来到北京就是为了这个缘故。

　　王阳明暂时在大兴隆寺落脚。大兴隆寺是北京当时的一大名胜。大兴隆寺兴建于明英宗时期，原本是皇帝要为自己祈福所建的，可是工程浩大，劳民伤财，官府四处征用民夫来修建，导致很多家庭妻离子散、家破人亡，一时间民怨四起。修建的第二年就发生了土木之变，蒙古瓦剌部与明英宗的军士发生了激烈的战争，明朝军队战败，英宗被俘。原本寄希望能够带来福音的大兴隆寺，不但没有带来福音，而且为造寺者带来了灭顶之灾。但是即便是这样，大兴隆寺还是成了很多寻常老百姓的好去处，进京赶考的举子、走南闯北的商人、讲学的儒者都会会集到这里来。当时的寺院很大程度上承担着今天宾馆酒店的功能，只是费用很灵活，以香火钱的形式自愿奉献，毕竟寺院不是营利机构，提供住宿也只是与人方便罢了。

　　王阳明与湛若水重逢于这座大兴隆寺，既有圣学的契合，又有过生死离别的遭遇，重逢自然有太多的话要讲。此时，经朋友介绍，黄绾特来拜访王阳明。黄绾，字宗贤，又字叔贤，号九庵，黄岩人，小王阳明五岁，以祖荫入官，授后军都督府都事，是后来《王阳明行状》的作者。黄绾未做官时师从谢铎，授官之后听说王阳明讲学，便前去拜访，说自己虽然有志于圣学，但功夫还没下足。王阳明说："人就怕不立志，只要立志，就不怕功夫不到。"继而将黄绾推荐给湛若水，三人一道立志向学。

就在王阳明等待朝觐期间，吏部下达了晋升的委任书，王阳明从地方知县升为南京刑部四川清吏司的主事。他接受委任书后，心里感慨万千，自己曾经在十年前就担任过刑部云南清吏司的主事，没想到过了十年，竟然又升迁到南京刑部四川清吏司主事的位置。

还未前往南京就职，吏部又下达了新的任命，改任命王阳明为吏部验封司主事，分管掌封爵、袭荫、褒赠、吏算等事，为吏部的第二司。不久，王阳明迎来了再次的升迁，他被升任为吏部文选司员外郎，掌管文职官员和吏员的升迁、改调等事。王阳明能留在北京，能在吏部任职，黄绾是起了一些作用的。

黄绾是经由著名学者、已致仕的户部侍郎储罐介绍给王阳明认识的。黄绾对于结识、接触王阳明及湛若水这两位学术精深的人物内心充满了感激、兴奋之情。当然，这位黄绾年少轻狂，难免带有夸大、炫耀的成分在里面。但是黄绾通过户部侍郎乔宇走通了杨一清的关系，使王阳明改任吏部验封清吏司主事，使王阳明能够留在北京，可以继续研讨圣学。

在大兴隆寺期间，王阳明逐渐明确了自己的学术倾向，明辨了"朱陆同异"，主要观点反映在给徐成之的两封信中。徐成之，名守诚，余姚人，笃信朱学。当时，徐成之与信奉陆学的王文辕论"朱陆同异"，二人见解不同，又不能相互服膺，徐成之就写信给王阳明，请他来做裁决。

王阳明给徐成之回了两封信，表达了自己对"朱陆同异"的观点。第一封的相关论述：

> 承以朱、陆同异见询。学术不明于世久矣，此正吾侪今日之所宜明辨者。细观来教，则舆庵之主象山既失，而吾兄之主晦庵亦未为得也，是朱非陆，天下之论定久矣，久则难变也。虽微吾兄之争，舆庵亦岂能遽行其说乎？故仆以为二兄今日之论，正不必求胜。务求象山之所以非，晦庵之所以是，穷本及源，真有以见其几微得失于豪忽之间。若明者之听讼，其事之曲者，既有以辨其情之不得已，而辞之直者，复有以察其处之或未当。使受罪者得以伸其情，而获伸者亦有所不得辞其

责，则有以尽夫事理之公，即夫人心之安，而可以俟圣人于百世矣。今二兄之论，乃若出于求胜者，求胜则是动于气也，动于气，则于义理之正何啻千里，而又何是非之论乎！凡论古人得失，决不可以意度而悬断之。今舆庵之论象山曰："虽其专以尊德性为主，未免堕于禅学之虚空；而其持守端实，终不失为圣人之徒。若晦庵之一于道问学，则支离决裂，非复圣门'诚意正心'之学矣。"吾兄之论晦庵曰："虽其专以道问学为主，未免失于俗学之支离，而其循序渐进，终不背于《大学》之训。若象山之一于尊德性，则虚无寂灭，非复《大学》'格物致知'之学矣。"夫既曰"尊德性"，则不可谓"堕于禅学之虚空"，"堕于禅学之虚空"，则不可谓之"尊德性"矣。既曰"道问学"，则不可谓"失于俗学之支离"，"失于俗学之支离"，则不可谓之"道问学"矣，二者之辩，间不容发。然则二兄之论，皆未免于意度也。昔者子思之论学，盖不下千百言，而括之以"尊德性而道问学"之一语。即如二兄之辩，一以"尊德性"为主，一以"道问学"为事，则是二者固皆未免于一偏，而是非之论尚未有所定也，乌得各持一是而遽以相非为乎？故仆愿二兄置心于公平正大之地，无务求胜。夫论学而务以求胜，岂所谓"尊德性"乎？岂所谓"道问学"乎？以某所见，非独吾兄之非象山、舆庵之非晦庵皆失之非，而吾兄之是晦庵、舆庵之是象山，亦皆未得其所以是也。稍暇当面悉，姑务养心息辩，毋遽。

在信里，王阳明没有明确谁对谁错，只是要求大家不要争论，要明白自己的是与非。

在第二封信里，王阳明说：

昨所奉答，适有远客酬对纷纭，不暇细论。姑愿二兄息未定之争，各反究其所是者，必己所是已无丝发之憾，而后可以及人之非。早来承教，乃为仆漫为含糊两解之说，而细绎辞旨，若有以阴助舆庵而为之地者，读之不觉失笑。曾为吾兄而亦有是言耶？仆尝以为君子论事当先去其有我之私，一动于有我，则此心已陷于邪僻，虽所论尽合于理，既已亡其本矣……

舆庵是象山，而谓其"专以尊德性为主"，今观《象山文集》所载，未尝不教其徒读书穷理……独其"易简觉悟"之说颇为当时所疑。然"易简"之说出于《系辞》，"觉悟"之说虽有同于释氏，然释氏之说亦自有同于吾儒，而不害其为异者，惟在于几微毫忽之间而已。亦何必讳于其同而遂不敢以言，狃于其异而遂不以察之乎？是舆庵之是象山，固犹未尽其所以是也。

吾兄是晦庵，而谓其"专以道问学为事"。然晦庵之言，曰"居敬穷理"，曰"非存心无以致知"……是其为言虽未尽莹，亦何尝不以尊德性为事？而又乌在其为支离者乎？……世之学者挂一漏万，求之愈繁而失之愈远，至有敝力终身，苦其难而卒无所入，而遂议其支离。不知此乃后世学者之弊，而当时晦庵之自为，则亦岂至是乎？是吾兄之是晦庵，固犹未尽所以是也。

……仆尝以为晦庵之与象山，虽其所为学者若有不同，而要皆不失为圣人之徒。今晦庵之学，天下之人童而习之，既已入人之深，有不容于论辩者。而独惟象山之学，则以其尝兴晦庵之有言，而遂藩篱之。使若由、赐之殊科焉，则可矣，而遂摈放废斥，若碔砆之与美玉，则岂不过甚矣乎？夫晦庵折衷群儒之说，以发明《六经》《语》《孟》之旨于天下，其嘉惠后学之心，真有不可得而议者。而象山辨义利之分，立大本，求放心，以示后学笃实为己之道，其功亦宁可得而尽诬之！而世之儒者，附和雷同，不究其实，而概目之以禅学，则诚可冤也已！故仆尝欲冒天下之讥，以为象山一暴其说，虽以此得罪，无恨。仆于晦庵亦有罔极之恩，岂欲操戈而入室者？顾晦庵之学，既已若日星之章明于天下，而象山独蒙无实之诬，于今且四百年，莫有为之一洗者。使晦庵有知，将亦不能一日安享于庙庑之间矣。此仆之至情，终亦必为吾兄一吐者，亦何肯"漫为两解之说以阴助于舆庵"？

……

王阳明在第二封信里还是想调和朱陆，也是当时的政治气候所致。但可以看出他挺陆象山的意味十分浓厚了，在文章结束时，王阳明似有为陆象山振臂一呼的打算："顾晦庵之学，既已若日星之章明于天下，而象山独蒙无实之诬，于今且四百年，莫有为之一洗者。"所以，当时的主流学界就把王阳明的"知行合一"当"异端"来看了。

在大兴隆寺讲学的日子里，乔宇这位长者兼高级官僚反而很像王阳明的弟子。就在这一年里，乔宇调任南京礼部尚书，临行前特地找王阳明论学，而这一番对话，体现在《送宗伯乔白岩序》一文中：

> 大宗伯白岩乔先生将之南都，过阳明子而论学。阳明子曰："学贵专。"先生曰："然。予少而好弈，食忘味，寝忘寐，目无改观，耳无改听。盖一年而诎乡之人，三年而国中莫有予当者。学贵专哉！"阳明子曰："学贵精。"先生曰："然。予长而好文词，字字而求焉，句句而鸠焉，研众史，核百氏。盖始而希迹于宋、唐，终焉浸入于汉、魏。学贵精哉！"阳明子曰："学贵正。"先生曰："然。予中年而好圣贤之道。弈吾悔焉，文词吾愧焉，吾无所容心矣。子以为奚若？"阳明子曰："可哉！学弈则谓之学，学文词则谓之学，学道则谓之学，然而其归远也。道，大路也。外是，荆棘之蹊，鲜克达矣。是故专于道，斯谓之专；精于道，斯谓之精。专于弈而不专于道，其专溺也；精于文词而不精于道，其精僻也。夫道广矣大矣，文词技能于是乎出，而以文词技能为者，去道远矣。是故非专则不能以精，非精则不能以明，非明则不能以诚。故曰'惟精惟一'。精，精也；专，一也。精则明矣，明则诚矣。是故明精之为也，诚一之基也。一，天下之大本也；精，天下之大用也。知天地之化育，而况于文词技能之末乎？"先生曰："然哉！予将终身焉，而悔其晚也。"阳明子曰："岂易哉？公卿之不讲学也，久矣。昔者卫武公年九十而犹诏于国人曰：'毋以老耄而弃予。'先生之年半于武公，而功可倍之也。先生其不愧于武公哉？某也敢忘国士之交警！"

王阳明强调"道"才是一切的根本，只有学道才谈得上专、精、正；道既广且大，一切文学、技能皆有道而发，舍道而专求文学技能就会去道日远。专则能精，精则能明，明则能诚，所以才有"惟精惟一"的说法。"惟精惟一"之"精"，正是精于道之"精"，"惟精惟一"之"一"正是专于道之"专"。"惟精惟一"语出《尚书·大禹谟》，舜有心禅位给禹，于是对他有一番告诫，其中有一段至关重要的话："人心惟危，道心惟微，惟精惟一，允执厥中。"后来，王阳明称其为"心学之源"。

王阳明的这些论述，着重在"道"字上下功夫，这是站在陆九渊一边的。陆学要人在自己的心上下功夫，不断磨炼道德，这便是"尊德性"的一途。反对朱熹的观点，朱学要人在万事万物上下功夫，不断求知，这便是"道学问"的一途。换言之，朱陆异同的核心在于方法论上的"向内"还是"向外"。后来王阳明悟道，悟出来的是圣人之道——吾心自足，不假外求，这显然是"内向"的一途，和陆九渊站在同一条战线上。可是，王阳明的观点在明代是属于"异端邪说"了，风险在不断增大。

在大兴隆寺的讲学和谈经论学也吸引了全国很多读书人，但凡有机会进京的人，比如进京赶考的考生都希望能够到这里体悟一下这种治学的氛围。

湛若水受朝廷命令出使安南，分开之时彼此心中都充满了无限伤感，不知何时才能够再聚首。王阳明特作文《别湛甘泉序》，既是对自己治学经历的反思和剖析，也充满了对好友的敬意和深情。文中王阳明索性以狂者胸次针砭时弊，于自己真实的学术心得再不做半点遮掩。如果说数月前为陆九渊翻案是冒天下之大不韪，这一次他甘犯更大的众怒，真有孟子"虽千万人吾往矣"的豪雄意气：

颜子没而圣人之学亡。曾子唯一贯之旨，传之孟轲终，又二千余年而周、程续。自是而后，言益详，道益晦；析理益精，学益支离无本，而事于外者益繁以难。盖孟氏患杨、墨；周、程之际，释、老大行。今世学者，皆知宗孔、孟，贱杨、墨，摈释、老，圣人之道，若大明于世。然吾从而求之，圣人不得而见之矣。其能有若墨氏之兼爱者乎？其能有若杨氏之为我者乎？其能有若老氏之清净自守、释氏之究心性命者乎？吾何以杨、墨、老、释之思哉？彼于圣人之道异，然犹有自得也。而世之学者，章绘句琢以夸俗，诡心色取，相饰以伪，谓圣人之道劳苦无功，非复人之所可为，而徒取辩于言词之间。古之人有终身不能究者，今吾皆能言其略，自以为若是亦足矣，而圣人之学遂废。则今之所大患者，岂非记诵词章之习！而弊之所从来，无亦言之太详、析之太精者之过欤！夫杨、墨、老、释，学仁义，求性命，不得其道而偏焉，固非若今之学者以仁义为不可学，性命之为无益也。居今之时而有学仁义，求性命，外记诵辞章而不为者，虽其陷于杨、墨、老、释之偏，吾犹且以为贤，彼其心犹求以自得也。夫求以自得，而后可与之言学圣人之道。某幼不问学，陷溺于邪僻者二十年，而始究心于老、释。赖天之灵，因有所觉，始乃沿周、程之说求之，而若有得焉。顾一二同志之外，莫予翼也，岌岌乎仆而后兴。晚得友于甘泉湛子，而后吾之志益坚，毅然若不可遏，则予之资于甘泉多矣。甘泉之学，务求自得者也。世未之能知其知者，且疑其为禅。诚禅也，吾犹未得而见，而况其所志卓尔若此。则如甘泉者，非圣人之徒欤！多言又乌足病也！夫多言不足以病甘泉，与甘泉之不为多言病也，吾信之。吾与甘泉友，意之所在，不言而会；论之所及，不约而同；期于斯道，毙而后已者。今日之别，吾容无言。夫惟圣人之学难明而易惑，习俗之降愈下而益不可回，任重道远，虽已无俟于言，顾复于吾心，若有不容已也。则甘泉亦岂以予言为缀乎？

王阳明说：孔子之学有一个一以贯之的原则，即"忠恕之道"，曾子将"忠恕之道"传承下来，到孟子而宣告终结。一千多年之后，周敦颐和程颢重新发现了圣人之学。自此以后，关于圣学的论述辨析日渐烦琐，圣学宗旨反而晦暗不明，学术益发支离无本，变成一门很难的功课。

王阳明自己和湛若水一样负有弘扬正学的使命感，要向主流的意识形态挑战。

这期间，王阳明还送别过方叔贤，名献夫，字叔贤，号西樵，南海人氏，弘治十八年（1505）进士，向王阳明行过弟子礼，在方叔贤归省之际，王阳明写了四首诗，并作《别方叔贤序》：

予与叔贤处二年，见叔贤之学凡三变：始而尚辞，再变而讲说，又再变而慨然有志圣人之道。方其辞章之尚，于予若冰炭焉；讲说矣，则违合者半；及其有志圣人之道，而沛然于予同趣。将遂去之西樵山中，以成其志，叔贤亦可谓善变矣。圣人之学，以无我为本，而勇以成之。予始与叔贤为僚，叔贤以郎中故事位吾上。及其学之每变，而礼予日恭，卒乃自称门生而待予以先觉。此非脱去世俗之见，超然于无我者，不能也。虽横渠子之勇撤皋比，亦何以加于此！独愧予之非其人，而何以当之！夫以叔贤之善变，而进之以无我之勇，其于圣人之道也何有。斯道也，绝响于世余三百年矣。叔贤之美有若是，是以乐为吾党道之。

在序文中，王阳明提到了张载，夸赞方叔贤做学问的态度像大儒张载一样。

在湛甘泉离开京城一年之后，黄绾也因病返乡，王阳明作《别黄宗贤归天台序》：

> 君子之学以明其心。其心本无昧也，而欲为之蔽，习为之害。故去蔽与害而明复，匪自外得也。心犹水也，污入之而流浊；犹鉴也，垢积之而光昧。孔子告颜渊 "克己复礼为仁"，孟轲氏谓 "万物皆备于我"、"反身而诚"。夫己克而诚，固无待乎其外也。世儒既叛孔、孟之说，昧于《大学》"格致" 之训，而徒务博乎其外，以求益乎其内，皆入污以求清，积垢以求明者也，弗可得已。守仁幼不知学，陷溺于邪僻者二十年。疾疚之余，求诸孔子、子思、孟轲之言，而恍若有见，其非守仁之能也。宗贤于我，自为童子，即知弃去举业，励志圣贤之学。循世儒之说而穷之，愈勤而益难，非宗贤之罪也。学之难易失得也有原，吾尝为宗贤言之。宗贤于吾言，犹渴而饮，无弗入也，每见其溢于面。今既豁然，吾党之良，莫有及者。谢病去，不忍予别而需予言。夫言之而莫予听，倡之而莫予和，自今失吾助矣！吾则忍于宗贤之别而容无言乎？宗贤归矣，为我结庐天台雁荡之间，吾将老焉。终不使宗贤之独往也！

序文除了表达对黄绾的惜慕之情外，提出了心如 "明镜" 的思想，祛除遮蔽内心的障碍就是 "磨镜" 的功夫。在回答黄绾和应原忠的提问时，王阳明写了几封回信，如《答黄宗贤应原忠》，进一步阐述了 "明镜" 论和 "活水" 论：

> 昨晚言似太多，然遇二君亦不得不多耳。其间以造诣未熟，言之未莹则有之，然却自是吾侪一段的实工夫。思之未合，请勿轻放过，当有豁然处也。圣人之心，纤翳自无所容，自不消磨刮。若常人之心，如斑垢驳杂之镜，须痛加刮磨一番，尽去其驳蚀，然后纤尘即见，才拂便去，亦自不消费力。到此已是识得仁体矣。若驳杂未去，其间固自有

一点明处，尘埃之落，固亦见得，亦才拂便去。至于堆积于驳蚀之上，终弗之能见也。此学利困勉之所由异，幸弗以为烦难而疑之也。凡人情好易而恶难，其间亦自有私意气习缠蔽，在识破后，自然不见其难矣。古之人至有出万死而乐为之者，亦见得耳。向时未见得向里面意思，此工夫自无可讲处。今已见此一层，却恐好易恶难，便流入禅释去也。昨论儒释之异，明道所谓"敬以直内"则有之，"义以方外"则未。毕竟连"敬以直内"亦不是者，已说到八九分矣。

在这封信里，王阳明用"明镜"来比喻实践修行的重要性，后来他在《传习录》里说："圣人之心如明镜，只是一个明，则随感而应，无物不照。故圣人只怕镜不明，不怕物来不能照。讲求事变，亦是照时事，然学者却须先有个明的功夫。"王阳明的"明镜"论就是心的修行，心就是镜，擦拭是修行的功夫。

《与黄宗贤》：

宅老数承远来，重以嘉贶，相念之厚，愧何以堪！令兄又辱书惠，礼恭而意笃，意家庭旦夕之论，必于此学有相发明者，是以波及于仆。喜幸之余，愧何以堪！别后工夫，无因一扣，如书中所云，大略知之。"用力习熟，然后居山"之说，昔人尝有此，然亦须得其源。吾辈通患，正如池面浮萍，随开随蔽。未论江海，但在活水，浮萍即不能蔽。何者？活水有源，池水无源；有源者由己，无源者从物。故凡不息者有源，作辍者皆无源故耳。

王阳明在给黄宗贤的信里，提出了"活水"论，他在《传习录》里说："与其为数顷无源之塘水，不若为数尺有源之井水，生意不穷。"王阳明的这句话与朱熹在《观书有感》写的"问渠那得清如许，为有源头活水来"不谋而合。朱熹认为生活是写作的活水，用心观察才能发现它。我们应该汲取源头活水，做一个生活的有心人，才能看到别人看不到的奇观。

王阳明非常重视弟子、朋友的进步，帮助他们解决前进道路上的困难和思想疑虑。徐祯卿是王阳明的朋友，为太学博士，又是大文学家，王阳明引导他向圣学靠近，从《徐昌国墓志》一文，我们可以看到王阳明引导的轨迹：

正德辛未三月丙寅，太学博士徐昌国卒，年三十三。士夫闻而哭之者皆曰："呜呼，是何促也！"或曰："孔门七十子，颜子最好学，而其年独不永，亦三十二而亡。"说者谓颜子好学，精力瘁焉。夫颜虽既竭吾才，然终日如愚，不改其乐也。此与世之谋声利，苦心焦劳，患得患失，逐逐终其身，耗劳其神气，奚啻百倍！而皆老死黄馘，此何以辨哉？天于美质，何生之甚寡而坏之特速也！夫鼪鼯以夜出，凉风至而玄鸟逝，岂非凡物之盛衰以时乎？夫嘉苗难植而易槁，芝荣不逾旬，蔓草薙而益繁，鸥枭咙蝮遍天下，而麟凤之出，间世一睹焉。商周以降，清淑日浇而浊秽薰积，天地之气则有然矣，于昌国何疑焉！

始昌国与李梦阳、何景明数子友，相与砥砺于辞章，既殚力精思，杰然有立矣。一旦讽道书，若有所得，叹曰："弊精于无益，而忘其躯之毙也，可谓知乎？巧辞以希俗，而捐其亲之遗也，可谓仁乎？"于是习养生。有道士自西南来，昌国与语，悦之，遂究心玄虚，益与世泊，自谓长生可必至。正德庚午冬，阳明王守仁至京师。守仁故善数子，而亦尝没溺于仙、释，昌国喜，驰往省，与论摄形化气之术。当是时，增城湛元明在坐，与昌国言不协，意沮去。异日复来，论如初。守仁笑而不应，因留宿，曰："吾授异人五金八石之秘，服之冲举可得也，子且谓何？"守仁复笑而不应。乃曰："吾骥骤吾昔而游心高玄，塞兑敛华而灵株是固，斯亦去之竞竞于世远矣。而子犹余拒然，何也？"守仁复笑而不应。于是默然者久之，曰："子以予为非耶？抑又有所秘耶？夫居有者，不足以超无；践器者，非所以融道。吾将去知故而宅于埃壒之表，子其语我乎？"守仁曰："谓吾为有秘，道固无形也；谓吾谓子非，子未吾是也。虽然，试言之。夫去有以超无，无将奚超矣？外器以融道，道器为偶矣。而固未尝超乎！而固未尝融乎！夫盈虚消息，皆命也；纤巨内外，皆性也；隐微寂感，皆心也。存心尽性，顺夫命而已矣，而奚所趋舍于其间乎？"昌国首肯，良久曰："冲举有诸？"守仁曰："尽鸢之性者，可以冲于天矣；尽鱼之性者，可以泳于川矣。"曰："然则有之。"曰："尽人之性者，可以知化育矣。"昌国俯而思，蹴然而起曰："命之矣！吾且为萌甲，吾且为流渐，子其煦然属我以阳春哉！"数日，复来谢曰："道果在是，而奚以外求！吾不遇子，几亡人矣。然吾疾且作，惧不足以致远，则何如？"守仁曰："悸乎？"
曰："生，寄也；死，归也。何悸？"津津然既有志于斯，已而不见者
逾月，忽有人来讣，昌国逝矣。

……

徐祯卿作为前七子之一，是明朝著名的文学家。但王阳明认为文学是与圣人之道无关乃至有害的事，因而，对昌国的文学成就视而不见。他所着力描写的是徐祯卿的两次改变，尤其是第二次改变。第一次改变是由爱好文学转为爱好养生之道。第二次改变则是从爱好养生之道致力于圣贤之道，这在王阳明看来，徐祯卿是在经过了一番探索之后，终于找到了人生真谛，找到了人生归宿。

湛若水走了，黄绾也未能久留京城。正德七年（1512），黄绾告病还乡，三人已去其二，王阳明也无法独善其身。在屡经调职之后，他终于在十二月间由京官外调，升任南京太仆寺少卿，要到滁州赴任。

行舟论学

正德七年年底（1512年初），王阳明前往南京任职，恰好徐爱也到京城接受考核，并且被朝廷晋升为南京工部员外郎，师生两个同船赴南京。

此时，二十六岁的徐爱已官至五品，但求学的劲头还是如饥似渴。王阳明有意要考一下这位弟子的学问，就让徐爱将《大学》经文诵读一遍，这对于徐爱来说，简直是不费吹灰之力，自己早在十多岁时已将其背得滚瓜烂熟了。于是他就随口诵背起来。王阳明听完后，问道："你的确非常熟悉，可曾想过这篇经文有哪些错误？"

徐爱无言以对。

王阳明则慢慢地开讲："这个错误不在于你，而在于这两位宋朝的大儒程颐和朱熹，他们自认为对孔孟学说的解释是最权威的，但是他们也曾误读，例如孔子谈到'修己以安百姓'，所谓的安百姓就是要亲民，教化民众，但是这两位宋

朝的大儒却认为是'新民'，而不是'亲民'，这难道不是错误吗？"

王阳明的解读一下子使得徐爱愣住了，这也促使徐爱开始反思程朱学说，他后来将自己与老师之间的对话，详细地记载在阳明语录即《传习录》的序言中：

> 先生于《大学》"格物"诸说，悉以旧本为正，盖先儒所谓误本者也。爱始闻而骇，既而疑，已而殚精竭思，参互错纵，以质于先生，然后知先生之说，若水之寒，若火之热，断断乎百世以俟圣人而不惑者也。先生明睿天授，然和乐坦易，不事边幅。人见其少时豪迈不羁，又尝泛滥于词章，出入二氏之学，骤闻是说，皆目以为立异好奇，漫不省究。不知先生居夷三载，处困养静，精一之功，固已超入圣域，粹然大中至正之归矣。
>
> 爱朝夕炙门下，但见先生之道，即之若易，而仰之愈高，见之若粗，而探之愈精；就之若近，而造之愈益无穷。十余年来，竟未能窥其藩篱。世之君子，或与先生仅交一面，或犹未闻其謦欬，或先怀忽易愤激之心，而遽欲于立谈之间，传闻之说，臆断悬度。如之何其可得也？从游之士，闻先生之教，往往得一而遗二，见其牝牡骊黄，而弃其所谓千里者。

王阳明与徐爱之间的对话集中在对《大学》的理解上，王阳明也是通过这次对话恢复了《大学》的本意，对朱熹的某些曲解间接地提出了批评。重点集中在对"亲民"之新解：

> 爱问："'在亲民'，朱子谓当作'新民'。后章'作新民'之文似亦有据。先生以为宜从旧本作'亲民'，亦有所据否？"先生曰："'作新民'之'新'是自新之民，与'在新民'之'新'不同，此岂足为据？'作'字却与'亲'字相对，然非'新'字义。下面'治国平天下'处，皆于'新'字无发明，如云'君子贤其贤而亲其亲，小人乐其乐而利其利'；'如保赤子'；'民之所好好之，民之所恶恶之，此之谓民之父母'之类，皆是'亲'字意。'亲民'犹孟子'亲亲仁民'之谓，亲之即仁之也。百姓不亲，舜使契为司徒，敬敷五教，所以

亲之也。《尧典》'克明峻德'便是'明明德'。'以亲九族'至'平章''协和'，便是'亲民'，便是'明明德于天下'。又如孔子言'修己以安百姓'，'修己'便是'明明德'，'安百姓'便是'亲民'。说'亲民'便是兼教养意，说'新民'便觉偏了。"

　　《大学》中说的"在亲民"，朱熹却把它改成"新民"，而《大学》后面一章有个"作新民"，朱熹改了以后，前后两个"新"好像是对应的。王阳明认为朱熹改错了，他说"作新民"中的"新"是自新的意思，"在亲民"的"亲"是"亲仁、教化"的意思。

　　对"至善"之新解：

　　　　爱问："'知止而后有定'，朱子以为'事事物物皆有定理'，似与先生之说相戾。"先生曰："于事事物物上求至善，却是义外也。至善是心之本体，只是'明明德，到'至精至一'处便是。然亦未尝离却事物，本注所谓'尽夫天理之极，而无一毫人欲之私'者得之。"

　　　　爱问："至善只求诸心，恐于天下事理有不能尽。"先生曰："心即理也。天下又有心外之事，心外之理乎？"爱曰："如事父之孝，事君之忠，交友之信，治民之仁，其间有许多理在，恐亦不可不察。"先生叹曰："此说之蔽久矣，岂一语所能悟？今姑就所问者言之：且如事父，不成去父上求个孝的理？事君，不成去君上求个忠的理？交友治民，不成去友上、民上求个信与仁的理？都只在此心。心即理也。此心无私欲之蔽，即是天理，不须外面添一分。以此纯乎天理之心，发之事父便是孝，发之事君便是忠，发之交友治民便是信与仁。只在此心去人欲、存天理上用功便是。"爱曰："闻先生如此说，爱已觉有省悟处。但旧说缠于胸中，尚有未脱然者。如事父一事，其间温清定省之类，有许多节目，不亦须讲求否？"先生曰："如何不讲求？只是有个头脑，只是就此心去人欲、存天理上讲求。就如讲求冬温，也只是要尽此心之孝，恐怕有一毫人欲间杂；讲求夏清，也只是要尽此心之孝，恐怕有一毫人欲间杂：只是讲求得此心。此心若无人欲，纯是天理，是个诚于孝亲的心，冬时自然思量父母的寒，便自要去求个温的道理；夏时自然思量父母的热,便自要去求个清的道理。这都是那诚孝的心发出来的条件。却是须有这诚孝的心,然后有这条件发出来。譬之树木,这诚孝的心便是根,许多条件便是枝叶,须先有根,然后有枝叶,不是先寻了枝叶,然后去种根。《礼记》言:'孝子之有深爱者,必有和气;有和气者,必有愉色;有愉色者,必有婉容。'须是有个深爱做根,自然如此。"

王阳明对"至善"的解释是:"至善是心之本体,只是'明明德',到'至精至一'处便是,然亦未尝离却事物。"心即理,至善要在心里求,达到所谓"尽夫天理之极,而无一毫人欲之私"这种境界。

郑朝朔问:"至善亦须有从事物上求者?"先生曰:"至善只是此心纯乎天理之极便是。更于事物上怎生求?且试说几件看。"朝朔曰:"且如事亲,如何而为温清之节,如何而为奉养之宜,须求个是当,方是至善。所以有学问思辩之功。"先生曰:"若只是温清之节、奉养之宜,可一日二日讲之而尽,用得甚学问思辩?惟于温清时,也只要此心纯乎天理之极;奉养时,也只要此心纯乎天理之极。此则非有学问思辩之功,将不免于毫厘千里之谬,所以虽在圣人,犹加'精一'之训。若只是那些仪节求得是当,便谓至善,即如今扮戏子,扮得许多温清奉养的仪节是当,亦可谓之至善矣。"

王阳明回答郑朝朔关于"至善"的疑问时说:"至善只是此心纯乎天理之极便是。"即在内心上去掉所有私欲,就是"至善"。"精一"之功当然需要学问思辨。对"格物"之新解:

爱问:"昨闻先生'止至善'之教,已觉功夫有用力处。但与朱子'格物'之训,思之终不能合。"先生曰:"格物是止至善之功,既知至善,即知格物矣。

爱曰:"昨以先生之教推之格物之说,似亦见得大略。但朱子之训,其于《书》之'精一',《论语》之'博约',《孟子》之'尽心知性',皆有所证据,以是未能释然。"先生曰:"子夏笃信圣人,曾子反求诸己。笃信固亦是，然不如反求之切。今既不得于心，安可狃于旧闻，不求是当？就如朱子，亦尊信程子，至其不得于心处，亦何尝苟从？'精一'、'博约'、'尽心'，本自与吾说吻合，但未之思耳。朱子格物之训，未免牵合附会，非其本旨。精是一之功，博是约之功。日仁既明知行合一之说，此可一言而喻。尽心、知性、知天，是生知安行事；存心、养性、事天，是学知利行事。'夭寿不贰，修身以俟'，是困知勉行事。朱子错训'格物，只为倒看了此意，以'尽心知性'为'物格知至'，要初学便去做生知安行事，如何做得？"

爱问：'尽心知性'，何以为'生知安行'？"先生曰："性是心之体，天是性之原，尽心即是尽性。'惟天下至诚为能尽其性，知天地之化育'，存心者，心有未尽也。知天，如知州、知县之知，是自己分上事，已与天为一；事天，如子之事父，臣之事君，须是恭敬奉承，然后能无失，尚与天为二，此便是圣贤之别。至于'夭寿不贰'其心，乃是教学者一心为善，不可以穷通夭寿之故便把为善的心变动了，只去修身以俟命。见得穷通寿夭有个命在，我亦不必以此动心。'事天'虽与天为二，已自见得个天在面前；'俟命'便是未曾见面，在此等候相似：此便是初学立心之始，有个困勉的意在。今却倒做了，所以使学者无下手处。"爱曰："昨闻先生之教，亦影影见得功夫须是如此。今闻此说，益无可疑。爱昨晚思'格物'的'物'字即是'事'字，皆从心上说。"先生曰："然。身之主宰便是心，心之所发便是意，意之本体便是知，意之所在便是物。如意在于事亲，即事亲便是一物；意在于事君，即事君便是一物；意在于仁民爱物，即仁民爱物便是一物；意在于视听言动，即视听言动便是一物。所以某说无心外之理，无心外之物。《中庸》言'不诚无物'，《大学》'明明德'之功，只是个诚意。诚意之功，只是个格物。"

王阳明说："'格物'如孟子'大人格君心'之'格'，是去其心之不正，以全其本体之正。""格物"就是格去私欲，达到至善。所有格物都是止于至善的功夫。

对"博文"与"约礼"的理解：

　　爱问："先生以'博文'为'约礼'功夫，深思之未能得，略请开示。"先生曰："'礼'字即是'理'字。'理'之发见可见者谓之'文'；'文'之隐微不可见者谓之'理'：只是一物。'约礼'只是要此心纯是一个天理。要此心纯是天理，须就'理'之发见处用功。如发见于事亲时，就在事亲上学存此天理；发见于事君时，就在事君上学存此天理；发见于处富贵贫贱时，就在处富贵贫贱上学存此天理；发见于处患难、夷狄时，就在处患难、夷狄上学存此天理：至于作止语默，无处不然，随他发见处，即就那上面学个存天理。这便是'博学之于文'，便是'约礼'的功夫。'博文'即是'惟精'，'约礼'即是'惟一'。"

　　王阳明说，博文是约礼的功夫。博文就是"惟精"，即广泛地学习存养天理，它是"约礼"的功夫。"约礼"就是"惟一"，就是以礼的精神来约束人的思想以达到与天理的统一。

　　关于道心与人心：

　　爱问："'道心常为一身之主，而人心每听命'。以先生'精一'之训推之，此语似有弊。"先生曰："然。心一也，未杂于人谓之道心，杂以人伪谓之人心。人心之得其正者即道心，道心之失其正者即人心，初非有二心也。程子谓'人心即人欲，道心即天理'，语若分析而意实得之。今曰'道心为主，而人心听命'，是二心也。天理、人欲不并立，安有天理为主，人欲又从而听命者？"

　　王阳明说，人心若能守持正念，就是道心，道心失去正念就是人心。

　　赞王通为"贤儒"，评韩愈为"文人之雄"：

　　爱问文中子、韩退之。先生曰："退之，文人之雄耳。文中子，贤儒也。后人徒以文词之故，推尊退之，其实退之去文中子远甚。"爱问："何以有拟经之失？"先生曰："拟经恐未可尽非。且说后世儒者著述之意，与拟经如何？"爱曰："世儒著述，近名之意不无，然期以明道。拟经纯若为名。"先生曰："著述以明道，亦何所效法？"

曰："孔子删述《六经》，以明道也。"先生曰："然则拟经独非效法孔子乎？"爱曰："著述，即于道有所发明。拟经，似徒拟其迹，恐于道无补。"先生曰："子以明道者使其反朴还淳而见诸行事之实乎？抑将美其言辞而徒以说说于世也？天下之大乱，由虚文胜而实行衰也。使道明于天下，则《六经》不必述。删述《六经》，孔子不得已也。自伏羲画卦，至于文王、周公，其间言《易》如《连山》《归藏》之属，纷纷籍籍，不知其几，《易》道大乱。孔子以天下好文之风日盛，知其说之将无纪极，于是取文王、周公之说而赞之，以为惟此为得其宗。于是纷纷之说尽废，而天下之言《易》者始一。《书》《诗》《礼》《乐》《春秋》皆然。《书》自《典》《谟》以后，《诗》自《二南》以降，如《九丘》《八索》，一切淫哇逸荡之词，盖不知其几千百篇；《礼》《乐》之名物度数，至是亦不可胜穷。孔子皆删削而述正之，然后其说始废。如《书》《诗》《礼》《乐》中，孔子何尝加一语？今之《礼记》诸说，皆后儒附会而成，已非孔子之旧。至于《春秋》，虽称孔子作之，其实皆鲁史旧文。所谓'笔'者，笔其旧；所谓'削'者，削其繁：是有减无增。孔子述《六经》，惧繁文之乱天下，惟简之而不得，使天下务去其文以求其实，非以文教之也。《春秋》以后，繁文益盛，天下益乱。始皇焚书得罪，是出于私意，又不合焚《六经》。若当时志在明道，其诸反经叛理之说，悉取而焚之，亦正暗合删述之意。自秦、汉以降，文又日盛，若欲尽去之，断不能去；只宜取法孔子，录其近是者而表章之，则其诸怪悖之说，亦宜渐渐自废。不知文中子当时拟经之意如何？某切深有取于其事，以为圣人复起，不能易也。天下所以不治，只因文盛实衰，人出己见，新奇相高，以眩俗取誉，徒以乱天下之聪明，涂天下之耳目，使天下靡然争务修饰文词，以求知于世，而不复知有敦本尚实、反朴还淳之行，是皆著述者有以启之。"

王通，字仲淹，谥号文中子，隋朝时期大儒，曾仿照《论语》而作《中说》。韩愈是唐中期人，反老庄，提出重振孔孟之道。

王阳明认为朱熹著述太多，在悟道方面就做得不够，所以王阳明对文人的著述行为持否定态度。

　　爱曰："著述亦有不可缺者，如《春秋》一经，若无《左传》，恐亦难晓。"

　　先生曰："《春秋》必待《传》而后明，是歇后谜语矣。圣人何苦为此艰深隐晦之词？《左传》多是鲁史旧文，若《春秋》须此而后明，孔子何必削之？"

　　爱曰："伊川亦云：'传是案，经是断。'如书弑某君、伐某国，若不明其事，恐亦难断。"

　　先生曰："伊川此言，恐亦是相沿世儒之说，未得圣人作经之意。如书'弑君'，即弑君便是罪，何必更问其弑君之详？征伐当自天子出，书'伐国'，即伐国便是罪，何必更问其伐国之详？圣人述《六经》，只是要正圣人述《六经》，只是要正人心，只是要存天理、去人欲，于存天理、去人欲之事，则尝言之；或因人请问，各随分量而说，亦不肯多道，恐人专求之言语，故曰'予欲无言'。若是一切纵人欲、灭天理的事，又安肯详以示人？是长乱导奸也。故孟子云：'仲尼之门，无道桓、文之事者，是以后世无传焉。'此便是孔门家法。世儒只讲得一个伯者的学问，所以要知得许多阴谋诡计，纯是一片功利的心，与圣人作经的意思正相反，如何思量得通？"因叹曰："此非达天德者，未易与言此也！"

　　又曰："孔子云：'吾犹及史之阙文也。'孟子云：'尽信《书》不如无《书》，吾于《武成》取二三策而已。'孔子删《书》，于唐、虞、夏四五百年间，不过数篇，岂更无一事？而所述止此，圣人之意可知矣。圣人只是要删去繁文，后儒却只要添上。"

　　王阳明与徐爱关于《大学》的答问，使徐爱感到茅塞顿开，以前沉溺于程朱学说，刚开始听到王阳明的教诲，实在有点惊愕和不知所措，找不着头绪。后来听得久了，渐渐知道躬身实践，开始相信王阳明的学说是孔门的真传。比如王阳明说的"格物"是"诚意"的功夫，"明善"是"诚身"的功夫，"穷理"是"尽性"的功夫，"道问学"是"尊德性"的功夫，"博文"是"约礼"的功夫，"惟精"是"惟一"的功夫。诸如此类的思想，刚开始觉得难以理解，后来学习、思考的时间久了，不知不觉就领会了其中的意思，不禁高兴得手舞足蹈。

岩中花树

王阳明这一路上对徐爱来说，可谓是收获颇丰，王阳明也对这个弟子非常喜欢，师生之间难免惺惺相惜。正德八年（1513）二月，王阳明和徐爱回到了阔别多年的故乡绍兴。

王阳明和几个弟子游南镇，接下来就是那个著名的岩中花树的故事：

> 先生游南镇，一友指岩中花树问曰："天下无心外之物，如此花树，在深山中自开自落，于我心亦何相关？"先生曰："你未看此花时，此花与汝心同归于寂。你来看此花时，则此花颜色一时明白起来。便知此花不在你的心外。"

岩中花树自开自落，从不同的立场可以做出不同的解读。站在花树的立场，可以说"草木有本心，何求美人折"，自顾自地美丽就是了，至于旁人是否欣赏，全无所谓；站在旁观者的立场，可以说"荆玉含宝，要俟开莹；幽兰怀馨，事资扇发"，一切不为人见的美、善都有必要开发出来；站在阳明心学的立场，岩中花树便别有一番面貌。

但王阳明的"心外无物"是很难理解的，即这不是一个常识性的问题。在王阳明游南镇时，一位友人指着岩中花树问出了这样一个完全基于常识的问题："如果真的心外无物，那么这株在深山中自开自落的花树和我的心究竟有什么关系呢？"是的，岩中花树自开自落，不为尧存，不为桀亡，不以任何人的意志为转移，这是多么显而易见的事实，难道它不是长在岩中的，而是长在我心里的不成？

王阳明的回答十分机智："你没看到它的时候，它与你的心同归于寂；你来看到了它，花的颜色便一下子明朗起来，所以说此花不在你的心外。"王阳明讲的"心"，指的是道德心，"物"指的是心意所凝注的对象。

显然，就岩中花树发问的那位友人对王阳明的"心外无物"的"物"没有理解。

王阳明原计划与徐爱一起游天台山和雁荡山，只因自己多年未归故里，亲朋多有造访，以致无法抽出时间，只好作罢。直到五月，他才能脱身启程，据《年谱》记载：这次行程是从上虞入四明，观白水，寻龙溪之源；登杖锡，至雪窦，上千丈岩，以望天姥、华顶；从宁波回余姚。

王阳明作《四明观白水》二首，描绘了白水冲奇观，表达了诗人对四明山水的挚爱之情，同时，诗人也感叹时间的流逝、时世的艰难与无奈：

一

邑南富岩壑，白水尤奇观；

兴来每思往，十年就兹观。

停骖指绝壁，涉涧缘危蟠。

百源旱方歇，云际犹飞湍。

霏霏洒林薄，漠漠凝风寒。

前闻若未惬，仰视终莫攀。

石阴暑气薄，流触溯回澜。

兹游讵盘乐？养静意所关。

逝者谅如斯，哀此岁月残。

择幽虽得所，避时时犹难。

刘樊古方外，感慨有余叹！

二

千丈飞流舞白鸾，碧潭倒影镜中看。

藤萝半壁云烟湿，殿角长年风雨寒。

野性从来山水癖，直躬更觉世途难。

卜居断拟如周叔，高卧无劳比谢安。

第一首开篇就写到对四明山水，尤其对白水冲奇观向往久之。最后两句借"刘樊升天"的典故，寓警世之意。其意在于避世之难，升天成仙也并非现实，而"养静意所关"，养静、养心才是真正的选择；第二首先是写景，再借周朝时伯夷、叔齐隐居首阳山，东晋谢安隐居东山的典故，喻示了归隐故乡山水之意。

王阳明还登上了杖锡寺，在《书杖锡寺》诗中，抒发了沿路登攀探胜，以及对杖锡寺废址的感叹：

> 杖锡青冥端，涧壁环天险。
>
> 垂岩下陡壑，涉水攀绝巘。
>
> 溪深听喧瀑，路绝骇危栈。
>
> 扪萝登峻极，披翳见平衍。
>
> 僧遁寄孤衲，守废遗荒殿。
>
> 伤兹穷僻墟，曾未诛求免。
>
> 探幽冀累息，愤时翻意惨。
>
> 拯援才已疏，栖迟心益眷。
>
> 哀猿啸春嶂，悬灯宿西崦。
>
> 诛茆竟何时？白云愧舒卷。

诗的首两句描写杖锡山的高峻奇险，继而六句叙述王阳明一行"涉水攀绝巘""扪萝登峻极"的游兴。再感慨山高路险的山寺还是不能幸免于兵火。最后通过对历史、人生的思考，流露出皈依山林的心迹。

是年十月，王阳明在优游中抵达滁州任所。

琅琊山夜话

王阳明在滁州的职务是南京太仆寺少卿，主要是负责马政，因京城已从南京迁到北京，当时朝廷对于马匹的管理相当松懈，马匹的数量也日益减少，因此这也是个闲职。

滁州距离大都市南京约有二百里，是很多文人墨客向往之地。这与宋代欧阳修的那篇著名的《醉翁亭记》有很大关系，很多人是慕名前来，亲自体会琅琊山的风景。

琅琊山位于滁州城西南十里，树木葱茏，环境清雅。欧阳修来到这里之后就陶醉于当地的美景,他尤其爱好饮酒作诗,因此自称为"醉翁"。他的千古名篇《醉翁亭记》就是在这里作出的。王阳明也多次来到琅琊山,非常陶醉于山中的美景,留下了与此有关的十多首诗。其中有《琅琊山中》三首:

一

草堂寄放琅琊间,溪鹿岩僧且共闲。

冰雪能回草木死,春风不化山石顽。

《六经》散地莫收拾,丛棘被道谁刊删?

已矣驱驰二三子,凤图不出吾将还。

二

狂歌莫笑酒杯增,异境人间得未曾。

绝壁倒翻银海浪,远山真作玉龙腾。

浮云野思春前动,虚室清香静后凝。

懒拙惟余林壑计,伐檀长自愧无能。

三

风景山中雪后增,看山雪后亦谁曾?

隔溪岩犬迎人吠,饮涧飞猱踔树腾。

归骑林间灯火动,鸣钟谷口暮光凝。

尘踪正自韬笼在,一宿云房尚未能。

这些诗结构缜密,画面跳跃,将他希冀复兴儒学,点化门生的心志直率地抒发出来。

王阳明在滁州的政事颇为清闲,所以他大多时间是与慕名前来的读书人切磋学问,尤其每到月夕,数百门人环绕龙潭而坐,歌声在山谷中回荡。《林间睡起》诗就是写他们在林间对学问的探讨:

林间尽日扫花眠,只是官闲愧俸钱。

门径不妨春草合,斋居长对晚山妍。

每疑方朔非真隐,始信扬雄误《太玄》。

混世亦能随地得,野情终是爱丘园。

诗中借西汉东方朔、扬雄的典故表达处世的态度。东方朔并非真隐，而扬雄的《太玄》是有失偏颇的。其实王阳明也不是真的处处想过隐居生活，"混世亦能随地得，野情终是爱丘园。"而只是通过吟咏风物表现追慕圣贤"乐境"的情思。

王阳明身边子弟甚多。在游学途中王阳明随时为弟子答疑解惑。《龙潭夜坐》一诗就很好地描绘了这种情景：

> 何处花香入夜清，石林茅屋隔溪声。
> 幽人月出每孤往，栖鸟山空时一鸣。
> 草露不辞芒履湿，松风偏与葛衣轻。
> 临流欲写猗兰意，江北江南无限情。

此诗并没直接写夜坐的场景，而是着重写诗人月下闲游的兴致。诗人从花香入，"何处花香入夜清，石林茅屋隔溪声。"从《猗兰》出，"临流欲写猗兰意，江南江北无限情。"直接道明了圣人的境界。儒家常把兰花比作圣人，当年，孔子周游列国，从卫国返回鲁国的途中，偶见山谷中兰花绽放，其香气沁人心脾。见此情景，孔子不禁停下脚步，抚琴唱道："夫兰为王者香，今乃独茂与众草为伍，譬犹贤者不逢时，与鄙夫为伦也。"此诗强烈地表达了诗人对人生、对江山的热爱之情。

通过《夜坐龙潭》一诗，我们能更深刻地体会到王阳明对于自然风光的依恋之情。游学琅琊山时，王阳明作《山中示诸生五首》，较集中地表达了成圣的思想：

一

> 路绝春山久废寻，野人扶病强登临。
> 同游仙侣须乘兴，共探花源莫厌深。
> 鸣鸟游丝俱自得，闲云流水亦何心？
> 从前却恨牵文句，展转支离叹陆沉！

二

> 滁流亦沂水，童冠得几人？
> 莫负咏归兴，溪山正暮春。

三

桃源在何许？西峰最深处。

不用问渔人，沿溪踏花去。

四

池上偶然到，红花间白花。

小亭闲可坐，不必问谁家。

五

溪边坐流水，水流心共闲。

不知山月上，松影落衣斑。

王阳明在滁州闲居的讲学期间，与道友、门生结下了深厚的情感。王阳明与他们离别时，赋诗相送，表达内心难舍的情缘。如《送蔡希颜三首》：

正德癸酉冬，希渊赴南宫试，访予滁阳，遂留阅岁。既而东归，问其故，辞以疾。希渊与予论学琅琊之间，于斯道既释然矣，别之以诗。

一

风雪蔽旷野，百鸟冻不翻。

孤鸿亦何事，嗷嗷溯寒云？

岂伊稻粱计，独往求其群？

之子眇万钟，就我滁水滨。

野寺同游请，春山共攀援。

鸟鸣幽谷曙，伐木西涧瞑。

清夜湛玄思，晴窗玩奇文。

寂景赏新悟，微言欣有闻。

寥寥绝代下，此意冀可论。

二

群鸟喧北林，黄鹄独南逝。

北林岂无枝，罗弋苦难避。

之子丹霞姿，辞我云门去。

山空响流泉，路僻迷深树。

长谷何盘纡，紫芝春可茹。

求志暂栖岩，避喧宁遁世。

繄予辱风尘，送子愧云雾。

匡时已无术，希圣徒有慕。

倘入阳明峰，为寻旧栖处。

三

何事憧憧南北行，望云依阙两关情。

风尘暂息滁阳驾，鸥鹭还寻鉴水盟。

悟后《六经》无一字，静余孤月湛虚明。

从知归路多相忆，伐木山山春鸟鸣。

蔡希渊是山阴人，王阳明对他特别看重，此三首诗是蔡希渊赴京城参加会试时所作。"从知归路多相忆，伐木山山春鸟鸣。"王阳明对弟子的祝愿，情意深长。

在《郑伯兴谢病还鹿门，雪夜过别，赋赠三首》中，他以通俗形象的语言谆谆点化门生：

一

之子将去远，雪夜来相寻。

秉烛耿无寐，怜此岁寒心。

岁寒岂徒尔，何以赠远行？

圣路塞已久，千载无复寻。

岂无群儒迹？蹊径榛菅深。

濬流须寻源，积土成高岑。

揽衣望远道，请君从此征。

二

濬流须有源，植木须有根。

根源未濬植，枝派宁先蕃？

谓胜通夕话，义利分毫间。

至理匪外得，譬犹镜本明，

外尘荡瑕垢，镜体自寂然。

孔训示克己，孟子垂反身，

明明贤圣训，请君勿与谖。

三

鹿门在何许？君今鹿门去。

千载庞德公，犹存栖隐处。

洁身匪乱伦，其次乃避地。

世人失其心，顾瞻多外慕。

安宅舍弗居，狂驰惊奔鹜。

高言诋独善，文非遂巧智。

琐琐功利儒，宁复知此意！

　　这三首诗主要是阐明心学贵在"事上用心"。第一首王阳明勉励弟子在圣学的道路上坚定地前行，第二首王阳明告诫弟子要坚守和发扬先圣的儒道，第三首王阳明希望弟子学习先贤，洁身自好。

　　而在《门人王嘉秀实夫萧琦子玉告归，书此见别意，兼寄声辰阳诸贤》这首送别诗中，王阳明告诫弟子们要注意心学与佛道的区别，因为王阳明已发现这两个湖南弟子喜好谈仙佛，不注意心体的功夫，所以临别赠言，寓意深刻。

王生兼养生，萧生颇慕禅；

迢迢数千里，拜我滁山前。

吾道既匪佛，吾学亦匪仙。

坦然由简易，日用匪深玄。

始闻半疑信，既乃心豁然。

譬彼土中镜，暗暗光内全；

外但去昏翳，精明烛媸妍。

世学如剪彩，妆缀事蔓延；

宛宛具枝叶，生理终无缘。

所以君子学，布种培根原；

萌芽渐舒发，畅茂皆由天。

秋风动归思，共鼓湘江船。

湘中富英彦，往往多及门。

临歧缀斯语，因之寄拳拳。

有弟子跟王阳明学习，觉得心学太繁了，学习没有见效，并提出要去繁简约，王阳明便写了《约斋说》，引导弟子正确看待简约：

> 滁阳刘生韶既学于阳明子，乃自悔其平日所尝致力者泛滥而无功，琐杂而不得其要也。思得夫简易可久之道而固守之，乃以"约斋"自号，求所以为约之说于予。予曰："子欲其约，乃所以为烦也。其惟循理乎！理一而已，人欲则有万其殊。是故一则约，万则烦矣。虽然，理亦万殊也，何以求其一乎？理虽万殊而皆具于吾心，心固一也，吾惟求诸吾心而已。求诸心而皆出乎天理之公焉，斯其行之简易，所以为约也已。彼其胶于人欲之私，则利害相攻，毁誉相制，得失相形，荣辱相缠，是非相倾，顾瞻牵滞，纷纭舛戾，吾见其烦且难也。然而世之知约者鲜矣。孟子曰：'学问之道无他，求其放心而已'，其知所以为约之道欤！吾子勉之！吾言则亦以烦。"

怎样做到简约，王阳明做了一次很有意思的回答，他不把简约与繁杂相对，而是把简约与人欲相对，直指不能简约的病根。因为人欲为种种利害、毁誉、得失、荣辱、是非所牵绊，所以十分繁杂，为人欲所牵制，就不能做到简约。要简约就只有遵循天理，克服人欲，也就是要合乎心，按良知办。

弟子刘观时，跟王阳明学圣人之道，一段时间以后，还是感到懵懵懂懂，看不到道在哪儿，于是做了一块匾，上书"见斋"，挂在自己的书房里，并问王阳明，"道"能见到吗？王阳明写了《见斋说》一文，对弟子做了引导：

> 辰阳刘观时学于潘子，既有见矣，复学于阳明子。尝自言曰："吾名观时，观必有所见，而吾犹懵懵无睹也。"扁其居曰"见斋"以自励。问于阳明子曰："道有可见乎？"曰："有，有而未尝有也。"

曰："然则无可见乎？"曰："无，无而未尝无也。"曰："然则何以
为见乎？"曰："见而未尝见也。"观时曰："弟子之惑滋甚矣。夫子
则明言以教我乎？"阳明子曰："道不可言也，强为之言而益晦；道无
可见也，妄为之见而益远。夫有而未尝有，是真有也；无而未尝无，是
真无也；见而未尝见，是真见也。子未观于天乎？谓天为无可见，则苍
苍耳，昭昭耳，日月之代明，四时之错行，未尝无也。谓天为可见，则
即之而无所，指之而无定，执之而无得，未尝有也。夫天，道也；道，
天也。风可捉也，影可拾也，道可见也。"曰："然则吾终无所见乎？
古之人则亦终无所见乎？"曰："神无方而道无体，仁者见之谓之仁，
知者见之谓之知。是有方体者也，见之而未尽者也。颜子则'如有所
立，卓尔'。夫谓之'如'，则非有也；谓之'有'，则非无也。是故
虽欲从之，末由也已。故夫颜氏之子为庶几也。文王望道而未之见斯真
见也已。"曰："然则吾何所用心乎？"曰："沦于无者，无所用其心
者也，荡而无归；滞于有者，用其心于无用者也，劳而无功。夫有无之
间，见与不见之妙，非可以言求也。而子顾切切焉，吾又从而强言其不
可见，是以瞽导瞽也。夫言饮者不可以为醉，见食者不可以为饱，子求
其醉饱，则盍饮食之？子求其见也，其惟人之所不见乎？夫亦戒慎乎其
所不睹也已，斯真睹也已，斯求见之道也已。"

　　文中，王阳明对弟子说，道是无而未尝无，有而未尝有，见而未尝见，道是
无可言、不可见的。但 "天道" 是切切实实存在的，"夫有无之间，见与不见之
妙，非可以言求也。" 要用 "戒慎乎其所不睹" 的方法去求见道。

　　王阳明在滁州待了半年之后，朝廷就将他晋升为南京鸿胪寺卿，这是礼部的
分支机构，负责掌管朝会、宾客、吉凶仪礼等事务。王阳明离开的时候，许多门
人在长江北岸浩浩荡荡地送他，王阳明不耐烦了，以一首《滁阳别诸友》催促众
人返程：

　　　　滁之水，入江流，江潮日复来滁州。
　　　　相思若潮水，来往何时休？
　　　　空相思，亦何益？

欲慰相思情，不如崇令德。

掘地见泉水，随处无弗得；

何必驱驰为？千里远相即。

君不见尧羹与舜墙，又不见孔与跖对面不相识？

逆旅主人多殷勤，出门转盼成路人。

诗意是说：你们既然这样舍不得我，与其在送别形式上大费周章，不如回去在圣贤之学上多下苦功。至道就在每个人的心里，并不在你们老师这里，所以向心中求道，随时随地都是可以的，没必要千里追随着我。当年尧圣人去世之后，舜圣人满心思念，常会在羹汤中、墙壁上看到尧圣人的音容笑貌，而孔子和盗跖就算对面而坐也会彼此不识。你们再看那旅店的掌柜，总是一副很热情的样子来接待客人，可是等客人一走，便再不会记挂人家了。重心意而轻形式，这是王阳明的一贯主张。

南都释疑

正德九年（1514）五月，王阳明抵达南京，就任鸿胪寺卿。南京鸿胪寺卿这个职位是闲职，比较清闲。在这期间，王阳明过着轻松的日子。他的主要任务是养病，然后是会客送友，讲学论道。但内心并不平静，他在《冬夜偶书》一诗中写道："百事支离力不禁，一官栖息病相侵。星辰魏阙江湖迥，松柏茅茨岁月深。欲倚黄精消白发，由来空谷有余音。曲肱已醒浮云梦，荷蒉休疑击磬心。"诗中王阳明的心态是担忧心学被压制，人们的思想还是受到禁锢。于是他热衷于与朋友、门生交往，在理论学术上对他们进行指导、点化。

在南京，王阳明游历不多，去过清凉寺、狮子山、灌山、牛首山等地方，《游牛首山》一诗表达了王阳明与朋友游山的乐趣：

春寻指天阙，烟霞眇何许。

双峰久相违，千岩来旧主。

浮云刺中天，飞阁凌风雨。

探秀涧阿入，萝阴息筐筥。

灭迹避尘缨，清朝入深沮。

风磴仰扪历，淙壑屡窥俯。

梯云跻石阁，下榻得吾所。

释子上方候，鸣钟出延伫。

颓景耀回盼，层飙翼轻举。

暧暧林芳暮，泠泠石泉语。

清宵耿无寐，峰月升烟宇。

会晤得良朋，可以寄心腑。

诗中王阳明全景式的描写了牛首山的风貌，寺僧好客，鸣钟相迎。朋友交谈，乐在其中。

王阳明在《书〈悟真篇〉答张太常二首》中对道教的著作《悟真篇》做了深刻的批判：

一

《悟真篇》是误真篇，三注由来一手笺。

恨杀妖魔图利益，遂令迷妄竞流传。

造端难免张平叔，首祸谁诬薛紫贤。

直说与君惟个字，从头去看野狐禅。

二

误真非是《悟真篇》，平叔当时已有言。

只为世人多恋著，且从情欲起因缘。

痴人前岂堪谈梦？真性中难更说玄。

为问道人还具眼，试看何物是青天？

在这两首诗中，王阳明将误人子弟的《悟真篇》当作妖魔看待："恨杀妖魔图利益，遂令迷妄竞流传。"告诫弟子切勿上当，说明王阳明此时对佛道思想的认识是十分清晰的。

在当时，作为朝廷的官员都要接受考察，王阳明在南京任职半年后也要接受考察，他对自己过去半年的政事显然是非常不满的，所以他索性上书朝廷《自劾乞休疏》，上书没有得到回答。王阳明却没有完全放弃，而是再次上书《乞养病疏》。不过这次又是石沉大海，对此王阳明除了遗憾，也只能寄情于做学问了。

王阳明此时要求还乡的想法或许是真的，一方面，王阳明身体确实不好；另一方面，王阳明已是四十四岁，还没有子女。而更为严峻的是，王华生的四子一女，自长子王阳明以下，时至今日竟然全无子女。这成了王阳明一家上下的心事。在王阳明的诸氏夫人生前，王阳明前后纳过几房姜室，却始终没有生育。于是这一年，由王华出面，立王阳明堂弟王守信的第五子、时年八岁的王正宪为王阳明之后。

王阳明他每天要做的事情几乎就是读书，思考，讲学，与朋友、弟子们一起探讨学问，每每与人探讨，他经常会有豁然开朗的时刻，似乎自己在一步步地接近于心学的精髓了。当他有这种思想感悟的时候，他除了与身边的弟子、友人们分享之外，还会挥笔写信，向远方的友人、弟子们分享这种感悟，所以他的很多真知灼见都能够在他与别人的信中得到体现。

如关于如何修炼心学的问题，王阳明在《赠林典卿归省序》中说：

> 林典卿与其弟游于大学，且归，辞于阳明子曰："元叙尝闻立诚于夫子矣。今兹归，敢请益。"阳明子曰："立诚。"典卿曰："学固此乎？天地之大也，而星辰丽焉，日月明焉，四时行焉，引类而言之，不可穷也。人物之富也，而草木蕃焉，禽兽群焉，中国夷狄分焉，引类而言之，不可尽也。夫古之学者，殚智虑，弊精力，而莫究其绪焉；靡昼夜，极年岁，而莫竟其说焉；析蚕丝，擢牛尾，而莫既其奥焉。而曰立诚，立诚尽之矣乎？"阳明子曰："立诚尽之矣。夫诚，实理也。其在天地，则其丽焉者，则其明焉者，则其行焉者，则其引类而言之不可穷焉者，皆诚也；其在人物，则其蕃焉者，则其群焉者，则其分焉者，则其引类而言之不可穷焉者，皆诚也；其在人物，则其蕃焉者，则其群焉者，则其分焉者，则其引类而言之不可尽焉者，皆诚也。是故殚智虑，弊精力，而莫究其绪也；靡昼夜，极年岁，而莫竟其说也；析蚕丝，擢

牛尾，而莫既其奥也。夫诚，一而已矣，故不可复有所益。益之是为二也，二则伪，故诚不可益。不可益，故至诚无息。"典卿起拜曰："吾今乃知夫子之教若是其要也！请终身事之，不敢复有所疑。"阳明子曰："子归，有黄宗贤氏者，应元忠氏者，方与讲学于天台、雁荡之间，倘遇焉，其遂以吾言谂之。"

林典卿听王阳明讲过 "立诚"，辞归之际请老师就 "立诚" 多讲一点。王阳明只答了两个字 "立诚"。所谓 "立诚"，《大学》讲 "正心诚意"，《周易》讲 "修辞立其诚"，王阳明认为立诚是《大学》《周易》始终的本原功夫。他说，诚即心之本体，唯有思诚才能恢复心之本体。

关于如何区别儒学和禅学的问题。王阳明在《赠郑德夫归省序》中说：

> 西安郑德夫将学于阳明子，闻士大夫之议者以为禅学也，复已之。则与江山周以善者，姑就阳明子之门人而考其说，若非禅者也。则又姑与就阳明子，亲听其说焉。盖旬有九日，而后释然于阳明子之学非禅也，始具弟子之礼师事之。问于阳明子曰："释与儒孰异乎？"阳明子曰："子无求其异同于儒、释，求其是者而学焉可矣。"曰："是与非孰辨乎？"曰："子无求其是非于讲说，求诸心而安焉者是矣。"曰："心又何以能定是非乎？"曰："无是非之心，非人也。口之于甘苦也，与易牙同；目之于妍媸也，与离娄同；心之于是非也，与圣人同。其有昧焉者，其心之于道，不能如口之于味、目之于色之诚切也，然后私得而蔽之。子务立其诚而已。子惟虑夫心之于道，不能如口之于味、目之于色之诚切也，而何虑夫甘苦妍媸之无辨也乎？"曰："然则《五经》之所载、《四书》之所传，其皆无所用乎？"曰："孰为而无所用乎？是甘苦妍媸之所在也。使无诚心以求之，是谈味论色而已也，又孰从而得甘苦妍媸之真乎？"既而告归，请阳明子为书其说，遂书之。

王阳明回答郑德夫的最关键问题也是立诚。之所以会发生荒谬的事，分不清佛与儒，是因为我们立心不诚，立心不诚导致私欲遮蔽本心，不能正确地映照事物，这才导致我们不能即时而准确地判断是非。去除私欲，我们必须从立诚入手，让自己的心像明镜一样能照亮，像口之于味、目之于色那样能体会，我们就能成为随时随地都能明辨是非的人。

王阳明在南京任职后，有很多学生也一直追随他前往。而他的得意弟子徐爱这时也在南京任工部员外郎，徐爱非常热心于帮助这些师兄们安排具体的事务。他自愿给大家当起了"学长"，主动安排老师的授课时间，以及其他的事务性工作。对此，王阳明是非常满意的，这些烦琐的事情的确需要有人做，而徐爱是再合适不过的人选。

而王阳明的这些学生，天赋差异很大、秉性也各不相同、勤勉程度也不一样，因此每个人的学问长进也不同。有些一点即通，有很高的悟性，还能常常带给王阳明很大的启发；有些不仅难以有所长进，还将老师的教诲完全抛弃，做事背叛师门，也让王阳明心痛不已。

王阳明常常教导他的学生，世事无常，每个人都会遭遇到难以预料的变故，个人可能会遭受非常大的打击，这时客观事实已经无法改变。只能用心学的理念来战胜外在的苦难，用自己的心境来提供强大的支持，逐渐达到心境的至高境界。

正德十年（1515）七月，武宗为迎接乌斯藏活佛，专门派遣使节远赴藏地。此举给朝廷上下带来不小震动，众大臣纷纷劝谏皇帝暂停此举，然均未被采纳。王阳明虽然在南京，也写了一篇《谏迎佛疏》试图使武宗回心转意。这自然会令人联想到韩愈在唐宪宗年间写下的那篇名文《谏迎佛骨表》，显然写得比韩愈的婉转得多。然而文章写成之后，王阳明并未将它呈递上去，可能是吸取了上次被贬谪的教训。于是，《谏迎佛疏》俨然是一株岩中花树，当时虽未能与武宗的心一同明朗起来，却可以启发弟子与后人，至少可以在相当程度上洗脱心学即禅学的嫌疑：

> 臣自七月以来，切见道路流传之言，以为陛下遣使外夷，远迎佛教，郡臣纷纷进谏，皆斥而不纳。臣始闻不信，既知其实，然独窃喜幸，以为此乃陛下圣智之开明，善端之萌蘖。郡臣之谏，虽亦出于忠爱至情，然而未能推原陛下此念之所从起。是乃为善之端，作圣之本，正当将顺扩充，逆流求原。而乃狃于世儒崇正之说，徒尔纷争力沮，宜乎

陛下之有所拂而不受，忽而不省矣。愚臣之见独异于是，乃惟恐陛下好佛之心有所未至耳。诚使陛下好佛之心果已真切恳至，不徒好其名而必务得其实，不但好其末而必务求其本，则尧、舜之圣可至，三代之盛可复矣。岂非天下之幸，宗社之福哉！臣请为陛下言其好佛之实。

陛下聪明圣知，昔者青宫，固已播传四海。即位以来，偶值多故，未暇讲求五帝、三王神圣之道。虽或时御经筵，儒臣进说，不过日袭故事，就文敷衍。立谈之间，岂能遽有所开发？陛下听之，以为圣贤之道不过如此，则亦有何可乐？故渐移志于骑射之能，纵观于游心之乐。盖亦无所用其聪明，施其才力，而偶托寄于此。陛下聪明，岂固遂安于是，而不知此等皆无益有损之事也哉？驰逐困惫之余，夜气清明之际，固将厌倦日生，悔悟日切。而左右前后又莫有以神圣之道为陛下言者，故遂远思西方佛氏之教，以为其道能使人清心绝欲，求全性命，以出离生死；又能慈悲普爱，济度群生，去其苦恼而跻之快乐。今灾害日兴，盗贼日炽，财力日竭，天下之民困苦已极。使诚身得佛氏之道而拯救之，岂徒息精养气，保全性命？岂徒一身之乐？将天下万民之困苦，亦可因是而苏息！故遂特降纶音，发币遣使，不惮数万里之遥，不爱数万金之费，不惜数万生灵之困毙，不厌数年往返之迟久，远迎学佛之徒。是盖陛下思欲一洗旧习之非，而幡然于高明光大之业也。陛下试以臣言反而思之，陛下之心，岂不如此乎？然则圣知之开明，善端之萌蘖者，亦岂过为谀言以佞陛下哉！陛下好佛之心诚至，则臣请毋好其名而务得其实，毋好其末而务求其本。陛下诚欲得其实而求其本，则请毋求诸佛而求诸圣人，毋求诸外夷而求诸中国。此又非臣之苟为游说之谈以诳陛下，臣又请得而备言之。

夫佛者，夷狄之圣人；圣人者，中国之佛也。在彼夷狄，则可用佛氏之教以化导愚顽；在我中国，自当用圣人之道以参赞化育，犹行陆者必用车马，渡海者必以舟航。今居中国而师佛教，是犹以车马渡海，虽使造父为御，王良为右，非但不能利涉，必且有沉溺之患。夫车马本致远之具，岂不利器乎？然而用非其地，则技无所施。陛下若谓佛氏之道虽不可以平治天下，或亦可以脱离一身之生死；虽不可以参赞化育，而时亦可以导群品之嚚顽；就此二说，亦复不过得吾圣人之余绪。陛下不信，则臣请比而论之。臣亦切尝学佛，最所尊信，自谓悟得其蕴奥。后乃窥见圣道之大，始遂弃置其说。臣请毋言其短，言其长者。夫西方之佛，以释迦为最；中国之圣人，以尧、舜为最。臣请以释迦与尧、舜比而论之。夫世之最所崇慕释迦者，慕尚于脱离生死，超然独存于世。今佛氏之书命载始末，谓释迦住世说法四十余年，寿八十二岁而没，则其寿亦诚可谓高矣；然舜年百有十岁，尧年一百二十岁，其寿比之释迦则又高也。佛能慈悲施舍，不惜头目脑髓以救人之急难，则其仁爱及物，亦诚可谓至矣，然必苦行于雪山，奔走于道路，而后能有所济。若尧、舜则端拱无为，而天下各得其所。惟"克明峻德，以亲九族"，则九族既睦；平章百姓，则百姓昭明；协和万邦，则黎民于变时雍；极而至于上下草木鸟兽，无不咸若。其仁爱及物，比之释迦则又至也。佛能方便说法，开悟群迷，戒人之酒，止人之杀，去人之贪，绝人之嗔，其神通妙用，亦诚可谓大矣，然必耳提面诲而后能。若在尧、舜，则光被四表，格于上下，其至诚所运，自然不言而信，不动而变，无为而成。盖"与天地合其德，与日月合其明，与四时合其序，与鬼神合其吉凶"，其神化无方而妙用无体，比之释迦则又大也。若乃诅咒变幻，眩怪捏妖，以欺惑愚冥，是故佛氏之所深排极诋，谓之外道邪魔，正与佛道相反者。不应好佛而乃好其所相反，求佛而乃求其所排诋者也。陛下若以尧、舜既没，必欲求之于彼，则释迦之亡亦已久矣；若谓彼中学佛之徒能传释迦之道，则吾中国之大，顾岂无人能传尧、舜之道者乎？陛下未之求耳。陛下试求大臣之中，苟其能明尧、舜之道者，日日与之推求讲究，乃必有能明神圣之道，致陛下于尧、舜之域者矣。故臣以为陛下好佛之心诚至，则请毋好其名而务得其实，毋好其末而务求其本；务得其实而求其本，则请毋求诸佛而求诸圣人，毋求诸夷狄而求诸中国者，果非妄为游说之谈以诳陛下者矣。

陛下果能以好佛之心而好圣人，以求释迦之诚而求诸尧、舜之道，则不必涉数万里之遥，而西方极乐，只在目前；则不必糜数万之费，毙数万之命，历数年之久，而一尘不动，弹指之间，可以立跻圣地；神通妙用，随形随足。此又非臣之缪为大言以欺陛下。必欲讨究其说，则皆凿凿可证之言。孔子云："我欲仁，斯仁至矣。""一日克己复礼，而天下归仁。"孟轲云："人皆可以为尧、舜。"岂欺我哉？陛下反而思之，又试以询之大臣，询之群臣。果臣言出于虚缪，则甘受欺妄之戮。

臣不知讳忌，伏见陛下善心之萌，不觉踊跃喜幸，辄进其将顺扩充之说。惟陛下垂察，则宗社幸甚！天下幸甚！万世幸甚！臣不胜祝望恳切颛越之至！专差舍人某具疏奏上以闻。

在文章中，王阳明巧妙地把武宗迎佛说成是济世救民，出发点十分高尚，只是迎佛的过程可能有问题，就会劳民伤财。王阳明劝皇帝，以好佛之心求尧舜之道，那才是正道。不拜尧舜而迎佛，就好比用马车去航海，那是达不到目的的。这篇文章就像是孟子说齐宣王的翻版。当年，孟子游说齐宣王时，使用的就是这种先扬后抑的手法。

立为圣人志

王阳明在南京的时候，其弟守文来问学，王阳明认为，做学问首先是立志，先明确方向，才能走好路。他作了《示弟立志说》一文相赠，这篇文章是系统引导大家立志的经典之作：

予弟守文来学，告之以立志。守文因请次第其语，使得时时观省；且请浅近其辞，则易于通晓也。因书以与之。

夫学，莫先于立志。志之不立，犹不种其根而徒事培拥灌溉，劳苦无成矣。世之所以因循苟且，随俗习非，而卒归于污下者，凡以志之弗立也。故程子曰："有求为圣人之志，然后可与共学。"人苟诚有求为圣人之志，则必思圣人之所以为圣人者安在。非以其心之纯乎天理而无人欲之私欤？圣人之所以为圣人，惟以其心之纯乎天理而无人欲，则我之欲为圣人，亦惟在于此心之纯乎天理而无人欲耳。欲此心之纯乎天理而无人欲，则必去人欲而存天理。务去人欲而存天理，则必求所以去人欲而存天理之方。求所以去人欲而存天理之方，则必正诸先觉，考诸古训，而凡所谓学问之功者，然后可得而讲，而亦有所不容已矣。

夫所谓正诸先觉者，既以其人为先觉而师之矣，则当专心致志，惟先觉之为听。言有不合，不得弃置，必从而思之；思之不得，又从而辨之，务求了释，不敢辄生疑惑。故《记》曰："师严，然后道尊；道尊，然后民知敬学。"苟无尊崇笃信之心，则必有轻忽慢易之意。言之而听之不审，犹不听也；听之而思之不慎，犹不思也；是则虽曰师之，犹不师也。

夫所谓考诸古训者，圣贤垂训，莫非教人去人欲而存天理，之方，若《五经》《四书》是已。吾惟欲去吾之人欲，存吾之天理而不得其方，是以求之于此，则其展卷之际，真如饥者之于食，求饱而已；病者之于药，求愈而已；暗者之于灯，求照而已；跛者之于杖，求行而已。曾有徒事记诵讲说，以资口耳之弊哉！

夫立志亦不易矣。孔子，圣人也，犹曰："吾十有五而志与学。三十而立。"立者，志立也。虽至于"不逾矩"，亦志之不逾矩也。志岂可易而视哉！夫志，气之帅也，人之命也，木之根也，水之源也。源不濬则流息，根不植则木枯，命不续则人死，志不立则气昏。是以君子之学，无时无处而不以立志为事。正目而视之，无他见也；倾耳而听之，无他闻也。如猫捕鼠，如鸡覆卵，精神心思凝聚融结，而不复知有其他，然后此志常立，神气精明，义理昭著。一有私欲，即便知觉，自然容住不得矣。故凡一毫私欲之萌，只责此志不立，即私欲便退；听一毫客气之动，只责此志不立，即客气便消除。或怠心生，责此志，即不怠；忽心生，责此志，即不忽；懆心生，责此志，即不懆；妒心生，责此志，即不妒；忿心生，责此志，即不忿；贪心生，责此志，即不贪；傲心生，责此志，即不傲；吝心生，责此志，即不吝。盖无一息而非立志责志之时，无一事而非立志责志之地。故责志之功，其于去人欲，有如烈火之燎毛，太阳一出，而魍魉潜消也。

自古圣贤因时立教，虽若不同，其用功大指无或少异。《书》谓"惟精惟一"，《易》谓"敬以直内，义以方外"，孔子谓"格致诚正，博文约礼"，曾子谓"忠恕"，子思谓"尊德性而道问学"，孟子

谓"集义养气，求其放心"，虽若人自为说，有不可强同者，而求其要
领归宿，合若符契。何者？夫道一而已。道同则心同，心同则学同。其
卒不同者，皆邪说也。

　　后世大患，尤在无志，故今以立志为说。中间字字句句，莫非立
志。盖终身问学之功，只是立得志而已。

　　王阳明这篇文章主要是讲明立志的重要性。文章围绕"立志"两字，首先
讲重要性，其次谈立志的不易，再次谈自己为什么要重点强调立志。这里有关
于"正诸先觉""考诸古训"两件事。"正诸先觉"就是拜师，听老师讲课的原
则；"考诸古训"是学习经典文章，对待经典的态度。

　　王阳明的弟子郭善甫，学了一年多时间，要回去的时候，王阳明作《赠郭善
甫归省序》，提醒郭善甫立志最重要：

　　郭子自黄来学，逾年而告归，曰："庆闻夫子立志之说，亦既知
所从事矣。今兹将远去，敢请一言以为夙夜勖。"阳明子曰："君子之
于学也，犹农夫之于田也，既善其嘉种矣，又深耕易耨，去其螟蟊，时
其灌溉，早作而夜思，皇皇惟嘉种之是忧也，而后可望于有秋。夫志犹
种也，学问思辩而笃行之，是耕耨灌溉以求于有秋也。志之弗端，是莨
莠也。志端矣，而功之弗继，是五谷之弗熟，弗如莨莠也。吾尝见子之
求嘉种矣，然犹惧其或莨莠也，见子之勤耕耨矣，然犹惧其莨莠之弗如
也。夫农，春种而秋成，时也。由志学而至于立，自春而徂夏也，由立
而至于不惑，去夏而秋矣。已过其时，犹种之未定，不亦大可惧乎？过
时之学，非人一己百，未之敢望，而犹或作辍焉，不亦大可哀乎？从吾
游者众矣，虽开说之多，未有出于立志者。故吾于子之行，卒不能舍是
而别有所说。子亦可以无疑于用力之方矣。"

　　王阳明在江西的时候，有个浙江永康人周莹，千里迢迢去请教，快离开的时
候，王阳明写了《赠周莹归省序》：

　　永康周莹德纯尝学于应子元忠，既乃复见阳明子而请益。阳明子

曰："子从应子之所来乎？"曰："然。""应子则何以教子？"曰："无他言也，惟日诲之以希圣希贤之学，无溺于流俗。且曰：'斯吾所尝就正于阳明子者也。子而不吾信，则盍亲往焉。'莹是以不远千里而来谒。"曰："子之来也，犹有所未信乎？"曰："信之。"曰："信之而又来，何也？"曰："未得其方也。"阳明子曰："子既得其方矣，无所事于吾。"周生悚然有间，曰："先生以应子之故，望卒赐之教。"阳明子曰："子既得之矣，无所事于吾。"周生悚然而起，茫然有间，曰："莹愚，不得其方，先生毋乃以莹为戏，幸卒赐之教！"阳明子曰："子之自永康而来也，程几何？"曰："千里而遥。"曰："远矣。从舟乎？"曰："从舟，而又登陆也。"曰："劳矣。当兹六月，亦暑乎？"曰："途之暑特甚也。"曰："难矣。具资粮，从童仆乎？"曰："中途而仆病，乃舍贷而行。"曰："兹益难矣。"曰："子之来既远且劳，其难若此也，何必遂返而必来乎？将亦无有强子者乎？"曰："莹至于夫子之门，劳苦艰难，诚乐之，宁以是而遂返，又俟乎人之强之也乎？"曰："斯吾之所谓子之既得其方也。子之志，欲至于吾门也，则遂至于吾门，无假于人。子而志于圣贤之学，有不至于圣贤者乎，而假于人乎？子之舍舟从陆，捐仆贷粮，冒毒暑而来也，则又安所从受之方也？"生跃然起拜曰："兹乃命之方也已！抑莹由于其方而迷于其说，必俟夫子之言而后跃如也。则何居？"阳明子曰："子未睹乎蒸石以求灰者乎？火力具足矣，乃得水而遂化。子归，就应子而足其火力焉，吾将储担石之水以俟子之再见。"

王阳明点化周莹的办法很特别，从拉家常中，突然切入立志，而周莹拜见王阳明正是立志的表现。王阳明的一个基本观点，就是一个人能否成为圣贤，完全是由个人决定的，他对周莹的教导，就是启发周莹立志很重要，然后只要有足够的火力，石头就能变成石灰。

志不立，天下无可成之事

王阳明对弟子们说："诸公在此，务要立个必为圣人之心，时时刻刻须是'一棒一条痕，一掴一掌血'，方能听吾说话句句得力。若茫茫荡荡度日，譬如一块死肉，打也不知得痛痒，恐终不济事，回家只寻得旧时伎俩而已。岂不惜哉？"

这段话的意思是：你们在这里学习一定要立下做圣人的决心，每时每刻都要有一种"一棒打出一条伤痕，一掌打出一道血印"的精神，才能在听我讲学时，感到句句有力，印象深刻。如果整天糊里糊涂地混日子，好似一块死肉一般，打也不知道痛，恐怕最终也学不到学问的精髓。回家后，还是只能把以前的老方法拿出来用，这样浪费时间，你们不觉得可惜吗？

志向对人生有着重要意义。王阳明曾经说过："志不立，天下无可成之事，虽百工技艺，未有不本于志者。"这句话的意思是：人生没有志向，天下就没有可成功的事，即使是各种工匠技艺，也都是依靠志向才能学成的。在王阳明看来，人人都有成功的可能，但是如果没有志向的话，人们就会荒芜自己的本心，不思进取，嬉戏享乐，最后一事无成。

王阳明知晓立志对人生的重要作用，他教导自己的弟子要立志做圣人。有一个弟子不上进，王阳明教训了他一顿，这名弟子感到惭愧，就向老师请教圣人学问，王阳明却说："你这只是做表面功夫，为了敷衍而学，不是真正的立志做圣人的态度。"

人生无志，天下没有可成之事。圣贤如此说志，自然是看重志向对于人生的伟大意义。生活在充满诱惑的红尘俗世里，我们的定力不及圣贤，要想像圣贤一样有所成就，关键便在于立志。有了切实可行的志向，你就会千方百计地寻找成功的方法，努力向目标靠拢。到最后，也许你成不了圣贤，但你的境界会比普通人更接近圣贤。

让目标控制自己

王阳明说："为学需得头脑，工夫方有着落。纵未能无间，如舟之有舵，一提便醒。"

这句话的意思是：修身治学，必须要有要旨，功夫才能下到实处。纵然还不能做到无间断地用功，但也能够如船上有舵，一提便明白，在关键的地方能把握住方向。

人生必须要有一个明确的目标，有了目标就如船有了舵。没有目标的人，虽然有巨大的力量与潜能，但往往把精力放在与目标无关的小事上，而常常忘记了自己应该去做什么才能赢得成功。王阳明说，志立得时，千事万事只是一事。你必须全神贯注于一个具体的目标上，这时目标能帮助你集中精力。另外，当你不停地向着一个目标努力时，将会进一步激发你在这方面的志气。最终，你将自己在这方面的才能和天赋最大限度地激发出来，而成就一番大业。

志向正确，人生才能走对路

弟子何廷仁、黄正之、李侯璧、汝中、德洪等围坐在王阳明身旁，王阳明环顾而言："汝辈学问不得长进，只是未立志。"

侯璧起而对说："琪亦愿立志。"

王阳明说："难说不立，未是'必为圣人之志'耳。"

人生当立志，立志要正确，志向对于人生有重要的影响。正确的志向，会使人生的道路朝着好的方向发展；错误的志向，会使人生的道路沿着错误的方向发展。所以，只有树立正确的志向，我们才能朝着好的方向前进，人生才能取得成功。

在王阳明看来，后世的许多儒生根本没弄明白圣人的学说，也不知道体察扩充自己的良知良能，反而去追求一些自己不了解的事物，不顾实际情况，去做自己不能做也做不好的事情，这时，求知变味了，成了好高骛远、爱慕虚荣。许多人在确定人生志向时好高骛远，给自己定了异常远大、不切实际的目标，这种违反自然规律的行为，实施起来十分困难，结局也只会使自己失望，深感挫折而已。

王阳明在龙场讲学期间，有一个叫傅凤的弟子，立志成为一个孝子，一边跟王阳明听课，一边猛攻科举学业。

但傅凤因为很穷，他总是吃不饱，加上拼命读书，后来身体越来越不好，最终得了重病，卧床不起。然而为了养活父母和弟弟，傅凤在重病的情况下依然坚持读那些科举之书，但是王阳明的一些学生总是想尽办法让他以自己的身体为重，告诉他，这样坚持下去，只能让自己的身体越来越不好，这种情况下最好还是先保重身体才是上策。傅凤为此心中特别烦闷，于是去请教王阳明。

王阳明听后叹息地说："你啊，一生立志孝亲，但是却因此陷入了不孝的深渊之中。"傅凤听完后非常吃惊地问："先生，我想尽办法去做官赚钱来养活父母和弟弟，这怎么成了不孝了？"王阳明听后反问道："你为了科举，为了做官赚钱而照顾自己的父母和弟弟，却因此把自己搞成病夫，这难道是孝吗？"

傅凤听后非常疑惑。王阳明此时又说："看你现在这病恹恹的样子，你自己觉得能考上进士吗？"傅凤听后非常坦诚地回答："不能！"王阳明接着说："你现在把自己的身体搞垮了，不要说无法参加科举，得不到官职，就你现在的身体状况，不要说照顾好自己的父母兄弟了，恐怕还要让你的父母来照顾你吧。你说，你这不是大不孝，又是什么？"

傅凤听完这番话潸然泪下，随即请王阳明为他出个主意。王阳明回答道："宇宙中最真最好的孝，就是不让自己的父母担心。只要知道了这个，就知道如何去孝顺自己的父母了。"王阳明所说的孝，其实就是不让父母担心的学问。孝顺父母，物质条件其实并不是那么重要，重要的是让他们安心。

从傅凤的故事中，可以看出一个人立志尽管很好，但是如果立志的方向错了，那就会过于偏激，那就会走向错误的道路，这样下去是十分危险的。

立志贵专一

王阳明在《传习录》里说："种树者必培其根，种德者必养其心。欲树之长，必于始生时删其繁枝；欲德之盛，必欲始学时去其外好。如外好诗文，则精神日渐漏泄在诗文上去。凡百外好皆然。"

又说："我此论学是无中生有的功夫。诸公须要信得及，只是立志。学者一念为善之志，如树之种，但勿助勿忘，只管培植将去，自然日夜滋长，生气日完，枝叶日茂。树初生时，便抽繁枝，亦须砍落，然后根干能大。初学时亦然，故立志贵专一。"

因论先生之门，某人在涵养上用功，某人在见识上用功。

先生曰："专涵养者，日见其不足；专见识者，日见其有余。日不足者日有余矣，日有余者日不足矣。"

这里王阳明以种树的理论来论述做学问，得出做学问立志要专一的结论。最后王阳明主张要在修养上用功，因为修养高了，每天都会知道自己的不足，而知道自己不足是件好事，这样有利于不断提高自己。

你就是自己的贵人

王阳明说："卜筮者，不过求决狐疑，神明吾心而已。《易》是问诸天。人有疑，自信不及，故以《易》问天。"

这段话的意思是：卜筮，不过是解决疑问，使自己的心变得神明而已。《易经》是向上天请示，人们有了疑问，没有足够的自信，便用《易经》来问上天。

很多人都想通过占卜或者组织人脉圈来找到自己的贵人，其实这是不自信的表现。做人只要拥有足够的自信，就可以挖掘出藏在内心深处的潜力，让自己的人生变得无比辉煌！

王阳明认为，古人总是用占卜的方法来试图解决自己心中难以明断的疑惑，使得自己的心变得聪慧起来。王阳明自己也曾经亲身经历，用占卜解决自己的疑难问题。所谓的占卜，其实就像是王阳明领悟到的一样，那不过是为了解决自己心中的疑惑，让自己的心重新获得自信和力量。其实，如果一个人真的有一种信心和定力，那么就算是不用占卜也同样可以成功。

王阳明说："笃信故亦是，然不如反求之切。"自古以来，圣人指点迷津、贵人相助成功的典故比比皆是，备受推崇。然而圣人的指点往往并不明朗，仍需要自己去琢磨推敲；贵人的帮助更不是没有理由的，他们或是看中你才华横溢，或是看中你八面玲珑，即便是看中你天生敦厚正直，也需要靠自己的努力去积累、去创造。

坚守自己的志向

王阳明说："只念念要存天理，即是立志。能不忘乎此，久则自然心中凝聚，犹道家所谓"结圣胎"也。此天理之念常存，驯至于美大圣神，亦只从此一念存养扩充去耳。"

这段话的意思是：立志就是时刻不忘存天理。能够不把存天理忘记了，久而久之心自然就会凝聚天理，就像道家所谓的"结圣胎"。存天理的念想时常记挂在心里，逐步达到精美、宏大、神圣的境界，就是不断保存这一意念并发扬开来的结果。

王阳明十分看重个人的自主精神，也反复强调内心坚守志向的重要性。"驯至于美大圣神"这句话深刻地点明了，如果一个人能坚持自己的想法和追求，就能够在追求成功的道路上获得一股强大的力量，激发自己的潜能，冲破能力的极限，最终超越"旧我"，形成一个"新我"。有了这种意识层面和实践层面的突破，人生才能有新的转折。

王阳明说："持志如心痛。一心在痛上，岂有工夫说闲话、管闲事？"王阳明认为，一个人坚持志向，要像对待自己的心痛一样，将全部的注意力都集中在志向上，什么无聊的东西都不顾了，这样才能最大限度地让自身的智慧发挥作用。

顺其自然，不做力所不及的事

《传习录》有关于孔子言志的记载。陆澄问："孔门言志，由、求任政事，公西赤任礼乐，多少实用！及曾皙说来，却似耍的事。圣人却许他，是意何如？"

先生曰："三子是有意必。有意必便偏着一边，能此未必能彼。曾点这意思却无意必。便是'素其位而行、不愿乎其外'、'素夷狄行乎夷狄，素患难行乎患难，无入而不自得'矣。"

王阳明答话的意思是：这是因为子路、冉求、公西赤三个人的志向都有主观猜测、武断绝对，有了这两种倾向，就会执着于一个方面，能做这未必能做那。曾皙的志向中没有这两种倾向，这就是"顺其自然行事，不做超出条件的事。身处夷狄，就做在夷狄能行之事；身处患难之中，就做在患难中能行之事，因时因地制宜，无论什么情况下都怡然自得"。

这其实就是在告诫人们要顺其自然地生活，即不要做出超出自身条件的事来，以免招致失败和痛苦。

人生至长才百年，能够完全顺着自己的想法而来的事情不多，况且有些挫折、失败不是个人力量所能左右的，而在这些不如意的事情发生后，唯一能使我们的心灵保持平静的方法就是保持一颗平常心，不强迫自己去做超出自身条件的事。

持之以恒，终有所成

王阳明说："辨既明矣，思既慎矣，问既审矣，学既能矣，又从而不息其功焉，斯之谓笃行。"

王阳明的这番话，核心要点正是落在了"笃行"二字上，而"笃行"就是做事坚持到底，这也是现在很多人缺乏的持之以恒的心和行动。凡事，尤其是自己选择了的事，务必要"笃行"，而不是今天去猎奇，明天去冒险，或者抱着侥幸的心理去做事；否则，再简单的事，不能持续用功地付诸行动都有可能与原本近在咫尺的成功失之交臂。

王阳明提倡"笃行"，而他本人也的确是一个凡事都能用心用到骨髓中的人。无论对儒学、道学、佛学还是军事、辞章，他都有一种不行到尽头不言放弃的精神。正是有了这种持之以恒的心态，王阳明的悟道才比很多人更加深刻和高远，一个很平常的事物或现象都能被他解读出非同寻常的意义。

王阳明还说："你真有圣人之志，良知上更无不尽。良知上留得些子别念挂带，便非必为圣人之志矣。"这就是说欲达极致，必须全力以赴。在这里，王阳明指出了百分之百地投入做一件事的重要性。

如果纠缠于太多的成败得失、名利是非，就会让自己陷于压力的旋涡中，失去身心的最佳状态，力量与智慧被那些无关紧要的琐事缠绕住了，这时本身的潜力就无法最大限度地发挥出来。实际上在很多时候，我们之所以遭到失败，都是因为我们不够投入，而不是由于外界条件的不利。

专注圣人学

王阳明见过娄谅以后，就坚定了学而成圣的意志，一刻不停地向圣学进发，此后陆续提出许多学习圣学的原则、方法。他教育弟子的方法则是书院和走向自然相结合，点评经籍和点破现象相结合，以联想象征比喻说明问题的实质。往往三言两语，触及要害，使人突然体悟、惊醒。

专注于一个目标

有一次，弟子陆澄问王阳明怎样做到"主一"，王阳明说"主一"就是专主"天理"。

陆澄问："主一之功，如读书则一心在读书上，接客则一心在接客上，可以为主一乎？"

王阳明说："好色则一心在好色上，好货则一心在好货上，可以为主一乎？是所谓逐物，非主一也。主一是专主一个天理。"

这段对话的意思是：迷恋美色就一心在美色上用功，贪爱财物就一心在财物上用功，这能称为专一吗？这只能叫逐物，而并非专一。"主一"就是一心只在天理上。

如果一个人能够做到专一，并让自己专注于美好的事物上，哪怕这件事情很小，只要你付出了足够的努力，总会有意想不到的收获。

王阳明心学的理论出发点是"心即理也"，因此"专主于一个天理"，也就是专注于人的本心，也就是你的初衷，你的初心，你的人生目标。"主一"就是专注于你的本心、你的初衷、你的初心、你的人生目标，一心一意，孜孜以求，不达目标誓不罢休。因此，"主一"是心学需要修炼的核心技能之一。专注是世界上很多成功人士的"胜利宝典"。

开凿有源活水

王阳明说："与其为数顷无源之塘水，不若为数尺有源之井水，生意不穷。"

这句话的意思是：与其说占有数顷没有源头的塘水，还不如开掘数尺有源头的活水，源源不断，生生不息。

大儒朱熹在《观书有感》中曾写过"问渠那得清如许，为有源头活水来"这样的名言。朱熹认为生活是写作的活水，要创作出好的作品就要有丰富的生活，一潭死水才思就会枯竭。用心观察，发现生活中的"活水"渠道才能清晰，才能创造出美妙的奇观。

王阳明的"活水"论，说的是知识、学问要有用，有用的学问就像活的数尺"井水"，新鲜养人，没用的知识、学问就像一塘死水，发臭，干涸，贻害别人。王阳明在给黄绾的信中再次说到活水的重要性，他说："'用力习熟，然后居山'之说，昔人尝有此，然亦须得其源。吾辈通患，正如池面浮萍，随开随蔽。未论江海，但在活水，浮萍即不能蔽。何者？活水有源，池水无源；有源者由己，无源者从物。故凡不息者有源，作辍者皆无源故耳。"因此，学习也不能盲目，科学选择是十分重要的。

人人都可成天才

王阳明说："夫学、问、思、辨、笃行之功，虽其困勉至于人一己百，而扩充之极，至于尽性知天，亦不过致吾心之良知而已。"

这句话的意思是：学、问、思、辨、行的功夫，那些天资愚笨的人付出了相对于别人而言百倍的努力，最后到了极点能够充分发挥天性而知道天命，这也不过是我们心里的良知到达最高境界，得到圆满而已。

王阳明认为，即使一个天性稍微愚笨一点的人，只要通过自己加倍的努力追求成功，成功就会如期而至。古往今来，很多成功的人都不是所谓的"神童"。因为人人都有良知，良知的力量是无穷的，圣人就是按了良知办事，天才就是发挥了良知的本能。人与人的差别就在于有没有致良知，任何人通过他们加倍的努力和不懈的坚持，就会是下一个天才。

努力、勤奋、持之以恒可以让普通的人变成天才；反之，堕落、懒惰、半途而废也可以让天赋异禀之人沦落为庸才。

我们经常说的励志典故，就是古罗马的两座圣殿。其中一座象征勤奋，另一座象征荣誉。若想达到荣誉的圣殿，必须要经过勤奋的圣殿，勤奋是通往荣誉的必经之路。也有人试图绕过勤奋的圣殿获得荣誉，但终被拒之门外。只有那些意志坚强、持之以恒的人，哪怕他的天赋不是很好，最后，也能顺利走进荣誉的殿堂，受到世人的尊重。

读书须有质疑精神

王阳明说："夫学贵得之心，求之于心而非也，虽其言之出于孔子，不敢以为是也，而况其未及孔子者乎？求之于心而是也，虽其言出于庸常，不敢以为非也，而况其出于孔子者乎？"

这段话的意思是：学问要从自己的内心去深究，要敢于质疑，哪怕是孔子说过的话，也可以质疑，只要是经过深入研究得出的结论，就要坚持，不要迷信别人的观点。

王阳明年轻时笃信朱熹的格物致知理论，数次潜心格竹、格物，但都失败了，身体也弄出了毛病。本想格物，反被物格，所受的打击的确不小，这么多年来，他翻遍朱熹遗书，耗费巨大的精力去钻研理学，可是却落得格竹病倒。不过，此次格物所遇到的打击，却让王阳明对朱熹的理学产生了怀疑。怀疑是进步的钥匙，只要是用心研究，不符合"天理"的东西，哪怕是孔子说的也可以推翻。

朱熹的"理"是万事万物之理，即每个事物的内部规律，需要一个一个去求去解。把万事万物的理汇集起来，就得到总和的理，就是天理。王阳明心里在想的"理"，与朱熹说的总和的"天理"是一回事，但王阳明想用直觉顿悟的方法去格"天理"，显然是错误的，失败是必然的。其实朱熹也没有说过可以直接格"天理"，朱熹只说可以格一个具体事物的理。王阳明怀疑朱熹的学说出了问题，也就是按照朱熹的学说是发现不了"天理"的，向万事万物去求理是走不通的。

自从对程朱理学开始怀疑那天起，王阳明在潜意识里就已经开始默默地孕育着自己的心学了。所以，一个人如果想要彻底弄明白一件事情，就要学会怀疑，有了怀疑之后，再坚持求索，独立思考，才能找到真理的方向。

读书需要有质疑精神，就如孟子所说的："尽信书，则不如无书"。孟子的话，就是告诫我们不要迷信书本，对于书中所言，不仅不要轻信，还有多问几个为什么，进行一番仔细的甄别和思考。

把知识转化为智慧

王阳明说："凡饮食只是要养我身，食了要消化；若徒蓄积在肚里便成痞了，如何长得肌肤？后世学者博闻多识，留滞胸中，皆伤食之病也。"

王阳明告诉我们，但凡饮食，只是为了滋养身体，吃了需要消化。如果仅仅是把事物都积蓄在肚里，就成了痞病，这怎么能长身体呢？后世的学者博学多识，把学问都滞留在肚子里，都是患了痞病。

王阳明的"心学"重视体悟、修正。那是针对当时顽固的八股文、华丽的辞章之学而来的清泉活水。在明代"书呆子""官呆子"特别多，傻和尚、傻道士也不少。只知学习知识，背诵辞章，念习经文，不修正、不开悟，什么事都做不了。王阳明年轻时有所谓的"五溺时代"，他像一般人一样随大流，跟世风，熟习道家、佛家的修正方法，后来专行于儒道，跟其他读书人一样，从知识求道，于修正并未尽力，直到后来开悟，才知道做了半辈子"书呆子"，白白浪费了许多精力。

王阳明发现明朝社会问题大了，遍地都是"书呆子""读书虫"，知行分离，言行不一，社会的弊病十分严重。王阳明悟道以后找到了解决问题的方法，他提出身心体验的重要性，他不太要求学生背多少诗文，也不一定在知识上要深解，只要求下切功夫，求真实体验，通过开悟把知识变成智慧。所以，王阳明的"心学"其实是智慧之学。

有一次，他问学生九川："于'致知'之说，体验如何？"

九川说："自觉不同，往时操持常不得恰好处，此乃是恰好处。"

王阳明说："可知是体来的与听讲不同。我初与讲时，知尔只是忽易，未有滋味。只这个要妙，再体到深处，日见不同，是无穷尽的。"

九川说："此功夫却于心上体验明白，只解书不通。"

王阳明说："只要解心。心明白，书自然融会。若心上不通，只要书上文义通，却自生意见。"

我们知道，知识对开悟并无坏处，往往知识越丰富，开悟的可能性越大。但知识丰富跟开悟却是两回事。但智慧不同，智慧的力量是无限的，真正的智慧能帮助我们面对生活中的各种难题。所以说，一个有知识的人并不一定拥有智慧。

王阳明认为，掌握知识并不等于拥有智慧。但只要你能将知识运用到实践中去，实现知识变智慧的飞跃，知识就可以转换为智慧，解决治理国家的问题，解决我们生活中的问题，这就是王阳明所推崇的"致良知"之道。

循序渐进、各随分限

王阳明说："我辈致知，只是各随分限所及。今日良知见在如此，只随今日所知扩充到底；明日良知又有开悟，便从明日所知扩充到底。如此方是精一功夫。与人论学，亦须随人分限所及。如树有这些萌芽，只把这些水去灌溉，萌芽再长，便又加水，自拱把以至合抱，灌溉之功皆是随其分限所及。若些小萌芽，有一桶水在，尽要倾上，便浸坏他了。"

此话的意思是：大家修身养性致良知，要随着各自的本分。今天良知在这个地方显现，只随今天所知将其扩充到底；明日良知又有领悟，便随明天所知将其扩充到底。这才是 "精一" 的功夫。和别人谈论学问，也需要随各自的本分。就好比树苗刚开始萌芽，只能用一点水去浇灌，等到再长大一点，便要再加一点水，树从两手合抱到两臂合抱，浇水的多少都要根据树的发育情况来定。如果是刚发芽的小树，就用一桶水全部浇上去，便会把树浸死。

所以，学习教育也一样，要各随分限，循序渐进，不能毕其功于一役，也不能一曝十寒。一定要先从细小的地方进行修养，不管环境怎样，自己只要持之以恒地完善自我，这样才能以最好的准备来等待机会的到来。纵观世间学有专长之人，都是由于其对某一领域有所偏好，专注于心，穷根究底，终于 "守得云开见月明"，最终摘得正果。

见多识广、博学详记

王阳明说："良知不由见闻而有，而见闻莫非良知之用、故良知不滞于见闻，而亦不离于见闻。"

意思是说：良知虽然不是来自人们平时的见闻，但人们的知识大都是从见闻中产生的，即见闻都是良知的运用。因此，良知不局限于见闻，但也离不开见闻。

对于见闻这个问题，王阳明认为人们要做到 "博文" 即是 "唯精"，"约礼" 即是 "唯一"。即人们只有广泛地在万事万物上学习存养天理的方法，才能求得至纯至精的天理，才能求得天理的统一与完整，因为天理只有一个。在王阳明眼里，良知是人人具有的，良知并不是读书，良知不依靠博学。但良知离不开博学，见多识广才能更好地致良知，才能获得心灵的平静和喜悦。

《礼记·中庸》有云："博学之，审问之，慎思之，明辨之，笃行之。"这里说的是为学的几个层次，或者说是几个递进的阶段。"博学之"意为"学"首先要广泛地猎取，培养充沛而旺盛的好奇心。好奇心丧失了，为学的欲望随之消亡，博学遂为不可能之事。"博"还意味着博大和宽容，唯有博大和宽容，才能兼容并包，使为学者具有世界眼光和开放的胸襟，真正做到"海纳百川，有容乃大"，进而"泛爱众，而亲仁"。因此，博学乃为学的第一阶段，没有这一阶段，为学就是无根之木、无源之水。博学是一个人成才、成功的重要条件。

知识越渊博、阅历越丰富的人，应变能力就越强。他们反应灵敏，在与人的交往中遇到紧急情况能够调动长期积累的生活经验和各种知识思考来解决。一个人的社会知识多了，阅历丰富了，他就懂得了一些社会因素、心理因素，那么在与人交谈时就更得体、更有分寸。所以要成为一个成功者就要多掌握一些知识，这不仅是人际交往之必须，更是做学问的诀窍。

重获婴儿般的学习能力

王阳明说："人心是天、渊。心之本体无所不该，原是一个天，只为私欲障碍，则天之本体失了；心之理无穷尽，原是一个渊，只为私欲窒塞，则渊之本体失了。如今念念致良知，将此障碍、窒塞一齐去尽，则本体已复，便是天、渊了。"

这段话的意思是：人的心包含无穷的智慧，既像无底的深渊，又像辽阔的天空。心的本体无所不备，本来拥有如辽阔天空般无边的智慧。只因为各种私心杂念的干扰，这种智慧才失落了。心中的智慧没有止境，无穷无尽，原本像无底的深渊。只是因为各种负面因素的困扰，这种如渊般的心灵智慧才失落了。如今念念不忘挖掘心灵的深层次规律和智慧，将那些蒙蔽心灵的东西一齐去尽，心的本体就能恢复，心就又能拥有如天渊般的智慧了。

王阳明认为，人的智慧和潜能是难以想象的，但是被后天的私欲遮蔽住了，只有下功夫去尽私心杂念，才能恢复心灵的本来状态和智慧。

换一个角度来看，一个人要想挖掘出心灵中的智慧和能力，就要超越自我。超越自我，意味着突破自身软弱因素和外界环境的限制，最大限度地掌控自己的内心和行为。

有一个效法"婴儿思维"的方法，可以让我们很快就能解除"自我"的束缚，进入一种学习效率极高的状态。因为孩子们的"自我"还未受到各种私欲的蒙蔽，本能的智慧和领悟能力显现出来了，所以他们的学习效率如此惊人，学什么都能很快学会。

有时候，我们真的应该向孩子学习，排除那些负面情绪的抑制，超越自我，以便恢复心灵那如天渊般的状态。在做一件事之前，先放松身体，让自己进入婴儿般的心态，不理会旁人，也不管自己在哪儿，让你的思想从各种束缚中超越出来。

学须自省

王阳明说："学须反己。若徒责人，只见得人不是，不见自己非。若能反己，方见自己有许多未尽处，奚暇责人？"

这句话的意思是：人们应该学会自我反省。如果一味地责备别人，往往只看到别人的不是，却忽略了自己的不足。如果能时常反省自己，就能看到自己身上的很多不足之处，并加以改正，哪里还有时间去责备他人呢？

不是人人都能从一开始就清楚地认识到自省带来的积极作用。实际上，当我们的心灵经过自省的洗礼，心里的杂念和纷扰也会如流水般流走。

其实，我们每一个人都应该有一本心灵的书，即使我们未曾记住一句话、一个字，却依然会受益终身。因为，它会让我们的心灵如泉水般清澈、纯净，这就是自省的作用。

一个不会反思，甚至不去反思的人，是不会有所成长的。所谓反思就是通过思考来审视自己，检讨自己的言行举止，看自己在哪里犯了错误，看看有没有需要改进的地方，为以后的发展做准备，以便于以后再有同样的事情发生时，能够采取正确的应对措施，至少要比第一次好。

学问须从根子上下功夫

王阳明说："夫目可得见，耳可得闻，口可得言，心可得思者，皆下学也；目不可得见，耳不可得闻，口不可得言，心不可得思者，上达也。如木之栽培灌溉，是下学也；至于日夜之所息，条达畅茂，乃是上达。人安能预其力哉？故凡可用功，可告语者，皆下学。上达只在下学里。凡圣人所说，虽极精微，俱是下学。学者只从下学里用功，自然上达去，不必别寻个上达的工夫。"

这段话的意思是：凡是眼睛能看到的，耳朵能听到的，口中能讲的，心中能想的，都是下学；眼睛不能看到的，耳朵不能听到的，口中不能讲的，心中不能想的，就是上达。比如，栽培一棵树，灌溉是下学，树木昼夜生长，枝繁叶茂就是上达。人怎么能在上达方面加以干预呢？因此，只要是可以下功夫，可以言说的，都是下。上达包含在下学里。大凡圣人之说，虽精细入微，也都为下学。学者只需在下学上用功，自然可以上达，不必另寻求上达的途径。

这里的"下学"是指最基础、最简单的事情。王阳明认为，做学问就是要在根子上用功，不能华而不实，切不可为了成名成家，下虚伪的功夫，更不能拔苗助长。

做学问忌好名

《传习录》有一则王阳明与薛侃的对话。先生曰："为学大病在好名。"侃曰："从前岁自谓此病已轻，此来精察，乃知全未。岂必务外为人？只闻誉而喜，闻毁而闷，即是此病发来。"曰："最是。名与实对，务实之心重一分，则务名之心轻一分；全是务实之心，即全无务名之心。若务实之心如饥之求食、渴之求饮，安得更有功夫好名！"又曰："'疾没世而名不称'，'称'字去声读，亦'声闻过情，君子耻之'之意。实不称名，生犹可并补，没则无及矣。'四十五十而无闻'，是不闻道，非无声闻也。孔子云：'是闻也，非达也。'安肯以此忘人！"

这段对话的意思是：做学问容易犯的一个大毛病是好名。好名与务实相对，务实的心重一分，求名的心就轻一分；如果全是务实的心，就没有一丝求名的心。如果务实的心犹如饥饿要吃饭、渴了要喝水一样，哪有时间追逐名利呢？所谓"疾没世而名不称"，"称"字读去声，也就是"声闻过情，君子耻之"的意思。实际和名声不相符合，活着还可以补救，死了就没办法再改了。"四十五十而无闻"中的"闻"是还没有听闻圣道的意思，并非没有名声。孔子说："是闻也，非达也。"他哪里会以是否有名气来对待别人呢？

王阳明这段话，明确告诫人们做学问要务实，来不得半点虚假，实际水平和名声不符是可耻的，是无药可救的。

思与学是一回事

《传习录》中记载一则对话。或问"学而不思"二句。王阳明说："此亦有为而言，其实思即学也。学有所疑，便须思之。'思而不学'者，盖有此等人，只悬空去思，要想出一个道理，却不在身心上宜用其力，以学存此天理。思与学作两事做，故有'罔'与'殆'之病。其实思只是思其所学，原非两事也。"

这段对话的意思是：有人问"学而不思"两句话的含义。王阳明回答：孔子这两句话是有针对性的，其实思就是学，学习时只要有疑问就要思考。"思而不学"，说的是世间有一类人，只凭空去思考，要想出一个道理，却不在身心上实实在在地做功夫，学习存养天理。把思和学当作两件事来做，所以才有"罔"和"殆"的毛病。其实思考只是思考所学的内容，并非两件事。

王阳明在这里着力说明的是学和思是一件事，如果分作两件事，就会犯"罔"和"殆"的毛病。

第五章　南赣戡乱 此心不动贼心动

汀漳初战捷

正德十一年（1516）九月，王阳明接到朝廷新的任命：都察院左佥都御史巡抚南赣汀漳等处。江西、湖广、福建、广东四省交界的地区，土匪、恶霸、盗贼猖獗。朝廷多次派兵，都不能剿灭匪患，而这次任命王阳明为"都察院左佥都御史巡抚南赣汀漳等处"，可以说是临危受命，实在没办法了，试一试王阳明这位能人。

王阳明接到朝廷命令后上书请求辞去这个职务。他上了《辞新任乞以旧职致仕疏》，他在奏疏中提出三个理由：体弱多病，难以应对繁重艰苦的作战任务；自己天性愚钝，缺乏军事指挥才能；祖母年事已高，要尽孝道，返乡侍奉。

朝廷也是没有办法，对这样的烫手山芋谁会主动领衔，你王阳明再有理由也要服从大局了，朝廷对王阳明的请求非但没有批准反而再次下发了敕谕，催促他尽快赴任。

正在王阳明犹豫之际，朝廷抓了一个反面典型，朝中一位大臣也被派去剿匪，他也同样上书请求辞去，结果没有得到批复，反倒贻误了剿匪时机受到了朝廷的惩罚。王阳明看到这个反面典型，再也不敢懈怠，第二天就踏上了前去江西的征程。

那是正德十二年（1517）正月，王阳明走水路，沿赣江至江西万安，忽然遇到数百流贼沿途劫掠。商船不敢前行，官船时进时退，瞬间成为一个不得不解决的棘手问题。王阳明对此并不紧张，他只是把船只进行了编队，形成了强大的气势，旌旗开道，颇具威严之气。这些盗贼见此情景，就意识到是官军大规模围剿，居然吓破了胆，跪地讨饶。王阳明并没有想将他们赶尽杀绝，而是登岸对他们讲明大义，劝其改邪归正。这些盗贼一来惧怕这位官员的惩治，二来也并非心甘情愿成为盗贼，而是被一时的生活所迫，因此，对王阳明的劝解也心服口服，纷纷表示要改邪归正。

令王阳明没有想到的是，此去江西竟然成为他人生的一个重要转折点，是他今后军旅生涯的开始。

王阳明于正德十二年（1517）正月抵达赣州，时年四十六岁。王阳明在赣州设置军机处，制定了极其周密细致的策略，并向下辖全体官员发布首条训令。在训令中，王阳明首先将朝廷上谕全篇抄录，然后又详细介绍了此次剿匪的方针政策。

然而，在王阳明前往赣州途中，就得知福建、广东两省的巡抚都御史、巡按御史下令将士分头围剿漳南山区的山贼。这些地方官吏本想为民除害，但没有新的战略，按老办法行事，组织起来的官军又不是山贼的对手，必然失败。

对前几次剿匪失利进行反思，王阳明认为，要彻底根除匪患，首先必须全面了解贼匪的情况。同时，不能用狼兵、土兵平叛。所谓狼兵是广西壮族的地方武装，土兵是指湘西土家族地方武装，两者不隶属军籍，由当地土司统辖，战斗力远在官军之上。但这些军队战斗力有多强，破坏力也有多大，以致百姓畏惧狼兵、土兵远甚于畏惧叛军。

王阳明对这四省边境地区活跃的山贼进行了翔实的调查，发现这些山贼多是农民出身，聚集在一起占山为王，经常掠夺百姓牲畜、财物，有时甚至围攻县衙，掠了财物就回巢据守，由于他们占据的巢穴山高岭险，易守难攻，再加上官军腐败，贼匪胆子越来越大，巢穴连成数片，对当地百姓危害也日益增大。王阳明在正德十二年五月八日，上奏《申明赏罚以励人心疏》，并详述了赣南地区的匪患情况。

漳州匪首詹师富、温火烧等人活动甚为猖獗，官府每年都会派兵去湖广、福建、广东三省剿匪。然而，由于赣州百姓多被贼人收买，他们将官兵动向及时透露给贼匪，这样一来，官军尚未行动，军事部署就已遭泄露。因此，官军的征剿行动屡屡受挫。

王阳明在出征福建的路上写了《丁丑二月征漳寇进兵长汀道中有感》一诗，展露了当时领兵征剿的心态：

　　将略平生非所长，也提戎马入汀漳。

　　数峰斜日旌旗远，一道春风鼓角扬。

　　莫倚贰师能出塞，极知充国善平羌。

　　疮痍到处曾无补，翻忆钟山旧草堂。

　　王阳明受命出征完全是身不由己："将略平生非所长，也提戎马入汀漳。"
文官受命领兵打仗，心中十分矛盾，心理压力也很大，身为朝廷命官，只能勉强
地接受任务罢了。

　　王阳明到剿匪前线后发现，军事泄密是官军屡败的一个原因，也是这次剿匪
的难题。因为组织起来的这些官军，其实就是山贼的父兄子弟，关系错综复杂。
王阳明明白，没有超人的智谋，是永远打不赢这狡猾的山贼的，此仗只能是斗智
斗勇。

　　王阳明目光锐利，洞悉一切，他一到行营，就发现兵营中有一老兵暗通贼
匪，此人行事十分阴险狡诈。于是，王阳明独自来到老兵房间，以雷霆之势喝问
老兵通敌，拔出佩剑，要老兵自尽，并厉声问其是要全尸还是碎身。老兵一下子
被王阳明能洞穿一切的目光和厉声大吼震慑了，扑通一声跪在地上。王阳明接着
引导老兵：要不死亦有办法，你还是做你的秘书工作，一切听本人安排就可。就
这样王阳明悄悄策反了这个老兵。正是因为王阳明充分利用这个双面间谍探查到
的重要敌情，才得以制定出行之有效的剿匪方案。

　　王阳明的剿匪策略是：为彻底消除狼达土军之危害，创建自己的精悍军队，
以剿匪戡乱；采用各个击破的策略；于民间建立反间谍的保安机构；加强民众的
教化，以确保社会民生平稳过渡。接着王阳明颁发了《选拣民兵》的布告。要备
养自己的部队，唯一的办法就是选民兵，《选拣民兵》：

　　照得府属地方，界连四省；山谷险隘，林木茂深，盗贼所盘，三
居其一；乘间劫掠，大为民害。本院缪当巡抚，专以弭盗安民为职。
钦奉敕谕，一应军马钱粮事宜，得以径自区画。莅任以来，甫及旬日，
虽未偏历各属，且就赣州一府观之，财用耗竭，兵力脆寡，卫所军丁，
止存故籍；府县机快，半应虚文；御寇之方，百无足恃，以此例彼，余
亦可知。夫以羸卒而当强寇，犹驱群羊而攻猛虎，必有所不敢矣。是以

每遇盗贼猖獗，辄复会奏请兵；非调土军，即借狼达，往返之际，辄已经年；糜费所须，动逾数万；逮至集兵举事，即已魍魉潜形，曾无可剿之贼；稍俟班师旋旅，则又鼠狐聚党，复皆不轨之群。良由素不练兵，倚人成事；是以机宜屡失，备御益弛，征发无救乎疮痍，供馈适增其荼毒，群盗习知其然，愈肆无惮。百姓谓莫可恃，竟亦从非。

夫事缓则坐纵乌合，势急乃动调狼兵，一皆苟且之谋，此岂可常之策？古之善用兵者，驱市人而使战，假闾戍以兴师。岂以一州八府之地，遂无奋勇敢战之夫？事豫则立，人存政举。近据江西分巡岭北道兵备副使杨璋呈，将所属各县机快，通行拣选，委官统领操练，即其处分，当亦渐胜于前。但此等机快，止可护守城郭，堤备关隘；至于捣巢深入，摧锋陷阵，恐亦未堪。为此案仰四省各兵备官，于各属弩手、打手、机快等项，挑选骁勇绝群、胆力出众之士，每县多或十余人，少或八九辈；务求魁杰异材，缺则悬赏召募。大约江西、福建二兵备，各以五六百名为率；广东、湖广二兵备，各以四五百名为率。中间若有力能扛鼎、勇敌千人者，优其廪饩，署为将领。召募犒赏等费，皆查各属商税赃罚等银支给。各县机快，除南、赣兵备已行编选外，余四兵备仍于每县原额数内拣选精壮可用者，量留三分之二；就委该县能官统练，专以守城防隘为事；其余一分拣退疲弱不堪者，免其著役，止出工食，追解该道，以益召募犒赏之费。所募精兵，专随各兵备官屯扎，别选素有胆略属官员分队统押。教习之方，随材异技；器械之备，因地异宜；日逐操演，听候征调。各官常加考校，以核其进止金鼓之节。本院间一调遣，以习其往来道途之勤。资装素具，遇警即发，声东击西，举动由己；运机设伏，呼吸从心。如此，则各县屯戍之兵，既足以护防守截；而兵备募召之士，又可以应变出奇。盗贼渐知所畏而格心，平良益有所恃而无恐，然后声罪之义克振，抚绥之仁可施，弭盗之方，斯惟其要。本院所见如此，其间尚有知虑未周，措置犹缺者，又在各官酌量润色，务在尽善，期于可久；亮爱民忧国之心既无不同，则拯溺救焚之图自不容缓。案至，即便举行，或有政务相妨，未能一一亲诣，先行各属，精为选发。先将召募所得姓名，及措置支费银粮，陆续呈报。事完之日，通造文册，以凭查考。

明朝的军制是军籍制，即军户世袭，当兵当到老，然后有儿子接替，所以，地方部队几乎没有战斗力。王阳明要剿灭贼匪只能建立自己的新军——民兵。民兵数量不多，但是是从千百人里选出来的，个体的身体素质很好，经过严格的训练之后，往往以一当十。这种建军法后来也被抗倭名将戚继光所采纳，戚继光的义乌兵也是以一当十消灭倭寇。

王阳明还颁发公文《十家牌法告谕各府父老子弟》：

本院奉命巡抚是方，惟欲剪除盗贼，安养小民。所限才力短浅，智虑不及；虽挟爱民之心，未有爱民之政。父老子弟，凡可以匡我之不逮，苟有益于民者，皆有以告我，我当商度其可，以次举行。今为此牌，似亦烦劳。尔众中间固多诗书礼义之家，吾亦岂忍以狡诈待尔良民。便欲防奸革弊，以保安尔良善，则又不得不然，父老子弟，其体此意。自今各家务要父慈子孝，兄爱弟敬，夫和妇随，长惠幼顺，小心以奉官法，勤谨以办国课，恭俭以守家业，谦和以处乡里，心要平恕，毋得轻意忿争，事要含忍，毋得辄兴词讼，见善互相劝勉，有恶互相惩戒，务兴礼让之风，以成敦厚之俗。吾愧德政未敷，而徒以言教，父老子弟，其勉体吾意，毋忽！

轮牌人每日仍将告谕省晓各家一番。

十家牌式：

某县某坊。

某人某籍。

某人某籍。

某人某籍。

某人某籍。

某人某籍。

某人某籍。

某人某籍。

某人某籍。

某人某籍。

某人某籍。

右甲尾某人。

右甲头某人。

此牌就仰同牌十家轮日收掌,每日酉牌时分,持牌到各家,照粉牌查审:某家今夜少某人,往某处,干某事,某日当回;某家今夜多某人,是某姓名,从某处来,干某事;务要审问的确,乃通报各家知会。若事有可疑,即行报官。如或隐蔽,事发,十家同罪。各家牌式:

某县某坊民户某人。

某坊都里长某下,甲首军户则云,某所总旗小旗某下。匠户则云,某里甲下,某色匠。客户则云,原籍某处,某里甲下,某色人,见作何生理,当某处差役,有寄庄田在本县某都,原买某人田,亲征保住人某某。若官户则云,某衙门,某官下,舍人,舍余。

若客户不报写庄田在牌者,日后来告有庄田,皆不准。不报写原籍里甲,即系来历不明,即须查究。

男子几丁。

某。某项官,见任,致仕,在京听选,或在家。

某。某处生员,吏典。

某。治何生业,成丁,未成丁,或往何处经营。

某。见当某差役。

某。有何技能,或患废疾。

某。

某。

某。

见在家几丁。若人丁多者,牌许增阔,量添行格填写。

一、妇女几口。

二、门面屋几间。系自己屋,或典赁某人屋。

三、寄歇客人。某人系某处人,到此作何生理,一名名开写浮票写帖,客去则揭票;无则云无。

所谓"十家牌法",即是让每户百姓制定家牌,并登记相关信息,其中包括每户人口数、户籍、姓名、年龄、体貌特征、职业、技能特长等,同时还需标明家中是否有患重病病人，是否有为官者。并且，还要登记户主姓名，家中成年人、未成年人及男女比例。若有租用房屋者，要登记租住者的相关情况。官府规定，各家各户将上述信息抄录于家门前告示板之上，以便官府随时核查。

每日傍晚时分，当地官员会挨门挨户核对告示板上的信息是否与家牌录入内容相符。如果某户某人外出办事，要查清此人所在地、办理何种事务以及确切的返乡日期。如有临时借住者，要查清此人的姓名、籍贯以及此行目的。官府对当地百姓进行详细调查，并将相关信息通告给各户。百姓一旦发现可疑人员，要立即报官。

"十家牌法"将十户居民编为一甲组，甲组即为连坐单位，如发现私通匪患者，同一甲组的十户连坐受罚。此外，官府在十户之外另设相应负责人。

不久之后，王阳明又在每个村中设置一位保长，负责村安全。同时，王阳明还将"保长制"与"乡约"紧密结合，灵活运用。

王阳明的另一个难题是财政，倘若申请财政拨款，朝廷无钱可拨；倘若向百姓摊派，那就会将更多的良民推向反政府武装的阵营。可选的方案也许只剩下这一个：从商人身上来找这些钱。那就是盐税和关税，王阳明就盐税和关税向朝廷上疏，争取更高的分成比例和更大的税收区划，当然，除此之外，还要向商人加税。

一切部署完成后，王阳明需要的就是打一场胜仗，只有旗开得胜才能对上对下都有个交代。

王阳明来到当地之后，首先做的工作就是用多种途径，尽快掌握山贼的资料。对他们盘踞的位置、地形状况、民俗风情等都有所了解。

当时山贼们的密探、暗哨也较为普遍，他们经常潜伏在官兵的队伍中，可以通过多种方式来打探到官兵的行动，并且迅速密报给山贼的首领。对此，王阳明决定不打草惊蛇，而是采取将计就计的方式来巧妙地利用这些人。他假意要从漳南山区撤兵，暂时不再出兵。这个消息传出后，山贼们就各自采取应对措施，而放松了对漳南地区的防范。而王阳明这边安排将士秘密行动，以迅雷不及掩耳之势清剿匪巢长富村，经过多时奋战，官军最终获胜，被杀被俘的匪兵不计其数。残余匪军只能向福建漳州府南靖县平和乡的象湖山退守。

王阳明运筹帷幄，打算一鼓作气，彻底剿灭这些山贼。王阳明亲率各省精兵赶赴汀州的上杭县驻扎。为了迷惑敌人，王阳明故意宣称说要修整军队，并谎称要等狼兵、土军到达后再行进兵围剿之事。

　　就在放出部队休整消息之后，敌人开始松了口气，以为真的暂停进兵了。就在这时，暗暗部署在上杭的部队在王阳明的指挥下兵分三路挺进象湖山。但是，这场战斗打得相当艰辛，官兵们毕竟不熟悉地形，而山贼们善于凭借天险，将早已布置好的滚木、巨石纷纷用来对抗官兵，致使官兵伤亡惨重。王阳明为此改变策略，趁山贼难以顾及的时候，命人从山间小道潜入对方的后方，山贼们腹背受敌，难以抵抗，官兵趁势追击。

　　王阳明在《回军上杭》一诗中抒发了告捷的欣喜：

> 山城经月驻旌戈，亦复幽寻到薜萝。
> 南国已忻回甲马，东田初喜出农蓑。
> 溪云晓度千峰雨，江涨新生两岸波。
> 暮倚七星瞻北极，绝怜苍翠晚来多。

　　王阳明指挥的平定漳南山贼的战役进行了近三个月，由于当地地势险峻，气候多变，因此战斗过程非常艰辛。但是，王阳明最终还是取得了丰硕的成果，剿灭二千七百余名山贼，一千五百余人被俘虏，还有难以计数的人跌落山谷毙命，四千多名山贼被招抚。这一次王阳明还彻底将山贼的老巢捣毁，官兵们焚烧了山贼们占据的至少有三千多间房屋，可以说是大获全胜，一举剿灭了为害一方的山贼之患。

　　捷报传来，朝廷也非常震惊，因为朝廷多年派兵无数，均以失败告终，此次在朝廷尚未发兵之前能够获得如此大的胜利，也充分显示了王阳明非凡的军事才能。

　　当时王阳明驻军上杭，部队在修整，但老天旱情持续，王阳明忧心如焚，仰天长叹，无力回天。作《祈雨二首》：

一

> 旬初一雨遍汀漳，将谓汀虔是接疆。
> 天意岂知分彼此？人情端合有炎凉。
> 月行今已虚缠毕，斗杓何曾解挹浆！
> 夜起中庭成久立，正思民瘼欲沾裳。

二

见说虔南惟苦雨，深山毒雾长阴阴。

我来偏遇一春旱，谁解挽回三日霖？

寇盗郴阳方出掠，干戈塞北还相寻。

忧民无计泪空堕，谢病几时归海浔？

在《祈雨二首》诗里，王阳明充分体现了"民本意识""夜起中庭成久立，正思民瘼欲沾裳。"展现了一个忧国忧民的士大夫形象。

王阳明想起十多年前家乡会稽祈雨的情景，决心再来一次"以诚感天"。王阳明写了一篇简短的祭文，准备了隆重的祈雨仪式，仪式一过，久旱的福建南部也真的连降三场大雨，被人称为"久旱逢甘霖"，有人建议就将王阳明的临时行台的大堂命名为"时雨堂"，王阳明欣然应允，写下《时雨堂记》：

正德丁丑，奉命平漳寇，驻军上杭。旱甚，祷于行台；雨日夜，民以为未足。乃四月戊午班师，雨；明日又雨；又明日大雨。乃出田登城南之楼以观，民大悦。有司请名行台之堂为"时雨"，且曰："民苦于盗久，又重以旱，将谓靡遗。今始去兵革之役，而大雨适降，所谓'王师若时雨'，今皆有焉。请以志其实。"呜呼！民惟稼穑，德惟雨，惟天阴骘，惟皇克宪，惟将士用命，去其螣蟘，惟乃有司实穮获之，庶克有秋。乃予何德之有，而敢叨其功！然而乐民之乐，亦不容于无纪也，巡抚都御史王守仁书。是日，参政陈策、佥事胡琏至，自班师。

文章借下属之口道出这座时雨堂的缘由，继而谦虚一番，说农事和战事顺利都是因为皇帝圣明、将士用命、各级有关部门认真负责，自己不敢冒认功德，只是本着与民同乐之心秉笔以记其事。

无论如何，祈雨则得雨，心情总是好的，何况原本就挟着胜利的愉悦。《时雨堂记》虽然只是虚应故事，《喜雨》三首七律却是发自性情的文字：

一

即看一雨洗兵戈，便觉光风转石萝。

　　顺水飞樯来买舶，绝江喧浪舞渔蓑。

　　片云东望怀梁国，五月南征想伏波。

　　长拟归耕犹未得，云门初伴渐无多。

二

　　辕门春尽犹多事，竹院空闲未得过。

　　特放小舟乘急浪，始闻幽碧出层萝。

　　山田旱久兼逢雨，野老欢腾且纵歌。

　　莫谓可塘终据险，地形原不胜人和。

三

　　吹角峰头晓散军，横空万骑下氤氲。

　　前旌已带洗兵雨，飞鸟犹惊卷阵云。

　　南亩渐忻农事动，东山休共凯歌闻。

　　正思锋镝堪挥泪，一战功成未足云。

　　这三首诗里体现了王阳明的平民意识，牵出一个政治问题，在对待民众动乱问题上，"民心"是最重要的，"莫谓可塘终据险，地形原不胜人和。"诗中抒发了喜悦之情。少时梦想忽然涌上心头，"五月南征想伏波"，自己刚刚打完的这一仗难道不正有几分伏波将军马援当年南征的气势吗？看春雨牵动了农家的笑颜，凯旋的歌声仿佛也冲散了自己曾经有过的东山归隐的念头。这一仗也证明地利不如人和，而横水、桶冈、涮头那些叛军所倚仗的地利，一下子就被团结一心的官军攻克了。

　　为彻底剿灭汀州、赣州之贼，王阳明曾颁布《谕俗四条》用以约束、教化百姓。《易经》坤卦的"文言传"有云："积善之家，必有余庆；积不善之家，必有余殃。"王阳明所发公文旨在详述此意，以长者的口气来劝导、说服百姓。

　　王阳明还针对当地百姓及归顺民众颁发布告《告谕新民》，言辞极其恳切，以其体察民意、深知民心，做到了恩威并举。

　　首次打仗就取得了胜利，这使得屡战屡败的官兵精神大为振奋，王阳明及时对将士们进行了嘉奖和鼓励，大大提升了军中的士气。

　　然而，王阳明也发现了军队中存在的问题，而且亟待整顿，原来军队的纪律性很差，士兵们作战很随意。所以，王阳明在初战告捷后，就开始整顿军队，希望能够通过一系列的整顿措施，大大提升军队的战斗力和凝聚力。

王阳明颁发《兵符节制》：

> 先据该道具呈，计处武备，以便经久事。议将原选听调人役，如宁都杀手廖仲器之属，尽行查出，顶补各县选退机兵，通拘赣城操演，以备征调，已经批仰施行去后。看得习战之方，莫要于行伍；治众之法，莫先于分数；所据各兵既集，部曲行伍，合先预定。为此仰抄案回道，照依定去分数，将调集各兵，每二十五人编为一伍，伍有小甲；五十人为一队，队有总甲；二百人为一哨，哨有长、协哨二人；四百人为一营，营有官、有参谋二人；一千二百人为一阵，阵有偏将；二千四百人为一军，军有副将。偏将无定员，临阵而设。小甲于各伍之中选材力优者为之，总甲于小甲之中选材力优者为之，哨长于千百户义官之中选材识优者为之。副将得以罚偏将，偏将得以罚营官，营官得以罚哨长，哨长得以罚总甲，总甲得以罚小甲，小甲得以罚伍众。务使上下相维，大小相承，如身之使臂，臂之使指，自然举动齐一，治众如寡，庶几有制之兵矣。编选既定，仍每五人给一牌，备列同伍二十五人姓名，使之连络习熟，谓之伍符。每队各置两牌，编立字号，一付总甲，一藏本院，谓之队符。每哨各置两牌，编立字号，一付哨长，一藏本院，谓之哨符。每营各置两牌，编立字号，一付营官，一藏本院，谓之营符。凡遇征调，发符比号而行，以防奸伪。其诸缉养训练之方，旗鼓进退之节，要皆逐一讲求，务济实用，以收成绩。事完，备造花名手册送院，以凭查考发遣。

王阳明将这次作战的一支军队作为试点，改变了过去的编制，将二十五人组成一个"伍"，设置伍长；两个"伍"可以合并为一个"队"，设置队长；四个队合并为一个"哨"，设置"哨长"；两个哨合并为一个"营"，设置营长以及两个"参谋"；三个营合并为一个"阵"，设置偏将；两个阵合并为一个"军"，设置副将。偏将、副将的设置可以依据实际情况灵活机动地设置。而高一级的长官有权力处置下一级的长官。整支部队成了一个有机系统，指挥起来灵便多了。

为了加强各个部分之间的联络，及时有效地传递军情，王阳明还为军队相应地特制了"伍符""哨符""营符"。

王阳明初战告捷的消息传到朝廷，皇帝和大臣们也颇为兴奋，王阳明也趁机将今后的作战方案详细禀告朝廷，并要求赋予更大的权力。他指出了两种作战的方略，并且详细分析了各自的利弊，请求朝廷不要规定剿匪的期限，也给自己充分的主动权力，能够自己确定作战的时间、措施，这样一来不仅朝廷无须耗费过多的粮饷，也会减少百姓遭难。

正德十二年（1517）五月，王阳明请辞南赣汀漳巡抚一职，请求改任军务提督，并上奏《申明赏罚以励人心疏》，奏请朝廷赐予旗牌。三个月后，皇帝下诏："王阳明著领提督南、赣、汀、漳等处军务，换敕与他。钦此。"由于当时的军队中，只有"提督军务"才有权力调动军队。所以内阁又继而起草了敕谕，对这个委任进行补充说明。这样一来，王阳明的权力大大增强了，有了很大的自主权力，他可以根据军情来确定作战方略，也可以对地方官进行督促，还能够对不听号令者"俱听军法从事"，至于军马、钱粮等事宜，一般情况下都能够自行确定，只有遇到大的事情，才需要请求朝廷裁决。这为王阳明以后的剿匪行动创造了十分难得的条件，其实这个条件也是王阳明自己努力挣来的。

告谕心理战

正德十二年（1517），王阳明平定盘踞于南安府以南大庾岭的贼匪。同年七月五日，他上奏《南赣擒斩功次疏》，将此捷报告知朝廷。据称，王阳明率领官军于六月二十日深夜奇袭敌营，一举荡平大庾岭匪患。

接下来要剿灭的是三大匪患，这就是广东、江西交界处的浰头，而横水、桶冈位于江西的上犹县，与湖广接壤。为彻底切断南赣与诸省贼匪的联系，王阳明制定了专门的作战战略。

王阳明的策略是剿抚并用，先易后难。三大势力暂且放在一边，先从乐昌、龙川的各路叛军入手。为防浰头叛军乘间作乱，王阳明派人送去牛、酒、银、布，以示政府慰问。慰问总要有个名义，这正是宣传攻势得以施展的机会。这一回王阳明发布告谕文《告谕浰头巢贼》，全用老百姓的语言，言谆谆，意切切，一副苦口婆心的态度：

> 本院巡抚是方，专以弭盗安民为职。莅任之始，即闻尔等积年流劫乡村，杀害良善，民之被害来告者，月无虚日。本欲即调大兵剿除尔等，随往福建督征漳寇，意待回军之日剿荡巢穴。后因漳寇即平，纪验斩获功次七千六百有余，审知当时倡恶之贼不过四五十人，党恶之徒不过四千余众，其余多系一时被胁，不觉惨然兴哀。因念尔等巢穴之内，亦岂无胁从之人。况闻尔等亦多大家子弟，其间固有识达事势，颇知义理者。自吾至此，未尝遣一人抚谕尔等，岂可遽尔兴师剪灭；是亦近于不教而杀，异日吾终有憾于心。故今特遣人告谕尔等，勿自谓兵力之强，更有兵力强者，勿自谓巢穴之险，更有巢穴险者，今皆悉已诛灭无存。尔等岂不闻见？
>
> 夫人情之所共耻者，莫过于身被为盗贼之名；人心之所共愤者，莫甚于身遭劫掠之苦。今使有人骂尔等为盗，尔必怫然而怒。尔等岂可心恶其名而身蹈其实？又使有人焚尔室庐，劫尔财货，掠尔妻女，尔必怀恨切骨，宁死必报。尔等以是加人，人其有不怨者乎？人同此心，尔宁独不知；乃必欲为此，其间想亦有不得已者，或是为官府所迫，或是为大户所侵，一时错起念头，误入其中，后遂不敢出。此等苦情，亦甚可悯。然亦皆由尔等悔悟不切。尔等当初去从贼时，乃是生人寻死路，尚且要去便去；今欲改行从善，乃是死人求生路，乃反不敢，何也？若尔等肯如当初去从贼时，拚死出来，求要改行从善，我官府岂有必要杀汝之理？尔等久习恶毒，忍于杀人，心多猜疑。岂知我上人之心，无故杀一鸡犬，尚且不忍；况于人命关天，若轻易杀之，冥冥之中，断有还报，殃祸及于子孙，何苦而必欲为此。我每为尔等思念及此，辄至于终夜不能安寝，亦无非欲为尔等寻一生路。惟是尔等冥顽不化，然后不得已而兴兵，此则非我杀之，乃天杀之也。今谓我全无杀尔之心，亦是诳尔；若谓我必欲杀尔，又非吾之本心。尔等今虽从恶，其始同是朝廷赤子；譬如一父母同生十子，八人为善，二人背逆，要害八人；父母之心须除去二人，然后八人得以安生；均之为子，父母之心何故必欲偏杀二

子，不得已也；吾于尔等，亦正如此。若此二子者一旦悔恶迁善，号泣投诚，为父母者亦必哀悯而收之。何者？不忍杀其子者，乃父母之本心也；今得遂其本心，何喜何幸如之；吾于尔等，亦正如此。

闻尔等辛苦为贼，所得苦亦不多，其间尚有衣食不充者。何不以尔为贼之勤苦精力，而用之于耕农，运之于商贾，可以坐致饶富而安享逸乐，放心纵意，游观城市之中，优游田野之内。岂如今日，担惊受怕，出则畏官避仇，入则防诛惧剿，潜形遁迹，忧苦终身；卒之身灭家破，妻子戮辱，亦有何好？尔等好自思量，若能听吾言改行从善，吾即视尔为良民，抚尔如赤子，更不追咎尔等既往之罪。如叶芳、梅南春、王受、谢钺辈，吾今只与良民一概看待，尔等岂不闻知？尔等若习性已成，难更改动，亦由尔等任意为之；吾南调两广之狼达，西调湖、湘之土兵，亲率大军围尔巢穴，一年不尽至于两年，两年不尽至于三年。尔之财力有限，吾之兵粮无穷，纵尔等皆为有翼之虎，谅亦不能逃于天地之外。

呜呼！吾岂好杀尔等哉？尔等若必欲害吾良民，使吾民寒无衣，饥无食，居无庐，耕无牛，父母死亡，妻子离散；吾欲使吾民避尔，则田业被尔等所侵夺，已无可避之地；欲使吾民贿尔，则家资为尔等所掳掠，已无可贿之财；就使尔等今为我谋，亦必须尽杀尔等而后可。吾今特遣人抚谕尔等，赐尔等牛酒银钱布匹，与尔妻子，其余人多不能通及，各与晓谕一道。尔等好自为谋，吾言已无不尽，吾心已无不尽。如此而尔等不听，非我负尔，乃尔负我，我则可以无憾矣。呜呼！民吾同胞，尔等皆吾赤子，吾终不能抚恤尔等而至于杀尔，痛哉痛哉！兴言至此，不觉泪下。

此篇告谕字里行间流露出仁人君子对天下苍生的包容和哀悯，感人至深，读之令人声泪俱下，堪称劝降文中的名篇。对于浰头匪寇，王阳明的态度是"不教而杀非仁义之道"。

浰头群匪看到此告谕后，皆深受感动，很多匪众纷纷归降。叛军首领黄金巢、卢珂等人也率众来降。王阳明于其中拣选五百精壮之士编为官军，使其奔赴横水剿匪，其余老弱病残之人，一律被解散。

兵指横水、桶冈

　　稳住了涮头以后，王阳明开始集中兵力围剿横水、桶冈的匪贼。王阳明为发动横水、桶冈战役做了一系列的准备，在兵力方面，除了部署江西军队外，还组织湖广的军队按照拟定的日程前来增援，并制订了周密的军事部署计划。

　　横水、左溪、桶冈这些地方主要在江西省南安府境内，其中盘踞在桶冈的敌人势力最为强大，地形也最为险要。王阳明决定先攻横水、左溪，然后合围桶冈。

　　正德十二年（1517）十月九日，王阳明率军抵达南康。当时，有人告发义官李正岩和医官刘福泰通敌。于是，王阳明将两人找来问话，但二人皆矢口否认。

　　王阳明对他们说道：“即便果有此事，我也会赦免尔等之罪。你们留在军中，戴罪立功吧！”

　　时至傍晚，李、刘二人特来求见王阳明，说有要事相告。于是，王阳明将他们两人暗自招至帐中问话。二人向王阳明禀报：官军攻占桶冈、横水匪巢之时，必然途经十八面隘。此处地势极为险要，群山环绕，山势险峻、道路狭窄。因此，官军之前数次派兵皆困于此地。有一泥瓦工名张保，此人长期身居匪巢，并多次参与修筑山寨、城堡等，十分熟悉当地地形。若官军能找到此人，就能详细了解匪巢的地形。

　　听到这个情报，王阳明随即询问张保的住处。二人又道：“我等能免于死罪皆因大人开恩，能为大人效命，在所不惜。”

　　张保此时已被官军抓获，在王阳明的压力下，张保画出了贼巢的详图。

　　此时，匪军都比较松懈，因为外面的舆论是：三省军队夹攻桶冈，并将于十一月会师，打仗还早呢。但是，这里，王阳明于十月初七就提前向横水、左溪全面进攻了。攻打横水、左溪的主力军自然就是江西各府县的军队。他根据敌人的情况，采取各个击败的方案，将军队分为十个部分，规定了各个部分攻打不同地点的敌人，将敌人的兵力打散，坚决不能让对方纠集在一起。这样一来，对方就处于分散作战的状态，难以相互支持，处于孤立无援的境地，官兵再集中优势兵力将其打败。王阳明极具天才的军事指挥才能再次得到了证实。他之前的战争局势分析几乎都在实际的战争中得到了验证。

聚集在横水、左溪的山贼们开始据险抵抗。王阳明故意在大路边伐木立栅，开挖壕沟，营建瞭望所，摆出一副打持久战的姿态，而在夜晚派出两支各四百人的奇兵，带着旗帜、火铳、钩镰之类的东西，从山间小道攀登山崖绝壁，占据远近山头；待就位之后，尽可能多地竖起茅草垛子，只等第二天大军攻到险要处便鸣炮点火相应。

第二天一早，王阳明督兵前进，叛军照例据险迎战，而就在这个时候，远近山头炮声如雷，烟焰四起，王阳明立即挥师强攻。叛军在仓促间被惊呆了，只以为四面受敌，大势已去，纷纷弃险溃逃，一败便不可收拾。

但是，也正如王阳明所料，官兵们打得非常艰辛，并且伤亡也较为惨重。

在横水之战进行得异常激烈的时刻，在左溪的战争也已经打响，官兵士气高涨，冲入山贼阵营，对方立即就四散逃窜。王阳明命令士兵追击山贼，不可放过一个。山贼被剿灭以后，王阳明命令手下官兵一鼓作气挺进桶冈。

在部队部署完毕，冲锋就要开始的时候，王阳明又出一计：劝降。王阳明派之前俘获的人中与其首领有所交往的几个人前去桶冈，告知蓝天凤等人，官军将在十一月初一的早晨在五个入口之一的锁匙龙受降。几个人的一席话，果然瓦解了桶冈叛军的士气。谢志珊决意要战，蓝天凤却有几分动摇，争执不下，自然也就无心部署防范。

十月三十日夜，也是湖广军队会师的日子，王阳明调度军队，在夜幕掩护下分别埋伏在桶冈的五个入口处。第二天一早，前夜的大雨未停，蓝天凤正在锁匙龙主持会议，还在为是战是和的问题争执不下，突然间五处兵起，冒雨疾登。叛军全未想到原定的受降时间竟然是总攻时间，一瞬间措手不及，便失去了御敌的先机，官军一路猛攻，连克桶冈诸寨，其首领在混乱中被官兵杀死，异常艰苦的桶冈之战宣告大获全胜。

谢志珊被擒时，王阳明对他有过审问，一个与贼情无关但令王阳明好奇的问题是："你何以能招致这么多的同党？"谢志珊答道："这事并不容易。我平生见到世上好汉，绝不轻易放过，一定会想尽办法和他们结交，要么纵酒言欢，要么助其急难，等人家被我的诚意感动后，我再以实情相告，便没有不答应入伙的。"王阳明深有所感，退堂之后对门人说："我们儒者一生求朋友之益，难道不正该如此吗？"可以看到，王阳明的心学理论也正是不断吸取各种实践营养而丰富起来的。

王阳明并未一个人沉浸在胜利的喜悦中，而是给朝廷上书请求嘉奖参加战斗的所有官兵。王阳明仅仅用了不到三个月的时间，就一举肃清了盘踞在江西境内多年的匪患，朝廷对王阳明这次的战斗非常满意，于是对他的请求也非常快地给予了批准。而在当地百姓的眼中，王阳明几乎等同于神明，他带领军队经过任何一地，都会受到当地百姓的顶礼膜拜，甚至有地方建立了生祠对其进行供奉。王阳明还在茶寮隘即桶冈的险要关口，设立平茶寮碑。其中名句是"兵惟凶器，不得已而后用"，充分表明了王阳明对战争的态度。

王阳明在《桶冈和邢太守韵二首》诗中，表达了对征剿动乱的看法：

一

处处山田尽入畲，可怜黎庶半无家。

兴师正为民瘼甚，陟险宁辞鸟道斜！

胜世真如瓴水建，先声不碍岭云遮。

穷巢容有遭驱胁，尚恐兵锋或滥加。

二

戡乱兴师既有名，挥戈真已见风行。

岂云薄劣能驱策？实仗皇威自震惊。

烂额尚惭为上客，徙薪尤觉费经营。

主恩未报身多病，旋凯须还陇上耕。

王阳明指挥平乱是建立在为民众解除灾难这一认识基础上的，所以他率军不辞艰辛，速战速决，目的也是能早点解除百姓的苦难。"处处山田尽入畲，可怜黎庶半无家。"在平乱过程中十分注意避免滥杀无辜，根据不同的对象，采取不同的策略。王阳明深受百姓爱戴，《年谱》中载："师至南康，百姓沿途顶香迎拜。所经州、县、隘、所，各立生祠。远乡之民，各肖像于祖堂，岁时尸祝。"

此时，一些有识之士纷纷建议在横水设立新的县治，改变过去朝廷行政力量无法企及当地的状况，以加强对当地的治理，如此则能够保障当地的长治久安，彻底杜绝匪患。王阳明也早有此意，如今得知很多人都倾向于增设县治，于是就向朝廷上《添设清平县治疏》：

> 臣观河头形势，实系两省贼寨咽喉。今象湖、可塘、大伞、箭灌诸巢虽已破荡，而遗孽残党，亦宁无有逃遁山谷者？旧因县治不立，征剿之后，浸复归据旧巢，乱乱相承，皆原于此。今诚于其地开设县治，正所谓抚其背而扼其喉，盗将不解自散，行且化为善良。不然，不过年余，必将复起。

这一建议很快也得到了朝廷的批准，清平县因此设立。

智取三浰

王阳明在指挥"漳南战役"与"横水、桶冈战役"时，想要一举击破广东惠州府龙川县境内的浰头大巢。但他心里十分明白，前几次的战役都是智取的，对于浰头，更应智取。

浰头包括广东龙川县境内的山区，地势险要，层峦叠嶂。藏匿于大山里的匪首名叫池仲容（绰号池大鬓），为人极其险恶，他手下的土匪们个个彪悍勇猛，又占据天险，易守难攻。

王阳明为此日思夜想，他多次察看地形，反复钻研地图，想要寻找攻克这个难题的方法。王阳明想到了从浰头前来投诚的小匪首黄金巢，对他给予了优厚的待遇，并指示黄金巢写信，给池仲容传达几点意思，一层内容是要告诉他王阳明的兵强马壮，连告大捷，势如破竹，对浰头也是势在必得。另一层意思是以自己为例，表明王阳明优待俘虏，如果对方前来投诚，那么能够减少杀戮。池仲容收到信后，有所动摇，但是又不甘心就此败下阵来。所以，他表面愿意投诚，为了取得王阳明的信任，他派自己的弟弟池仲安率领两百人面见王阳明。池仲容想，派弟弟池仲安投诚是缓兵之计，又可以试探王阳明的态度，亦相当于在明军心腹安插了间谍。

站在王阳明的角度，池仲安带来的这两百老弱病残确实很麻烦。必须维持原来的正编状态，以示诚信，继而也只能不动声色地将他们支派到远地，再暗中安排其他部队严加监视。

当桶冈平定的消息传到浰头时，池仲容真正开始紧张起来，暗中加紧战备，准备决一死战。王阳明一见到前来投诚的人，心里就明白了对方的阴谋，因为来的一批人是老弱病残，根本没有战斗力。其实，这看似弱势的队伍里，也暗藏着杀机，时刻准备里应外合来战斗。当然，他善于分析敌情，将计就计，对于敌人的阴谋观察分析透彻，但是又具有身为大将的从容镇定，不露声色，善于麻痹敌人，诱使敌人放松警惕，乘虚而入，击中敌人的要害。

王阳明一面假意接受对方的投诚，另一方面也在积极准备应对之策，做好军事部署。他心里很清楚，浰头这里的土匪熟悉地形，又勇猛善战，而自己的军队要战胜他们需要精心计划。

他打算将计就计，派得力手下带上丰厚的慰问品深入浰头进行慰劳。这些人冒着风险，面见池仲容，一方面是为了探明对方的用意，另一方面也是为了观察当地的地理位置和军事设施，为战略部署做充分的准备。池仲容对来使说，卢珂等人和自己有深仇，卢珂有了官府做靠山，正准备兴兵来浰头寻仇，自己不得不防。

王阳明将计就计，移文狠批卢珂，甚至派遣官兵伐木开道，做出讨伐卢珂的准备。而卢珂兄弟此时赶到赣州，向王阳明报告浰头情势。一场苦肉计就这样上演了：公堂之上，王阳明怒批卢珂，历数卢珂挑拨离间、擅自备兵寻仇的罪状，对他施以杖刑之后收监系狱，同时部署官军，准备尽斩卢珂属下。当然，这一切都是演给池仲容看的，王阳明暗地里派卢珂之弟回营备战。

王阳明令赣州全城大摆筵席以犒赏三军。随后，王阳明解散军队，使其回乡务农，似有不再征兵之势。同时，王阳明命池仲安带兵返回浰头，以助其兄防守关隘。

随后，王阳明又派人到浰头犒赏，并送去历书，送历书表示招抚的意思。池仲容失去了戒心，在众人的劝说下，池仲容准备亲自去见王阳明，理由是答谢王阳明的多次犒劳，实际是去亲眼看看王阳明还有什么把戏。

池仲容精心挑选九十三名悍匪一同启程，抵达赣州之后，将众人安置在城外教场，只带几名贴身护卫进城。也许池仲容真的动了投诚的念头。

王阳明的反应却出乎人们的意料，只是笑脸相迎，对池仲容说："你等如今都是改过自新的良民，怎么不一起进城呢，难道对我还有所怀疑不成？"池仲容惶然听命，来到了祥符宫临时住所。

　　另一方面，王阳明连夜释放卢珂、郑志高等人，命他们速返龙川掌兵。王阳明又命人每日杀羊宰牛，给他们每人量体裁衣，发钱叫他们上街购物，犒赏池仲容等一行，借以拖延归期。

　　正德十三年正月初三，卢珂等人返回龙川。王阳明得知所需兵勇也已大体集结完毕，于是，设宴再请池仲容等一行。

　　而就在当夜，喝得醉醺醺的池仲容和他那九十三位护卫，被埋伏在那里的官军特工，以五对一的压倒力量悄悄地抹去了性命。王阳明本来也没必要真的动杀机，可是，池仲容等住进祥符宫后，那些悍匪在街上大摇大摆地冲撞百姓的时候，舆论的压力使王阳明坚定了杀意。

　　这场屠杀令王阳明强大的内心发生了震颤，一直到几年以后，王阳明都感到会有报应的担忧。

　　在攻占浰头的各路兵马到位之后，王阳明三路大军突然袭击，没有防备、没有主帅的浰头匪军军心大乱，很快被剿灭了。

　　"浰头战役"顺利结束，王阳明上《浰头捷音疏》，王阳明详细罗列了战果及战争经过，列数池仲容的各项罪行，最后请求朝廷对兵备副使杨璋等将官论功行赏。王阳明还向朝廷建议免除和平县三年的全部租税赋役，以休养生息，繁荣地方经济。这一建议很快得到了批准。

　　王阳明觉得任务已经完成，身体状况大不如从前，因此他向朝廷上书，请求卸解归田、颐养天年。正德十三年（1518）三月，四十七岁的王阳明上呈《乞休致疏》，请求退休养病。疏中叙及病情，说自己"潮热咳嗽，疮疽痈肿，手足麻痹，已成废人"。

　　但是，朝廷没有批准他的请求，还需要他继续发挥才智为社稷谋福利。六月圣旨下，王阳明升都察院右副都御史，荫子一人，世袭锦衣卫百户。

　　辞官不果，王阳明以副都御史衔继续巡抚南、赣、汀、漳，而既然"山中贼"已破，接下来就展开一场剿灭"心中贼"的大事业了。

剿灭"心中贼"

涮头匪患的消除，大大打击了整个南、赣、汀、漳、潮、惠等地土匪的嚣张气焰，当地的治安状况有了很大的改善。

王阳明看到官兵们缴获的战利品，发现两千余名的山贼居然平均每人只有一件衣服，很多人竟然不名一文。顿时，怜悯之情油然而生。这些山贼，一类是与官府为敌的惯犯，他们往往是由于触犯法令而被官府追缴，从而逃入山中负隅顽抗，对此，王阳明上书朝廷，予以斩杀；一类是来自沿海地区如广东、福建的流民，大多是由于遭受当地豪强的压迫难以为生，被迫当了山贼，这些人无意对抗官府，也基本上是一些小喽啰，对此，王阳明请求朝廷赦免，愿意回当地的就回去，并且可以免除其所欠下的赋税，愿意就地安置的也可以成为当地百姓。王阳明此举，把原本铁板一块的山贼瓦解为不同的群体，安抚人心，稳定了当地的社会秩序。安抚了山贼之后，长期遭受匪患的地方如何管理也是一大难题。王阳明的对策首先是建县，然后再进行教化，至少不会横征暴敛。王阳明班师途中有一首《回军九连山道中短述》诗，就是上述儒家精神的概括：

> 百里妖氛一战清，万峰雷雨洗回兵。
> 未能干羽苗顽格，深愧壶浆父老迎。
> 莫倚谋攻为上策，还须内治是先声。
> 功微不愿封侯赏，但乞蠲输绝横征。

此诗后刻于龙南玉石岩"阳明别洞"。诗作于平定三涮之乱以后，回军九连山道中，也是王阳明平定南赣之乱的深刻总结。

经过两年的积极筹备，第一个福建南部的新的县治开始正式设立，取名为"清平"。平定横水、桶冈匪患后为了加强对当地的治理，王阳明还将原本设在河头的巡检司迁移到枋头，从而杜绝了山贼的死灰复燃。之后，王阳明又奏请在江西上犹县崇义里的横水设崇义县县治、闽粤赣三省交会处设置和平县，并且都将当地的巡检司迁移至县城。增设县治，就很好地解决了这个困扰朝廷以及当地官府的老大难问题。

王阳明的这一系列举措，既顺乎民心，也符合朝廷的利益，增加了朝廷对于这些偏远地方的管理和控制。

王阳明仅用一年半的时间，就率兵剿灭了当地的匪患。朝廷为了表彰王阳明的功绩，将其从正四品都察院左佥都御史晋升为正三品右副都御史，并且王阳明的养子王正宪也因此被封为锦衣卫百户。

南赣太平以后，摆在王阳明面前的议题就是如何治理。教化百姓、为官一方对他来说也并非第一次，之前他在庐陵做知县时期已经积累了很多经验。他首先是把自己的治理之策告知手下的官员，痛陈利弊，尤其强调当地的社会风气不良很大责任在于官员的不作为。由于一年多来，这些官员跟随王阳明风餐露宿、同仇敌忾，共同剿灭了为害一方的匪患，因此，王阳明已经无形中树立了崇高的威望，对他这次的治理之策，官员们自然也是心服口服。很多人都已经暗下决心要跟随王阳明干出一番事业来。

王阳明平定南赣诸匪后，于正德十三年（1518）四月发布《告谕》，务求家喻户晓：

> 告谕百姓，风俗不美，乱有所兴。今民穷苦已甚，而又竞为淫侈，岂不重自困乏。夫民习染既久，亦难一旦尽变，吾姑就其易改者，渐次诲尔：
>
> 吾民居丧不得用鼓乐，为佛事，竭赀分帛，费财于无用之地，而俭于其亲之身，投之水火，亦独何心！病者宜求医药，不得听信邪术，专事巫祷。嫁娶之家，丰俭称赀，不得计论聘财妆奁，不得大会宾客，酒食连朝。亲戚随时相问，惟贵诚心实礼，不得徒饰虚文，为送节等名目，奢靡相尚。街市村坊，不得迎神赛会，百千成群。凡此皆靡费无益。有不率教者，十家牌邻互相纠察；容隐不举正者，十家均罪。
>
> 尔民之中岂无忠信循理之人，顾一齐众楚，寡不胜众，不知违弃礼法之可耻，而惟虑市井小人之非笑，此亦岂独尔民之罪，有司者教导之不明与有责焉。至于孝亲敬长、守身奉法、讲信修睦、息讼罢争之类，已尝屡有告示，恳切开谕，尔民其听吾诲尔，益敦毋怠！

王阳明的告谕直接明了，先是向百姓们分析了民风不淳的缘由，他谈到："告谕百姓，风俗不美，乱所由兴。今民穷苦已甚，而又竞为淫侈，岂不重自困乏？夫民习染既久，亦难一旦尽变，吾姑就其易改者，渐次诲尔。"正是由于百姓中间长期以来都风行的奢靡、浪费的习气。普通人家平时节衣缩食，但是如果有红白喜事，往往都讲排场、好面子，肆意挥霍掉多年的积蓄。久而久之，就会有很多人在生活困顿的时候，无以为继，只得为非作歹，沦落为盗贼。基于此，这位巡抚才要兴利除弊，强制要求当地百姓改变过去的习俗，他将其内容做了明确的界定。规定：丧事不许用鼓乐、做道场；医病不许信邪术、事巫祷；婚事不许计较彩礼、嫁妆，不许大摆筵席；走亲戚只要有诚意就好，不许为送礼设立各种名目；街市、村坊不许迎神赛会，百千成群。

凡上述所禁，都是奢靡无益的事情。倘若有人违反，十家牌法尚在，十家之内互相监督纠正；隐瞒不纠者，十家同罪。

告谕下发后，各府县官员意识到了巡抚对此事非常重视，因此，丝毫不敢马虎，都立刻派人翻印。就这样，在很短的时间内，王阳明治理的地方几乎都出现了他的告谕。百姓们看到几乎从没有过这种情景，都在相互告知告谕的内容。

王阳明以弘扬勤俭节约为切入点，是因为当地百姓中，相互攀比、奢靡、挥霍的风气很盛，很多家庭因此而倾家荡产、妻离子散。所以，人心思安，王阳明的做法也正是人心所向。他提倡的社会风气很快就被老百姓所接受，并逐渐开始效仿。

移风易俗只是王阳明治理地方的突破口，之后他又推出了一系列的改革措施。他亲自草拟了一份《南赣乡约》。乡约详细规定了社会活动的具体要求：

咨尔民，昔人有言："蓬生麻中，不扶而直；白沙在泥，不染而黑。"民俗之善恶，岂不由于积习使然哉！往者，新民盖常弃其宗族，畔其乡里，四出而为暴，岂独其性之异，其人之罪哉？亦由我有司治之无道，教之无方。尔父老子弟所以训诲戒饬于家庭者不早，薰陶渐染于里闾者无素，诱掖奖劝之不行，连属叶和之无具，又或愤怒相激，狡伪相残，故遂使之靡然日流于恶。则我有司与尔父老子弟皆宜分受其责。呜呼！往者不可及，来者犹可追。故今特为乡约，以协和尔民，自今凡尔同约之民，皆宜孝尔父母，敬尔兄长，教训尔子孙，和顺尔邻里，死伤相助，患难相恤，善相劝勉，恶相告戒、息讼罢争、讲信修睦，务为良善之民，共成仁厚之俗。呜呼！人虽至愚，责人则明；虽有聪明，责己则昏。尔等父老子弟毋念新民之旧恶而不与其善，彼一念而善，即善人矣；毋自恃为良民而不修其身，尔一念而恶，即恶人矣；人之善恶，由于一念之间，尔等慎思吾言，毋忽！

一，同约中推年高有德为众所敬服者一人为约长，二人为约副，又推公直果断者四人为约正，通达明察者四人为约史，精健廉干者四人为知约，礼仪习熟者二人为约赞。置文簿三扇：其一扇备写同约姓名，及日逐出入所为，知约司之；其二扇一书彰善，一书纠过，约长司之。

一，同约之人每一会，人出银三分，送知约，具饮食，毋大奢，取免饥渴而已。

一，会期以月之望，若有疾病事故不及赴者，许先期遣人告知约；无故不赴者，以过恶书，仍罚银一两公用。

一，立约所于道里均平之处，择寺观宽大者为之。

一，彰善者，其辞显而决，纠过者，其辞隐而婉；亦忠厚之道也。如有人不弟，毋直曰不弟，但云闻某于事兄敬长之礼，颇有未尽；某未敢以为信，姑案之以俟；凡纠过恶皆例此。若有难改之恶，且勿纠，使无所容或激而遂肆其恶矣。约长副等，须先期阴与之言，使当自首，众共诱掖奖劝之，以兴其善念，姑使书之，使其可改；若不能改，然后纠而书之；又不能改，然后白之官；又不能改，同约之人执送之官，明正其罪；势不能执，戮力协谋官府请兵灭之。

一，通约之人，凡有危疑难处之事，皆须约长会同约之人与之裁处区画，必当于理济于事而后已；不得坐视推托，陷人于恶，罪坐约长约正诸人。

一，寄庄人户，多于纳粮当差之时躲回原籍，往往负累同甲。今后约长等劝令及期完纳应承，如蹈前弊，告官惩治，削去寄庄。

一，本地大户，异境客商，放债收息，合依常例，毋得磊算；或有贫难不能偿者，亦宜以理量宽。有等不仁之徒，辄便捉锁磊取，挟写田地，致令穷民无告，去而为之盗。今后有此告，诸约长等与之明白，偿不及数者，劝令宽舍；取已过数者，力与追还；如或恃强不听，率同约之人鸣之官司。

一，亲族乡邻，往往有因小忿投贼复仇，残害良善，酿成大患；今后一应斗殴不平之事，鸣之约长等公论是非；或约长闻之，即与晓谕解释；敢有仍前妄为者，率诸同约呈官诛殄。

一，军民人等若有阳为良善，阴通贼情，贩买牛马，走传消息，归利一己，殃及万民者，约长等率同约诸人指实劝戒，不悛，呈官究治。

一，吏书、义民、总甲、里老、百长、弓兵、机快人等若揽差下乡，索求赍发者，约长率同呈官追究。

一，各寨居民，昔被新民之害，诚不忍言；但今既许其自新，所占田产，已令退还，毋得再怀前仇，致扰地方，约长等常宜晓谕，令各守本分，有不听者，呈官治罪。

一，投招新民，因尔一念之善，贷尔之罪；当痛自克责，改过自新，勤耕勤织，平买平卖，思同良民，无以前日名目，甘心下流，自取灭绝；约长等各宜时时提撕晓谕，如踵前非者，呈官征治。

一，男女长成，各宜及时嫁娶；往往女家责聘礼不充，男家责嫁妆不丰，遂致愆期；约长等其各省谕诸人，自今其称家之有无，随时婚嫁。

一，父母丧葬，衣衾棺椁，但尽诚孝，称家有无而行；此外或大作佛事，或盛设宴乐，倾家费财，俱于死者无益；约长等其各省谕约内之人，一遵礼制，有仍蹈前非者，即与纠恶簿内书以不孝。

一，当会前一日，知约预于约所洒扫张具于堂，设告谕牌及香案南向。当会日，同约毕至，约赞鸣鼓三，众皆诣香案前序立，北面跪听约正读告谕毕；约长合众扬言曰："自今以后，凡我同约之人，祗奉戒谕，齐心合德，同归于善；若有二三其心，阳善阴恶者，神明诛殛。"众皆曰："若有二三其心，阳善阴恶者，神明诛殛。"皆再拜，兴，以次出会所，分东西立，约正读乡约毕。大声曰："凡我同盟，务遵乡约。"众皆曰："是。"乃东西交拜，兴，各以次就位，少者各酌酒于长者三行，知约起，设彰善位于堂上，南向置笔砚，陈彰善簿；约赞鸣鼓三，众皆起，约赞唱："请举善！"众曰："是在约史。"约史出就彰善位，扬言曰："某有某善，某能改某过，请书之，以为同约劝。"约正遍质于众曰："如何？"众曰："约史举甚当！"约正乃揖善者进彰善位，东西立，约史复谓众曰："某所举止是，请各举所知！"众有所知即举，无则曰："约史所举是矣！"约长副正皆出就彰善位，约史书簿毕，约长举杯扬言曰："某能为某善，某能改某过，是能修其身也；某能使某族人为某善，改某过，是能齐其家也；使人人若此，风俗焉有不厚？凡我同约，当取以为法！"遂属于其善者。善者亦酌酒酬约长曰："此岂足为善，乃劳长者过奖，某诚惶怍，敢不益加砥砺，期无负长者之教。"皆饮毕，再拜会约长，约长答拜，兴，各就位，知约撤彰善之席，酒复三行，知约起，设纠过位于阶下，北向置笔砚，陈纠过簿；约赞鸣鼓三，众皆起，约赞唱："请纠过！"众曰："是在约史。"约史就纠过位，扬言曰："闻某有某过，未敢以为然，姑书之，以俟后图，如何？"约正遍质于众曰："如何？"众皆曰："约史必有见。"约正乃揖过者出就纠过位，北向立，约史复遍谓众曰："某所闻止是，请各言所闻！"众有闻即言，无则曰："约史所闻是矣！"于是约长副正皆出纠过位，东西立。约史书簿毕，约长谓过者曰："虽然姑无行罚，惟速改！"过者跪请曰："某敢不服罪！"自起酌酒跪而饮曰："敢不速改，重为长者忧！"约正副史皆曰："某等不能早劝谕，使子陷于此，亦安得无罪！"皆酌自罚。过者复跪而请曰："某既知罪，长者又自以为罚，某敢不即就戮，若许其得以自改，则请长者无饮，某之幸也！"趁后酌酒自罚。约正副咸曰："子能勇于受责如此，是能迁于善也，某等亦可免于罪矣！"乃释爵。过者再拜，约长揖之，兴，各就位，知约撤纠过席，酒复二行，遂饭。饭毕，约赞起，鸣鼓三，唱："申戒！"众起，约正中堂立，扬言曰："呜呼！凡我同约之人，明听申戒，人孰无善，亦孰无恶；为善虽人不知，积之既久，自然善积而不可掩；为恶若不知改，积之既久，必至恶积而不可赦。今有善而为人所彰，固可喜；苟遂以为善而自恃，将日入于恶矣！有恶而为人所纠，固可愧；苟能悔其恶而自改，将日进于善矣！然则今日之善者，未可自恃以为善；而今日之恶者，亦岂遂终于恶哉？凡我同约之人，盍共勉之！"众皆曰："敢不勉。"乃出席，以次东西序立，交拜，兴，遂退。

王阳明通过告谕的形式，提倡百姓的自我管理、自我约束，从而使得礼制深入人心。其中，他提倡以一村或者一族为单位，公开推举德高望重之人来记录众人的起居、劳作状况，以此来提升民众相互监督的意识。

王阳明重视树立道德典型，还亲自撰写了《旌奖节妇牌》：

> 访得吉水县民人陈文继妻黄氏，庐陵县生员胡宪妻曾氏，俱各少年守制，节操坚厉，远近传扬，士夫称叹，当兹风俗颓靡之时，合行旌奖，以励浇薄。为此仰府官吏即行吉水、庐陵二县掌印官，支给无碍官钱，买办礼仪，前去各家，盛集乡邻老幼之人，宣扬本妇志节之美，务使姻族知所崇重，里巷知所表式，用奖贞节，以激偷鄙。仍备述各妇节操志行始末，及将奖励过缘由，同依准随牌缴报，以凭施行。

王阳明的改革措施切中时弊，受到了当地百姓的欢迎，进展也颇为顺利。这些措施的实施都是自上而下推行的，对百姓的约束也是由外到内的，尚未在民众内心深处扎根发芽。这使王阳明意识到，要想从根本上恢复当地的社会秩序，就必须要清除百姓心中的"贼"，改变人们的思想观念。而要达到这个目标，就需要兴办学校，对百姓进行传统道德教育，使老百姓能够遵守礼制。于是，王阳明就先后在南安、赣州全面恢复社学，同时也开始兴建书院。

在明代，社学兴起的时间很早，早在太祖洪武八年（1375）时期就要求各地官员要在乡村创办社学，使普通人家的子弟也能够接受系统的教育。之后，在英宗、宪宗成化、孝宗弘治时期，都不断地强化兴办社学的制度法令。就读期间的费用，则往往是官府负担一部分，学生个人负担一部分，这使得原本较为贫寒人家的子弟也有机会去读书了。

但是，从长期来看，由于多方面的原因，这种性质的学校往往难以持续，但是，即便情况不够乐观，王阳明还是觉得自己一旦下定决心后，不管有多么艰难，都要坚持把事情做好。在设学这件事上，他也实施了一系列措施，在社学校舍的问题上，他效法前任的做法，把一些不合时宜的寺庙改造为学堂。接着就是聘请教师的难题，王阳明对师资力量非常重视，特意聘请了福建市舶司副提举舒芬来主持社学事务，并且动员自己优秀的学生前来任教。对各地的官员下令一定要解决教师的薪资问题，要保证教师能够领取到应得的薪金。条件都准备成熟之后，王阳明对社学的办学方向、授课内容等问题提出了自己的看法。明确指出社学要将歌诗、习礼、读书同时并举，大力提升学生的综合素养。在王阳明的大力提倡和推动下，南安、赣州各地的社学相继兴起，并且取得了显著的实效。

正德十三年四月，王阳明特作《训蒙大意示教读刘伯颂等》：

　　古之教者，教以人伦。后世记诵词章之习起，而先王之教亡。今教童子，惟当以孝、弟、忠、信、礼、义、廉、耻为专务。其栽培涵养之方，则宜诱之歌诗以发其志意，导之习礼以肃其威仪，讽之读书以开其知觉。今人往往以歌诗习礼为不切时务，此皆末俗庸鄙之见，乌足以知古人立教之意哉！大抵童子之情，乐嬉游而惮拘检，如草木之始萌芽，舒畅之则条达，摧挠之则衰痿。今教童子，必使其趋向鼓舞，中心喜悦，则其进自不能已。譬之时雨春风，沾被卉木，莫不萌动发越，自然日长月化；若冰霜剥落，则生意萧索，日就枯槁矣。故凡诱之歌诗者，非但发其志意而已，亦以泄其跳号呼啸于咏歌，宣其幽抑结滞于音节也；导之习礼者，非但肃其威仪而已，亦所以周旋揖让而动荡其血脉，拜起屈伸而固束其筋骸也；讽之读书者，非但开其知觉而已，亦所以沉潜反复而存其心，抑扬讽诵以宣其志也。凡此皆所以顺导其志意，调理其性情，潜消其鄙吝，默化其粗顽。日使之渐于礼义而不苦其难，入于中和而不知其故。是盖先王立教之微意也。

　　若近世之训蒙稚者，日惟督以句读课仿，责其检束，而不知导之以礼，求其聪明，而不知养之以善；鞭挞绳缚，若持拘囚。彼视学舍如图狱而不肯入，视师长如寇仇而不欲见，窥避掩覆以遂其嬉游，设诈饰诡以肆其顽鄙，偷薄庸劣，日趋下流。是盖驱之于恶而求其为善也，何可得乎？

王阳明在文章中表述了教育的目的就是传授做人的道理，即人伦纲常，诗歌、习礼、读书是授课的主要内容。教育儿童不能采取强制措施，而应该遵从儿童喜爱嬉戏、害怕拘束的天性，通过鼓励、引导他们自然而然地建立起道德观念。正所谓"春风化雨，润物无声"。

王阳明重视儿童教育，作《教约》：

　　每日清晨，诸生参揖毕，教读以次。遍询诸生：在家所以爱亲敬长之心，得无懈忽，未能真切否？温清定省之仪，得无亏缺，未能实践否？往来街衢，步趋礼节，得无放荡，未能谨饬否？一应言行心术，得无欺妄非僻，未能忠信笃敬否？诸童子务要各以实对，有则改之，无则加勉。教读复随时就事，曲加诲谕开发。然后各退就席肄业。

凡歌诗，须要整容定气，清朗其声音，均审其节调；毋躁而急，毋荡而嚣，毋馁而慑。久则精神宣畅，心气和平矣。每学量童生多寡，分为四班。每日轮一班歌诗；其余皆就席，敛容肃听。每五日则总四班递歌于本学。每朔望，集各学会歌于书院。

凡习礼，须要澄心肃虑，审其仪节，度其容止；毋忽而惰，毋沮而怍，毋径而野；从容而不失之迂缓，修谨而不失之拘局。久则体貌习熟，德性坚定矣。童生班次，皆如歌诗。每间一日，则轮一班习礼，其余皆就席，敛容肃观。习礼之日，免其课仿。每十日则总四班递习于本学。每朔望，则集各学会习于书院。

凡授书不在徒多，但贵精熟。量其资禀，能二百字者，止可授以一百字。常使精神力量有余，则无厌苦之患，而有自得之美。讽诵之际，务令专心一志，口诵心惟，字字句句，绅绎反覆，抑扬其音节，宽虚其心意。久则义礼浃洽，聪明日开矣。

每日工夫，先考德，次背书诵书，次习礼，或作课仿，次复诵书讲书，次歌诗。凡习礼歌诗之类，皆所以常存童子之心，使其乐习不倦，而无瑕及于邪僻。教者如此，则知所施矣。虽然，此其大略也；神而明之，则存乎其人。

《教约》是儿童教育的法则，是写给老师看的，却更适合家长看。重点讲了培养儿童的诚信、知行合一，也谈到了诗歌的朗读和礼仪的学习。

赣州大讲堂

王阳明大力兴办的社学使得很多贫寒人家的子弟从中受益，而且他也身体力行地讲学，将自己多年积淀的学问亲自传授给弟子。众多弟子也从恩师的讲学中，感受到了其学问功底的深厚，而且也对恩师的为人敬佩之至。于是有很多弟子就一直追随着他，王阳明在何地任职，往往就会有一批弟子不远千里地追随到这里。王阳明也被弟子们的诚心打动，他把自己的巡抚衙门变成了传道授业的书院。可是，前来求教的弟子越来越多，偌大的巡抚衙门已经难以容纳，于是王阳明就在赣州建立书院，他对宋儒周敦颐钦佩有加，所以就用他的号来为书院命名，即"濂溪书院"。

在濂溪书院讲学的同时，王阳明对通天岩情有独钟。通天岩开凿于晚唐而兴盛于北宋中晚期的石窟寺，有众多摩崖龛像和摩崖题刻，有"江南第一石窟"之称，自古以来是避暑游览胜地。而王阳明把通天岩当作第二课堂，常携弟子纵游山岩奇观。同时，在此讲学论道，留下了不少诗篇。如《通天岩》：

> 青山随地佳，岂必故园好？
> 但得此身闲，尘寰亦蓬岛。
> 西林日初暮，明月来何早！
> 醉卧石床凉，洞云秋未扫。

王阳明游通天岩不仅仅关注山岩奇景所形成的感官刺激，而更注重于对自然人生的思考，多角度地思考人和自然的关系问题，抒发自己的感受。此诗王阳明题在壁上，后被刻于通天岩的观心岩石壁，至今尚在。自此后四百多年，许多文人墨客有众多和诗，有的和诗刻在观心岩、忘归岩、龙虎岩上，有二十余首，但没有一首能超越王阳明的。

《游通天岩次邹谦之韵》一诗着重表达了王阳明对自然、社会、人生的综合思考，包含哲理。

> 天风吹我上丹梯，始信青霄亦可跻。
> 俯视氛寰成独慨，却怜人世尚多迷。
> 东南真境埋名久，闽楚诸峰入望低。
> 莫道仙家全脱俗，三更日出亦闻鸡。

王阳明的山水诗，喜欢活用前人的诗意、词语。在通天岩诗中，《又次陈惟濬韵》一诗较有代表性：

四山落木正秋声，独上高峰望眼明。

树色遥连闽峤碧，江流不尽楚天清。

云中想见双龙转，风外时传一笛横。

莫遣新愁添白发，且呼明月醉沉舣。

此诗通过写深秋通天岩的景色，抒发王阳明心头的惆怅之感。

在赣州期间，王阳明曾在通天岩讲学，有邹守益等弟子二十三人。通天岩的"观心岩"之名便由此而来。在《忘言岩次谦之韵》一诗中，表达了王阳明对本体世界的认识：

意到已忘言，兴剧复忘饭。

坐我此岩中，是谁凿混沌？

尼父欲无言，达者窥其本；

此道何古今？斯人去则远。

空岩不见人，真成面墙立。

岩深雨不到，云归花亦湿。

《坐忘言岩问二三子》：

几日岩栖事若何？莫将佳景复虚过。

未妨云壑淹留久，终是尘寰错误多。

涧道霜风疏草木，洞门烟月挂藤萝。

不知相继来游者，还有吾侪此意么？

诗中表达了归隐烟霞的心结，同时要求弟子应具有超然物外的心态，营建自己的精神家园。

王阳明还写信教育侄子，要立志，要在实践中学习，他写了家信《赣州书示四侄正思等》：

　　近闻尔曹学业有进，有司考校，获居前列，吾闻之喜而不寐。此是家门好消息，继吾书香者，在尔辈矣。勉之勉之！吾非徒望尔辈但取青紫荣身肥家，如世俗所尚，以夸市井小儿。尔辈须以仁礼存心，以孝弟为本，以圣贤自期，务在光前裕后，斯可矣。吾惟幼而失学无行，无师友之助，迨今中年，未有所成。尔辈当鉴吾既往，及时勉力，毋又自贻他日之悔，如吾今日也。习俗移人，如油渍面，虽贤者不免，况尔曹初学小子能无溺乎？然惟痛惩深创，乃为善变。昔人云："脱去凡近，以游高明。"此言良足以警，小子识之！吾尝有《立志说》与尔十叔，尔辈可从钞录一通，置之几间，时一省览，亦足以发。方虽传于庸医，药可疗夫真病。尔曹勿谓尔伯父只寻常人尔，其言未必足法；又勿谓其言虽似有理，亦只是一场迂阔之谈，非吾辈急务。苟如是，吾末如之何矣！读书讲学，此最吾所宿好，今虽干戈扰攘中，四方有来学者，吾未尝拒之。所恨牢落尘网，未能脱身而归。今幸盗贼稍平，以塞责求退，归卧林间，携尔曹朝夕切磋砥砺，吾何乐如之！偶便先示尔等，尔等勉焉，毋虚吾望。

　　还在这期间着手刊刻了两本阐述心学的书籍：《大学古本》与《朱子晚年定论》。

　　王阳明重新定义《大学》"格物致知"，对朱熹的《大学章句》提出批评。王阳明深研《大学》后，认为《大学》原本简单直白，格物致知本于诚意，根本就不存在阙文可补。朱熹只是因为没读懂，这才以为原文有讹误和缺漏，这才做了修改和增补。所以，现在很有必要重新发掘《大学》的古本，使《大学》以本来面目重新呈现在世人面前。王阳明作《大学古本原序》以明其意。

　　王阳明认为《大学》的要领只在"诚意"二字。人要通过"格物"来达到"诚意"，"诚意"的极致就是"止于至善"。心念发动就是"意"，只要"意"纯洁无瑕，这便是"诚意"了。将"诚意"做到极致就是"止于至善"。

　　《大学古本》的序言虽然很短，但脉络清晰，对朱熹的批判言简意赅、切中肯綮，可以说王阳明到此刻为止的全部学术要领都浓缩在这三百字当中了。而在五年之后的明世宗嘉靖二年（1523），王阳明对这篇序言做了一些修改，增加了"致知"的内容，《大学》古本序：

> 《大学》之要，诚意而已矣。诚意之功，格物而已矣。诚意之极，止至善而已矣。止至善之则，致知而已矣。正心，复其体也；修身，著其用也。以言乎己，谓之明德；以言乎人，谓之亲民；以言乎天地之间，则备矣。是故至善也者，心之本体也。动而后有不善，而本体之知，未尝不知也。意者，其动也。物者，其事也。至其本体之知，而动无不善。然非即其事而格之，则亦无以致其知。故致知者，诚意之本也；格物者，致知之实也。物格则知致意诚，而有以复其本体，是之谓止至善。圣人惧人之求之于外也，而反覆其辞。旧本析而圣人之意亡矣。是故不务于诚意而徒以格物者，谓之支；不事于格物而徒以诚意者，谓之虚；不本于致知而徒以格物诚意者，谓之妄。支与虚与妄，其于至善也远矣。合之以敬而益缀，补之以传而益离。吾惧学之日远于至善也，去分章而复旧本，傍为之释，以引其义。庶几复见圣人之心，而求之者有其要。噫！乃若致知，则存乎心；悟致知焉，尽矣。

王阳明在修订版序言中将"良知"当作"止至善之则"与"诚意之本"，倘若不以致知为本而去格物诚意的话，就会失之于妄。王阳明此时的格物致知就是格去心里的坏念头而致良知。

正德十年（1515）八月，王阳明写下了《朱子晚年定论》。书中暗示自己的学说与朱子晚年的定论是一致的，想要借此来调和朱子学者对自己的强烈非难和谴责，但当时这本书并未刊刻。直到正德十三年，其门人才刊刻了此书。王阳明写了序言《朱子晚年定论》：

> 洙、泗之传，至孟氏而息；千五百余年，濂溪、明道始复追寻其绪；自从辨析日详，然亦日就支离决裂，旋复湮晦。吾尝深求其故，大抵皆世儒之多言有以乱之。
> 守仁早岁业举，溺志词章之习，既乃稍知从事正学，而苦于众说之纷扰疲苶，茫无可入，因求诸老、释，欣然有会于心，以为圣人之学

在此矣！然于孔子之教间相出入，而措之日用，往往缺漏无归，依违往返，且信且疑。其后谪官龙场，居夷处困，动心忍性之余，恍若有悟，体验探求，再更寒暑，证诸《五经》《四子》，沛然若决江河而放诸海也。然后叹圣人之道坦如大路，而世之儒者妄开窦径，蹈荆棘，堕坑堑，究其为说，反出二氏之下。宜乎世之高明之士厌此而趋彼也！此岂二氏之罪哉！间尝以语同志，而闻者竞相非议，目以为立异好奇。虽每痛反深抑，务自搜剔斑瑕，而愈益精明的确，洞然无复可疑；独于朱子之说有相牴牾，恒疚于心，切疑朱子之贤，而岂其于此尚有未察？及官留都，复取朱子之书而检求之，然后知其晚岁固已大悟旧说之非，痛悔极艾，至以为自诳诳人之罪，不可胜赎。世之所传《集注》《或问》之类，乃其中年未定之说，自咎以为旧本之误，思改正而未及，而其诸《语类》之属，又其门人挟胜心以附己见，固于朱子平日之说犹有大相谬戾者，而世之学者局于见闻，不过持循讲习于此。其于悟后之论，概乎其未有闻，则亦何怪乎予言之不信、而朱子之心无以自暴于后事也乎？

予既自幸其说之不谬于朱子，又喜朱子之先得我心之同然，且慨夫世之学者徒守朱子中年未定之说，而不复知求其晚岁既悟之论，竞相呶呶，以乱正学，不自知其已入于异端。辄采录而裒集之，私以示夫同志，庶几无疑于吾说，而圣学之明可冀矣！

在序言中，王阳明先表述了圣学的推移以及当时学界的状况，对之加以批判，接着又表述了自己为学的历程，解释自己得知圣人之道的经历，其后明确道出自己对朱子学的看法，最后得出朱子学、王学殊途同归的结论。王阳明认为自己得出的心学，被不少人误解，感觉到与朱子早年的学说有一些冲突，内心曾十分内疚。后来发现朱子在晚年曾有悔悟，就是悔悟朱子年轻时一些观点有错愕的地方，但朱子自己已没有精力删改年轻时代的学说了，所以只是"悔"。王阳明进一步论述，他的学说其实与朱子晚年的见解是吻合的，也就是说，心学并不是有些人说的"异端"。

正德十三年（1518）七月，王阳明四十七岁时，其门人薛侃于赣州刊行了《传习录》，即现行的《传习录》上卷。《传习录》的编订，徐爱当属首功，遗憾的是，他却没能看到《传习录》的刊行。徐爱病逝的时候年仅三十一岁，果然徐爱之于王阳明正如颜渊之于孔子啊。

王阳明在写给徐爱的祭文里提到了这样一件事：徐爱游衡山时做了一个梦，梦见一位老僧拍着自己的肩膀说："你与颜渊同德。"过不多时，老僧又增补了一句："也和颜渊同寿啊。"徐爱醒后，忧心忡忡地将梦境讲给王阳明听，后者宽慰道："不过是梦，哪有必要忧心呢！"徐爱却答道："心里总是不安，只盼早一点告病辞官，一心追随您的教导，朝闻道夕死可也。"没想到梦境会成真，而眼前的真实又焉知不是梦呢？对于徐爱的死，王阳明深刻伤心。曾经"钟期既遇，奏流水以何惭"的快乐，从此竟一去而不复返了。

赣州期间，在王阳明的悉心指导下，一大批弟子，诸如欧阳德、何廷仁、黄弘纲等，都取得了很好的成绩，有的在科举考试中崭露头角，入朝为官；有的效法王阳明向人讲授、传播心学。他们都为王阳明思想的发扬光大做出了贡献。

在事上磨炼

王阳明的知行合一说，反对说教，看重在事上磨炼。他认为静坐是修心的好方式，但不在事上下磨炼的功夫，就不会有大的进步。王阳明在《答聂文蔚》第二篇中，对在事上磨炼有比较详细的阐发：

> 今却不去"必有事"上用工，而乃悬空守着一个"勿忘勿助"，此正如烧锅煮饭，锅内不曾渍水下米，而乃专去添柴放火，不知毕竟煮出个甚么物来。吾恐火候未及调停，而锅已先破裂矣。近日一种专在"勿忘勿助"上用工者，其病正是如此。终日悬空去做个"勿忘"，又悬空去做个"勿助"，渀渀荡荡，全无实落下手处；究竟工夫只做得个沉空守寂，学成一个痴呆汉，才遇些子事来，即便牵滞纷扰，不复能经纶宰制。此皆有志之士，而乃使之劳苦缠缚，担阁一生，皆由学术误人之故，甚可悯矣！
> 夫"必有事焉"只是"集义"。"集义"只是"致良知"。说"集

义"则一时未见头脑，说"致良知"即当下便有实地步可用功。

王阳明的意思是，君子的修炼，必须在"必有事焉"上用功，而这也正是孟子所谓的"集义"，亦即自己所提倡的"致良知"。然而时代的问题是，很多人只在意"勿忘勿助"，功夫落不到实处，一旦事到临头，便有各种牵制纷扰，在患得患失中心乱如麻。

王阳明接着重点谈了"勿忘勿助"，告诫用功切不可助长，他说："诸君功夫，最不可助长。上智绝少，学者无超入圣人之理。一起一伏，一进一退，自是功夫节次。不可以我前日用得功夫了，今却不济，便要矫强，做出一个没破绽的模样。这便是助长，连前些日子功夫都坏了。此非小过。"

关于勿忘勿助，有一个典故。有一次，公孙丑向孟子请教如何做学问。孟子说，要时时培养心中的"浩然之气"。

"怎样才能让心中长存浩然之气？"公孙丑追问。

孟子回答说："要时刻做到必有事焉，并且勿忘勿助。"

为了说明这个道理，孟子还给公孙丑举了一个例子。他说，从前宋国有一个农民，他每天悉心照料自己田地中的禾苗，但总觉得这禾苗不见长高。这个农民便想：怎么才能让禾苗长得更快点？于是，他就用手把禾苗一棵一棵地往上拔。谁知，第二天田地里的禾苗全都枯死了。

讲完故事后，孟子接着说："我们做事就要像种植禾苗一样，要适时照看施肥，不要懒惰，同时也不能学宋人拔苗助长的行为。也就是说，在做学问时，我们要时时告诫自己不要疏于用功，更不要心浮气躁、急于求成。"

后人把孟子"勿忘勿助"的道理铭记于心，却又不知如何使用。于是，有人请教王阳明为什么"勿忘勿助"的功夫这么难把握？

王阳明对此做了一番修正。求学之人之所以难把握"勿忘勿助"的道理，原因在一个"死"字。以为稍稍用功就是助，而一放松自己就陷入了"忘"的陷阱。其实，我们真正要重视的是"必有事焉"这四个字。如果一个人总是空守着"勿忘勿助"而没有做到"必有事焉"，就好似用锅烧水而忘了把水倒进去那样失去了根本。一味地加大火力，却不知道自己要干什么，这样只能把锅烧裂，而早已忘却了自己该做的事情。

人需在磨炼中成长

王阳明说："人须在事上磨炼做功夫，乃有益。若只好静，遇事便乱，终无长进。"

这句话的意思是：人必须在事上磨炼做功夫，这样才会有收益。如果只喜欢宁静安逸的境界，而没有经过各种复杂环境的磨炼，遇事就会忙乱，终究不会有所长进。

王阳明是在实际的人生中体悟"良知"，也在平时的行事上践履"良知"，他强调，"良知""致良知"必须时时实践体验，否则不免遇事不稳，沦为空谈。

有一次，学生陆澄在鸿胪寺暂住，忽然有人捎来一封家书，说儿子病情危急。闻此消息，陆澄心中非常忧闷，不堪忍受。

王阳明说："这时正适宜用功，以提升自己的境界。如果将这个机会轻易放过，空闲时讲学又有何用？人正是要在这样的时刻磨炼自己。"

关于思考与历练的问题，有个叫陈惟浚的弟子向王阳明请教："在静坐思考时，就能感觉到此心正在收敛。但若有事情发生就会间断，马上就起个念头到所遇的事上去省察。待事情过去后回头寻找原来的功夫，依然觉得有内外之分，始终不能打成一片，这是什么原因？"

王阳明说："这是因为对格物的理解还不够深刻。心怎会有内外？正如你现在在这里讨论，岂会还有一个心在里面照管着？一心听讲的心和说话的心就是静坐时的心。功夫是一贯的，哪里需要另起一个念头？人必须在事上磨炼，在事上用功才会有帮助。"

上面的话，王阳明是以委婉的语气批评自己的学生，只重视思考，而忽略了历练。在事上磨炼，要注意融修心于生活、工作、事业之中。所谓"事上磨炼"，顾名思义就是要利用一切事情来磨炼自己，调整心态，让自己的心境渐渐趋于一种稳定的状态。

一个人在独自静处，不受什么干扰时，心灵很容易保持安静，但当到了外事纷至沓来，面临艰难困苦的选择时，如果还具有沉着的气度，不抱怨、不手忙脚乱，依然保持以往的冷静，做出正确的选择，这才是最难做到的。

王阳明的身心之学，要求人们在平常的各种事务中锻炼，调整自己的心态，领悟良知的真实效果，把个人与客观环境统一起来。把自身当作一个小宇宙，在行事处事时，要时刻体悟事物变化的规律，通过心的体验，去感知和了解宇宙的奥秘。实际上这也是一种非常重要的学习方法，它能够让一个人更深刻地领悟到自身某种能力的存在，真正达到遇事不慌的境界。

在磨难中提升自己

王阳明说："某于良知之说，从百死千难中得来，实千古圣圣相传一点滴骨血也。"

这段话的意思是：王阳明对于良知这种学说，是从百死千难中得来的，实为古圣代代相传的一点精华。

实际上，王阳明又何尝不是告诉我们，任何伟大的成就，都要经过许多磨难，只有以顽强的勇气，持之不懈地去努力，才有可能达到成功的境界。王阳明认为，磨难是普通人修炼成圣人的必经之路。而王阳明正是以自己的亲身经历，为我们做出了一个完美的诠释。

身处逆境固然让人痛苦，却能磨砺人的意志，使一个人由脆弱变得坚强，变得有韧性。王阳明历经了磨难，心性比以前更坚强了。他开始了解群众疾苦，为生民立命，在艰苦的环境中成长，最终构建了心学理论的大厦。

磨炼能强大内心

王阳明说："凡'劳其筋骨，饿其体肤，空乏其身，行拂乱其所为，动心忍性以增益其所不能'者，皆所以致其良知也。"

这句话的意思是：凡是使他的筋骨受到劳累，使他的身体忍饥挨饿，使他备受穷困之苦，做事总是不能顺利的，这样来震动他的心志，坚韧他的性情，增长他以往所不具备的才能的各种事情，都是为了致良知。

王阳明认为寻找良知的过程，也是一个不断挑战自我、动心忍性的过程。所谓"动心忍性"，并不是要求我们面对那些艰难困苦之事，皱着眉、苦着脸，咬牙切齿地拼命忍着心里的愤懑之情。而是把天地间的各种事看成是一个大熔炉，自己如同一块粗铁，在里面接受烈焰、钳锤的锻炼，要与打造一把宝剑一样。每一下击打，都会使自己的心性更精纯一点。

不论事情多么繁杂艰苦，我就是保持"本心"不动，把分别、计较之心高高挂起，怡然自得地观照内心，心平气和地去做事，以此考验自己的心性修养程度。这个过程就是"动心忍性"。

王阳明又说："若云宁不了事，不可不加培养者，亦是先有功利之心，计较成败利钝而爱憎取舍于其间，是以将了事自作一事，而培养又别作一事，此便有是内非外之意，便是自私用智，便是义外，便有'不得于心，勿求于气'之病，便不是致良知以求自慊之功矣。"

这句话的意思是：有些人宁可不去处理事情也不可不去培养本源，这也是因为先有功利心，去计较其中的利弊成败，然后再做出爱憎取舍的选择，因此，把处理事情当成一件事，又把培养本源当成一件事，这就是有了看重培养本源而蔑视事情的心态，这就是自私弄智，把义看成外在的，这便有了"不得于心，不求于气"的弊病，就不是致良知以求自我满足的功夫。

在成败面前，人应该破除功利的心态，以完善自我为第一要务，这样一来，成败便显得不那么重要了。无论成功与失败，人都可以有所得，那成功还有什么值得恣意欢喜，失败还有什么值得痛苦悲哀的呢？王阳明的意思，不言自明了。

突破障碍，增强胆识

王阳明说："圣人知识顺其良知之发用，天地万物俱在我良知的发用流行中，何尝又有一物起于良知之外能作得障碍？"

每个人的胆识是不一样的，有胆识的人方能成大事。那么，如何增加自己的胆识呢？在王阳明看来，天下万事万物都在良知的范围内，只要用心，没有什么事物能够成为我们致良知的障碍。也就是说，障碍只存在于我们的心中，只有突破心中的障碍，才能真正地增加自己的胆识。举个例子来说，一块木板扔在地上，任何人都敢从它上面走过去，可是，如果把这块木板架到空中还有几个人敢从上面走过去呢？木板还是原来的木板，可是心情已经不是原来的心情了。因为我们恐惧，所以我们内心生出障碍，也就失去了胆识与勇气。

增加胆识就是要注重精神的修养，发掘隐藏在灵魂深处的良知，也即古人所说的"养气存神"的功夫。无论如何细小的事情，都要主动地调整自己的神态，做到诚敬专注，心定而神明，排除一切杂念干扰，进入一种空旷而虚明的心理状态。

自行本忍者为上

王阳明说："凡人言语正到快意时，便截然能忍默得；意气正到发扬时，便翕然能收敛得；愤怒嗜欲正到胜沸时，便廓然能消化得，此非天下之大勇者不能也。"

这段话的意思是：普通人在话说得非常痛快时戛然而止，能够在人生飞黄腾达时及时收手，能够在怒不可遏时控制自己的情绪，这才是最大的勇气，也是一种罕见的自制力。这不是天下的大智大勇者是做不到的。

王阳明所说的自制力，就是我们通常所说的忍耐。众所周知，忍耐是一个人成就大业的基础，也是一种不可或缺的素质。

古语有云："自行本忍者为上。"的确，能够忍受的苦难越大，将来收获的成就也越大。"天下之大勇者"，正是以一种极高的处世胸怀来鞭策众人，让人们看到隐忍的力量，让人们学会以超脱的心态去跨越人生的障碍。

淡定面对失败和忧患

王阳明说："譬如行路的人，遭一蹶跌，起来便走，不要欺人做那不曾跌倒的样子出来。"

此话的意思是，面对失败，要保持淡定，这就好像一个人在走路时突然摔了一跤，爬起来拍拍灰尘，审视身体没有摔伤后继续走路，而不要自欺欺人装出没有摔倒的样子，更不要站在原地不敢动。

王阳明认为内心因为淡定而更强大。有一天，王阳明的弟子陆澄收到家信，得知儿子病危，他心中十分忧闷，不堪忍受。王阳明为了开导他，就对他说："父之爱子，自是至情。然天理亦自有个中和处，过即是私意。人与此处多认作天理当忧，则一向忧苦，不知已是'有所忧患，不得其正'。"这段话的意思是：父亲爱儿子，自然是最深的感情，然而天理也有一个中和处，过分了就是私意。人在这时往往认为按天理就该忧患，就一味去忧苦，却不知道这已经是"有所忧患，不得其正"。"有所忧患，不得其正"的意思是修养自身在于端正心智，如果心中有所忧患，就得不到中正。王阳明借用这句话，是为了劝解陆澄不要太过悲伤，保持内心淡定。因为人一旦内心不淡定了，做人或是做事就会掌握不好分寸。这就从另一个角度说，面对失败和忧患，不能超脱出来，那已经是偏了，也是一种病态，是十分危险的。

身处恶境，更要持重守静

弟子陆澄曾经向王阳明问道："静时亦觉意思好，才遇事便不同，如何？"

王阳明说："是徒知静养，而不用克己功夫也。如此，临事便要倾倒。人须在事上磨，方立得住，方能'静亦定，动亦定'。"

王阳明回答的大意是：这是你只懂得静心修养，却不下功夫来克制自己的原因。这样，遇到具体的事情就会觉得思路不稳。人必须在遇到事情的时候磨炼自己，才能稳，才能"静亦定，动亦定"。

这其实就是在告诫人们：身处恶境，更要持重守静。诸葛亮弹琴守空城演出的"空城计"就是身处恶境，冷静应对的典型。

王阳明之所以一再提倡静心，是因为他深知静心可以带来内在的和谐，恢复纯明的良知。不至于因害怕而做出冲动的决策。

无论毁誉，只管前行

《传习录》记载一则对话。问："叔孙武叔毁仲尼，大圣人如何犹不免于毁谤？"先生曰："毁谤自外来的虽圣人如同得免？人只贵于自修，若自己实实落落是个圣贤，纵然人都毁他，也说他不着；却若浮云掩日，如何损得日的光明。若自己是个像恭色庄、不坚不介的，纵然没一个人说他，他的恶慝终须一日发露。所以孟子说：'有求全之毁，有不虞之誉。'毁誉在外的，安能避得，只要自修何如尔。"

王阳明回答的意思是：诽谤是从外面来的东西，虽然是圣人也不能够避免。人贵在自我修养，假若他确确实实是个圣贤之人，纵然别人都来诽谤他，也不会对他有任何损害，就好像浮云遮蔽太阳，浮云怎么可能对太阳的光明有所损害呢？假如一个人只是表面端庄，而内心丑恶，即使没有一个人说他，他的丑恶总有一天也会暴露出来的。所以孟子说'有求全之毁，有不虞之誉'。诽谤、赞誉是外来的，怎么能避免？只要有自我修养，外来的毁誉就算不了什么。

王阳明提醒我们，人必须具有像孔子那样面对悠悠之口的恒心和毅力，更重要的是，要具有不为所动的淡然和挽狂澜的魄力。孔子乐天知命，没有把别人的猜测和质疑放在眼里，用今天的话说就是，不管别人怎么议论，做自己就好。真理不必宣扬，会做人的不必标榜。真正有修养的人，即使在面对诽谤时也是极具君子风度的，能以坦然心境面对诽谤。

驯服内心的魔障

王阳明说："美色令人目盲，美声令人耳聋，美味令人口爽，驰骋田猎令人发狂，这都是害汝耳、目、口、鼻、四肢的，岂得是为汝耳、目、口、鼻、四肢？若为着耳、目、口、鼻、四肢时，便须思量耳如何听，目如何视，口如何言，四肢如何动。必须非礼勿视、听、言、动，方才成耳、目、口、鼻、四肢，这才是为著耳、目、口、鼻、四肢。汝今终日向外驰求，为名、为利，这都是为著躯壳外面的物事。汝若为着耳、目、口、鼻、四肢，要非礼勿视、听、言、动时，岂是汝之耳、目、口、鼻、四肢自能勿视、听、言、动，须由汝心。这视、听、言、动皆是汝心。"

如何才能够让自己做到"非礼勿视，非礼勿听，非礼勿言，非礼勿动"呢？关键就是要消除内心的私欲，并驯服内心的魔障，让自己只看该看的事物，只听该听的声音，只说该说的话语，只做该做的事情。

说到"私欲"，大多数人都会理解为，满足自我欲望，并认为"私欲"有助于一个人的成功。然而，王阳明却认为，"私欲"无助于成功，而且还会伤害我们的心。所以，"私心"是万万要不得的。

王阳明从致良知的角度进一步指出："固然，但初学用功，却须扫除荡涤，勿使留积，则适然来遇，始为不累，自然顺而应之。良知只在声、色、货、利上用功，能致良知精精明明，毫发无蔽，则声、色、货、利之交，无非天则流行矣。"

王阳明的意思是说，人们刚开始修身养性时，必须要在心中将声、色、货、利扫除涤荡，一点也不能残留，这样偶然遇到也不会成为负担，自然能按照良知来顺利应对。也就是说，致良知就是要针对声、色、货、利下功夫，只要人们使自己的良知精纯光洁，没有一丝一毫的遮蔽，那人们同声、色、货、利打交道，也就都是天理的自然运行了。

　　声指歌舞，色指美色，货指金钱，利指私利，这些都是人们的欲望，因此声、色、货、利就被视为欲望的象征。人生在世，很难做到一点欲望也没有，但若物欲太强，就容易沦为欲望的奴隶，一生负重前行。因此，王阳明才告诫人们要针对声、色、货、利下功夫，减少自己的欲望，懂得知足常乐。

把握当下

　　《传习录》记载一则对话。一友自叹："私意萌时，分明自心知得，只是不能使它即去。"

　　先生曰："你萌时，这一知便是你的命根，当下即去消磨，便是立命功夫。"

　　王阳明的一个朋友曾经对他感叹道：内心萌发了私意的时候，我的心里明明很清楚，只是不能够马上把它剔除。

　　王阳明引导说：私欲萌发的时候，你能感觉到，这是你立命的根本；而当下就能立刻把私欲消除，就是立命的功夫。

　　由此可见，王阳明深知当下的力量，认为把握住当下的每分每秒，就已经是致良知了。

　　王阳明说："只存得此心常见在，便是学。过去未来事，思之何益？徒放心耳！"王阳明的意思是，只要常存养此心，能经常觉察到心的存在，就是做学问。已经过去的事，和那些还没有到来的事，想它有什么益处？这样胡思乱想，只是白白地失去本来灵明的"本心"罢了。王阳明认为，做学问说起来很简单，只不过是要注意存养自己的心灵，时时活在当下。活在当下，就是不要去想过去或未来的事情，只抓住当下这一刻，在此刻做好自己该做的事就行了。

在人情事变上下功夫

　　王阳明认为学问要在事上磨炼，人的内心也要在事上不断磨炼，不仅如此，还要在人情事变上下功夫。他说："除了人情事变，则无事矣。喜怒哀乐，非人情乎？自视、听、言、动以至富贵贫贱患难死生，皆事变也。事变亦只在人情里，其要只在'致中和'，'致中和'只在'谨独'。"

那么，我们究竟应该如何应对人情世故呢？在这里，王阳明提出了"谨独"二字。所谓谨独，就是要求我们为人真诚，表里如一，做一个坦荡的"真君子"，无论是在众人面前，还是独处时，都要严格要求自己，而不是靠别人的监督来约束自己。

王阳明的学生陆澄问：喜怒哀乐的中和，就总体来说，普通人不能都具有。例如，碰到一件小事该有所喜怒的，平素没有喜怒之心，到时也能发而中节，这也能称作中和吗？王阳明说：一时一事，虽然也可称中和，但并不能说是大本、达道。人性都是善良的。中和是人人生来就有的，岂能说没有？然而，常人之心有所昏暗蒙蔽，他的本体虽时刻显现，到底为时明时灭，非心的全体作用。无所不中，然后为大本；无所不和，然后为达道。唯有天下的至诚，方能确立天下的大本。

如果一个人真正做到了中和内心的喜怒哀乐，那他将能够攻无不克，战无不胜。

所以，如果我们能花一点时间来锻炼把握自己的能力，让自己尽量处于"中和"的状态，就能保持一颗虚静淡然的心。对于一切境遇，都能以平常心去看待，既不会动辄发怒、忧愁，也不会一味地记恨别人，觉得自己受了伤害；而是一如既往地按照自己的信念去做事，这样心灵才能拥有灵动的智慧，不论是处于富贵还是贫贱，也不论身处顺境还是患难之中，都能泰然处之，无处而不安适。

多自省，少责人

《传习录》中载：一友常易动气责人。王阳明警示他说："学须反己。若徒责人，只见得人不是，不见自己非。若能反己，方见自己有许多未尽处，奚暇责人？舜能化得象的傲，其机括只是不见象的不是。若舜只要正他的奸恶，就见得象的不是矣。象是傲人，比不肯相下，如何感化得他？"

王阳明说，你今后别再去谈论别人的是非，但凡你想责备别人的时候，就把它当作自己的一大私欲加以克制。朋友们在一起辩论时，难免有深有浅、有粗有细，或者有人急于露才、自我颂扬，等等，都是毛病发作。当时便顺势对症下药是可以的，只是不可怀有鄙薄的心。这不是君子"与人为善"的心了。

在王阳明看来，人之所以喜欢指责别人，是因为我们不注重反省自身。如果我们每个人都能够做到"吾日三省吾身"，我们就会发现自身存在的许多问题，这样就会忙于改正缺点、提高自我了，自然无暇去指责别人。所以，当我们发现别人的错误时，不要急于去纠正，而是反省一下自己，是不是也在不知不觉中犯着同样的错误；或者，是不是别人根本就没有出错，出错的是我们的眼光。

为人不可有傲气

王阳明说："人生大病，只是一傲字。为子而傲必不孝，为臣而傲必不忠，为父而傲必不慈，为友而傲必不信。故象与丹朱俱不肖，亦只一傲字，便结果了此生。诸君常要体此。人心本是天然之理，精精明明，无纤介染着，只是一无我而已。胸中切不可有，有即傲也。古先圣人许多好处，也只是无我而已。无我自能谦，谦者众善之基，傲者从恶之魁。"

这段话的意思是：人生最大的毛病就是这个傲慢。子女傲慢必然不孝；如果做臣子的傲慢，则会对自己的国君不够忠诚；如果做父母的傲慢，必然不懂得对孩子慈爱；如果做朋友的傲慢，对朋友也难免不守信用。所以，象与丹朱都不贤明，也只是因为傲慢，而让他们了结了自己的一生。你们各位要常常体会这个，人心原本就是天然的理，精明纯净的，没有纤毫沾染，只是有一个"无我"罢了。心里万万不能"有我"，有了便是傲慢了。古代圣贤有许多长处，也只是"无我"罢了。"无我"自然能做到谦谨。谦谨就是众善的基础，傲慢则是众恶的源泉。

当然，傲气与自信是不一样的。自信，是一个人在充分认识、了解自己后的一种信心。这种信心，并不是建立在自欺欺人基础上的，而是一种冷静观察周围事物及自己后，所得出的不达目的决不罢休的信念。

真诚地对己对人

王阳明说："盖良知只是一个天理自然明觉发见处，只是一个真诚恻怛，便是他本体。故致此良知之真诚恻怛以事亲便是孝，致此真知之真诚恻怛以从兄便是悌，致此真知之真诚恻怛以事君便是忠，只是一个良知，一个真诚恻怛。"

此话的大意是：良知只是一个天理，良知的自然明白呈现的就是真诚恻隐，这是它的本体。用致良知的真诚恻隐去侍奉父母便是孝，敬从兄长就是悌，辅佐君主就是忠。这一切都只是一个良知，一个真诚恻隐。

王阳明认为"唯天下之至诚，然后能立天下之大本"。在他看来，"诚"是一个非常重要的字。在谈到格物致知和诚意时，王阳明说："若以诚意为主，去用格物致知的功夫，即功夫始有下落，即为善去恶无非是诚意的事。"即必须要先有诚意，然后才能在事物上格致，否则就会无从下手。所以，在做任何事情时，都要讲究"诚"，而这个"诚"应是发自内心的真诚、坦白。

在王阳明看来，诚信是一个人的立身之本，一个人存在于社会之中，诚信是其基本的道德依存。如果一个人能够坚持以忠实诚信为行事的准则，坚定做圣人的志向，不被时局动摇，不被名利诱惑，德行修养就会越来越高，事业也会越做越大。

谦让使人生更开阔

王阳明说："处朋友，务相下则得益，相上则损。"

此话大意是：同朋友相交，一定要相互谦让，就会获得好处，而相互攀比，互争高低则只会受损。

王阳明认为，一个人同他人交朋友时，一定要相互谦让，这样才会受益；而相互攀比，互争高低则只会受到损失。王阳明这是在告诫人们要有宽容之心，这样才能赢得他人的信任和支持。

宽容，不仅是对一般人，而且对待邪恶力量也是适用的。宽容就是知进退，得饶人处且饶人。

王阳明认为，舜被尧征召之后，舜的弟弟象仍然整天想要把舜杀死，这是何等奸邪的事？而舜只是提高修养、自我克制，不直接去纠正象的奸恶，而是用安抚的方法来熏陶感化他。由此可见，对待恶人，宽容的安抚比严厉的责罚更有效，更能激发出恶人心中的善意和仁爱，从而改过自新，去恶扬善。这其实就是老子所提倡的"以德报怨"的思想。

警惕迁怒

王阳明在《传习录》中说："怒所不当怒，是怒鬼迷。"

这种怒其实就是人们常说的迁怒他人的行为。"不迁怒"语出《论语·雍也》，意在劝诫人们有什么不顺心的事，有什么烦恼和愤怒，不要将其发泄到别人身上去，不要拿不相干的人当出气筒。

迁怒他人是许多人都会犯的过错，被迁怒的对象往往是人们身边最亲近的人——家人和朋友，主要原因在于人们认为家人和朋友会给予自己足够的包容和忍耐，而且即使他们出言反驳，也不会用恶毒的语言攻击，因而也就不容易破坏彼此的情感。

猜疑别人也是在怀疑自己

王阳明说："以是存心，即是后世猜忌险薄者之事；而只此一念，已不可与入尧、舜之道矣。"

大意是：存心去体察别人的欺诈与虚伪，是后世猜忌、阴险、刻薄的人做的事。只要存有这一念头，就进入不了尧舜圣道的大门了。

由此可见，猜疑他人，只能使自己离"致良知"的道路越来越远。

猜疑是一种狭隘的、片面的、缺乏根据的盲目想象。猜疑心理不但害人，而且害己，哪怕是一点点猜疑，也可能让人失去最珍贵的东西。

猜疑别人也是在怀疑自己。我们的心胸时而被猜疑打开，时而又被猜疑关闭。猜疑是一种矛盾心理的体现，过分猜疑极容易转变成病态；而过分相信，又很容易被他人愚弄。猜疑使我们产生犹疑，不能果断地处理问题，从而错失许多良机。猜疑会产生许多痛苦的细胞，使我们长夜难眠，因此，化解那些不必要的猜疑的最好方法就是相信自己。

超然面对闲话

王阳明说："诸君只要常怀'遁世无闷，不见是而无闷'之心，依此良知，忍耐做去，不管人非笑，不管人毁谤，不管人荣辱，任他功夫有进有退，我只是这良知的主宰不息，久久自然有得力处，一切外事亦自能不动矣。"

王阳明劝诫人们说：只要经常怀着一颗超脱世俗之心，排除烦扰，根据这良知耐心地做下去，不在乎别人的嘲笑、诽谤、称誉、侮辱，任他功夫有进有退，只要这致良知没有片刻停息，时间久了，自能让心灵变得强大，也就不会被外面的任何事情动摇。

在王阳明看来，不在乎别人对自己的言论和看法，一心专注于目标，就能有所进步。生活在社会这个大集体中，难免会被他人议论，成为他人闲话的对象。面对闲话，人们需要持正确的态度，以一种超然的态度去对待它；要有一种免疫力，避免被它左右。

养成一身浩然正气

王阳明说："孔子气魄极大，凡帝王事业，无不一一理会，也只从那心上来。譬如大树，有多少枝叶，也只是根本上用得培养功夫，故自然能如此，非是从枝叶上用功做得根本也。学者学孔子，不在心上用功，汲汲然去学那气魄，却倒做了。"

此话大意是：孔子的气魄很大，凡是帝王的伟业，他无不一一领悟到，但他都只是从他自己的心上生发出来的。就像大树，它有许多的枝叶，但也都只是从根本上培养功夫，所以你长成这样，而不是从枝叶上做的功夫。学者们向孔子学习，却不学着在心上用功，只是心急火燎地去学习他的大气魄，这是把功夫做反了嘛。

孔子有宏伟的气魄，但这种气魄源于内心的强大，不是随便可以学习的。

何为浩然之气？王阳明曾说，一谓至大至刚的昂扬正气，二谓以天下为己任、担当道义、无所畏惧的勇气，三谓君子挺立于天地之间无所偏私的光明磊落之气。可见，浩然之气便是由这昂扬正气、大无畏的勇气以及光明磊落之气所构成的。有些人表面上很魁伟，但与之相处久了就觉得他猥琐不堪；有些人毫不起眼，默默无闻，却能让人在他的平淡中领略到山高海深的浩然正气。正是因为后者具有政治如山的品质，才能让人感受到他的一身正气。

王阳明认为做每一件事都应符合良知的要求，这样才能将心中的浩然之气壮大起来，再遇到其他事情就更能以良知作为指导，从而达到"从心所欲不逾矩"的中庸境界。

学会改变自己

《传习录》有一段关于改变自己的对话。日乎曰："先儒谓'一草一木皆有理，不可不察'，如何？"

王阳明说："夫我则不暇。公且先去理会自己性情，须能尽人之性，然后能尽物之性。"

梁日乎说："先儒说'一草一木亦皆有理，不可不察'，这句话怎么样？"

王阳明说："孔子说'夫我则不暇'（意思为没有时间做与修道无关的事情）。您姑且先去修养自己的品性情操，只须穷尽了人之本性，然后才能够穷尽万物的本性。"

有些人认为，人的习惯一旦形成，就很难改变，正所谓"江山易改，本性难移"。这个观点被许多人奉为经典，于是当他们改变自己的习惯遇到困难的时候，就有了开脱自己、原谅自己和放纵自己的理由了。其实，改变自己并不困难，习惯来自行动，行动来自态度，只要改变一下自己的态度和观念，也许你就能改变自己了。

王阳明认为要想改变世界，先要改变自己，因为只有充分认识了自己的本性，才能完全发挥自己的聪明才智，这样你才有足够的力量去改变你身边的世界。

王阳明觉得梁日乎还没有做到认识自己、改变自己，就不要浪费时间去认识世界、改变世界了，他现在应该做的是"理会自己的性情"。先提升自己的身心素质，增强自己改造世界的信心与力量。等你内心的力量强大了，这时再看外面的世界，也许这个世界在你的眼中就不一样了，而你也拥有了改变世界的能力。

无我自能谦

王阳明说："古先圣人许多好处，也只是无我而已。无我自能谦，谦者众善之基，傲者众恶之魁。"

大意是：古圣贤有许多优点，最关键的就是"无我"。做到了"无我"的境界，就能虚怀若谷，谦虚是众多优点的基础，骄傲、傲气是众恶产生的罪魁祸首。

当一个人名声很好时，不要自己一个人享有，分一些给别人，可以使自己远离祸害。当名誉受损的时候，不要推卸责任，要勇敢地承担，可以帮助自己韬光养晦。

王阳明总是反复告诫自己的学生："知轻傲处，便是良知；除去轻傲，便是格物。"轻傲是浮躁浅薄、妄自尊大的表现，常常会招来旁人的嫉妒毁谤，所以，下属在与领导相处时，一定要掌握分寸。尽管有时领导在某一方面确实远不如你，作为下属的你还是要十分注意。在你与领导当面说话的时候，不要咄咄逼人，不要冷嘲热讽；背地里说领导也不要评头论足；更不要让领导当众出丑，如芒在背。这些都是蔑视领导的行为，你很容易被领导认为是一个恃才傲物和喜欢顶撞权威的人，从而不信任你。

不为外物所扰

王阳明说："故有所忿懥，便不得其正也。如今于凡忿懥等件，只是个物来顺应，不要着一分意思，便心体廓然大公，得其本体之正了。"

王阳明这句话的意思是说，有所愤怒，心就不中正，而对于愤怒等情绪，正确的做法就是顺其自然，不过分地为外物所扰，让一切顺其自然，那么心体自会廓然大公，从而实现本体的中正了。

心狭为祸之根，心旷为福之门。心胸狭隘的人，只会将自己局限在狭小的空间里，郁郁寡欢；而心胸宽广的人，他的世界会比别人更加开阔。

心胸狭隘之人，往往放不下对曾经伤害过自己的人的怨恨。在生活中，很多人都曾因为情感纠葛、诽谤中伤或竞争对手的打击而深受伤害，心中的伤口久久不能愈合，耿耿于怀，痛恨着那些伤害过自己的人。其实，怨恨是一种极为被动的感情，不仅不能缓解心中的伤痛，大多数情况下也不能令对方为之动容，带来的只是伤害自己、折磨自己。怨恨就像一个不断扩大的肿瘤，挤压着生活中的快乐神经，使人们失去欢笑，整日忧愁。更有甚者，因为放不下心中的怨恨，将报仇作为生存下去的唯一信念，最终只能香消玉殒，为怨恨陪葬。

依良知而"狂"

王阳明说："我在南都以前，尚有些乡愿的意思在。我今信得这良知真是真非，信手行去，更不着些覆藏。我今才做得个狂者的胸次，使天下之人都说我行不掩言也罢"。

这段话的意思是说：我来南京以前，尚有一些当老好人的想法。但是现在，我确切地明白了良知的是非，只管行动，再不用有什么隐藏了。现在我才真正有了敢作敢为的胸襟。即便天下人都说我言行不符，那也毫无关系了。

无所畏惧，敢作敢为，这正是王阳明的狂者胸次。这种气势不仅体现在当圣人的抱负上，也体现在对权贵的蔑视，更体现在对学术权威的挑战。

圣人有大气象

《传习录》记载王阳明与弟子王汝中关于圣人气象的对话。王汝中、省曾侍坐。先生握扇命曰："你们用扇。"省曾起对曰："不敢。"

先生曰："圣人之学不是这等捆缚苦楚的。不是装作道学的模样。"汝中曰："观仲尼与曾点言志一章略见。"先生曰："然。以此章观之，圣人何等宽宏，包含气象。且为师者问志于群弟子，三子皆整顿以对，至于曾点，飘飘然不看那三子在眼，自去鼓起瑟来，何等狂态！及至言志，又不对师之问目，都是狂言。设在伊川，或斥骂起来了。圣人乃复称许他，何等气象。圣人教人，不是束缚他通做一般，只如狂者便从狂处成就他，狷者便从狷处成就他，人之才气如何同得。"王阳明回答的意思是：从这一章里可以看出，圣人的气象是何等宽宏博大啊！老师问众弟子的志向，三个人都形貌庄重地认真作答。而曾点却似乎不把三个同学放在眼里，飘飘然地独自鼓起瑟来，这种态度是何等狂傲！大家在谈志向，他却不针对老师的题目作答，全是狂妄之语。如果老师换作程颐，可能当场就要斥骂起来了。但孔子却仍旧赞扬，这是何等博大的气度啊！圣人教育弟子，不是约束大家成同一个模样，而是随机施教，对狂者从狂处成就他，对狷者就从狷处成就他。人的才华、气质怎么会相同呢？

王阳明这段话表达的意思是，孔子气派大，教育弟子不是一个模式，而是因材施教，培养人的特长，而不是压制。

常怀"戒慎恐惧"

王阳明说："夫君子所谓敬畏者，非有所恐惧忧患之谓也，乃戒慎不睹，恐惧不闻之谓耳。"

这句话的大意是说：有修养的人所说的"敬畏"，并不是心中有恐惧忧患的意思，而是古圣贤所说的在别人看不见、听不到的地方，也要自觉地进行修养，不因没人看见而放荡不羁，时时保持慎戒恐惧之心。

王阳明认为，修养要有"为己"之心，也就是要为得到真实的智慧，为提升自我的境界而修养身心，不仅仅是做给别人看的。只有自觉地、脚踏实地地进行修身养性，从小处、细微处着手，这样才能真正感悟到良知的本体。

任何事物的改变都有一个从量变到质变的过程，修养之功与情绪变化也不例外。就一个人的情绪来说，如果稍有一点姑息之意，允许一些看似微小的不良念头在心中存留，就会引起连锁反应，带来一连串自己不希望看到的消极后果，从而进入一种恶性循环之中。

王阳明对此看得很清楚，他曾说："克己需要扫除廓清，一毫不存，方是。有一毫在，则众恶相引而来。"其意思是：约束自己、克除杂念必须要干净彻底，做到一点私欲都没有，这样才是理想的境界。有一点点私欲存在，那么众多乱七八糟的恶念就会受到吸引，接踵而来。

第六章　只身平叛 "良知" 抵得十万兵

宁王起事

作为宁王府的第三代亲王的朱宸濠，受曾祖朱权的影响，文学素养较高，平日也爱舞文弄墨，自诩为文人能士。但朱宸濠内心并不满足，梦想成为皇帝，他开始结交大臣将士以及能人异士，趁武宗稀里糊涂地不把治国当回事，抓紧谋划夺权斗争。

宁王的智囊主要有两个人：已致仕的都御史李士实和举人刘养正。刘养正曾经以说客身份往赣州拜会王阳明，刘养正约王阳明一同起事，王阳明答道："现在不是桀、纣在位，世上也没有商汤王、周武王那样的人，倘若有叛乱发生，我们做臣子的只有仗义死节而已。"但王阳明还是派了门生冀元亨到南昌，意图劝说宁王改邪归正，以便消弭一场干戈于无形。

冀元亨，字惟乾，号闇斋，早在王阳明贬谪龙场的时候便追随其左右，后来又随王阳明在庐陵年余。王阳明巡抚南、赣、汀、漳时，冀元亨又去追随王阳明左右，主教于濂溪书院。当宁王向王阳明致书问学，王阳明这才派冀元亨到宁王府讲学。

冀元亨到了宁王府后，听宁王畅谈王霸之略，冀元亨却只装作一副糊涂相，但言学术而不及其他。宁王不禁愕然，对旁人说："人竟然可以痴呆到这种程度！"某日冀元亨开讲《西铭》，反复陈说君臣大义，宁王这才晓得从前错看了他，于是既佩服他的角色，更知道话不投机。宁王就把冀元亨遣归了。回来之后，冀元亨将宁王谋反的迹象告知了王阳明。宁王听说此事后怒不可遏，暗中派人去刺杀冀元亨。听到风声，为了让冀元亨避开祸事，王阳明派人将他护送回了武陵老家。

从正德十三年起，因月粮（每月的兵粮）无法正常供应，福州的卫军爆发叛乱，继而延平、邵武等卫军也相应发动了叛乱。

正德十四年（1519）二月二十三日，巡抚福建御史程昌恳请王阳明率军前去平乱，并奏请由兵备副使杨璋代理王阳明的当前工作。

在王阳明将赴福建的时候，宁王之忧也越来越成为现实。早在正德九年（1514），江西按察副使胡世宁就因看不惯宁王的恶行，上疏朝廷，揭露其不法行径。

得知胡世宁上疏揭露自己后，宁王也上疏辩解说：此乃胡世宁离间骨肉之计。同时，朱宸濠又贿赂了宦官与大臣。都察院副都御史丛兰与宁王相交甚厚，故上疏弹劾胡世宁有疯癫之症，并擒拿了胡世宁交给锦衣卫，流谪沈阳。

因为胡世宁的奏疏，兵部尚书王琼预见到了朱宸濠的叛乱。正德十四年，王阳明完成赣南平乱，再次上疏要求回家乡养病慰祖时，王琼没有同意王阳明的请求，王琼认为防患朱宸濠非文武兼备的王阳明莫属。王琼以镇压福建叛乱为借口，让王阳明可以继续手握兵权，真是用心良苦。

正德十四年（1519）六月五日，王阳明受领了镇压福州三卫叛军的敕命，前往福建的官衙。王阳明一向轻车简从，离开赣州沿江北上，由于水路不畅，于十五日抵达了丰城县的黄土脑。丰城县离南昌仅一百二十里路。

朱宸濠欲谋反的迹象终于引起了正德皇帝的重视，北京已经派出密探监视朱宸濠的动静。

正德十四年（1519）六月十三日，这一天是朱宸濠的生日。京城的密探抵达南昌时，王府里正大摆宴席，十分热闹。宴席一散，朱宸濠立刻召集所有的谋士进行商量，听到朝廷派来宣旨的人是驸马后，大家都建议朱宸濠不要再按原计划于八月十五日，也就是全国举行秋试时行大事。因为按照惯例，只有抄家时，才会派驸马亲自来宣旨。

六月十四日，朱宸濠宴请的官员们按照礼俗，纷纷进府谢宴、回贺。等人全部到齐后，府中所有的通道都被封锁，所有的官员都被朱宸濠当场扣押，并以奉太后之旨为由胁迫他们服从。

都御史孙燧见众人被这个场面吓得直发愣，便带头发难。质疑此次叛乱是否是奉太后的旨意。朱宸濠见人群当中已经有了骚乱，为了稳定局面，便命人将这些不服从的都御史和按察副使许逵杀掉。在场的官员再无人敢反抗，都附和着朱宸濠呼喊、举事。随后，朱宸濠的护卫、军队开始正式出动。

只身平叛

　　宁王起事这一天，王阳明刚好在去福建的路上，使得王阳明躲过了为朱宸濠贺寿，免受胁迫一事。

　　王阳明在丰城接到丰城知县顾佖以及沿途的地方总甲的报告，得知了这件事情。虽然之前对于朱宸濠的动静早有怀疑和警觉，但还是感到惊讶，特别是朱宸濠还杀了都御史，表明与朝廷公开对抗。

　　朱宸濠早就想拉拢王阳明，但都未能成功。一旦发起大事，自然也不会忽略了他，所谓顺者昌，逆者亡，船开到丰城时，有人告知宁王谋反一事后，王阳明立刻改变了原来的行程，一来警惕朱宸濠的追杀，二来也可以赶紧返回召集军马，同叛军周旋。

　　王阳明已经没有时间返回大本营赣州，只好先返回吉安府，希望能在吉安府暂且牵制宁王。回吉安府是南归，可是，此时正刮南风，大船无法南行。王阳明只好对天祈祷，声泪俱下。奇怪的是，不到半个时辰，竟然刮起了北风。王阳明见大船航速过慢，就在龙光、雷济的陪同下，微服转乘渔船，而将自己的衣冠和随员萧禹等人一同留在大船上，但看到夫人诸氏和幼子王正宪也留在大船上时，心生犹豫。

　　当时诸夫人提起仗剑，说道："公速去，毋为母子忧。脱有急，吾恃此以自卫尔！"以此激励王阳明，也足见诸夫人之贤德。就这样，王阳明逃过了朱宸濠的追杀，于六月十八日安然到达了吉安府。

　　朱宸濠叛乱的消息一起，人心惶惶。正德十四年（1519）六月十九日、二十一日，王阳明紧急上奏朝廷。这个时候，朱宸濠号称拥兵十万，不战而克了南康和九江，已经率兵出鄱阳湖，并对安庆进行围攻。局势越来越严峻和复杂，安庆若是被攻破，那么整个南京就会十分危险。可是忧心如焚也无济于事，因为当时作为南赣汀漳巡抚的王阳明身负的差事是平定福建的兵变，对于这次的事情并没有处理的权力，所以他的手中没有一兵一卒。

宁王起事虽然事出仓促，但朝廷的应对更见仓促。所以对王阳明而言，当务之急是拖延宁王的行动，为自己这边调兵遣将留出足够的时间。

不知如何是好的王阳明，在向邻省请求发兵的同时，还冒险写假的文书和书信来虚张声势，以此搅乱朱宸濠的军心。诸如"率领狼兵、官军四十八万来江西公干"等，一连串的假公文、假情报确实是乱了朱宸濠的分寸，使得他不敢轻举妄动。

王阳明又伪造了一些朝廷与宁王股肱李士实、刘养正、凌十一、闵念四的通信，言及招降或投诚事宜，故意使宁王查获。当宁王查清楚的时候，假消息的作用已经起到了。趁此机会，王阳明聚集了江西境内各府县的军队。

正德十四年（1519）七月初三，宁王以万余人留镇南昌，亲率六万主力直扑安庆，准备由安庆而下南京。

七月十八日，王阳明誓师北上。朱宸濠对安庆进行围攻，虽久未成功，但安庆城里的官兵已经是精疲力竭，坚持不了多久了。所以，支援安庆，解除安庆的围困是当务之急。一般的思路都是先救安庆。但是王阳明认为，敌强我弱，如果直接增援安庆，可能会引来正面的冲突。本来围困安庆的军队会反击我军，朱宸濠还很有可能会派军从背后夹击。按照现在的军势和实力，一定是抵挡不住，很快会被消灭，这样敌人的士气必定高涨，安庆就会一举被攻克，南京就危险了。王阳明做出了一个冒险的决定，先攻南昌，见机行事。

王阳明认为只要攻克南昌，就相当于攻克了朱宸濠的作战基地。不仅能够从侧面解除安庆被围困的境地，还可以反过来牵制朱宸濠，解除南京的危险。

在攻击南昌前，王阳明进行了紧密的筹划和战前的各项准备。向南昌城里的百姓发了即将要攻城的告谕。要民众支持官军，对从逆人员，只要开门投诚，帮助抚慰百姓，都可免于处罚，否则死路一条。

七月十九日夜，王阳明亲自到广润门外誓师，颁布并申明了严格的军纪。部队听鼓声而行动，一鼓附城，再鼓登城，三鼓不克诛伍长，四鼓不克斩将。第二天黎明，准备好的各路军队随着一阵阵鼓声的响起，发起了对南昌的总攻。

到了中午时分，整个南昌城被占领。宁王府的眷属一听到南昌城失守的消息后，便纵火自焚而亡。宫中的大火延烧到百姓家中，王阳明命令部队分头灭火。

由于王阳明的部队也是乌合之众，当时也出现了抢掠居民的事情，王阳明下令抢劫者立斩，严令控制部队，抚慰百姓，人心开始安定下来。

生擒宁王

朱宸濠得到王阳明攻占南昌的消息，准备马上回师南昌。谋士李士实和刘养正得知朱宸濠的决定后，立即劝阻他，并告诉他，南昌不是当务之急，南京才是主攻目标。朱宸濠感到丢了南昌是奇耻大辱，不拿回南昌，攻下安庆又有什么意思。他听不进劝告，立即派部队支援南昌，自己则率领大部队随后而来。

朱宸濠的迅速回兵如猛虎回头，令王阳明招架不住。他仍然只有两三万部队，而且不见援兵踪影。如果固守南昌，援兵又等不来，而朱宸濠志在必得，硬碰硬肯定是输定了的。王阳明巧妙运用"围城打援"的兵法理论，来了个城外决战的新招。

七月二十三日，朱宸濠的先遣部队已经逼近南昌城。二十四日一早，朱宸濠亲率的大军已经到达城外的王家渡。王阳明派吉安知府伍文定打了一个伏击战，使朱宸濠的军队损失惨重。

当朱宸濠将九江、南康二城的守城军队调出增援南昌的消息后，王阳明立即派兵前往这两座城市，并迅速加以收复，使朱宸濠产生腹背受敌的感觉。

正德十四年（1519）七月二十五日，拂晓时分，王阳明率军顺江而下，由于受到风势的影响，又见到朱宸濠的大船气势压人，部队一时退却，乱了阵脚，死伤不少。王阳明见此状况，下令全军，不许后退，擅自后退者一律斩。

吉安知府伍文定见王阳明稳住了阵脚，便带头向敌方的船队冲去，他立在船头，迎着炮火，即便是燃烧了头发、胡须，他也岿然不动，不后退半步。伍文定的拼死奋战，使得军队气势上涨。这时，风势已转，北风转南风了，王阳明见时机已到，使出绝招，命人在其指挥船上升起一块写着"宁王已擒，我军毋得纵杀！"的大白布。朱宸濠的军队看到这个不知是真是假的消息后，立时阵脚大乱，一时间没了作战的心思。伍文定见状，乘势追击，敌方的战船瞬时被炮火包围，朱宸濠下令,所有船只后退,朱宸濠的军队在一阵哗乱中狼狈败走,退至樵舍。

站在船头,看着顺江而下的将士死尸时,朱宸濠失声痛哭。朱宸濠总结教训,认为这次的失败是将士上了王阳明的当,被"宁王已擒"的破布疑惑,失去了战斗意志。接下去,他要把战船连成一体,自己在前排督战,王阳明就搞不了鬼把戏。于是,他把在大江上的船只连成一体,结成方阵。布置好一切后,朱宸濠走进妃嫔们的船舱。嫔妃们见到朱宸濠就哭作一团,只有娄妃没哭,她拿出自己所有的钱财、首饰,交给了朱宸濠。其他妃子也明白了用意,纷纷将首饰取出。朱宸濠命人将这些首饰分给了将士们,鼓励大家决一死战。

七月二十六日天刚亮,上游王阳明的军队炮声隆隆地杀来。带火的弓箭如雨点般坠入朱宸濠的连体战船,整个船阵顿时成为一片火海。士兵们,逃命的逃命,投降的投降,乱作一团。朱宸濠的妃嫔、丫环等人,也纷纷投水自尽。此时,朱宸濠大势已去。慌乱中,他乔装打扮,跳上一条小渔船,想要趁机逃跑。却不知,小渔船早已经被王阳明所控制,朱宸濠就这样被王阳明活活地抓住了。朱宸濠的谋士以及当初被胁迫的官员们除了被杀的之外也都被活捉。

朱宸濠处心积虑了十多年的战争,却只用了四十二天便化为乌有。当朱宸濠被押至王阳明面前时,胸中愤恨难解,他大声喊叫:"朱家自己的事,何烦你王阳明这般周折费心。"又说:"你尽管拿去我的头衔,家财,只恳求留我一条命,贬为庶民。"王阳明见朱宸濠嚣张的气焰有所缓和,才冷冷地回答他,自有国法在。

大战以少胜多,王阳明作《鄱阳战捷》一诗,真实地记录了当时平朱宸濠之战的激烈场面:

> 甲马秋惊鼓角风,旌旗晓拂阵云红。
> 勤王敢在汾淮后,恋阙直随江汉东。
> 群丑漫劳同吠犬,九重端合是飞龙。
> 涓埃未遂酬沧海,病懒先须伴赤松。

王阳明平叛建立了奇功,反而横遭各方面的诽谤和攻击。原因很复杂,王阳明的内心十分气愤。

朱宸濠没有其他的话可说了,最后他诚恳地请求王阳明帮助他收敛娄妃的尸体。娄妃，是著名大儒娄谅的女儿，听说非常贤惠端庄、知书达理。就在朱宸濠起兵的时候，娄妃就劝他不要有非分的思想，朱宸濠当时听不进去，认为是妇人之见。而娄谅还和王阳明有过师友之情，曾一起讨论过"格物致知"之说。王阳明立即派人去寻找，并且按照礼数进行了安葬。

震惊朝野的宁王朱宸濠起兵谋反一事，在王阳明的指挥下，迅速被平定。七月三十日，王阳明写了《江西捷音疏》和《擒获宸濠捷音疏》将整个平叛的过程写成书面文件，作为一份捷报报告给朝廷。同时还罗列了这次战争中的立功人员，希望能够得到朝廷的嘉奖。

明世宗亲征

正在江西捷报传来的时候，武宗及其他身边的佞臣，决定封锁消息，御驾亲征。

正德十三年（1518）七月，他从边境地区调军队到京城进行集体操练，并下达旨意由威武大将军镇国公太师总兵官朱寿统领三军巡边。

朱寿是朱厚照给自己起的别名，大将军是他的自称。对御驾亲征，虽然有人反对，但反对无效。

朱厚照这样的心思，是王阳明无论如何也猜想不到的。皇帝"御驾亲征"的消息传到王阳明耳中时，他以为是捷报在路上有所耽搁，皇帝才会继续进军，却不知朱厚照在率军离开京城的第二天就已经收到了王阳明发来的捷报。八月十七日，王阳明再次上书，讲明战争已经结束，请求皇帝返回京城。至于朱宸濠及其他俘虏，他会亲自押解送往京城。后来皇帝亲征，王阳明还上奏《请止亲征疏》：

> 臣于六月十九日具本奏闻后，调集军兵，择委官属，激励士气，振扬武勇。七月二十日，先攻省城，墟其巢穴。本月二十四日等，兵至鄱阳湖，与贼连日大战。至二十六日，宸濠遂已就擒。谋党李士实等，贼首凌十一等，具已擒获。贼从俱已扫荡，闽、广赴调兵士俱已散还，地

方惊扰之民俱已抚帖。臣一念忠愤，誓不与贼共生；而迂疏薄劣之才，实亦何能办此：是皆祖宗在天之灵，我皇上圣武之悬昭，本兵谋略之素定，官属协力，士卒用命所致。臣已节次具本奏报外。窃惟宸濠擅作威福，虐焰已张于远，睥睨神器，阴谋久蓄于中。招纳叛亡，辇毂之动静，探无遗迹；广致奸细，臣下之奏白，百无一通。发谋之始，逆料大驾必将亲征，先于沿途伏有奸党，期为博浪、荆轲之谋。今逆不旋踵，遂已成擒，法宜解赴阙门，式昭天讨。然欲付之部下各官解押，诚恐旧所潜布之徒，尚有存者，乘隙窃发，或致意外之虞，臣死且有遗憾。况平贼献俘，固国家之常典，亦臣子之职分。臣谨于九月十一日亲自量带官军，将宸濠并逆贼情重人犯督解赴阙外，缘系献俘馘，以昭圣武事理，为此具本，专差舍人金昇亲赍，谨具题知。

王阳明报告了宸濠已擒，为了安全，自己亲自押解人犯，并婉转地表示武宗不用亲征。可是武宗并没有听从王阳明的谏阻。

然而令王阳明意想不到的是，他连续的上书令朱厚照及他身边那群想要立大功的将领们实感不快。甚至爆出王阳明同宁王朱宸濠之间是早就勾结好的，不然怎么会有那么多的巧合让王阳明迅速平定了叛乱。不管是为了弄清楚王阳明和朱宸濠之间的关系，还是继续扫清余党，还是南下游玩，最后，朱厚照下令，王阳明军队等候御驾。

此时，王阳明才意识到问题的严峻性和复杂性。王阳明于九月十一日押解着朱宸濠等俘虏从南昌启程。

带着这些目的，当时的钦差提督军务御马监太监张忠和威武副将军朱泰先于皇帝的大部队带领着数千名朝廷禁军前往南昌。朱泰即许泰，因被武宗认作义子，许泰便改名为朱泰。许泰世袭武职，还是明弘治十七年（1504）的武状元，和江彬一样以勇力和佞幸手段得到武宗赏识。许泰和张忠要求王阳明把朱宸濠等俘虏交给他们处置，并放出风声，要将朱宸濠等放归鄱阳湖，让皇帝朱厚照亲自抓获宁王朱宸濠。

王阳明深知如果朱宸濠落入与自己并不和的张忠等人手中，可能更不利于自己，还不如将朱宸濠交给在浙江为皇帝打前站的太监张永，让他邀功的同时也为自己说说好话。张永虽然是以刘瑾为首的"八虎"之一，但是为人还算正直。当张忠马不停蹄直驱南昌时，王阳明已经亲自押解朱宸濠等一干人前往杭州。

当王阳明的队伍到达广信时，张忠发的公文也已到达。公文要求王阳明快速将俘虏带回南昌，听候圣旨。王阳明收到这份充满傲慢之气的公文时，并没有返回南昌，而是继续押解俘虏前行。王阳明知道皇帝还没有到达南昌，张忠所发的公文要求把俘虏交给南昌，这肯定不是真的，他写信给兵部，要求检验这份公文的真实性，同时也可拖延时间把俘虏送给张永。因为张永比张忠的职位高，重要的是张永是王阳明在朝廷的内线。

张忠得知王阳明不服从他的指令后，又以假圣旨命令王阳明把宁王朱宸濠带回南昌，并将其释放到鄱阳湖，等待圣驾，也就是说让皇帝亲自抓获朱宸濠。

王阳明再次拒绝了张忠，并连夜出发，前往杭州。

途中在草萍驿歇宿，天色已暮，忽然接到消息说"王师"已在徐淮，王阳明便连夜启程，不敢有片刻耽搁，只忙里偷闲地在驿站的墙壁上题《书草萍驿二首》诗：

一

一战功成未足奇，亲征消息尚堪危。
边烽西北方传警，民力东南已尽疲。
万里秋风嘶甲马，千山斜日度旌旗。
小臣何尔驱驰急，欲请回銮罢六师。

二

千里风尘一剑当，万山秋色送归航。
堂垂双白虚频疏，门已三过有底忙。
羽檄西来秋黯黯，关河北望夜苍苍。
自嗟力尽螳螂臂，此日回天在庙堂。

诗题下有小序："九月献俘北上，驻草坪，时已暮，忽传王师以及徐淮，遂乘夜速发。次壁间韵纪之二首。"

王阳明带着俘虏，急着去见皇帝，把自己比作三过家门而不入的大禹，为了武宗御驾亲征的事操碎了心。然而自己无能为力，希望有个朝廷大佬出面帮忙。这个人便是已到杭州的宦官张永。

十月初，王阳明押解着朱宸濠等俘虏到达杭州后，直奔张永住地。但张永觉得王阳明是在与皇帝对着干，感到掺和期间十分为难，还是不见王阳明为好。

王阳明真是绝境奋威，爆发出巨大的力量，整肃官服，仗剑而行，喝退卫士，挺身闯进张永的居住处，并且大声叫嚷，找张公公是关乎国家大事，为什么躲着不见？这一大义凛然的喊叫倒也震慑住了张永。于是，张永接待了王阳明。

张永被王阳明的做法感动，也被他的交谈说服，愿意帮助王阳明摆脱困境，他告诉王阳明只要顺着皇帝的性子来，事情还会有挽回的机会。王阳明将朱宸濠等俘虏交付给张永以后，就跑到西湖边的净慈寺等待皇上的新旨意。

王阳明既不回南昌也不回赣州，一直在西湖净慈寺称病疗养。

王阳明作《西湖》一诗道出此时心境：

> 灵鹫高林暑气清，天竺石壁雨痕晴。
> 客来湖上逢云起，僧住峰头话月明。
> 世路久知难直道，此身那得尚虚名！
> 移家早定孤山计，种果支茅却易成。

此诗反映了王阳明深感朝政腐败、政坛险恶、良知难行的愤懑心情。看来即便"立诚"如王阳明，也必须坦诚"世路久知难直道"，包拯那种"直道是身谋"的作风也许在包拯的时代行得通，在王阳明的时代却只能和"迂腐"画上等号。

在净慈寺称病的日子里，焦虑并未减轻多少，失眠仍是他的痼疾。《宿净寺四首》深刻体现了王阳明当时的心境：

一

> 老屋深松覆古藤，羁栖犹记昔年曾。
> 棋声竹里消闲昼，药裹窗前对病僧。
> 烟艇避人长晓出，高峰望远亦时登。
> 而今更是多牵系，欲似当时又不能。

二

> 常苦人间不尽愁，每拼须是入山休。

若为此夜山中宿，犹自中宵煎百忧。

百战西江方底定，六飞南甸尚淹留。

何人真有回天力，诸老能无取日谋？

　　　　三

百战归来一病身，可看时事更愁人。

道人莫问行藏计，已买桃花洞里春。

　　　　四

山僧对我笑，长见说归山。

如何十年别，依旧不曾闲？

　　此四首诗，前两首为七律，第三首为七绝，第四首为五绝。这样的组合表明了王阳明起伏的心情。《宿净寺四首》题下有小序："十月至杭。王师遣人追宸濠，复还江西。是日遂谢病退居西湖。"从组诗看，王阳明当时的内心是非常烦恼和困惑的。

　　王阳明现在是在与皇帝"斗"，真是感到心中无底，不知尔后有多难。为了谏阻御驾亲征，没有将俘虏交给张忠。王阳明确实是军事英雄，却不是政治天才，在许泰等佞臣手中，自己的忠诚遭到了怀疑。真是口中说要归隐，但十年过去了，好像依然很忙。

　　王阳明在净慈寺住了一段时间后，张永传来消息，皇帝御驾继续南下，已驻跸扬州。一听到这个消息，王阳明便赶往皇帝当时所停留的扬州，当他到达镇江的时候，船泊金山寺，三十年前忆旧游，王阳明再登金山寺。我们看他当时写下的《泊金山寺二首》，既见豪情，又有太多沧桑与悲怆：

　　　　　　一

但过金山便一登，鸣钟出迓每劳僧。

云涛石壁深龙窟，风雨楼台迥佛灯。

难后诗怀全欲减，酒边孤兴尚堪凭。

岩梯未用妨苔滑，曾踏天峰雪栈冰。

　　　　　　二

醉入江风酒易醒，片帆西去雨冥冥。

天回江汉留孤柱，地缺东南著此亭。

沙渚乱更新世态，峰峦不改旧时青。

舟人指点龙王庙，欲话前朝不忍听。

该诗题下有小注："十月将趋行在"可知，此诗作于正德十四年（1519）。第一首，从少年献诗到这次重上金山寺，三十多年后真是别有一番滋味。"云涛石壁深龙窟，风雨楼台迥佛灯。"第二首"舟人指点龙王庙，欲话前朝不忍听。"暗喻武宗不会接受自己的忠告。

王阳明在镇江见到了大学士杨一清，在杨一清的说服下，王阳明放弃了面见武宗辩白的举动。在杨一清隐园，王阳明作《杨邃庵待隐园次韵五首》，其中第一首是：

嘉园名待隐，专待主人归。

此日真归隐，名园竟不违。

岩花如共语，山石故相依。

朝市都忘却，无劳更掩扉。

此诗借"待隐园"园名抒发了归隐的情思。正在这时，却得到皇帝任命王阳明为江西巡抚的旨意。接到任命书，王阳明已没有理由再见皇帝，只好逆水而上，赶往南昌。王阳明这一次要坐镇南昌，无法回避张忠、许泰的无理刁难，只好热情地接待他们两人的上万"平叛大军"，这可比对付朱宸濠之乱难多了。

王阳明离开南昌时，张忠、江彬等人率领的军队就到达了南昌，上万人挤进城内，拥堵不堪。这支从北方赶来的队伍，除了抢夺钱财之外，还滥杀平民。

离开两个月，再回南昌时，王阳明见到的是满目疮痍，一片萧条，这个新巡抚的最大挑战，就是要先安抚北方官军，再安抚受到蹂躏的百姓。

王阳明以"雾""雨""风"为题写了组诗，表达了当时沉郁和凄苦的心境。《元日雾》：

元日昏昏雾塞空，出门咫尺误西东。

人多失足投坑堑，我亦停车泣路穷。

欲斩蚩尤开白日，还排阊阖拜重瞳。

小臣谩有澄清志，安得扶摇万里风！

《二日雨》：

昨朝阴雾埋元日，向晓寒云逆雨声。

莫道人为无感召，从来天意亦分明。

安危他日须周勃，痛苦当年笑贾生。

坐对残灯愁彻夜，静听晨鼓报新晴。

《三日风》：

一雾二雨三日风，田家卜岁疑凶丰。

我心惟愿兵甲解，天意岂必斯民穷！

虎旅归思怀旧土，銮舆消息望还宫。

春盘浊酒聊自慰，无使戚戚干吾衷。

这三首组诗表达了王阳明对国家命运前途的担忧，表达了内心的迷茫之情。新年伊始，"一雾二雨三日风"，大雾阻道，风雨交加。

王阳明满腹愁思，彻夜难眠。首先表达了忧国忧民。"我心惟愿兵甲解，天意岂必斯民穷！虎旅归思怀旧土，銮舆消息望还宫。"其次，表达了对奸臣当道的愤慨。"欲斩蚩尤开白日，还排阊阖拜重瞳。"再次，追怀历史上的贤臣良将。"安危他日须周勃，痛苦当年笑贾生。"最后，诗人从忧伤中超脱出来，自我聊救。"春盘浊酒聊自慰，无使戚戚干吾衷。"

张忠、许泰当然有足够的理由仇视王阳明，因为王阳明没有把俘虏宁王移交给他们。张忠、许泰借搜捕宁王余党之名，千方百计地找王阳明的问题，拷掠终于初见成效，有人供出王阳明门人冀元亨与宁王府有往来，但当拷掠到冀元亨身上时，却再问不出任何"有价值"的情报了。最后，冀元亨被押到北京，投入诏狱，不久死亡，王阳明也没办法救这位门生。

尽管王阳明心中满是激愤，但是他认为不能因小失大，而应当从大局出发，安抚这些从北方来的官兵，并想办法让他们离开南昌，这样才能恢复百姓的正常生活。

在王阳明耐心的安抚下，北方的军人对他刮目相看，甚至敬佩起来。到了冬至这个传统祭祀亡灵的日子，王阳明命人挂上白幡以祭奠祖先，祭奠亲人。这激起了那些远离故土的北方军人的思乡之情，纷纷要求回家。

张忠等人看到这种状况，知道没有在南昌继续待下去的可能了，但又觉得不甘心。为了出心中的那口气，临走之时，要求和王阳明比箭法。在他们看来，王阳明一介文官，箭术怎么可能是他们的对手呢？王阳明婉言谢绝多次无果，最后只好勉强答应。校场之上，令所有人大开眼界的是，王阳明连发三箭，每一箭都直中靶心。

十二月，驻扎在南昌的军队撤离，望着渐渐远去的队伍，王阳明大松一口气，整个南昌人民也大松一口气。但是皇帝朱厚照的"御驾亲征"却还在路上，不久，武宗率大军渡过长江，驻扎南京，王阳明要承受的还尚未结束。

忍辱为民生

正德十四年（1519）十一月二十六日，皇帝一行到达南京，直到正德十五年（1520）的夏天，皇帝仍然住在南京，这一住差不多十个月。

在此期间，张忠等人又出了个主意。让皇帝下旨召王阳明到南京来，如果他真的和朱宸濠勾结，肯定会害怕，不敢前来面见皇帝。

当然，王阳明是不会抗旨不遵的，只因为有张永做内应，才使他能够识破圣旨的真假。所以出乎张忠、许泰的意料，真圣旨一到，王阳明当即启程，没有半分耽搁。

发现王阳明真的动身了，张忠等人就只好强行拦截，不使王阳明越芜湖半步，让他原地待命，等待皇帝下的新旨意。想要见皇帝，却始终见不到的王阳明内心十分苦闷。王阳明此时受尽了被奸臣戏弄的苦楚。他在这时写下了《舟夜》一诗：

> 随处看山一叶舟，夜深霜月亦兼愁。
> 翠华此际游何地？画角中宵起戍楼。
> 甲马尚屯淮海北，旌旗初散楚江头。
> 洪涛滚滚乘风势，容易开帆不易收。

　　舟中无眠，引发焦灼的全是武宗御驾亲征的事情。王阳明觉得平叛带来的一系列事情，不知如何收场。

　　无可奈何之下，他又一次上了九华山。本爱山水的王阳明这一次在山上一住就是半个月，重返自然，悠闲自在，心中的郁结多少得到些抚平。而武宗得到报告，听说王阳明在九华山静坐，那肯定是没有谋反的心思，于是再发一道圣旨，叫王阳明原路返回。回程不被人阻，却被风阻，王阳明有《舟中至日》诗，发出感叹：

> 岁寒犹叹滞江滨，渐喜阳回大地春。
> 未有一丝添衮绣，谩提三尺净风尘。
> 丹心倍觉年来苦，白发从教镜里新。
> 若待完名始归隐，桃花笑杀武陵人。

　　另一首《阻风》：

> 冬江尽说风长北，偏我北来风便南。
> 未必天公真有意，却逢人事偶相参。
> 残农得暖堪登获，破屋多寒且曝檐。
> 果使困穷能稍济，不妨经月阻江潭。

　　阻风也是某种意义上的幸事，毕竟南风里的春意吹来了农耕的希望，王阳明因此毫不介意行程上的耽搁。友人或许为这样的耽搁生疑，他便以《用韵答伍汝真》这样的诗来展现一回潇洒的姿态：

> 莫怪乡思日夜深，干戈衰病两相侵。

孤肠自信终如铁，众口从教尽铄金！

碧水丹山曾旧约，青天白日是知心。

茅茨岁晚饶风景，云满清溪雪满岑。

行经野云县，听说县城东边的一座小山上有一只铁船，王阳明去看了以后，作《舟过铜陵野云县，东小山有铁船，因往观之，果见其仿佛，因题石上》：

青山滚滚如奔涛，铁船何处来停桡？

人间刳木宁有此，疑是仙人之所操。

仙人一去已千载，山头日日长风号。

船头出土尚仿佛，后冈有石云船稍。

我行过此费忖度，昔人用心无乃切。

由来风波平地恶，纵有铁船还未牢。

秦鞭驱之未能动，曩力何所施其篙。

我欲乘之访蓬岛，雷师鼓舵虹为缫。

弱流万里不胜芥，复恐驾此成徒劳。

世路难行每如此，独立斜阳首重搔。

王阳明感到身心俱疲，想辞官归隐也身不由己。王阳明来到庐山，其实是回避现实，他此时写的《白鹿洞独对亭》就是抒发对五老峰的赞叹，表达了老庄情怀。

五老隔青冥，寻常不易见。

我来骑白鹿，凌空陟飞巘。

长风卷浮云，褰帷始窥面。

一笑仍旧颜，愧我冀先变。

我来尔为主，乾坤亦邮传。

海灯照孤月，静对有余眷。

彭蠡浮一觞，宾主聊酬劝。

悠悠万古心，默契可无辩！

这一年江西既有旱情，又遭遇了数十年未遇的水患。百姓刚遭人祸，又遇天灾，可想而知会发生民变。地方官在这种局势下照例要申请朝廷减免赋税、赈济灾民，然而武宗亲征，催粮催钱，全是雪上加霜的事情。巡按御史唐龙、朱节上疏，建议将宁王府变产官银代民上纳。这总算解了燃眉之急。而王阳明以天人感应的理论将洪水的责任担当下来，自劾谢罪，希望皇帝另选高明。这其实也是对皇帝的一种委婉的规劝。

这年六月，王阳明前往赣州，到赣州后，王阳明立即进行了一次大阅兵，教导士兵作战。当时，江彬派人观察王阳明的动静，王阳明作《啾啾吟》一诗，表示自己与童子歌诗习礼，有什么可怀疑的呢。《啾啾吟》：

> 知者不惑仁不忧，君胡戚戚眉双愁？
> 信步行来皆坦道，凭天判下非人谋。
> 用之则行舍即休，此身浩荡浮虚舟。
> 丈夫落落掀天地，岂顾束缚如穷囚！
> 千金之珠弹鸟雀，掘土何烦用镯镂？
> 君不见东家老翁防虎患，虎夜入室衔其头？
> 西家儿童不识虎，执竿驱虎如驱牛。
> 痴人惩噎遂废食，愚者畏溺先自投。
> 人生达命自洒落，忧谗避毁徒啾啾！

此诗以极其通俗的语言，生动的比况，将王阳明历经千难万险后的人生经验和思想总结出来，以坦荡的胸襟面对现实，体现了乐天洒脱的儒者之情，也展现了王阳明的心学到了纯熟的境地。

在赣州，王阳明在官邸建了一座亭子，命名"思归轩"，王阳明还作了《思归轩赋》：

> 阳明子之官于虔也，廨之后乔木蔚然。退食而望，若处深麓而游于其乡之园也。构轩其下，而名之曰"思归"焉。
> 门人相谓曰："归乎！夫子之役役于兵革，而没没于徽缠也，而靡寒暑焉，而靡昏朝焉，而发萧萧焉，而色焦焦焉。虽其心之固嚣嚣也，

而不免于呶呶焉，哓哓焉，亦奚为乎！樀中竭外，而徒以劳劳焉为乎哉？且长谷之迢迢也，穷林之寥寥也，而耕焉，而樵焉，亦焉往而弗宜矣。夫退身以全节，大知也；敛德以亨道，大时也；怡神养性以游于造物，大熙也，又夫子之凤期也。而今日之归，又奚以思为乎哉？"则又相谓曰："夫子之思归也，其亦在陈之怀欤？吾党之小子，其狂且简，伥伥然若瞽之无与偕也，非吾夫子之归，孰从而裁之乎？"则又相谓曰："嗟呼，夫子而得其归也，斯土之人为失其归矣乎！天下之大也，而皆若是焉，其谁与为理乎？虽然，夫子而得其归也，而后得于道。惟夫天下之不得于道也，故若是其贸贸。夫道得而志全，志全而化理，化理而人安。则夫斯人之徒，亦未始为不得其归也。而今日之归又奚疑乎？而奚以思为乎？"

阳明子闻之，怃然而叹曰：吾思乎！吾思乎！吾亲老矣，而暇以他为乎？虽然，之言也，其始也，吾私焉；其次也，吾资焉；又其次也，吾几焉。乃援琴而歌之。歌曰：

归兮归兮，又奚疑兮！吾行日非兮，吾亲日衰兮。胡不然兮，日思予旋兮，后悔可追兮？归兮归兮，二三子之言兮！

王阳明借门人的议论表达了自己内心的矛盾。他想回家事亲，但他走了，赣州怎么办呢？先生归了，我们门生怎么办呢？最后王阳明还是决定要归乡，因为亲人老了，门生也想通了，那就归吧！

正德十五年（1520）七月，由张永建议，"威武大将军镇国公"下令，要王阳明重新上报平定宸濠之乱的捷音。这次的功归于皇帝，并要尊称他为大将军。王阳明知道张永是出于好意，但是他对于这样的要求既感到好笑，又感到为难。王阳明曾在平定朱宸濠叛乱之后，连续两次上了书。不仅把整个平定叛乱的过程写得非常详细，就连有功的文武官员们的名单都已罗列出来。这一次，皇帝到了南京，更是留恋舍不得走，出征一年，就这样回京又不知该如何向朝中文武百官交代。所以说，为了顺着皇帝的性子，最好的办法就是给他一个面子，这样他才能够早日带着队伍离开南京，回到京城去。

虽然荒唐，但却是当下最好的办法。王阳明只好听从张永的建议，再上告捷疏。《重上江西捷音疏》，开头便一本正经地称皇帝为"大将军"，说"大将军"对宸濠之乱早有谋划、安排，后文又为皇帝身边那些亲信，包括张忠、许泰在内，一一表功：

> 又蒙钦差总督军门发遣太监张永前到江西查勘宸濠反叛事情，安边伯朱泰，太监张忠，左都督朱晖，各领兵亦到南京、江西征剿。
>
> 续蒙钦差总督军务威武大将军总兵官后军都督府太师镇国公朱统率六师，奉天征讨，及统提督等官司礼监太监魏彬，平虏伯朱彬等，并督理粮饷兵部左侍郎等官王宪等，亦各继至南京。

看了这个捷报，皇帝兴奋不已，他自己才是指挥这场战争胜利的幕后主角。为了向天下人昭示，这年闰八月初八，朱厚照在南京举行了盛大的仪式，收服俘虏朱宸濠。

武宗心意满足，奸佞们也各有各的收获，总算可以班师了。四天之后，朱厚照率领军队离开南京，风风光光地返回北京。用心良苦的王阳明却因为这道顾全大局的奏疏，遭到了其他正派官员的耻笑和责备。

武宗班师，终于还了江南百姓清静。王阳明的巡抚衙门又有了书院的气象，天下学人仰慕他的事功与学术，前来求是问道的人络绎不绝，心学上的泰州学派王艮就是在这个时候来拜会的。

王艮，原名王银，出身于泰州的一个盐工家庭。王银幼年读过几年私塾，从十一岁起，就在父亲身边帮工了。二十五岁那年，贩盐经过山东，在夫子庙前忽然受到震撼，慨然自语道："孔子是人，我也是人，圣人一定是凡人可以学成的！"于是，他开始了一种半工半读的生活，贩盐时，怀里总揣着《孝经》《大学》《论语》这些典籍，得空便钻研，一有机会便向别人讨教。后来，王银也开始到处讲学了。有一天，有人告诉他，他的观点和王阳明的观点非常相近，王银也是有激情的人，于是来到南昌，要会见王阳明。

王艮头戴五常冠，身穿深衣，腰系大带，手持笏板。如此扮相的依据是："言尧之言，行尧之行，就一定要穿尧的衣服！"当然，这种会见是很好笑的。不过，王阳明也是有教无类，以巡抚之尊降阶相迎；王艮却不客气，径入上座。估计王阳明也没预计到王艮会有这种态度，问话也就严厉了许多。

王阳明问："先生所戴何冠？"

王艮答道："虞舜之冠。"

王阳明再问："所穿何服？"

王艮答道："老莱子之服。"

王阳明再问："您是要效法老莱子吗？"

王艮答道："当然。"

王阳明道："那您为何只学了老莱子的装束，却不学他上堂假装小孩子打滚啼哭的样子？"

王艮当即变了脸色，不再与王阳明争辩了。后来讨论"格物致知"，王艮终于服气，并向王阳明行了拜师大礼。

王艮一派，被称为"心学左派"，变儒学的温柔敦厚为高蹈奋发，尽展人性，自命不凡。

王阳明觉得收下王艮后，有点不放心，就像观音给孙悟空戴上紧箍咒一样为王艮改名，将王银改为王艮，"艮"即"止也"。就是说你可要低调一些啊！

可是，王艮从小缺乏严格的教育，一个名字还是止不住他的性格，王艮的所思所想偏偏总是出位，给王阳明带来许多烦恼。

在南昌的这段日子里，王阳明在学术上更有进益，心得常常体现在诗句里，《书汪进之太极岩二首》最是耐人寻味：

一

一窍谁将混沌开？千年样子道州来。

须知太极元无极，始信心非明镜台。

二

始信心非明镜台，须知明镜亦尘埃；

人人有个圆圈在，莫向蒲团坐死灰。

这两首诗可以看出王阳明对佛道学说的分野。他认为道之"太极"，佛之"明镜台"都是"无"，只有心学才是实实在在的，"人人有个圆圈在"，"圆圈"即"良知"，即"心"，心有良知，无须求神拜佛。

王阳明舍弃佛道，认为那些辛勤坐禅的人，是用力用错了方向，但从"立诚"的意义来看，他们是令人佩服的。如果方向正确，又有如此"立诚"之心，又何愁不能做成圣贤呢？《有僧坐岩中已三年诗以励吾党》：

> 莫怪岩僧木石居，吾侪真切几人如？
> 经营日夜身心外，剽窃糠秕齿颊余。
> 俗学未堪欺老衲，昔贤取善及陶渔。
> 年来奔走成何事？此日斯人亦起予。

"莫怪岩僧木石居，吾侪真切几人如？"岩僧的精神值得学习。关键是如何"立诚"，我们可以看另一首诗《贾胡行》：

> 贾胡得明珠，藏珠剖其躯；
> 珠藏未能有，此身已先无。
> 轻己重外物，贾胡一何愚！
> 请君勿笑贾胡愚，君今奔走声利途；
> 钻求富贵未能得，役精劳形骨髓枯。
> 竟日惶惶忧毁誉，终宵惕惕防艰虞。
> 一日仅得五升米，半级仍甘九族诛。
> 胥靡接踵略无悔，请君勿笑贾胡愚。

这个商人为了放珍珠把自己的皮肉割开，珠子倒藏不住，身体已经出了问题，这样值得吗？大家都会说这个商人太愚蠢了。可是大家想过吗，比商人愚蠢的还有呢，那些为了谋求富贵，敢冒灭族风险的人还不少呢，像朱宸濠那样，岂不是比商人还愚蠢！

人人心中有良知

正德十六年（1521），年届五十的王阳明于江西南昌首次向世人揭示"致良知"说，自从经历了宸濠之乱和张忠、许泰之变，益发相信，良知真正足以忘却患难，超越生死。于是，他在给弟子的《与杨仕鸣（一）》一信中提到，能够体会到良知的真意，就会明白《中庸》中所讲的君子之道，即："建诸天地而不悖，质诸鬼神而无疑，考诸三王而不谬，百世以俟圣人而不惑！"

他在给高足邹谦之的信中又说："近来信得致良知三字，真圣门正法眼藏。往年尚疑未尽，今自多事以来，只此良知无不具足。譬之操舟得舵，平澜浅濑，无不如意，虽遇颠风逆浪，舵柄在手，可免没溺之患矣。"在王阳明看来，只要依靠良知，无论遇到何种风浪，都可以抵达自在无碍之境。

根据王阳明的"致良知"说，宋儒所谓穷理本可谓极其简易，皆因宋儒从知解上求之，故而头绪纷繁，苦于艰难。

一日，见王阳明喟然叹息，侍坐一旁的弟子陈九川问其原因，王阳明说："此理简易明白若此，乃一经沉埋数百年。"

陈九川答曰："亦为宋儒从知解上入，认识神为性体，故闻见日益，障道日深耳。今先生拈出良知二字，此古今人人真面目，更复奚疑？"

王阳明说："然！譬之人有冒别姓坟墓为祖墓者，何以为辨？只得开圹将子孙滴血，真伪无可逃矣。我此良知二字，实千古圣圣相传一点骨血也。"古人传说，将活人的血滴到死者骨头上，如果有血缘关系，就会渗入骨中，当场可验明。王阳明就是用这个故事来说明，良知二字正是滴到骨头上的那滴血。

王阳明用滴骨之血这个传说，阐明了良知的能力，即当场可辨善恶的先天知觉。他又将良知可以抹消自私自利之念的力量比作大熔炉中放入雪，瞬间即化。

王阳明经历了千辛万苦，才开始将良知作为千百年来圣人代代相传的圣门正法眼藏来信奉的。因此，如果不了解这一历程，而轻易实行"良知"说，反倒会产生弊端。

王阳明在宸濠之乱以后，逐渐将"知行合一"的观点升级为"良知""致良知"，既便于理解，又有普及意义。当然"良知"并非王阳明独创的概念，而是源自《孟子》：

> 孟子曰："人之所不学而能者，其良能也；所不虑而知者，其良知也。孩提之童无不知爱其亲者，及其长也，无不知敬其兄也。亲亲，仁也；敬长，义也；无他，达之天下也。"（《孟子·尽心上》）

按照孟子的观点，只要是人，天生就晓得仁义，即每个人都是潜在的尧舜，或者说每个人的心里都有一颗尧舜的种子。

"致良知"的观点，人们认为这是王阳明晚年所悟出和时常放在嘴边的。王阳明自己也说，在他一生的讲学当中，"致良知"是最重要的。不过，后来根据他的学生说，王阳明在一开始时是说"致良知"，但是到了后来只说"良知"。

不管是先前王阳明所讲的"去人欲而存天理""知行合一"，还是后来提出的"致良知""良知"，这些都是王阳明在不同的阶段对自己的学说进行的总结。从这个过程中可以看出王阳明心学体系不断完善，晚年王阳明越来越只讲"良知"，到了这个时候，王阳明可以说是真正建立了心学。

什么是良知呢？王阳明认为，在我们每一个人的心中都有一个对善恶的区分，而这个区分就是良知。多年来百死千难的经历最终让王阳明悟出了圣人的根本，他强调良知是每个人生来就具有的，且是永远存在的，不需要通过后天的学习，所以说良知就是我们的本心，也是我们为人的根本。"良知"其实包含了仁、义、理、心，"良知""良能"都可以和"良心"画等号。所谓"良"，即"先天具备"的意思。《传习录》有这样一段对话：

> "虚灵不昧，众理具而万事出。心外无理，心外无事。"
>
> 或问："晦庵先生曰：'人之所以为学者，心与理而已。'此语如何？"曰："心即性，性即理，下一'与'字，恐未免为二。此在学者善观之。"
>
> 或曰："人皆有是心。心即理，何以有为善，有为不善？"先生曰："恶人之心，失其本体。"

王阳明正是在这里给出了那个"心外无理，心外无事"的著名命题，所谓"虚灵不昧"也就是心的本来状态、不被人欲遮蔽的状态。心在它的本来状态里蕴含着一切的天理，万事万物由此而生。在王阳明的学说里，心、性、理指的是同一个事物的不同称谓，既然人人都有同样的心，那么人人生来都是至善无恶的。而世界上明明有那么多恶人，王阳明认为："恶人的心，失去了心本来的样子。"

王阳明在《书诸阳伯卷》（戊寅）里说：

诸阳伯俩从予问学，将别请言。予曰："相与数月而未尝有所论，别而后言也，不既晚乎？"曰："数月而未敢有所问，知夫子之无隐于我，而冀或有所得也。别而后请言，已自知其无所得，而虑夫子之或隐于我也。"予曰："吾何所隐哉？道若日星然，子惟不用目力焉耳，无弗睹者也。子又何求乎？道在迩而求诸远，事在易而求诸难，天下之通患也。子归而立子之志，竭子之目力，若是而有所弗睹，则吾为隐于子矣！"

王阳明所说的"道"毋庸置疑就是良知，人人皆有良知，正如天上有太阳和星星。只是很多人不用心，视而不见，或者是看到了，却漠然视之。

王阳明说"人皆有良知，圣人之学，就是致此良知。自然而致的是圣人，勉强而致的是贤人，不肯致的是愚人。虽是愚人，只要他肯致良知，就和圣人无异。此良知所以为圣愚之同具备，而皆可为尧舜者，以此也。"

孔子和孟子都说，上智与下愚不移。王阳明的观点是：下愚不是不可移，而是不肯移；只要他移了，肯致内心固有的良知，那就是圣贤。既然大家都是圣贤，或是潜在的圣贤，那人人都是平等的。

"良知"的源泉在孟子。孟子说，人类不虑而知的东西叫良知，比如恻隐之心、羞恶之心。而王阳明观点是：良知就是我们与生俱来的能知是非善恶的一种东西，人人皆有。

王阳明认为人人有良知，聋哑人也不例外。

有个叫杨茂的聋哑人来见王阳明，请王阳明先生传授心法。二人就用纸笔交谈。

王阳明写道："你口不能言是非，你耳不能听是非，你心还能知是非否？"

杨茂简单写道："知是非。"

王阳明写道："如此，你口虽不如人，你耳虽不如人，你心还与人一般。"

杨茂点头，拱手相谢。

王阳明："大凡人只是此心。此心若能存天理，是颗圣贤的心，口虽不能言，耳虽不能听，也是个不能言、不能听的圣贤；心若不存天理，是颗禽兽的心，口虽能言，耳虽能听，也只是个能言能听的禽兽。"

杨茂点着胸口指着天。

王阳明：“你如今于父母，但尽你心的孝；于兄长，但尽你心的敬；于乡党邻里、宗族亲戚，但尽你心的谦和恭顺。见人怠慢不要嗔怪；见人财利，不要贪图。但在里面行你那是的心，莫行你那非的心。纵使外面人说你是，也无须听；说你不是，也无须听。”

杨茂又是拜谢。

王阳明：“你口不能言是非，省了多少闲是非；你耳不能听是非，省了多少闲是非。凡说是非，便生是非，生烦恼；听是非，便添是非，添烦恼。你口不能说，你耳不能听，省了多少闲是非，省了多少闲烦恼，你比别人快活自在了许多。”

杨茂兴奋起来。

王阳明：“我如今教你但终日行你的心，不消口里说；但终日听你的心，不消耳里听。”

杨茂再三拜谢。

人人皆有良知，王阳明认为恶人也有良知：

有弟子问：“恶人也有良知吗？”

“当然！”王阳明斩钉截铁地说。

弟子再问：“朱宸濠呢？”

王阳明笑笑：“这是因为他的良知被遮蔽了，正如乌云遮蔽太阳，你怎能说太阳不在了呢？”

弟子哑然。

王阳明继续说：“朱宸濠被捉后，曾对我说，‘娄妃是好人，请替我好好安葬她。’我问他原因。他说，‘当初造反前，娄妃就苦苦相劝我不要造反。我那时利欲熏心，根本听不进她的忠言，如今想来，她是这个世界上对我最好的人。’”

弟子们略有所悟。王阳明说出答案：“他能知娄妃是好人，这就是能分清是非。你们说，他这样的大恶人是不是也有良知在？”

弟子们连连点头，是啊，连朱宸濠这样的恶人都有良知，何况其他。

人人皆有良知，只要你动起来，良知之光就能照彻到任何地方，无论是你的内心还是大千世界。良知就如太阳、星星，人人皆有，当它发光时，人人皆能见。

《传习录》中，王阳明曾对学生说过，苏秦、张仪之智，也是圣人之资。后世事业文章，许多豪杰名家，只是学得仪、秦故智。仪秦学术善揣摩人情，无一些不中人肯綮，故其说不能穷。仪、秦亦是窥见得良知妙用处，但用之于不善尔。

纵观苏秦的成功过程，在困厄和命运的打击下，他没有怨天尤人、自暴自弃，而是选择了在困境中继续努力，不断完善自我的道路。他在不懈地探寻学问真谛的努力中汇成了一股无比专注的精神力量，终于开启了神秘的良知大门，获得了一种高层次的智慧。

在这个过程中，苏秦的心灵历经痛苦磨炼，最终归于平静专注的境界，纷扰的闲思杂念离他远去，就如同湖面上的涟漪渐渐平息下来，平如镜面，如实地反映出他人的内心活动，这就是他揣摩别人的内心人情，能一击就中对方要害的原因。

一个人在灵感发生时，大都处于一种非常虚静的状态之中，假如杂念丛生，不可能获得灵感。正像《易经》中所指出的那样："寂然不动，感而遂通"，心境宁静空灵是灵感产生的重要基础。而要达到心灵的平静，就要尽可能地摆脱外界名利、荣辱、得失等利害关系的干扰，去掉蒙蔽心灵的物欲，让良知充分发挥。

王阳明认为良知有妙用，王阳明的弟子王畿在《读先师再报海日翁吉安起兵书序》中，记载了王阳明妙用良知的故事：

> 一日，召诸生入讲，曰："我自用兵以来，致知格物之功愈觉精透。"众谓兵革浩穰，日给不暇，或以为迂。师曰："致知在于格物，正是对境应感，实用力处。平时执持怠缓，无甚查考，及其军旅酬酢，呼吸存亡，宗社安危，所系全体精神，只从一念入微处，自照自察，一些著不得防检，一毫容不得放纵，勿欺勿忘，触机神应，乃是良知妙用，以顺万物之自然，而我无与焉。夫人心本神，本自变动周流，本能开物成务，所以蔽累之者，只是利害毁誉两端。"
>
> "世人利害，不过一家得丧尔已；毁誉，不过一身荣辱尔已。今之利害毁誉两端，乃是灭三族，助逆谋反，系天下安危。只如人疑我与宁王同谋，机少不密，若有一毫激作之心，此身已成齑粉，何待今日！动少不慎，若有一毫假借之心，万事已成瓦裂，何有今日！此等苦心，只好自知，譬之真金之遇烈火，愈锻炼，愈发光辉。此处致得，方是真

知；此处格得，方是真物。非见解意识所能及也。自经此大利害、大毁誉过来，一切得丧荣辱，真如飘风之过耳，奚足以动吾一念？今日虽成此事功，亦不过一时良知之应迹，过眼便为浮云，已忘之矣！"

王阳明说，我的方法是，遇事时一个念头起处，立即抓住它，自照自察，无一丝思考，无一毫攻心，不要欺骗它，照良知的答案去做，此事必成，这就是良知的妙用，顺万物之自然，达无我之境。

这里王阳明用自己战胜宁王的切身体验，说明了良知的妙用，讲得十分直观。在另一处，王阳明也说到良知的妙用。他说："夫良知即是道，良知之在人心，不但圣贤，虽常人亦无不如此。若无有物欲牵流行将去，即无不是道。"王阳明认为，如果一个人心中宁静而清明，没有闲思杂念的干扰，就能更好地认识事物的规律，这样做什么事都能达到事半功倍的奇妙效果。

王阳明在《传习录》里说到，在做学问时良知也有妙用。

九川问："陆子之学如何？"先生曰："濂溪、明道之后，还是象山，只是粗些。"九川曰："看他论学，篇篇说出骨髓，句句似针膏肓，却不见他粗。"先生曰："然，他心上用过功夫，与揣摩依仿、求之文义自不同。但细看有粗处，用功久当见之。"

庚辰往虔州，再见先生，问："近来功夫虽若稍知头脑，然难寻个稳当快乐处。"先生曰："尔却去心上寻个天理，此正所谓理障。此间有个诀窍。"曰："请问如何？"曰："只是'致知'。"曰："如何致？"曰："尔那一点良知，是尔自家底准则。尔意念着处，他是便知是，非便知非，更瞒他一些不得。尔只不要欺他，实实落落依着他做去，善便存，恶便去，他这里何等稳当快乐！此便是'格物'的真诀、'致知'的实功。若不靠着这些真机，如何去'格物'？我亦近年体贴出来如此分明，初犹疑只依他空有不足，精细看，无些小欠缺。"王阳明告诉九川的秘诀是良知用在做学问上，以良知的标准去衡量，正确与否，真假如何，轻松快乐！

孝敬立家

妻侄诸阳伯向王阳明请教了"格物致知"的学说，接着又请教孝悌的问题。王阳明在回信里，着重阐述了孝敬立家的思想，他在《书诸阳伯卷·甲申》中说：

> 妻侄诸阳伯复请学，既告之以格物致知之说矣。他日，复请曰："致知者，致吾心之良知也，是既闻教矣。然天下事物之理无穷，果惟致吾之良知而可尽乎？抑尚有所求于其外也乎？"复告之曰："心之体，性也，性即理也。天下宁有心外之性？宁有性外之理乎？宁有理外之心乎？外心以求理，此告子'义外'之说也。理也者，心之条理也。是理也，发之于亲则为孝，发之于君则为忠，发之于朋友则为信。千变万化，至不可穷竭，而莫非发于吾之一心。故以端庄静一为养心，而以学问思辨为穷理者，析心与理而为二矣。若吾之说，则端庄静一亦所以穷理，而学问思辨亦所以养心，非谓养心之时无有所谓理，而穷理之时无有所谓心也。此古人之学所以知行并进而收合一之功，后世之学所以分知行为先后，而不免于支离之病者也。"曰："然则朱子所谓如何而为'温凊之节'，如何而为'奉养之宜'者，非致知之功乎？"曰："是所谓知矣，而未可以为致知也。知其如何而为温凊之节，则必实致其温凊之功，而后吾之知始至；知其如何而为奉养之宜，则必实致其奉养之力，而后吾之知始至。如是乃可以为致知耳。若但空然知之为如何温凊奉养，而遂谓之致知，则孰非致知者耶？《易》曰：'知至，至之。'知至者，知也；至之者，致知也。此孔门不易之教，百世以俟圣人而不惑者也。"

尧舜之道，孝悌而已

王阳明在《传习录》中说："孟氏'尧舜之道，孝悌而已'者，是就人之良知发见得最真切笃厚、不容蔽昧处提省人，使人于事君、处友、仁民、爱物，与凡动静默语间，皆只是致他那一念事亲从兄真诚恻怛的良知，即自然无不是道。盖天下之事虽千变万化，至于不可究诘，而但唯致此事亲从兄一念真诚恻怛之良知以应之，则更无有遗缺渗漏者，正谓其只有此一个良知故也。事亲从兄一念良知之外，更无有良知可致得者，故曰：'尧舜之道，孝悌而已。'此所以为'惟精惟一'之学，放之四海而皆准，'施之后世而无朝夕'者也。"

这段话的意思是：孟子说"尧舜之道，孝悌而已"，是就人的良知显现发挥得最真切笃实、最不能被蒙蔽的地方提醒人，使人在忠君、交友、爱民、爱物，乃至行动、静止、说话、沉默时都只是致他那一念侍奉父母、尊敬兄长的真诚恻隐的良知，那么人就自然处于圣道之中了。天下事虽然千变万化，以至不可穷尽，但是只要以致侍奉父母、尊敬兄长的真诚恻隐的良知去应付，那么就不会有什么遗漏缺失，这正是只有这一个良知的缘故。除了侍奉父母、尊敬兄长的良知之外，再也没有别的良知可以致了，所以孟子说："尧舜之道，孝悌而已。"这就是所谓的"惟精惟一"的学问，放之四海而皆准，后世推行它，一朝一夕也不能例外。

王阳明在这里论证了孟子的话"尧舜之道，孝悌而已矣"，并说施行仁义从孝悌开始。

人人都要育一颗真诚的孝心

有弟子问孝的问题，王阳明则强调人人都要育一颗真诚的孝心："此心若无人欲，纯是天理，是个诚于孝亲的心。冬时自然思量父母的寒，便自要求个温的道理；夏时自然思量父母的热，便自要求个清的道理。这都是那诚孝的心发出来的条件，却是须有这诚孝的心，然后有这条件发出来。"

王阳明一再强调做儿女要有一颗诚于孝亲的心，为此他还打了个比方："对一棵树来说，树根就是那颗诚恳孝敬的心，枝叶就是尽孝的许多细节。树，它必须先有根，而后才有枝叶。并非先找了枝叶，然后去种根。"由此可见，王阳明看重的不是拿什么去孝敬父母，而是孝敬的那颗诚心。如果没有一颗诚心，做不到表里如一，那就谈不上是在尽孝。

潮州有个名叫黄保的人十分欣赏王阳明的才华，由于身体欠佳，于是派了儿子黄梦星到王阳明处进修。可是黄梦星总是从家到王阳明处来回跑。王阳明对弟子长期两地奔波的行为感到不太理解，于是就问其原因。黄梦星回答说，他的父亲是一个崇尚圣贤之道的人，一直将王阳明视作一个有才德的人，所以希望儿子学有所成，并说，只要儿子学有所成，哪怕父亲死时没有棺材钱也在所不惜，并会心满意足。

黄梦星是按照父亲的要求才千里迢迢来学习，但父亲身体有病，一直牵挂在心，不多久就想回家陪伴父亲。可是，回到家后，父亲总是早早为儿子准备了行李，指责儿子这么做根本不是在尽孝，因为他的志向被所谓的孝心埋没了。由此一来，黄梦星就很纠结，他只好在不违背父命和想要尽孝的夹缝中选择了两地奔波。

黄保的这种教育孩子的方式得到了王阳明的赞许，他也慨叹黄梦星是一个孝子，做到了尽孝修行两不误。

王阳明从心学出发，将孝行看作是发自内心的一种表现，如果不是打心眼里尽孝，那种孝行顶多也就是个表现形式而已。所以相比之下还是内心的孝行更为重要。

王阳明对弟子傅凤的点拨，也是极其有震撼力的。傅凤有孝心，但方法没搞对。他为了早点脱贫致富而孝敬父母，所以立志要考取功名，结果却因为整日学习得不到休息最终病倒了。王阳明批评他说："一个人只有保证自己身体的康健，端正对父母的情感态度，尽心尽责地做好该做的事情，才是孝行。因为你首先满足了父母的期待，这比给予父母丰厚的物质生活更重要。"可见，王阳明对待孝行纯粹是从内心世界出发，将物质回报和精神回报区别开来。而且反复强调的是子女在尽孝的时候要是不能让父母高枕无忧那还算是什么孝心，所以必须要保持着虔诚的态度，让父母了解自己的一切状况，让他们安心才是最实际的。

孝敬父母不仅要在物质上有所提供，更关键的是要用心。所谓"原心不原迹，原迹家贫无孝子"，就是说如果你把能否给父母丰衣足食看成是孝顺的话，那么家里贫穷就没有孝子了。可古代的许多著名的孝子都是贫穷的人，比如孔子的学生子路。

子路有孝心，但年轻时家里很穷，他在外边打工，天天吃野菜，却把打工赚来的钱买了米，从百里之外背米回家侍奉双亲。后来子路做官了，很有钱。他出使楚国的时候，有豪华的车队，还有很多随从，吃的也是"山珍海味"，但是锦衣玉食的日子却让子路哭了起来。他说："现在我可以吃得很好，睡得很好，穿得也好，可我就算是还想背负着一袋米，走上百里的路去供奉我的双亲也不能了。"这个时候他的父母已经过世了。孔子觉得他很孝顺，就安慰他说："你的父母应该感到很满足了，因为他们在世的时候已享受到你的孝敬了。"

只要对父母有虔诚的心，并尽自己的所能让父母感到幸福，这就是最诚挚的孝顺了。

因此，王阳明一再强调为人子女者要有"诚于孝亲的心"。他还打比方说："譬之树木，这诚孝的心便是根，许多条件便是枝叶，须先有根然后有枝叶，不是先寻了枝叶然后去种根。"所以，子女在孝顺父母的时候，一定要真心诚意，表里如一。

孝顺是发自内心由衷而出的。孝不仅仅是形式，更重要的是内心。一个人总强调正己，而正己的伊始要从回馈父母开始。孝为百德之首，一个不知爱父母、没有德行的人绝难成事。

不尽孝道，家庭不睦

王阳明警示大家，不尽孝道，家庭无和睦。他说："父而慈焉，子而孝焉，吾良知所好也；不慈不孝焉，斯恶之矣。"

《论语·学而》中说："其为人也孝悌，而好犯上者，鲜矣；不好犯上，而好作乱者，未之有也。君子务本，本立而道生；孝悌也者，其为仁之本与！"其意为："做人，孝顺父母，尊敬兄长，而喜好冒犯长辈和上级的，是很少见的；不喜好冒犯长辈和上级，而喜好造反作乱的人，是没有的。君子要致力于根本，根本确立了，治国、做人的原则就产生了。因此，孝顺父母，敬爱兄长，可以作为'仁'的根本。"

中国传统文化的基因是孝。"儒家认为，"孝"是伦理道德的起点。一个重孝道的人，必然是有爱心、讲文明的人。重孝道的家庭，亲情浓郁、关系牢固；反之，必然是亲情淡薄、家庭结构脆弱，容易解体。而家庭是社会的基础，可见，不重孝道将会影响到整个社会的稳定与和谐。

"父母德高，子女良教"，这说的是父母是孩子的榜样，父母的言传身教，对孩子的一生都会产生重大的影响，甚至对孩子的一生起着决定性的作用。对子女的教育，父母要先以身作则为孩子树立榜样，才能达到良好的效果。在一个家庭中，父母的一言一行，孩子耳濡目染，并会极力效仿，所以要求孩子做到自己必须首先要做到。父母教育孩子，对于孩子来说，重要的不是听父母讲了多少道理，而是要看父母怎样做，如果父母自身的所作所为都不符合一个合格的父母的标准，那么要求孩子能够成为孝子则是很难的。

德行天下

王阳明在《传习录》里说："君子之政，不必专于法，要在宜于人；君子之教，不必泥于古，要在入于善。"

这句话的意思是：立政治民，不必完全依靠严法，最关键的因素是要有道德高尚的人来执政；良好的教育，不必拘泥于老办法，关键是能更好地指引人们做善事走正路，从而培养其良好的道德秩序。

这就是人们经常提到的 "为政以德" 的具体阐述。简单说来，王阳明认为应该用道德的力量介入到政治生活中，这便是封建社会中儒家政治学说的典型体现。

《论语》有："其身正，不令而行；其身不正，虽令不从。"意思就是说只要领导者本身行为端正能够成为众人的楷模，那么即使他不下什么命令也能让部下认真地服从；反之，如果一个领导者作风不正，即使他制定了一大堆的法规条款，部下也照样不会听他的话——这就是以德服人在管理学上的活用。当然，在日常的社交生活中也同样适用：一个守信用、讲道德的人，朋友们肯定会以礼相待；一个品行恶劣的人，即使有那么一两个狐朋狗友，也注定会用流氓哲学去伺候他。

王阳明说："君子之致权也有道，本之至诚以立其德。"意思是：君子掌握权力也要遵守一定规则，其根本法则要以至诚之心为立德之本。

王阳明在治理地方的时候说："每念斯民之陷溺，则为之戚然痛心，忘其身之不肖，而思以此救之，亦不自知其量者。天下之人见其若是，遂相与非笑而诋斥之，以为是病狂丧心之人耳。呜呼，是奚足恤哉？吾方疾痛之切体，而暇计人之非笑乎？"王阳明的意思是：每当想到百姓的困苦，我就十分沉痛，于是，我不顾自己是个不肖无才之人，希望用良知来挽救百姓，拯治天下，也是不自量力。天下人看到我这样，于是都来讥讽、诽谤我，说我是丧心病狂的人。唉，这还有什么可顾虑的？我正有着切肤的疼痛，又哪有空闲对别人的讥讽斤斤计较呢？

王阳明认为，自己此生的心愿就是用理智教化群众，让百姓摆脱困苦，让世界清朗起来。王阳明全身沉浸在水深火热的老百姓之中，不论别人说什么，哪有时间去计较别人的闲话呢！

敢于担当、以身作则

王阳明说："人胸中各有各圣人，只自信不及，都自埋倒了。"

这句话的意思是：每个人的心中都有一个真正的、圣人般的自己，这就是一个人的良知，但大家由于没有足够的自信，没有一种担当精神，就很难认识到这一点。

在修身治学中，一个人是否有担当，是非常重要的。一个人对一件事有担当，其实就是对自我的肯定，是一种出自内心的自信。这种自信是一种动力，能够促使自己不断地朝着这个方向去努力，这也是能否成就一番大事业的基础。

其实，"担当"就是一种内在的自信。在人生的道路上，要想获得成功，就必须具有一种担当精神，敢于肯定自己，相信自己能够做成一些事情，敢作敢为，这是一个不断成长的前提。

王阳明说："示之以不容之量，以安其情；扩之以无所竞之心，以平其气；昭之以不可夺之节，以端其向。"王阳明这段话的意思是说：一个领导者要显示出无所不容的胸怀，以使情绪安宁；让自己一心为公、无所竞争之心扩大开来，以平复其气；表现出不可夺的气节，以端正其志向。重要的是以身作则，为大家做出表率。

其实，在某种程度上可以说，一个人的领导地位是在以身作则的过程中自然形成的，只有通过这种形式获得的领导地位，才能牢固而有威信。

为官要磊落坦荡

王阳明说："坦然为之，下以上之，后以先之。是以功盖天下而莫之嫉，善利万物而莫与争。"

这段话的意思是：在出仕为官的过程中，最重要的还是历练自己的心，使其达到坦荡自然、清澈澄明的状态，不以得失为念，这才算进入了超凡入圣的境界。能这样去做的话，即使功高盖天下，也不会令别人感到嫉妒，做的好事有利于万物，而他人也不能够与你相争。

王阳明在修身治学、致良知的过程中，深刻地认识到了人与天地万物之间的关系，那就是要明天理，顺势而行。修身的功夫有进有退，而在人生的进程上同样也是有进有退的，这就要求一个人有见识，能正确对待进退问题。

虽然在仕途的进取上，王阳明抱着兼济天下的理想，希望能在一定的平台上，施展自己的智慧和才华，为社稷的稳定、百姓的安居做出自己的贡献。当权力到来时，他并不是像庄子那样对权力退避三舍，唯恐舒服了自己的身心以致不得自由，而是坦然地接受，在关键时刻甚至主动去争取。

王阳明总是按自己的良知去做，言行之间，常存"为善"之念，境界跟普通人不一样。他无论在哪个地方为官，都坚守我心光明，他认为这是为官之本。

"务求实用，毋事虚言。"王阳明做学问喜欢"简实"，讨厌"繁文"，做官也是如此。他说话、写文告言简意赅，不喜欢长篇大论，他办事讲求实效，不会被细枝末节的事情扰乱。他对下属的要求也是如此。他在庐陵要求诉状"但诉一事，不得牵连，不得过两行，每行不得过三十字"，便是他简实风格的体现。

"人情与法度兼顾"。王阳明重视赏罚，他行赏是为了激励士气，施罚只是为了以儆效尤，却不在于施罚本身，在可能的情况下，他也会在法律许可的范围内，依循人情，尽量减轻惩罚。例如，他率军平定宁王朱宸濠的叛乱以后，捕获了数百名从逆官员，其中许多人只是受情势所迫，为保身家性命，不得不附从宁王，并不是真心反叛。王阳明考虑到这一情况，曾一日连上数疏，请求对其中大部分官员减轻处罚。

"广求意见"。王阳明说："今日所急，唯在培养君德，端其志向。于此有立，政不足间，人不足谪，是谓一正君而国定。"在王阳明看来，要治理好一个国家，君王必须养德，端正其治国的态度。当一个君王以善养德，治理国家就不会有什么过失，就不会遭受人民的责备，天下也就安定了。王阳明还认为，君子养德，必须要善于听取下属的意见，博取众之所长来做决策。否则，就可能因为刚愎自用而走向灭亡。

王阳明无论在何地为官，都深入基层，调查研究，了解情况，而且他乐于倾听意见，不分官民，凡有意见，他无不欢迎，他还经常发布公文，广求意见。他的《十家牌法告谕各府父老子弟》非常谦虚地说："父老子弟，凡可以匡我之不逮，苟有益于民者，皆有以告我，我当商度其可，以次举行。"

"通情达理，主动沟通"。王阳明身领重任，职责所在，有时不得不做百姓不满的事，但他从不恃其强势，使狠蛮干，总是主动向百姓说明情况，寻求谅解。他数次统领大军，平息各路农民起义，以及宁王朱宸濠的叛乱，他当然不能让属下官兵饿着肚子打仗，一应军粮只能从当地征收，军队打扰民众的生活也在所难免。但他情真意切的解释，却能在很大程度上缓解了民众的不满情绪。

"赏罚要及时"。王阳明说："军旅之任，在号令严一，赏罚信果而已。"在王阳明看来，要培养一支战斗力强的队伍，不仅要制定严厉的纪律，还要做到赏罚分明，真正使众人信服。这其实就是在讲管理中的赏与罚的艺术。

贪心生，责此志，即不贪

王阳明说："贪心生，责此志，即不贪。"

这句话的意思是：贪心产生的时候，你去拷问内心，你去对照自己立的志向，就不会贪了。

人是身心的统一体，也是社会关系的总和。对于每一个人而言，维持内心的平衡与稳定是相当重要的。人活在尘世间，难免会有担忧、失落以及悲伤，这时的心灵就会处于一种失衡状态。如果心灵的平衡被打破，人就很容易到达崩溃的边缘。那么，该如何对待心灵的失衡呢？

在佛家看来，"人生本来是苦的，苦的根源在于各种欲望"。很多时候，心灵的失衡都是欲望过强导致的，当人的欲望太多时，我们的情绪便很容易被这种贪欲左右。在不知足的状态下，金钱多了还想再多，官位高了还想更高，房子大了还想更大……贪欲就像一把干草，一旦点起，就容易形成燎原之势，于是，对自我生存状态的否定以及盲目攀比的虚荣便阻断了我们快乐的根源。佛教认为要摆脱欲望之苦，唯一的方法就是修炼。只要从内心到行为，都按照一定的准则和要求进行修炼，禁止凡俗种种欲求，进入空门，就有望修成正果。

王阳明对佛家的这种看法无法深信。在他看来，普通人终身只是做一件事情，从少年到老年，从早上到晚上，不管有没有事，只做得一件事，就是必有事焉，即不管遇到什么事情，不要急于求成，用内心的良知去应付。面对贪欲也是一样，不要被毁誉得失给牵制住了。如果能实实在在地致良知，那么平日所见的善者未必是善，所说的不善者恐怕正是被毁誉得失所控制，自己把自己的良知给埋没了。所以人要致良知，就必须学会看淡，"与贪婪断交，与清风做伴"，保持一片淡泊心境，豁达地看待人生的潮起潮落。

知人善任，人尽其才

王阳明说："（荐贤）乃天下治乱盛衰所系，君子小人进退存亡之机，不可以不慎也。"

这句话的意思是说：任贤使能是维持和平稳定的事业环境的关键，是亲君子、远小人的重要条件，实在是不能不慎重考虑啊。

任贤使能是儒家的传统政治思想。孔子说："举直错诸枉，能使枉者直。"意思是说，把正直的人推举出来，邪恶小人也会变得正直。孟子说："尊贤使能，俊杰在位，则天下之士皆悦而愿立于其朝矣。"意思是说，统治者尊贤使能，则天下贤士都愿意到他的朝廷服务。在孔孟两位圣人的引导下，后世的儒家，大都主张任贤使能。

王阳明说："若果'进不求名，退不避罪'，单留一片报国丹心，将苟利国家，生死以之，又何愁不能'计险厄远近'，而'料敌制胜'乎？"王阳明十分注重人才的素质，在他看来，一个好的人才必须在功成名就时淡泊名利，在面临危机时敢于承担责任，尽心尽力地为团队效力，鞠躬尽瘁死而后已，保持"进不求名，退不避罪"的淡泊心态，就能够正确地分析和判断敌情，正确地考察地形的险易并计算道路的远近，最终获得胜利。这其实就是在告诫领导者要注重人才的素质，要善于发现素质良好的人才并给予重用。

王阳明在熟读古人识别人才的智慧后，对人才的素质有自己的理解。即人才必须具备的第一要素是良好的道德品质。王阳明认为，一个管理者必须竭力工作来回报上司的赏识，对下属则应多加关爱和鼓励，以激励下属更好地工作。如果做不到这两点，而是只顾着为自己争取更好的晋升机会和更多的利益，是无法管理好一个团队取得好的业绩的。正如王阳明所说："（为将者）唯以定乱安民为事，不以多获首级为功。"

人才还必须具备良好的心理素质。在王阳明看来，一个好的人才必须有良好的心理素质，做到临危不惊，当机立断，指挥若定。从心学的角度来说，就是必须不动心，否则就应付不了千变万化的职场。正如王阳明所说："用兵何术，但学问纯笃，养得此心不动乃术尔。凡人智能相去不甚远，胜负之决不待卜诸临阵，只在此心动与不动之间。昔与宁王逆战于湖上，时南风转急，而命某某为火攻之具。是时前军正挫却，某某对立矍视，三四申告，耳如弗闻。此辈皆有大名于时者，平时智术岂有不足，临事忙失若此，智术将何所施？"意思是说，一个将领若无良好的心理素质，就承受不了战场瞬息万变的形势。他可以因败而惊乱，因胜而狂喜。惊乱必然失措，狂喜亦致失措，在职场上也是如此。由此可见，一个人良好的心理素质，比他的学问、智谋要重要得多。

王阳明还看重人才的智慧韬略，他强调只有选取有谋略的官员统领士兵，才能做好管理工作。王阳明还认为，这些智慧韬略必须经由实践始能培养，而不由坐在书房里去苦思而得。正如王阳明所说："必须身习其事，斯节制渐明，智慧渐周，方可信行天下，未有不履其事而能造其理者。"

此外，王阳明不仅强调人才的道德素质、心理素质、智慧素质，还强调人才的专业技能水平。毕竟，专业技能水平才是一个人成就事业的基础素质。只有具备了以上四种素质，才能成为真正的人才。

对用人唯长，王阳明深有体会。他曾给弟子举了几个例子，说明用人唯长的问题。

春秋时著名的政治家管仲在辅佐公子纠时不仅没有帮助公子纠登上王位，在公子纠死后也没有为其死节尽忠，反而投奔了公子纠的仇人齐桓公，是一个不忠诚的人，但他辅佐齐桓公成为春秋时期的第一霸主，自己也被誉为"春秋第一相"。这里说明齐桓公是十分懂得管仲的长处的。

战国著名的军事家吴起在鲁国娶了一位齐国宗室的女子为妻，鲁国人对即将担任统帅的吴起表示怀疑，吴起为博得鲁国信任，竟不惜杀死自己的妻子来保住将位，实在是一个残忍的人；但鲁王看重他的才气，成就了吴起的事业。因此，他被后人视为"名将"。

西汉的开国功臣陈平辅佐汉王刘邦时接受将领们的金子,送金多的得好去处,送金少的得坏去处,是一个贪婪的人,但他因为富有杰出的政治才能,六出奇计帮助刘邦脱离险境,因而得到了刘邦的重用。

由此,王阳明得出结论:人各有短长,问题在如何使用。而王阳明的建议是用人唯长,即"用人之仁去其贪,用人之智去其诈,用人之勇去其怒"。意思是说,任用人才良善的一面而抛弃其贪婪的一面,任用人才智慧的一面而抛弃其诡诈的一面,任用人才勇敢的一面而抛弃其冲动的一面。舍短用长,因材器使,不强人之所不能,方能上无废令,下无弃才。

第七章　稽山论道，为善去恶致良知

越中说良知

正德十六年（1521）三月，明武宗朱厚照因病逝世，他的堂弟朱厚熜即位，就是后来的明世宗嘉靖皇帝。这个年仅十五岁的小皇帝上位不久就下旨令王阳明赴京。

王阳明接到赴京的圣旨万分激动，因为武宗亲征，权奸弄事，王阳明被玩弄于股掌之间，立下战功不但没有奖励，反而背负了一身冤屈。

六月二十日，王阳明奉旨上京，去京的路上他还回了趟老家探望久别的父亲，并又从绍兴动身，经杭州去北京。正德十六年（1521）七月二十八日，刚到杭州的王阳明接到了南京兵部尚书任命书。但是，有关平叛一事还是没有任何动静。直到十一月初九，朝廷才对在平叛中有功的人员进行了封赏，王阳明也因此而被封为"新建伯"，三代并妻一体追封，给予诰卷，子孙世袭，每年有禄米一千石。此时距离宸濠之乱的平定已经整整过去了两年。

正德十六年（1521）末，获封"新建伯"时，王阳明正好在绍兴为父亲庆祝生日，很多亲朋好友前来祝寿的同时还祝贺王阳明获此荣誉。父亲王华了解儿子的心情，他冷静地说："儿子在外打仗平乱五年，这期间我们父子没有见过一面，我没有任何怨言，因为这是他的职责，我只是担心他的身体。这么多年，经过大大小小的事情，人人都羡慕我儿的幸运，还有我王家的荣光。但是，所谓福祸相依，我只希望我儿应时刻记住人以为荣，我以为惧也。"

这份迟来的封赏，既令人高兴又令王阳明难受，难受的是真正参与平叛之战的将士除了王阳明和伍文定之外，其余所有将士一概没有封赏，这让王阳明陷入不义之徒的难堪境地。在别人看来王阳明是把功劳独贪了，王阳明岂不成为众矢之的。面对这样的封赏，王阳明只好辞让，写了《辞封爵普恩赏以彰国典疏》，奏疏中，王阳明以"承蒙圣恩，才能在短时间内平灭叛乱""功在那些冲锋陷阵的人，而不在己""身体每况愈下""父亲久病在身"等原因，又说自己也没什么特殊贡献，都是朝廷和下面将士的努力，说自己不该贪天之功，恳请朝廷收回授予"新建伯"的成命。奏疏虽然写得婉转，但是不满的情绪却也显现了出来，朝中也无人能驳，但是也没什么结果。

王阳明只好再次写了《再辞封爵普恩赏以彰国典疏》，洋洋洒洒数千言，最后简直是以哀求的口吻说出这样一番话来：

> 至于号告三军，则虽激之以忠义，而实歆之以爵禄延世之荣；励之以名节，而复动之以恩赏绚耀之美。是非敢以虚言诱之也，以为功而克成，则此爵禄恩赏亦有国之常典，理所必有也。今臣受殊赏而众有未逮，是臣以虚言罔诱其下，竭众人之死而共成之，掩众人之美而独取之，见利忘信，始之以忠信，终之以贪鄙，外以欺其下，而内失其初心，亦何颜面以视其人乎？故臣之不敢独当殊赏者，非不知封爵之为荣也，所谓有重于封爵者，故不为苟得耳。

到第二年二月，朝廷又有诏书送到，进封王华"新建伯"，追封王阳明的祖父王伦、曾祖王杰俱为"新建伯"。年届古稀的王华已经病重卧床，听说朝廷使者就在门口，连忙催促王阳明及其诸弟出迎，以为虽在仓促之间，却不可怠慢了礼仪。得知册封礼成，王华这才瞑目而逝。

归越后，王阳明感慨万千，作《归兴二首》，抒发经历多年征战和磨难后舒畅的心情：

一

> 百战归来白发新，青山从此作闲人。
> 峰攒尚忆冲蛮阵，云起犹疑见虏尘。
> 岛屿微茫沧海暮，桃花烂漫武陵春。

　　而今始信还丹诀，却笑当年识未真。

二

　　归去休来归去休，千貂不换一羊裘。
　　青山待我长为主，白发从他自满头。
　　种果移花新事业，茂林修竹旧风流。
　　多情最爱沧州伴，日日相呼理钓舟。

　　在这两首七律中，王阳明对历年征战的艰辛，生命流逝轻轻带过，而将诗情重点放在摆脱政治旋涡后的轻松和自由感上。他所向往的"武陵春"并不是过一种超脱人世的隐居生活，而是过他所倾心的传道授业的生活。

　　明朝礼制，父丧需守制三年，其实王阳明一守就是六年，这六年使王阳明心学成熟完善，心学大放光芒。

　　正德十六年（1521）四月二十二日，朱厚熜从安陆藩到京城，一路上都在思考如何即位的问题，因为他的身份特殊，以什么身份登基，他的想法和朝中的当权者是不一样的。

　　由于正德皇帝朱厚照无子嗣，他的母亲便下旨命朱厚熜为"嗣君"，是以"兄终弟及"的原则即位，但是等朱厚熜真正快到北京时，朝中掌权的大臣却要以"皇太子"的礼仪来迎接他进城。礼仪的规模降级了不说，连辈分都发生了变化，本是堂兄弟最后成了子侄。朱厚熜知道后十分不满，他认为自己不是来当皇太子的，而是继嗣皇位，于是派人将自己的意思传达给朝廷。以杨廷和为首的大臣们想劝说朱厚熜，朱厚熜坚决不同意，表示宁可回去也不屈尊。杨廷和也向皇太后请示，皇太后下旨新皇帝即刻进城。这样，朱厚熜就赢了第一个回合。

　　第二个回合是围绕新皇帝生父的尊号等问题，争论反反复复维持了三四年。因为是以争论"礼"为开端，争论"权"为结尾，因此，这场争论被称为"大礼仪"。

　　大礼仪分为两派，一派是以杨廷和为代表的当朝权臣们，他们认为只有明武宗的父亲孝宗才是皇父，而明世宗朱厚熜的父亲应该为皇叔父。另一派是朱厚熜及支持他的臣子们，他们则认为皇父应该是明世宗朱厚熜的父亲，而明武宗的父亲应该是皇伯父。

　　大礼仪之争，王阳明正好守制在家，他把这场争论置之度外，不加评说。王阳明知道，他的不加评说还是得罪了许多人，但他此时一心致良知，对自己的荣辱得失已置之度外了。

在大礼仪争得不可开交的时候，王阳明写诗感怀，《碧霞池夜坐》：

> 一雨秋凉入夜新，池边孤月倍精神。
> 潜鱼水底传心诀，栖鸟枝头说道真。
> 莫谓天机非嗜欲，须知万物是吾身。
> 无端礼乐纷纷议，谁与青天扫宿尘？

《夜坐》：

> 独坐秋庭月色新，乾坤何处更闲人？
> 高歌度与清风去，幽意自随流水春。
> 千圣本无心外诀，《六经》须拂镜中尘。
> 却怜扰扰周公梦，未及惺惺陋巷贫。

王阳明讽刺大礼仪那种无为的争论，这种争论就是心镜被尘埃遮蔽的表现。

王华一去世，朝中的当权者们倒大大松了一口气，守孝三年，就意味着王阳明在这三年内都不会对他们构成威胁，造成不利。即便如此，当权者们还是继续弹劾王阳明，甚至包括他的学说，心力交瘁的王阳明终于抵挡不住，卧床病倒。

嘉靖二年（1523），又到了每三年举行一次的科举会试。这一次最后一场的"策论"题竟然是要求考生对心学做出评论，这道题惹怒了很多参加会试的王阳明的学生。

王阳明的弟子王珊一见这道题，当场就掷笔离开了考场。王珊认为假如要昧着良心批判自己的师门，那还不如一辈子都不当官。

王阳明另外几位参加会试的学生虽然没有当场离去。但是在答卷中却是理直气壮地阐释了心学。令人诧异的是，这几名学生后来竟然都被录取了。王阳明的学生钱德洪在这年的会试中落榜，回到浙江后见到王阳明，他并不为自己的落榜而失望，反而是为老师的学说受到如此待遇而愤慨。王阳明听后反倒说，心学从此之后要大白于天下了。钱德洪听后，很是不解。王阳明解释道："我只是跟我的学生讲学，自然我的学说只能在学生们之间流传，天下人不可能皆知。这一次，集聚天下考生的会试竟然以我的学说来命题，不管是批判还是赞同，我的学说大告于天下，这是事实。一次会试，岂不是在宣扬我的学说？"钱德洪听后，忙点头称是。

嘉靖二年（1523）春，邹谦之拜访了在绍兴讲学的王阳明，求教学问。

邹谦之逗留数日后，王阳明和其他门人一起将他送到浮峰，留宿在延寿寺。秉烛夜坐，先生慨怅不已，说："江涛烟柳，故人倏在百里外矣！"有门人问："先生何念谦之之深也？"王阳明回答说："曾子所谓'以能问于不能，以多问于寡；有若无，实若虚；犯而不校'，若谦之者，良近之矣。"可见在王阳明心中他是最接近曾子嘉许的人。曾子嘉许的人是颜回，王阳明把高徒邹谦之比作颜回。

王阳明写给邹谦之的诗《次谦之韵》，诗中批评了宋儒求理于心外的错误，叙述了体认良知的必要性。

> 珍重江船冒暑行，一宵心话更分明。
> 须从根本求生死，莫向支流辨浊清。
> 久奈世儒横臆说，竞搜物理外人情。
> 良知底用安排得？此物由来自浑成。

嘉靖二年（1523）十一月，都御史林见素致仕，打算渡钱塘江来拜访王阳明。他比王阳明长二十岁，曾多次给予王阳明庇护。王阳明前往萧山迎接素公，夜宿浮峰延寿寺，共论时事。当时王阳明门人张元冲在船上就佛、老提问道："二氏与圣人之学所差毫厘，谓其皆有得于性命也。但二氏于性命中着些私利，便谬千里矣。今观二氏作用，亦有功于吾身者，不知亦须兼取否？"对此，王阳明做了一个经典的回答："说兼取，便不是。圣人尽性至命，何物不具，何待兼取？二氏之用，皆我之用：即吾尽性至命中完养此身谓之仙；即吾尽性至命中不染世累谓之佛。但后世儒者不见圣学之全，故与二氏成二见耳。譬之厅堂三间共为一厅，儒者不知皆吾所用，见佛氏，则割左边一间与之；见老氏，则割右边一间与之；而己则自处中间，皆举一而废百也。圣人与天地民物同体，儒、佛、老、庄皆吾之用，是之谓大道。二氏自私其身，是之谓小道。"

　　王阳明晚年对佛、老的这番评论，可以说是以儒家为本的三教合一说。然而佛、老二氏并不认同三教合一，而是执着于自己的想法，排斥他人。儒家学者也从这种立场出发，认为应当求教于佛、老，兼容并蓄，遭到王阳明的批评。王阳明认为，圣人性命之学是完善的大道，也可以做到佛教的解脱和道教的长生。相反，佛、老则是偏于一边的小道，儒学家没必要特意兼取二氏。

　　在绍兴守制的岁月里，讲学几乎成为王阳明全部的社会活动。四方求学者纷至沓来。有钱德洪等八十多名弟子，对他们讲学。到了嘉靖二年，门下弟子日益增多，讲学呈现出空前的繁荣景象。钱德洪曾在《传习续录》二卷的跋文中描述了当时的盛况：

　　　　先生初归越时，朋友踪迹尚寥落，既后，四方来游者日进。癸未年后，环先生而居者比屋，如天妃、光相诸刹，每当一室，常合食者数十人，夜无卧处，更相就席；歌声彻昏旦。南镇、禹穴、王阳明洞诸山，远近诸刹，徒足所到，无非同志游寓所在。先生每临讲座，前后左右环坐而听者，常不下数百人，送往迎来，月无虚日；至有在侍更岁，不能遍记其姓名者。每临别，先生常叹曰："君等虽别，不出天地间，苟同此志，吾亦可以忘形似矣。"诸生每听讲出门，未尝不跳跃称快。尝闻之同门先辈曰："南都以前，朋友从游虽众。未有如在越之盛者。此虽讲学日久，孚信渐博，要亦先生之学日进，感召之机申变无方，亦自由不同也。"

　　嘉靖三年（1524）八月十五，王阳明和学生们大摆宴席，共度中秋。大家借酒助兴，场面非常热烈。载歌载舞中，王阳明忘却了所有的烦扰，这算得上是这些年来少有的高兴。看着这个场景，王阳明深感欣慰，心中兴起一种教书育人的满足感。从他当时所作的一首诗中可以看出，《月夜二首》（与诸生歌于天泉桥）：

一

　　万里中秋月正晴，四山云霭忽然生。
　　须臾浊雾随风散，依旧青天此月明。
　　肯信良知原不昧，从他外物岂能撄！

老夫今夜狂歌发，化作钧天满太清。

二

处处中秋此月明，不知何处亦群英？

须怜绝学经千载，莫负男儿过一生！

影响尚疑朱仲晦，支离羞成郑康成。

铿然舍瑟春风里，点也虽狂得我情。

只是短短的几句，就能感受到王阳明的喜悦之情。教书育人，修身养性，这是多么惬意而又高兴的事情！王阳明借中秋明月如昼，喻"良知"本体自明，不被外物干扰，勉励弟子以圣学为己任。

关于良知的培育，王阳明有一段对"夜气"的论述。《传习录》有一段关于"夜气"的对话，问得刁钻，答得巧妙：

问："通乎昼夜之道而知。"先生曰："良知原是知昼知夜的。"又问："人睡熟时，良知亦不知了。"曰："不知何以一叫便应？"曰："良知常知，如何有睡熟时？"曰："向晦宴息，此亦造化常理。夜来天地混沌，形色俱泯，人亦耳目无所睹闻，众窍俱翕，此即良知收敛凝一时。天地既开，庶物露生，人亦耳目有所睹闻，众窍俱辟，此即良知妙用发生时。可见人心与天地一体，故'上下与天地同流'。今人不会宴息，夜来不是昏睡，即是忘思魔寐。"曰："睡时功夫如何用？"先生曰："知昼即知夜矣。日间良知是顺应无滞的，夜间良知即是收敛凝一的，有梦即先兆。"

又曰："良知在'夜气'发的，方是本体，以其无物欲之杂也。学者要使事物纷扰之时，常如'夜气'一般，就是'通乎昼夜之道而知'。"

王阳明的意思是可以通过"夜气"窥见良知的萌芽，发现一个人的善端。但如何才能把善端这一幼苗培育大呢？那就是"集义"。所谓"集义"就是不断在心中积累正义，具体方法就是永远依照道德的指引做事，将良知的幼芽培育为参天大树。

王阳明还专门写过一篇《夜气说》：

> 天泽每过，辄与之论夜气之训，津津既有所兴起。至是告归，请益。复谓之曰："夜气之息，由于旦昼所养，苟梏亡之反复，则亦不足以存矣。今夫师友之相聚于兹也，切磋于道义而砥砺乎德业，渐而入焉，反而愧焉，虽有非僻之萌，其所滋也亦已罕矣。迨其离群索居，情可得肆而莫之警也，欲可得纵而莫之泥也，物交引焉，志交丧焉，虽有理义之萌，其所滋也亦罕矣。故曰：'苟得其养，无物不长；苟失其养，无物不消。'夫人亦孰无理义之心乎？然而不得其养者多矣，是以若是其寥寥也。天泽勉之！"

王阳明对良知的解释，做了许多理论上的阐述，后来他发现，这种阐述虽能自圆其说，但比较费解。于是他不断用浅显的诗歌来做揭示，著名的如《咏良知四首示诸生》：

一

个个人心有仲尼，自将闻见苦遮迷。

而今指与真头面，只是良知更莫疑。

二

问君何事日憧憧？烦恼场中错用功。

莫道圣门无口诀，良知两字是参同。

三

人人自有定盘针，万化根源总在心。

却笑从前颠倒见，枝枝叶叶外头寻。

四

无声无臭独知时，此是乾坤万有基。

抛却自家无尽藏，沿门持钵效贫儿。

这样简明直接的解释，对王阳明的门人、学子来说带来了极大的方便，也预示着王阳明的良知心学走向了社会。

再如《示诸生三首》。

第一首：

> 尔身各各自天真，不用求人更问人。
> 但致良知成德业，谩从故纸费精神。
> 乾坤是易原非画，心性何形得有尘？
> 莫道先生学禅语，此言端的为君陈。

这首诗是说，人本来就具有天然无雕饰的良知，不需要求之于人或书籍。若能发挥良知，便可成就德业。

第二首：

> 人人有路透长安，坦坦平平一直看。
> 尽道圣贤须有秘，翻嫌易简却求难。
> 只从孝弟为尧舜，莫把辞章学柳韩。
> 不信自家原具足，请君随事反身观。

这首诗并没有直接论述良知，只是告诉我们，人生道路是平平坦坦的，就是《易》所讲的易简，因此，不可求难于文辞。而且，反观自身，便知有良知，遵循良知可以轻易成就德业。

第三首：

> 长安有路极分明，何事幽人旷不行？
> 遂使蓁茅成间塞，尽教麋鹿自纵横。
> 徒闻绝境劳悬想，指与迷途却浪惊。
> 冒险甘投蛇虺窟，颠崖堕壑竟亡生。

这首诗将求道比作去长安的行人，叙述了良知乃简易之道，人们却去冒险，最终导致身亡。这条道极为分明，人们却因见闻、文辞把它当作险难之道，自讨苦吃。

王阳明对弟子、对朋友极重情谊。每次临别都写诗送别，诗中阐明"良知"精义，如《林汝桓以二诗寄次韵为别》：

一

断云微日半晴阴，何处高梧有凤鸣？

星汉浮槎先入梦，海天波浪不须惊。

鲁郊已自非常典，膰肉宁为脱冕行。

试向沧浪歌一曲，未云不是《九韶》声。

二

尧舜人人学可齐，昔贤斯语岂无稽？

君今一日真千里，我亦当年苦旧迷。

万理由来吾具足，《六经》原只是阶梯。

山中尽有闲风月，何日扁舟更越溪？

王阳明采用借喻的手法，将自己的心学思想、人格理想融于诗句中，在《送萧子雝宪副之任》一诗中，王阳明表达了儒家的进退思想：

衰疾悟止足，闲居便静修。

采芝深谷底，考槃南涧头。

之子亦早见，枉帆经旧丘。

幽寻意始结，公期已先道。

星途触来暑，拯焚能自由。

黄鹄一高举，刚风翼难收。

怀兹恋丘陇，回顾未忘忧。

往志局千里，岂伊枋榆投。

哲士营四海，细人聊自谋。

圣作正思治，吾衰亮何酬！

所望登才俊，济济扬鸿休。

隐者嘉肥遁，仕者当谁俦？

宁无寥寂念？宜急疮痍瘳。

舍藏应有时，行矣毋淹留！

在《心渔歌为钱翁希明别号题》（钱翁，德洪父。三岁双瞽，好古博学，能诗文）一诗中，王阳明将"良知"比作"渔网"：

有渔者歌曰："渔不以目惟以心，心不在鱼渔更深。北溟之鲸殊小小，一举六鳌未足歆。""敢问何如其为渔耶？"曰："吾将以斯道为网，良知为网，太和为饵，天地为舫。絮之无意，散之无方。是谓得无所得，而忘无可忘者矣。"

《秋夜》一诗较能反映出王阳明对"万物一体"的领悟：

春园花木始菲菲，又是高秋落叶稀。
天迥楼台含气象，月明星斗避光辉。
闲来心地如空水，静后天机见隐微。
深院寂寥群动息，独怜乌鹊绕枝飞。

嘉靖四年（1525），王阳明又作《后中秋望月歌》：

一年两度中秋节，两度中秋一样月。
两度当筵望月人，几人犹在几人别？
此后望月几中秋？此会中人知在否？
当筵莫惜殷勤望，我已衰年半白头。

因当年闰八月，所以才有"两度中秋节"。

嘉靖五年（1526）又逢中秋佳节，王阳明望月抒怀，作《中秋》诗。此时主要表达对"良知"之心的赞美，以及对人生和生命的思考：

去年中秋阴复晴，今年中秋阴复阴。
百年好景不多遇，况乃白发相侵寻！

吾心自有光明月，千古团圆永无缺。

山河大地拥清辉，赏心何必中秋节！

《挽潘南山》：

圣学宫墙亦久荒，如公精力可升堂。

若为千古经纶手，只作终年著述忙。

末俗浇漓风益下，平生辛苦意难忘。

西风一夜山阳笛，吹尽南冈落木霜。

《和董萝石菜花韵》一诗，点出体悟万物之法："自得"：

油菜花开满地金，鹁鸠声里又春深。

闾阎正苦饥民色，畎亩长怀老圃心。

自有牡丹堪富贵，也从蜂蝶谩追寻。

年年开落浑闲事，来赏何人共此襟？

在《答人问良知二首》中，王阳明揭示了"良知"就是"独知"的美学思想：

一

良知即是独知时，此知之外更无知。

谁人不有良知在，知得良知却是谁？

二

知得良知却是谁？自家痛痒自家知。

若将痛痒从人问，痛痒何须更问为？

嘉靖四年（1525）正月，王阳明的妻子诸氏去世，附葬于徐山。

王阳明和妻子诸氏结婚后一直没有子嗣，在他四十四岁的时候，便把堂弟王守信八岁的儿子过继到自己名下，取名为正宪。王阳明对正宪的教育非常认真、严格，有家训典范《示宪儿》：

　　幼儿曹，听教诲：勤读书，要孝悌；学谦恭，循礼义，节饮食，戒
游戏。毋说谎，毋贪利；毋任情，毋斗气；毋责人，但自治。能下人，
是有志；能容人，是大器。凡做人，在心地：心地好，是良士；心地
恶，是凶类。譬树果，心是蒂；蒂若坏，果必坠。吾教汝，全在是。汝
谛听，勿轻弃。

在绍兴期间，王阳明还亲自调教正宪，如《书扇示正宪》诗所示：

　　汝自冬春来，颇解学文义。
　　吾心岂不喜？顾此枝叶事。
　　如树不植根，暂荣终必瘁。
　　植根可如何？愿汝且立志！

王阳明告诫正宪要自谦自信，他作《〈书正宪扇〉（乙酉）》：

　　今人病痛，大段只是傲。千罪百恶，皆从傲上来。傲则自高自是，
不肯屈下人。故为子而傲，必不能孝；为弟而傲，必不能弟；为臣而
傲，必不能忠。象之不仁，丹朱之不肖，皆只是一"傲"字，便结果了
一生，做个极恶大罪的人，更无解救得处。汝曹为学，先要除此病根，
方才有地步可进。"傲"之反为"谦"。"谦"字便是对症之药。非但
是外貌卑逊，须是中心恭敬，撙节退让，常见自己不是，真能虚己受
人。故为子而谦，斯能孝；为弟而谦，斯能弟；为臣而谦，斯能忠。尧
舜之圣，只是谦到至诚处，便是允恭克让，温恭允塞也。汝曹勉之敬
之，其毋若伯鲁之简哉！

　　妻子诸氏死后，王阳明续娶张氏。嘉靖五年（1526）十二月十二日，也就是
王阳明五十五岁时，张氏为其生下了一个儿子。晚年得子的王阳明非常欢喜，为
儿子取名为正聪。王阳明还不忘赋诗以表达自己的欢心：

一

海鹤精神老益强，晚途诗价重珪璋。

洗儿惠兆金钱贵，烂目光呈奎井祥。

何物敢云绳祖武，他年只好共爷长。

偶逢灯事开汤饼，庭树春风转岁阳。

二

自分秋禾后吐芒，敢云琢玉晚珪璋。

漫凭先德余家庆，岂是生申降岳祥。

携抱且堪娱老况，长成或可望书香。

不辞岁岁临汤饼，还见吾家第几郎？

正聪此时出生对王阳明来说是非常重要的。因为儿子出生后的第二年王阳明便奉命出征广西，并死在了回家的途中。

王阳明生前对于家中的这种矛盾早有所知，所以临死前十分担忧张氏和正聪孤儿寡母难以立足，于是委托自己的学生为其家产进行分家，并且照看儿子正聪，为此他的学生们还专门成立了一个机构来处理这些问题。

王阳明在这期间还多次论述了圣学无妨举业的问题，他在给妻弟诸用明的信《寄诸用明》中说：

> 得书，足知迩来学力之长，甚喜！君子惟患学业之不修，科第迟速，所不论也。况吾平日所望于贤弟，固有大于此者，不识亦尝有意于此否耶？便中时报知之。

> 阶阳诸侄，闻去岁皆出投试，非不喜其年少有志，然私心切不以为然。不幸遂至于得志，岂不误却此生耶？凡后生美质，须令晦养厚积。天道不翕聚，则不能发散，况人乎？花之千叶者无实，为其华美太发露耳。诸贤侄不以吾言为迂，便当有进步处矣。

> 书来劝吾仕，吾亦非洁身者，所以汲汲于是，非独以时当敛晦，亦以吾学未成。岁月不待，再过数年，精神益弊，虽欲勉进而有所不能，则将终于无成。皆吾所以势有不容已也。但老祖而下，意皆不悦，今亦岂能决然行之？徒付之浩叹而已！

钱德洪在《年谱》里说：

德洪携二弟德周仲实读书城南。洪父心渔翁往视之。魏良政、魏良器辈与游禹穴诸胜，十日忘返。问曰："承诸君相携日久，得无妨课业乎？"答曰："吾举子业无时不习。"家君曰："固知心学可以触类旁通，然朱说亦须理会否？"二子曰："以吾良知求晦翁之说，譬之打蛇得七寸矣，又何忧不得耶？"家君疑未释，进问先生。先生曰："岂特无妨，乃大益耳！学圣贤者，譬之治家，其产业、第宅、服食、器物皆所自置，欲请客出其所，有以享之；客去，其物具在，还以自享，终身用之无穷也。今之为举业者，譬之治家，不务居积，专以假贷为功，欲请客，自厅事以至供具百物，莫不遍借，客幸而来，则诸贷之物一时丰裕可观；客去，则尽以还人，一物非所有也；若请客不至，则时过气衰，借贷也不备；终身奔劳，作一窭人而已。是求无益于得，求在外也。"明年乙酉大比，稽山书院钱楩与魏良政并发解江、浙。家君闻之笑曰："打蛇得七寸矣。"

这个故事非常生动地说明，圣学与举业相辅相成，有益无妨。

南大吉问政

越中讲学，其中最值得一讲的是南大吉求学问道的故事。南大吉，字元善，号瑞泉，时任绍兴知府。

南大吉与王阳明论学有悟，一天，南大吉问王阳明："大吉临政多过，先生何无一言？"

先生曰："何过？"

南大吉历数其事。

先生曰："吾言之矣。"

南大吉曰："何？"

先生曰："吾不言，何以知之？"

南大吉曰："良知。"

先生曰："良知非吾常言而何？"

南大吉笑谢而去。

居数日，复自数过加密，且曰："与其过后悔改，曷若预言不犯为佳也。"

先生曰："人言不如自悔之真。"南大吉笑谢而去。

居数日，复自数过益密，且曰："身过可勉，心过奈何？"

先生曰："昔镜未开，可得藏垢；今镜明矣。一尘之落，自难住脚。此正入圣之机也，勉之！"

由此可见，王阳明教化门人的妙法。王阳明通过明镜的比喻，告诉南大吉他已经自悟了良知，只要能够致良知，就能马上意识到过错并更改，并勉励他说这正是进入圣人之境的大好时机。王阳明在讲学的过程中不断地摸索，为了更好地讲学，他让每个新来的学生都先经过自己得意门生的熏染，略领入门之学后，再亲自传授。此时，各地书院兴起，王阳明便有书院四大记，阐述了学术思想和为政理念。

稽山书院位于绍兴卧龙山西岗，荒废已久。此时南大吉命其属下绍兴府山阴县知县吴瀛进行修复。边听王阳明讲述良知心学，边修筑尊经阁。王阳明受南大吉所托，作《稽山书院尊经阁记》：

经，常道也。其在于天谓之命，其赋于人谓之性，其主于身谓之心。心也，性也，命也，一也。通人物，达四海，塞天地，亘古今，无有乎弗具，无有乎弗同，无有乎或变者也。是常道也，其应乎感也，则为恻隐，为羞恶，为辞让，为是非；其见于事也，则为父子之亲，为君臣之义，为夫妇之别，为长幼之序，为朋友之信。是恻隐也，羞恶也，辞让也，是非也；是亲也，义也，序也，别也，信也；一也。皆所谓心也，性也，命也。通人物，达四海，塞天地，亘古今，无有乎弗具，无有乎弗同，无有乎或变者也，是常道也。是常道也，以言其阴阳消息之行焉，则谓之《易》；以言其纪纲政事之施焉，则谓之《书》；以言其歌咏性情之发焉，则谓之《诗》；以言其条理节文之著焉，则谓之《礼》；以言其欣喜和平之生焉，则谓之《乐》；以言其诚伪邪正之辨焉，则谓之《春秋》。是阴阳消息之行也，以至于诚伪邪正之辨也，一也。皆所谓心也，性也，命也。通人物，达四海，塞天地，亘古今，无有乎弗具，无有乎弗同，无有乎或变者也，夫是之谓《六经》。《六经》者非他，吾心之常道也。故《易》也者，志吾心之阴阳消息者也；《书》也者，志吾心之纪纲政事者也；《诗》也者，志吾心之歌咏性情者也；《礼》也者，志吾心之条理节文者也；《乐》也者，志吾心之欣喜和平者也；《春秋》也者，志吾心之诚伪邪正者也。君子之于《六经》也，求之吾心之阴阳消息而时行焉，所以尊《易》也；求之吾心之纪纲政事而时施焉，所以尊《书》也；求之吾心之歌咏性情而时发焉，所以尊《诗》也；求之吾心之条理节文而时著焉，所以尊《礼》也；求之吾心之欣喜和平而时生焉，所以尊《乐》也；求之吾心之诚伪邪正而时辨焉，所以尊《春秋》也。

盖昔者圣人之扶人极，忧后世，而述《六经》也，犹之富家者之父祖虑其产业库藏之积，其子孙者或至于遗忘散失，卒困穷而无以自全也，而记籍其家之所有以贻之，使之世守其产业库藏之积而享用焉，以免于困穷之患。故《六经》者，吾心之记籍也，而《六经》之实则具于吾心，犹之产业库藏之实积，种种色色，具存于其家。其记籍者，特名状数目而已。而世之学者，不知求《六经》之实于吾心，而徒考索于影响之间，牵制于文义之末，硁硁然以为是《六经》矣。是犹富家之子孙不务守视享用其产业库藏之实积，日遗忘散失，至于窭人丐夫，而犹嚣嚣然指其记籍曰"斯吾产业库藏之积也"，何以异于是！呜呼！《六经》之学，其不明于世，非一朝一夕之故矣。尚功利，崇邪说，是谓乱经；习训诂，传记诵，没溺于浅闻小见以涂天下之耳目，是谓侮经；侈淫辞，竞诡辩，饰奸心，盗行逐世，垄断而自以为通经，是谓贼经。若是者，是并其所谓记籍者而割裂弃毁之矣，宁复知所以为尊经也乎！

越城旧有稽山书院，在卧龙西冈，荒废久矣。郡守渭南南君大吉既敷政于民，则慨然悼末学之支离，将进之以圣贤之道。于是使山阴令吴君瀛拓书院而一新之，又为"尊经"之阁于其后。曰："经正，则庶民兴；庶民兴，斯无邪慝矣。"阁成，请予一言以谂多士。予既不获辞，则为记之若是。呜呼！世之学者既得吾说而求诸其心焉，其亦庶乎知所以为尊经也矣。

　　王阳明论说的特色在于将"六经"之常道归于吾心，认为"六经"为一、为心，"故'六经'者，吾心之记籍也，而'六经'之实则具于吾心。"指出它不在心外而在心内。"六经"的实体就是天理，天理就在每个人的心里，人们应当借助"六经"的文本来彰明心中的天理，然而，"世之学者，不求'六经'之实于吾心，而徒考索于影响之间，牵制于文义之末，硁硁然以为是'六经'矣。"

　　王阳明的"四大记"中第二记便是《亲民堂记》。这篇文章记录了绍兴知府南大吉将官衙命名为亲民堂的过程，解说了"亲民"的意义。不仅如此，还叙述了《大学》中"明明德""亲民""止至善"三大纲领的关系。当然，其根本在于致良知之道。

　　一天，南大吉向王阳明问政。

　　　　南子元善之治越也，过阳明子而问政焉。阳明子曰："政在亲民。"曰："亲民何以乎？"曰："在明明德。"曰："明明德何以乎？"王阳明答："在亲民。"曰："明德、亲民，一乎？"曰："一也。明德者，天命之性，灵昭不昧，而万理之所从出也。人之于其父也，而莫不知孝焉；于其兄也，而莫不知弟焉；于凡事物之感，莫不有自然之明焉：是其灵昭之在人心，亘万古而无不同，无或昧者也，是故谓之明德。其或蔽焉，物欲也。明之者，去其物欲之蔽，以全其本体之明焉耳，非能有以增益之也。"

　　王阳明说，无欲便可感知明德，人伦道德的具体化就在于亲民。

　　因此，明明德与亲民是一体的。既不能堕入佛、老的虚无，也不能只重亲民，不知明明德，而陷入霸者的功利之道。

　　南大吉进一步问："亲民以明其明德，修身焉可矣，而何家、国、天下之有乎？"

　　于是王阳明论述了"明明德中"万物一体的要诀。

"人者，天地之心也；民者，对己之称也；曰民焉，则三才之道举矣。是故亲吾之父以及人之父，而天下之父子莫不亲矣；亲吾之兄以及人之兄，而天下之兄弟莫不亲矣。君臣也，夫妇也，朋友也，推而至于鸟兽草木也，而皆有以亲之，无非求尽吾心焉以自明其明德也。是之谓明明德于天下，是之谓家齐国治而天下平。"

接着，南大吉又问《大学》三纲领之一的"止至善"："然则乌在其为止至善者乎？"

王阳明回答道：

昔之人固有欲明其明德矣，然或失之虚罔空寂，而无有乎家国天下之施者，是不知明明德之在于亲民，而二氏之流是矣；固有欲亲其民者矣，然或失之知谋权术，而无有乎仁爱恻怛之诚者，是不知亲民之所以明其明德，而五伯功利之徒是矣：是皆不知止于至善之过也。是故至善也者，明德亲民之极则也。天命之性，粹然至善。其灵昭不昧者，皆其至善之发见，是皆明德之本体，而所谓良知者也。至善之发见，是而是焉，非而非焉，固吾心天然自有之则，而不容有所拟议加损于其间也。有所拟议加损于其间，则是私意小智，而非至善之谓矣。人惟不知至善之在吾心，而用其私智以求之于外，是以昧其是非之则，至于横鹜决裂，人欲肆而天理亡，明德亲民之学大乱于天下……夫是之谓大人之学。大人者，以天地万物为一体也。夫然后能以天地万物为一体。

王阳明针对南大吉的提问，从"良知"说的角度明快地解说了《大学》的三纲领，由此才能完成以天地万物为一体的大人之学、圣人之学。他不仅尖锐地批判了佛、老二氏的空寂学说、霸者的功利之心，暗中也批判朱子学陷入了外求之弊端。

于是，南大吉将自己的官衙命名为亲民堂，并请王阳明写下这篇文章。

王阳明的第三记是《万松书院记》，万松书院位于杭州城南的凤凰山脚下，本来是个孔庙，在此基础上修了万松书院，工程完工后，请王阳明写了这篇书院记。这篇文章中，王阳明重点论述了书院中的明伦要诀：

　　夫三代之学，皆所以明人伦，今之学宫皆以"明伦"名堂，则其所以立学者，固未尝非三代意也。然自科举之业盛，士皆驰鹜于记诵辞章，而功利得丧分惑其心，于是师之所教，弟子之所学者，遂不复知有明伦之意矣。怀世道之忧者思挽而复之，则亦未知所措其力。

　　王阳明提倡书院要坚持明人伦，而不只是记诵辞章，书院的任务是引领好的学术风气。

　　王阳明的"四大记"中最后一记便是《重修山阴县学记》。论述"尽心"即心学，并具体论述了圣人之学仅在于"尽心"。

　　夫圣人之学，心学也。学以求尽其心而已……圣人之求尽其心也，以天地万物为一体也。吾之父子亲矣，而天下有未亲者焉，吾心未尽也。吾之君臣义矣，而天下有未义者焉，吾心未尽也。吾之夫妇别矣，长幼序矣，朋友信矣，而天下有未别、未序、未信者焉，吾心未尽也。吾之一家饱暖逸乐矣，而天下有未饱暖逸乐者焉，其能以亲乎？义乎？别、序、信乎？吾心未尽也。故于是有纪纲政事之设焉，有礼乐教化之施焉，凡以裁成辅相、成己成物，而求尽吾心焉耳。心尽而家以齐，国以治，天下以平。故圣人之学不出乎尽心。

　　文章最后，王阳明痛斥那些沉溺于辞章记诵之学，却指责圣人心学的世间学者：

　　世之学者，承沿其举业词章之习以荒秽戕伐其心，既与圣人尽心之学相背而驰，日鹜日远，莫知其所抵极矣。有以心性之说而招之来归者，则顾骇以为禅，而反仇仇视之，不亦大可哀乎！夫不自知其为非而以非人者，是旧习之为蔽，而未可遽以为罪也。有知其非者矣，藐然视人之非而不以告人者，自私者也。既告之矣，既知之矣，而犹冥然不以自反者，自弃者也。吾越多豪杰之士，其特然无所待而兴者，为不少矣，而亦容有蔽于旧习者乎？故吾因诸君之请而特为一言之。呜呼！吾岂特为吾越之士一言之而已乎？

　　文中猛烈批评那些是辞章之学而非圣人之学的学者，不知自己犯的错误，反而攻击圣人之学为禅，这是社会的大弊病。越乡多豪杰之士，大家应该觉醒了。

　　绍兴是水乡，治水是知府的头等大事，越城的河道多年未治，淤积和各种侵河的建筑为患，治河其实就是治人，与侵河之豪族进行斗争。南大吉下决心治河，取得了很大成绩，王阳明写《濬河记》予以肯定：

　　　　越人以舟楫为舆马，滨河而庐者，皆巨室也。日规月筑，水道淤隘；蓄泄既亡，旱潦频仍。商旅日争于途，至有斗而死者矣。南子乃决沮障，复旧防，去豪商之壅，削势家之侵。失利之徒，胥怨交谤，从而谣之曰："南守瞿瞿，实破我庐；瞿瞿南守，使我奔走。"人曰："吾守其厉民欤！何其谤者之多也？"阳明子曰："迟之！吾未闻以佚道使民，而或有怨之者也。"既而舟楫通利，行旅欢呼络绎。是秋大旱，江河龟坼，越之人收获输载如常。明年大水，民居免于垫溺。远近称忭。又从而歌之曰："相彼舟人矣，昔揭以曳矣，今歌以楫矣。旱之熇也，微南侯兮，吾其燋矣。霪其弥月矣，微南侯兮，吾其鱼鳖矣。我输我获矣，我游我息矣，长渠之活矣，维南侯之流泽矣。"人曰："信哉，阳明子之言：'未闻以佚道使民，而或有怨之者也。'"

　　　　纪其事于石，以诏来者。

　　王阳明记载南大吉浚河的功绩，以两则民谣对比，十分生动而有说服力。这时，王阳明作《博约说》，进一步论述了博文和约礼之关系：

　　　　南元真之学于阳明子也，闻致知之说而恍若有见矣。既而疑于博约先之训，复来请曰："致良知以格物，格物以致其良知也，则既闻教矣。敢问先博我以文，而后约我以礼也，则先儒之说，得无亦有所不同欤？"阳明子曰："理，一而已矣；心，一而已矣。故圣人无二教，而学者无二学。博文以约礼，格物以致其良知，一也。故先后之说，后儒支缪之见也。夫礼也者，天理也。天命之性具于吾心，其浑然全体之中，而条理节目，森然毕具，是故谓之天理。天理之条理谓之礼。是礼也，其发见于外，则有五常百行，酬酢变化，语默动静，升降周旋，隆杀厚薄之属；宜之于言而成章，措之于为而成行，书之于册而成训，炳然蔚然，其条理节目之繁，至于不可穷诘，是皆所谓文也。是文也者，礼之见于外者也；礼也者，文之存于中者也。文，显而可见之礼也；礼，微而难见之文也。是所谓体用一源，而显微无间者也。是故君子之学也，于酬酢变化、语默动静之间而求尽其条理节目焉，非他也，求尽吾心之天理焉耳矣；于升降周旋、隆杀厚薄之间而求尽其条理节目焉，非他也，求尽吾心之天理焉耳矣。求尽其条理节目焉者，博文也；求尽吾心之天理焉者，约礼也。文散于事而万殊者也，故曰博；礼根于心而一本者也，故曰约。博文而非约之以礼，则其文为虚文，而后世功利辞章之学矣；约礼而非博学于文，则其礼为虚礼，而佛、老空寂之学矣。是故约礼必在于博文，而博文乃所以约礼。二之而分先后焉者，是圣学之不明，而功利异端之说乱之也。

昔者颜子之始学于夫子也，盖亦未知道之无方体形像也，而以为有方体形像也；未知道之无穷尽止极也，而以为有穷尽止极；是犹后儒之见事事物物皆有定理者也，是以求之仰钻瞻忽之间，而莫得其所谓。及闻夫子博约之训，既竭吾才以求之，然后知天下之事虽千变万化，而皆不出于此心之一理；然后知殊途而同归，百虑而一致；然后知斯道之本无方体形像，而不可以方体形像求之也；本无穷尽止极，而不可以穷尽止极求之也。故曰：'虽欲从之，末由也已。'盖颜子至是而始有真实之见矣。博文以约礼，格物以致其良知也，亦宁有二学乎哉？"

王阳明在文中着力论述的观点是："理，一而已矣；心，一而已矣。故圣人无二教，而学者无二学。博文以约礼，格物以致其良知，一也。故先后之说，后儒支缪之见也。"即"约礼"就是"致良知"，是目的。而"博文"和"格物"都是手段。

此时，弟子刘邦采会合安福同志为会，名曰"惜阴"，请王阳明题写会籍。王阳明特作《惜阴说》：

同志之在安成者，间月为会五日，谓之"惜阴"，其志笃矣。然五日之外，孰非惜阴时乎？离群而索居，志不能无少懈，故五日之会，所以相稽切焉耳。

　　呜呼！天道之运，无一息之或停；吾心良知之运，亦无一息之或停。良知即天道，谓之"亦"，则犹二之矣。知良知之运无一息之或停者，则知惜阴矣；知惜阴者，则知致其良知矣。"子在川上曰：逝者如斯夫！不舍昼夜。"此其所以学如不及，至于发愤忘食也。尧舜兢兢业业，成汤日新又新，文王纯亦不已，周公坐以待旦，惜阴之功，宁独大禹为然？子思曰："戒慎乎其所不睹，恐惧乎其所不闻，知微之显，可以入德矣。"或曰："鸡鸣而起，孳孳为利。"凶人为不善，亦惟日不足，然则小人亦可谓之惜阴乎？

　　王阳明第二年因征思、田再过吉安，寄给安福诸朋友一封书信说："诸友始为惜阴之会，当时唯恐只成虚语，迩来乃闻远近豪杰闻风而至者以百数，此可以见良知之同然，而斯道大明之几于此亦可以卜之矣。明道有云：'宁学圣人而不至，不以一善而成名。'此为有志圣人而未能真得圣人之学者，则可如此说。若今日所讲良知之说，乃真是圣学之的传，但从此学圣人，却无不至者。惟恐吾侪尚有一善成名之意，未肯专心致志于此耳。"

心学荟萃《大学问》

　　嘉靖五年（1526）夏，右佥都御史聂豹趁巡察福建省之际，拜访了王阳明。当时没来得及拜师，书信往来中，自称晚生，王阳明去世后，来绍兴补拜师之礼。

　　聂豹与王阳明分别以后，写了一封长信给王阳明，王阳明写了回信《答聂文蔚（一）》，心中王阳明讲述了想要以良知为本的天地万物一体之仁心来拯救天下：

　　　　夫人者，天地之心，天地万物，本吾一体者也。生民之困苦荼毒，孰非疾痛之切于吾身者乎？不知吾身之疾痛，无是非之心者也。是非之心，不虑而知，不学而能，所谓良知也。良知之在人心，无间于圣愚，天下古今之所同也。世之君子惟务致其良知，则自能公自非，同好恶，视人犹己，视国犹家，而以天地万物为一体，求天下无治，不可得矣。古之人所以能见善不啻若己出，见恶不啻若己入，视民之饥溺犹己之饥溺，而一夫不获，若己推而纳诸沟中者，非故为是而以蕲天下之信己也，务致其良知，求自慊而已矣。尧、舜、三王之圣，言而民莫不信者，致其良知而言之也；行而民莫不说者，致其良知而行之也。是以其民熙熙暤暤，杀之不怨，利之不庸，施及蛮貊，而凡有血气者莫不尊亲，为其良知之同也。呜呼！圣人之治天下，何其简且易哉！

后世良知之学不明，天下之人用其私智以相比轧，是以人各有心，而偏琐僻陋之见，狡伪阴邪之术，至于不可胜说；外假仁义之名，而内以行其自私自利之实，诡辞以阿俗，矫行以干誉，掩人之善而袭以为己长，讦人之私而窃以为己直，忿以相胜而犹谓之徇义，险以相倾而犹谓之疾恶，妒贤忌能而犹自以为公是非，恣情纵欲而犹自以为同好恶，相陵相贼，自其一家骨肉之亲，已不能无尔我胜负之意，彼此藩篱之形，而况于天下之大，民物之众，又何能一体而视之？则无怪于纷纷籍籍，而祸乱相寻于无穷矣！

仆诚赖天之灵，偶有见于良知之学，以为必由此而后天下可得而治。是以每念斯民之陷溺，则为戚然痛心，忘其身之不肖，而思以此救之，亦不自知其量者。天下之人见其若是，遂相与非笑而诋斥之，以为是病狂丧心之人耳。呜呼！是奚足恤哉？吾方疾痛之切体，而眼计人之非笑乎！人固有见其父子兄弟之坠溺于深渊者，呼号匍匐，裸跣颠顿，扳悬崖壁而下拯之。士之见者方相与揖让谈笑于其傍，以为是弃其礼貌衣冠而呼号颠顿若此，是病狂丧心者也。故夫揖让谈笑于溺人之傍而不知救，此惟行路之人，无亲戚骨肉之情者能之，然已谓之无恻隐之心，非人矣。若夫在父子兄弟之爱者，则固未有不痛心疾首，狂奔尽气，匍匐而拯之。彼将陷溺之祸有不顾，而况于病狂丧心之讥乎？而又况于蕲人之信与不信乎？

呜呼！今之人虽谓仆为病狂丧心之人，亦无不可矣。天下之人心皆吾之心也，天下之人犹有病狂者矣，吾安得而非病狂乎？犹有丧心者矣，吾安得而非丧心乎？

昔者孔子之在当时，有议其为谄者，有讥其为佞者，有毁其未贤，诋其为不知礼，而侮之以为东家丘者，有嫉而沮之者，有恶而欲杀之者；晨门、荷蒉之徒，皆当时之贤士，且曰："是知其不可而为之者欤？""鄙哉！硁硁乎！莫己知也，斯己而已矣。"虽子路在升堂之列，尚不能无疑于其所见，不悦于其所欲往，而且以之为迂，则当时之不信夫子者，岂特十之二三而已乎？然而夫子汲汲遑遑，若求亡子于道路，而不暇于暖席者，宁以蕲人之知我信我而已哉？盖其天地万物一体之仁，疾痛迫切，虽欲已之而自有所不容已。故其言曰："吾非斯人之徒与而谁与！""欲洁其身而乱大伦。""果哉，末之难矣！"呜呼！此非诚以天地万物为一体者，孰能以知夫子之心乎？若其"遁世无闷"，"乐天知命"者，则固"无入而不自得"，"道并行而不相悖"也。

仆之不肖，何敢以夫子之道为己任？顾其心亦已稍知疾痛之在身，是以彷徨四顾，将求其有助于我者，相与讲去其病耳。今诚得豪杰同志之士扶持匡翼，共明良知之学于天下，使天下之人皆知自致其良知，以相安相养，去其自私自利之蔽，一洗谗妒胜忿之习，以济于大同，则仆之狂病，固将脱然以愈，而终免于丧心之患矣，岂不快哉！

王阳明说："仆诚赖天之灵，偶有见于良知之学，以为必由此而后天下可得而治。是以每念斯民之陷溺，则为戚然痛心，忘其身之不肖，而思以此救之。"这就是这篇文章的主旨。

《传习录》中，王阳明认为山河大地、草木瓦石与人心是一体的，也是有感觉、有良知的：

朱本思问："人有虚灵，方有良知。若草、木、瓦、石之类，亦有良知否？"先生曰："人的良知，就是草、木、瓦、石的良知。若草、木、瓦、石无人的良知，不可以为草、木、瓦、石矣。岂惟草、木、瓦、石为然，天地无人的良知，亦不可为天地矣。盖天地万物与人原是一体，其发窍之最精处，是人心一点灵明。风、雨、露、雷、日、月、星、辰、禽、兽、草、木、山、川、土、石，与人原只一体。故五谷禽兽之类，皆可以养人；药石之类，皆可以疗疾：只为同此一气，故能相通耳。"

除了万物与我们一体相通，就连鬼神也是如此，我们与鬼神也是相通的：

问："人心与物同体，如吾身原是血气流通的，所以谓之同体。若于人便异体了。禽兽草木益远矣，而何谓之同体？"先生曰："你只在感应之几上看，岂但禽兽草木，虽天地也与我同体的，鬼神也与我同体的。"请问。先生曰："你看这个天地中间，甚么是天地的心？"对曰："尝闻人是天地的心。"曰："人又甚么教做心？"对曰："只是一个灵明。""可知充天塞地中间，只有这个灵明，人只为形体自间隔了。我的灵明，便是天地鬼神的主宰。天没有我的灵明，谁去仰他高？地没有我的灵明，谁去俯他深？鬼神没有我的灵明，谁去辨他吉凶灾祥？天地鬼神万物离却我的灵明，便没有天地鬼神万物了。我的灵明离却天地鬼神万物，亦没有我的灵明。如此，便是一气流通的，如何与他间隔得？"又问："天地鬼神万物，千古见在，何没了我的灵明，便俱无了？"曰："今看死的人，他这些精灵游散了，他的天地万物尚在何处？"

王阳明在信里提出了人就是天地之心，天地万物与我原是一体的观点，表示致良知就是以天地万物一体之仁心拯救天下，充分展现了忧民救世，死而后已的伟大情怀。

王阳明在出征广西思恩、田州叛乱之前，对弟子钱德洪有过一次深刻的教诲，记录下来就是《大学问》，这篇文章的主要内容是围绕《大学》的"三纲领、八条目"展开的，总结了王阳明的"大学"说，以钱德洪问、王阳明作答的形式记叙。

钱德洪问："《大学》者，昔儒以为大人之学矣。敢问大人之学何以在于'明明德'乎？"

王阳明答：

　　大人者，以天地万物为一体者也，其视天下犹一家，中国犹一人焉。若夫间形骸而分尔我者，小人矣。大人之能以天地万物为一体也，非意之也，其心之仁本若是，其与天地万物而为一也。岂惟大人，虽小人之心亦莫不然，彼顾自小之耳。是故见孺子之入井，而必有怵惕恻隐之心焉，是其仁之与孺子而为一体也；孺子犹同类者也，见鸟兽之哀鸣觳觫，而必有不忍之心焉，是其仁之与鸟兽而为一体也；鸟兽犹有知觉者也，见草木之摧折而必有悯恤之心焉，是其仁之与草木而为一体也；草木犹有生意者也，见瓦石之毁坏而必有顾惜之心焉，是其仁之与瓦石而为一体也：是其一体之仁也，虽小人之心亦必有之。是乃根于天命之性，而自然灵昭不昧者也，是故谓之'明德'。小人之心既已分隔隘陋矣，而其一体之仁犹能不昧若此者，是其未动于欲，而未蔽于私之时也。及其动于欲，蔽于私，而利害相攻，忿怒相激，则将戕物圮类，无所不为，其甚至有骨肉相残者，而一体之仁亡矣。是故苟无私欲之蔽，则虽小人之心，而其一体之仁犹大人也；一有私欲之蔽，则虽大人之心，而其分隔隘陋犹小人矣。故夫为大人之学者，亦惟去其私欲之蔽，以自明其明德，复其天地万物一体之本然而已耳；非能于本体之外而有所增益之也。

王阳明说："故夫为大人之学者，亦惟去其私欲之蔽，以自明其明德，复其天地万物一体之本然而已耳。"王阳明的意思是说，大人之学是自觉明其明德，不需要外界的增益。

钱德洪又问："然则何以在'亲民'乎？"

王阳明回答说：

　　明明德者，立其天地万物一体之体也。亲民者，达其天地万物一体之用也。故明明德必在于亲民，而亲民乃所以明其明德也。是故亲吾之父，以及人之父，以及天下人之父，而后吾之仁实与吾之父、人之父与天下人之父而为一体矣；实与之为一体，而后孝之明德始明矣！亲吾之兄，以及人之兄，以及天下人之兄，而后吾之仁实与吾之兄、人之兄与天下人之兄而为一体矣；实与之为一体，而后弟之明德始明矣！君臣也，夫妇也，朋友也，以至于山川鬼神鸟兽草木也，莫不实有以亲之，以达吾一体之仁，然后吾之明德始无不明，而真能以天地万物为一体矣。夫是之谓明明德于天下，是之谓家齐国治而天下平，是之谓尽性。

王阳明认为，人若达到与天地万物一体的境界，就要从"亲民"做起，亲民从孝悌做起。

钱德洪问："然则又乌在其为'止至善'乎？"

王阳明答：

至善者，明德、亲民之极则也。天命之性，粹然至善，其灵昭不昧者，此其至善之发见，是乃明德之本体，而即所谓良知也。至善之发现，是而是焉，非而非焉，轻重厚薄，随感随应，变动不居，而亦莫不自有天然之中，是乃民彝物则之极，而不容少有议拟增损于其间也。少有拟议增损于其间，则是私意小智，而非至善之谓矣。自非慎独之至，惟精惟一者，其孰能与于此乎？后之人惟其不知至善之在吾心，而用其私智以揣摸测度于其外，以为事事物物各有定理也，是以昧其是非之则，支离决裂，人欲肆而天理亡，明德、亲民之学遂大乱于天下。盖昔之人固有欲明其明德者矣，然惟不知止于至善，而骛其私心于过高，是以失之虚罔空寂，而无有乎家国天下之施，则二氏之流是矣。固有欲亲其民者矣，然惟不知止于至善，而溺其私心于卑琐，是以失之权谋智术，而无有乎仁爱恻怛之诚，则五伯功利之徒是矣。是皆不知止于至善之过也。故止至善之于明德、亲民也，犹之规矩之于方圆也，尺度之于长短也，权衡之于轻重也。故方圆而不止于规矩，爽其则矣；长短而不止于尺度，乖其剂矣；轻重而不止于权衡，失其准矣；明明德、亲民而不止于至善，亡其本矣。故止于至善以亲民，而明其明德，是之谓大人之学。

王阳明说："至善者，明德、亲民之极则也。"明明德、亲民到极点即是至善。而佛道也亲民，但是他们没有止于至善，出于成仙成佛的私心，有功利主义倾向，那就是出界了。因此，"故止于至善以亲民，而明其明德，是之谓大人之学。"

钱德洪问："'知止而后有定，定而后能静，静而后能安，安而后能虑，虑而后能得'，其说何也？"

王阳明答：

> 人惟不知至善之在吾心，而求之于其外，以为事事物物皆有定理也，而求至善于事事物物之中，是以支离决裂，错杂纷纭，而莫知有一定之向。今焉既知至善之在吾心，而不假于外求，则志有定向，而无支离决裂、错杂纷纭之患矣。无支离决裂、错杂纷纭之患，则心不妄动而能静矣。心不妄动而能静，则其日用之间，从容闲暇而能安矣。能安，则凡一念之发，一事之感，其为至善乎？其非至善乎？吾心之良知自有以详审精察之，而能虑矣。能虑则择之无不精，处之无不当，而至善于是乎可得矣。

王阳明说："吾心之良知自有以详审精察之，而能虑矣。能虑则择之无不精，处之无不当，而至善于是乎可得矣。"虑是最关键的，良知是判断的标准。

钱德洪问："'物有本末'，先儒以明德为本，新民为末，两物而内外相对也。'事有终始'，先儒以知止为始，能得为终，一事而首尾相因也。如子之说，以新民为亲民，则本末之说亦有所未然欤？"

王阳明答：

> 终始之说，大略是矣。即以新民为亲民，而曰明德为本，亲民为末，其说亦未为不可，但不当分本末为两物耳。夫木之干谓之本，木之梢谓之末，惟其一物也，是以谓之本末。若曰两物，则既为两物矣，又何可以言本末乎？新民之意，既与亲民不同，则明德之功，自与新民为二。若知明明德以亲其民，而亲民以明其明德，则明德亲民焉可析而为

两乎？先儒之说，是盖不知明德亲民之本为一事，而认以为两事，是以虽知本末之当为一物，而亦不得不分为两物也。

王阳明认为，本和末其实是一体的，明德为本，亲民为末，明德与亲民也是一体的。而如果"亲民"改为"新民"，那就是平行的两件事了。

钱德洪又问："古之欲明明德于天下者，以至于先修其身，以吾子明德亲民之说通之，亦既可得而知矣。敢问欲修其身，以至于致知在格物，其功夫次第又何如其用力欤？"

王阳明答：

此正详言明德、亲民、止至善之功也。盖身、心、意、知、物者，是其工夫所用之条理，虽亦各有其所，而其实只是一物。格、致、诚、正、修者，是其条理所用之工夫，虽亦皆有其名，而其实只是一事。何谓身？心之形体运用之谓也。何谓心？身之灵明主宰之谓也。何谓修身？为善而去恶之谓也。吾身自能为善而去恶乎？必其灵明主宰者欲为善而去恶，然后其形体运用者始能为善而去恶也。故欲修其身者，必在于先正其心也。然心之本体则性也。性无不善，则心之本体本无不正也。何从而用其正之之功乎？盖心之本体本无不正，自其意念发动而后有不正。故欲正其心者，必就其意念之所发而正之，凡其发一念而善也，好之真如好好色；发一念而恶也，恶之真如恶恶臭：则意无不诚，而心可正矣。然意之所发有善有恶，不有以明其善恶之分，亦将真妄错杂，虽欲诚之，不可得而诚矣。故欲诚其意者，必在于致知焉。致者，至也，如云"丧致乎哀"之"致"。《易》言"知至至之"，"知至"者，知也；"至之"者，致也。"致知"云者，非若后儒所谓充广其知识之谓也，致吾心之良知焉耳。良知者，孟子所谓"是非之心，人皆有之"者也。是非之心，不待虑而知，不待学而能，是故谓之良知。是乃天命之性，吾心之本体，自然灵昭明觉者也。凡意念之发，吾心之良知无有不自知者。其善欤，惟吾心之良知自知之；其不善欤，亦惟吾心之良知自知之；是皆无所与于他人者也。故虽小人之为不善，既已无所不至，然其见君子，则必厌然掩其不善，而著其善者，是亦可以见其良知之有不容于自昧者也。今欲别善恶以诚其意，惟在致其良知之所知焉尔。何则？意念之发，吾心之良知既知其为善矣，使其不能诚有以好之，而复背而去之，则是以善为恶，而自昧其知善之良知矣。意念之所发，吾之良知既知其为不善矣，使其不能诚有以恶之，而复蹈而为之，则是以恶为善，而自昧其知恶之良知矣。若是，则虽曰知之，犹不知也，意其可得而诚乎！今于良知所知之善恶者，无不诚好而诚恶之，则不自欺其良知而意可诚也已。然欲致其良知，亦岂影响恍惚而悬空无实之谓乎？是必实有其事矣。故致知必在于格物。物者，事也，凡意之所发必有其事，意所在之事谓之物。格者，正也，正其不正以归于正之谓也。正其不正者，去恶之谓也。归于正者，为善之谓也。夫是之谓格。《书》言"格于上下"、"格于文祖"、"格其非心"格物之格实兼其义也。良知所知之善，虽诚欲好之矣，苟不即其意之所在之物而实有以为之，则是物有未格，而好之之意犹为未诚也。良知所知之恶，虽诚欲恶之矣，苟不即其意之所在之物而实有以去之，则是物有未格，而恶之之意犹为未诚也。今焉于其良知所知之善者，即其意之所在之物而实为之，无有乎不尽。于其良知所知之恶者，即其意之所在之物而实去之，无有乎不尽。然后物无不格，而吾良知之所知者无有亏缺障蔽，而得以极其至矣。夫然后吾心快然无复余憾而自谦矣，夫然后意之所发者，始无自欺而可以谓之诚矣。故曰："物格而后知至，知至而后意诚，意诚而后心正，心正而后身修。"盖其功夫条理虽有先后次序之可言，而其体之惟一，实无先后次序之可分。其条理功夫虽无先后次序之可分，而其用之惟精，固有纤毫不可得而缺焉者。此格致诚正之说，所以阐尧、舜之正传而为孔氏之心印也。

王阳明的修身功夫："物格而后知至，知至而后意诚，意诚而后心正，心正而后身修"。具体地说就是：正其不正、去其私欲就达到良知，良知明则发出的意念就诚，意念诚人心就正，人心正了就能为善去恶，即修身了。

王阳明在这里阐明了一个真谛：每个人的心里都有良知，都有成圣贤的潜质。在《传习录》中，王阳明以"精金之喻"，更简单明白地描述了这一思想：

德章曰："闻先生以精金喻圣，以分两喻圣人之分量，以锻炼喻学者之工夫，最为深切。惟谓尧、舜为万镒，孔子为九千镒，疑未安。"

先生曰："此又是躯壳上起念，故替圣人争分两。若不从躯壳上起念，即尧、舜万镒不为多，孔子九千镒不为少；尧、舜万镒只是孔子的，孔子九千镒只是尧、舜的，原无彼我，所以谓之圣。只论精一，不论多寡。只要此心纯乎天理处同，便同谓之圣。若是力量气魄，如何尽同得！后儒只在分两上较量，所以流入功利。若除去了比较分两的心，各人尽着自己力量精神，只在此心纯天理上用功，即人人自有，个个圆成，便能大以成大，小以成小，不假外慕，无不具足。此便是实实落落明善诚身的事。后儒不明圣学，不知就自己心地良知良能上体认扩充，却去求知其所不知，求能其所不能，一味只是希高慕大；不知自己是桀、纣心地，动辄要做尧、舜事业，如何做得？终年碌碌，至于老死，竟不知成就了个甚么，可哀也已！"

这是王阳明著名的精金之喻。即金子的纯度和重量的关系，纯度相当于人的品性，重量相当于人的功业。世人只在意重量，所以流于功利。每个人都是一块黄金，只要在纯度上和圣人一致，自己也就与圣人无异，不必追求在重量上和圣人的一致。

良知作为人存在的根本，它是生命的本源，是存在于人心灵当中的天地万物的纲。王阳明认为良知是本体，致良知是功夫。这个功夫不仅要求自觉地去意识良知作为本体的存在，还要将良知在生活当中表达出来，回归到良知本身，返回本心。

因为良知是根本，致良知和知行合一一样是属于方法，所以从嘉靖三四年开始，王阳明对弟子们讲学已不经常说"致良知"，而只是强调"良知"。先圣的经典《六经》，也曾说"良知"二字是圣学的精髓。

王阳明说良知，是突破了宋儒思想的束缚，完全是另一种新的风格。通过讲学，王阳明的思想和学说被广泛传播，就好像一场新兴的革命，解放了当时的思想。

浮峰情韵

在《传习录》里，王阳明弟子们记录了王阳明这样一段潇洒的话："会稽素号山水之区。深林长谷，信步皆是，寒暑晦明，无时不宜，安居饱食，尘嚣无扰，良朋四集，道义日新，优哉游哉！天地之间宁复有乐于是者？"

在王阳明看来，在一个青山碧水、风景如画的环境里，与朋友进行学术、思想上的交流，是多么诗意、快乐的生活。

由此可见，王阳明把人获得乐趣的源泉看得十分宽广，既可以享受丰富的物质生活，还可以享受快乐的精神生活，总之一句话：带着诗意的心情去生活才完美。

王阳明在修炼心学之前和过程中，一直向往的生活就是归隐山林，这是古代大儒普遍向往的生活方式。当然王阳明的这个理想并非为了逃避而是想和大自然紧密地拥抱在一起，这样才能获得更多的人生和世界的理解。那些在山水之间修行的大师们，在这种原生态的生活中发现了自然独特的美，也就是在同一时刻认知了自己的内心。

王阳明懂得诗性生活的魅力，所以他才能坦然面对人生中的得意和失意。

王阳明在第一次科举考试失利后，就曾利用诗歌来抚慰内心的失落和痛苦。他在家乡余姚组建了一个龙泉山诗社，诗社成员人数不多，没有名噪一时的文人，大家聚在一起，无非就是下棋饮酒，游山玩水。

在创办诗社的这一段时期，王阳明以诗言志，抒发苦闷，佳句迭出。在龙泉山清秀的环境中，王阳明度过了他人生中最为惬意、悠闲的一段时光。可以说，在龙泉山诗社两年的生活，王阳明抛开了纷繁复杂的世俗，这种山清水秀的生活不仅陶冶了心性，还为自己创造了思考和反省的机会，为日后的官场生涯积蓄了力量。

不光是在故乡风光秀丽的山林中王阳明能心情愉悦，即使在原始状态的龙场那样艰苦的环境中时，王阳明也能一边种地一边赋诗为乐："起草不厌频，耘禾不厌密。物理既可玩，化机还默识。即是参赞功，毋为轻稼穑。"

这首充满了农耕色彩的诗反映了王阳明回归原始境地的一种超脱和豪放，是将"天人合一"活学活用的一种境界，也可以理解为中国诗人通常使用的"自我重要法"。

　　王阳明一边挥汗如雨地辛勤耕作，一边用艺术家的审美感觉给以身边事物价值，让自己的内心世界始终处于饱满和坚挺的状态，让他即使身处危难也仍然能够超脱很多苦难和抑郁，这就是最高明的"内心制胜"。

　　带着诗性去生活的王阳明，终于在四体沾泥的情况下超越了现实的残酷，在龙场成功悟道，迈出了心学历史上最关键的一步。

　　王阳明的诗性生活一直延续到老年，他晚年在绍兴讲良知学说，也一直依恋山水生活，写过三十多首"居越诗"，"居越诗"即在绍兴期间写的诗。

　　王阳明有诗作五百多首，他无论是军旅生涯还是书院讲学，都有诗作记载。王阳明爱诗，但他不愿只做一个诗人。他的诗是他诗性生活的写照，是他另一处出人意表的精神园地。

　　王阳明对稽山鉴水怀有深厚感情，只要有时间，每次回绍兴都要和弟子们一起纵情游览，写诗歌颂，同时教育点化门生。弘治十五年春，时任刑部主事的王阳明告病归越作《游牛峰寺四首》《又四绝句》。浮峰，即牛峰，在山阴县西六十五里，浮峰是王阳明登临的首选，登后作《游牛峰寺四首》诗作。诗作与古越山水相亲和，身心完全沉浸在山色风光之中，甚至到了忘却自己病痛在身的程度：

一

　　洞门春霭蔽深松，飞磴缠空转石峰。

　　猛虎踞崖如出柙，断螭蟠顶讶悬钟。

　　金城绛阙应无处，翠壁丹书尚有踪。

　　天下名区皆一到，此山殊不厌来重。

二

　　萦纡鸟道入云松，下数湖南百二峰。

　　岩犬吠人时出树，山僧迎客自鸣钟。

　　凌飚陟险真扶病，异日探奇是旧踪。

　　欲扣灵关问丹诀，春风萝薜隔重重。

三

　　偶寻春寺入层峰，曾到浑疑是梦中。

　　飞鸟去边悬栈道，冯夷宿处有幽宫。

　　溪云晚度千岩雨，海月凉飘万里风。

　　夜拥苍厓卧丹洞，山中亦自有王公。

　　　　　　　　四

　　一卧禅房隔岁心，五峰烟月听猿吟。

　　飞湍映树悬苍玉，香粉吹香落细金。

　　翠壁年多霜藓合，石床春尽雨花深。

　　胜游过眼俱陈迹，珍重新题满竹林。

　　人游此山，身在仙境。千岩雨丝，万里风飘。山在心中，洞在吾心。"胜游过眼俱陈迹，珍重新题满竹林。"王阳明以哲人的心态对待万事万物的变迁，对"古越山水画"充满了赤子之情。

　　正德十六年（1521），王阳明守制居丧。晚年的王阳明对浮峰仍然一往情深，故山重游，践行归隐古越山水的夙愿。

　　《再游浮峰次韵》一诗，贴切地表现了王阳明当时的心态：

　　廿载风尘始一回，登高心在力全衰。

　　偶怀胜事乘春到，况有良朋自远来。

　　还指松萝寻旧隐，拨开云石翦蒿莱。

　　后期此别知何地？莫厌花前劝酒杯。

　　此诗抒发王阳明寻求"自乐"的心情。"后期此别知何地？莫厌花前劝酒杯。"也是点化弟子于"自乐"之中。

　　《夜宿浮峰次谦之韵》一诗中，诗人则抒发了对"春山野情"的眷恋和对佛理的体味：

　　日日春山不厌寻，野情原自懒朝簪。

　　几家茅屋山村静，夹岸桃花溪水深。

　　石路草香随鹿去，洞门萝月听猿吟。

　　禅堂坐久发清磬，却笑山僧亦有心。

　　诗中记叙王阳明与门生邹谦之同游浮峰后，夜宿禅寺的情景，表达心境禅趣，全身心亲和古越山川。

　　《夜雨山翁家偶书》一诗则抒发了王阳明与山翁之间那种亲密无间、其乐融融的山野情怀：

> 山空秋夜静，月明松桧凉。
> 沿溪步月色，溪影摇空苍。
> 山翁隔水语，酒熟呼我尝。
> 褰衣涉溪去，笑引开竹房。
> 谦言值暮夜，盘餐百无将。
> 露华明橘柚，摘献冰盘香。
> 洗盏对酬酢，浩歌入苍茫。
> 醉拂岩石卧，言归遂相忘。

　　王阳明在越期间，寻访其他名胜，同样传达出洒脱的人生情怀和山野趣味。如《再游延寿寺次旧韵》：

> 历历溪山记旧踪，寺僧遥住翠微重。
> 扁舟曾泛桃花入，歧路心多草树封。
> 谷口鸟声兼伐木，石门烟火出深松。
> 年来百好俱衰薄，独有幽探兴尚浓。

　　诗中可以看出王阳明以前在桃花盛开之时游过延寿寺，而且还赋了诗。这次重游游兴不减，"年来百好俱衰薄，独有幽探兴尚浓。"

　　《寻春》一诗描写十里湖光山色，乡间野趣：

> 十里湖光放小舟，谩寻春事及西畴。
> 江鸥意到忽飞去，野老情深只自留。
> 日暮草香含雨气，九峰晴色散溪流。
> 吾侪是处皆行乐，何必兰亭说旧游？

　　王阳明钟情山水，酷爱游历，他说"平生山水已成癖"，"只把山水作课程"。但农家春事，田野耕作他也喜欢。

　　王阳明与弟子登秦望山，与山水相偕，如《嘉靖甲申冬二十一日再登秦望。自弘治戊午登后二十七年矣。将下适董萝石。与二三子来，复坐久之，暮归，同宿云门僧舍》：

> 初冬风日佳，杖策登崔嵬。
> 自予羁宦迹，久与山谷违。
> 屈指廿七载，今兹复一来。
> 沿溪寻往路，历历皆所怀。
> 跻险还屡息，兴在知吾衰。
> 薄午际峰顶，旷望未能回；
> 良朋亦偶至，归路相徘徊。
> 夕阳飞鸟静，群壑风泉哀。
> 悠悠观化意，点也可与偕。

　　此时王阳明已在绍兴赋闲第四个年头。饱经政治风浪的王阳明，倍感会稽山对自己心灵的抚慰。诗中表现出超越尘世而又无所滞累、空灵淡泊的心境。

　　王阳明居越期间，与他诗歌唱和最多的是门生董萝石。诗歌多体现了师生的亲密关系。如《登香炉峰次萝石韵》：

> 曾从炉鼎蹑天风，下数天南百二峰。
> 胜事纵为多病阻，幽怀还与故人同。
> 旌旗影动星辰北，鼓角声回沧海东。
> 世故茫茫浑未定，且乘溪月放归蓬。

《观从吾登炉峰绝顶戏赠》：

> 道人不奈登山癖，日暮犹思绝栈云。
> 岩底独行窝虎穴，峰头清啸乱猿群。

清溪月出时寻寺，归棹城隅夜款门。

可笑中郎无好兴，独留松院坐黄昏。

这两首诗，抒发了王阳明和董萝石登香炉峰后的感慨之情。第一首回忆了自己在江西指挥军队平乱的情景，第二首对董萝石崇仙进行了规讽。

在山水之间，王阳明善于点化门生，《山中漫兴》一诗，王阳明点化年龄大于自己的董萝石：

清晨急雨度林扉，余滴烟梢尚湿衣。

雨水霞明桃乱吐，沿溪风暖药初肥。

物情到底能容懒，世事从前顿觉非。

自拟春光还自领，好谁歌咏月中归。

《来雨山雪图赋》是王阳明为一幅画题的诗，诗中歌颂的是稽山鉴水，他说那幅画很好，好到与稽山鉴水差不多，可见他胸中的稽山鉴水是十分神圣的。

昔年大雪会稽山，我时放迹游其间。岩岫皆失色，崖壑俱改颜。历高林兮入深峦，银幢宝纛森围圆。长矛利戟白齿齿，骇心栗胆如穿虎豹之重关。涧溪埋没不可辨，长松之杪，修竹之下，时闻寒溜声潺潺。沓嶂连天，凝华积铅，嵯峨靳削，浩荡无颠。嶙峋眩耀势欲倒，溪回路转，忽然当之，却立仰视不敢前。嵌窦飞瀑，忽然中泻，冰磴峻嶒，上通天镡，枯藤古葛，倚岩骜而高挂，如瘦蛟老螭之蟠纠，蜕皮换骨而将化。举手攀援足未定，鳞甲纷纷而乱下。侧足登龙虬，倾耳俯听寒籁之飕飕，陆风蹀躞，直际缥缈，恍惚最高之上头。乃是仙都玉京，中有上帝遨游之三十六瑶宫，傍有玉妃舞婆娑十二层之琼楼，下隔人世知几许，真境倒照见毛发，凡骨高寒难久留。划然长啸，天花坠空，素屏缣障坐不厌，琪林珠树窥玲珑。白鹿来饮涧，骑之下千峰。寡猿怨鹤时一叫，仿佛深谷之底呼其侣，苍茫之外争行麼阵排天风。鉴湖万顷寒濛濛，双袖拂开湖上云，照我须眉忽然皓白成衰翁。手掬湖水洗双眼，回看群山万朵玉芙蓉。草团蒲帐青莎莲，浩歌夜宿湖水东。梦魂清彻不得

寐，乾坤俯仰真在冰壶中。幽朔阴岩地，岁暮常多雪，独无湖山之胜，
使我每每对雪长郁结。朝回策马入秋台，高堂大壁寒崔嵬，恍然昔日之
湖山，双目惊喜三载又一开。谁能缩地法此景，何来石田画师我非尔，
胸中胡为亦有此？来君神骨清莫比，此景奇绝酷相似。石田此景非尔不
能摸，来君来君非尔不可当此图。我尝亲游此景得其趣，为君题诗非我
其谁乎？

此赋描写会稽山、鉴湖大雪的情景，"草团蒲帐青莎蓬，浩歌夜宿湖水东。
梦魂清彻不得寐，乾坤俯仰真在冰壶中。"在稽山鉴水冰天雪地野营，特别令人
难忘的感觉，在北方虽多雪，但没有家乡的湖山之美。此文可以说是一篇稽山鉴
水的冰雪赋。

快乐在你心中

王阳明的身心之学，推崇乐观人生，在这方面王阳明有很多观点引导点化弟
子。他在《传习录》里说："乐是心之本体，虽不同于七情之乐，而亦不外于七
情之乐。虽则圣贤别有真乐，而亦常人之所同有，但常人有之而不自知，反自求
许多忧苦，自加迷弃。虽在忧苦迷弃之中，而此乐又未尝不存，但一念开明，反
身而诚，则即此而在矣。"

什么是真正的快乐？有人说，圣人的快乐是真正的快乐。那么，圣人的快乐
是否与普通人的快乐一样呢？如果二者一样，普通人满足了自己一时的欲望就能
感到快乐，为什么还要做圣人？如果二者不一样，那么当圣人遇到人生中的大灾
难的时候，圣人的快乐还能继续存在吗？更何况圣人的修炼讲求"戒慎恐惧"，
在没人的情况下都要常怀戒惧的，那么圣人还能快乐吗？

王阳明对这些问题的回答是："快乐是心的本体，虽与普通人的七情六欲中
的快乐不一样，但是也不在七情六欲之外。圣人虽然有真正的快乐，但是这也是
普通人所共有的，只不过普通人本身有这种快乐，自己却不知道，相反，他们还

要自我寻求烦恼忧苦，就稀里糊涂地舍弃了这种快乐。即便在烦恼迷弃之中，这种快乐也未曾消失，只要一念顿悟，反求自身，与本体相同，那么，就能体会到这种快乐。"

王阳明的这段话说明了一个道理：每个人的身上都有快乐，快乐就在你的心中。但是，悲哀的是很多人视而不见，反而到内心之外的世界去苦苦地寻找，不仅找不到，还会使自己产生烦恼苦闷的心情。也有一些人，本来已经发现了内心中的快乐，然而他们经受不住外界的诱惑，稀里糊涂地舍弃了这种快乐，从此以后生活在了烦恼之中。

王阳明能够发现内心的快乐，并时刻保持着这份快乐。尽管在官场上连遭不幸，王阳明却能在荒蛮之地一日悟道，领悟了心学的真谛。从此以后，王阳明沉浸在心学研究和推广的工作中，并且乐此不疲。普通人可能理解不了圣人的快乐，然而，王阳明知道，这就是他的快乐。无论在繁华的京城，还是在荒无人烟的地方，只要心不变，这份快乐就长久存在。

王阳明所说的圣人的快乐其实就是一种悟道的快乐。潜心悟道，苦也是乐。其实，不管是佛家、道家，还是儒家，他们潜心悟道，不单是为了解脱自己的迷惑和烦恼，更是为了治愈天下人的迷惑和烦恼。当一个人脱离了自己的苦乐乃至生死，将个人的荣辱得失与他人的荣辱得失联系在一起时，那么他们就能苦中有甜、苦中有乐。

对于平凡的一般人来说，没有王阳明那样的修养，也没有悟道的快乐。每个人的成长和生活一定会面对各种各样的情况和问题，虽然我们能够学习到前人的经验，但是终归还是要因人而异，具体情况具体分析，这就是生活。我们会遇到困惑，遇到烦恼，遇到想不明白的事情，而别人对于这些事能给我们讲道理，但是要理解和领悟还得需要个人的摸索和修行。王阳明当然也给我们一般人指引了如何得到快乐的途径，那就是要把握解决问题的"道"，悟到了解决问题的"道"，也就得到了快乐。

人的整个生命过程，就是一个"遇到问题、思考问题、解决问题"的过程。那么，想要认真面对生活的人，就要"潜心悟道"，也就是静下心来，思考自己的问题出在哪里，该如何解决。这里的"道"，包含为人之道，也包含处事之道，更包含生命之道。这些都是我们该时刻思考的命题。

王阳明对快乐的认识是很辩证的。有人问："乐是心之本体，不知遇大故，于哀哭时，此乐还在否？"先生曰："须是大哭一番了方乐，不哭便不乐矣。虽哭，此心安处即是乐也。本体未尝有动。"

王阳明的意思就是：发自内心的流泪要好过强颜欢笑。很多人开始用虚假的坚强来掩盖自己内心的脆弱，无论受到多大的委屈，无论自己承受的痛苦有多大，都强迫自己不要哭出来。其实，对于成年人来说，哭并不是一个人脆弱的表现，而是宣泄情绪和释放感情的良好方式。

一个人要想生活得快乐，就要卸下伪装，做一个真实的自我。高兴的时候可以开怀大笑；痛苦的时候，也可以放声痛哭。哭并不是脆弱的表现，而是一种感情的释放。所以，当伤心痛苦、沮丧绝望的时候，不妨让自己哭一哭。

幸福就是减少私欲

《传习录》记载关于心之本体的对话。惟乾问："知如何是心之本体？"

先生曰："知是理之灵处，就其主宰处说便谓之心，就其禀赋处说便谓之性。孩提之童，无不知爱其亲，无不知敬其兄。只是这个灵能不为私欲遮隔，充拓得尽，便完全是他本体，便与天地合德。自圣人以下，不能无蔽，故须格物以致其知。"

这段话的意思是：知是理的灵敏处，就其主宰处而言为心，就其禀赋处而言为性。幼龄儿童，无不知道爱其父母，无不知道敬其兄长。这正是因为，这个灵敏的知未被私欲蒙蔽迷惑，可以彻底扩充拓展，知便完全地成为心的本体，便与天地之德合而为一。自圣人以下的，人们没有不被蒙蔽的，所以，需要通过格物来获得他的良知。

王阳明说："吾辈用功，只求日减，不求日增。减得一分人欲，便是复得一分天理，何等轻快脱洒？何等简易！"王阳明告诉我们，过多的欲望是一切烦恼和痛苦的来源，当我们为了获得快乐，而把所有的注意力集中在满足自己的欲望上时，我们收获的只是迷茫和痛苦。因为追求的方向已经是错的，又怎么可能获得正确的结果呢！

那么，我们应该怎样做，才能使自己的人生获得真正的快乐与幸福？按照王阳明的说法，就是应该选择一条相反的道路，在消减过多的欲望上下功夫，从竭力追求外物、满足欲望的着眼点，转向追求内心恬静、安适的境界上。

分清需求与欲望

王阳明说："喜、怒、哀、乐本体自是中和的，才自家看些意思，便过不及，便是私。"意思是：喜、怒、哀、乐等情感，就生发它们的本体来说，是中正平和的。只是人们在表达喜、怒、哀、乐时往往夹杂着别的意思，才会过度或不足，就成了私欲。

由此可见，如果心不受欲望的操控，人们所产生的喜、怒、哀、乐等情感就不会有痛苦、快乐的区别了。

而如何才能让心摆脱欲望的操控呢？其实只需要人们分清自己的需要和欲望，即满足自己的需要，而不是满足自己的欲望。可惜大多数人都分不清楚这两者的差异，往往错将"欲望"当成"需要"，结果为自己带来无尽的烦恼和痛苦。

有人问孟子："如果再给你一次生命，你要怎么活呢？"孟子回答说："我一定会多注意我的需要，少去关注我的欲望。"孟子这么回答，正是看清了需要和欲望的本质区别：欲望是虚妄的、复杂的、难以掌控的未来；需要才是真实的、简单的、触手可及的当下。孟子告诫人们应该去满足自己的需要，克制自己的欲望。

王阳明说："夫清心寡欲，作圣之功毕矣。然欲寡则心自清，清心非舍弃人事而独居求静之谓也。盖欲使此心纯乎天理，而无一毫人欲之私耳。今欲为此之功，而随人欲生而克之，则病根常在，未免灭于东而生于西。若欲刊剥洗荡于众欲未萌之先，则又无所用其力，徒使此心之不清。且欲未萌而搜剔以求去之，是犹引犬上堂而逐之也，愈不可矣。必欲此心纯乎天理，而无一毫人欲之私，此作圣之功也。必欲此心纯乎天理，而无一毫人欲之私，非防于未萌之先而克于人萌之际不能也。"

王阳明认为，每个人生来就有一颗纯正的心，只是接触大千世界的事物久了，被各种私欲诱惑，心才会被蒙上阴影。私欲，我们要恢复原本纯正的心，就要在欲望还没有萌发之前防范它，在欲望萌生之时抑制它。

顺其自然，素其位而行

王阳明在《传习录》中答弟子的问题时说："三子是有意必。有意必，便偏着一边，能此未必能彼。曾点这意思却无意必，便是'素其位而行，不愿乎其外。素夷狄，行乎夷狄。素患难，行乎患难。无入而不自得矣。'"

此话大意是：子路、冉求和公西赤这三个人有必然的决心，但有必然的决心便会走向极端，只去做某些事而忽略了另一些事。相比之下，曾皙的意思却是无欲无求，这就是所说的做好眼前的事，而少在其他的事上下功夫。身处夷狄，就应该做夷狄才做的事情；身在危难之中，就应该做危难之中所做的事情。一切都应该因地制宜，不管在什么情况下都要顺其自然。

王阳明的"素其位而行"，点明了人不要逆天行事，要自然而然地去生活，不要刻意地要求去做超出自身能力所及的事情，因为这样会给自己招来痛苦甚至是惨败。实际上，王阳明教导弟子看清一个事实：人生在世，想要顺风顺水地生活顶多是一种美好的愿望，能不能实现，除了主观的努力之外，还要依靠一定的天时地利。因此，当发生意外的时候，唯一能让人保持内心平静的做法就是不去强求，接受现实，这样才能保证内心的安宁。

"素其位而行"是一种隐忍的智慧，是一种隐忍等待的韧劲，是一种大丈夫能屈能伸的气度，是一种拿得起、放得下的胸襟，虽身居茅屋也可心怀天下。在不得已的境遇中，通过反求自身，以心去参悟生命，领会天地的运行规律，与自然大化融为一体。

常快活，便是功夫

《传习录》中有关于快乐的对话。九川卧病虔州。先生云："病物亦难格，觉得如何？"对曰："功夫甚难。"先生曰："常快活，便是功夫。"

在虔州时，弟子陈九川病倒了，他害怕因病耽误学习，内心十分苦恼。王阳明劝导他说："关于病这个东西，格也很困难，你感觉如何？"陈九川说："功夫的确很难。"王阳明进一步劝导他说："经常保持快乐、乐观的心情，即为致良知的功夫。"

在王阳明看来，一个人如果能够正视自己的疾病，保持平和的心态，不忧虑、不急躁，就不至于因思考过多而加重病情，还可能在一定程度上帮助自己，恢复健康。这也可以算作一种致良知的功夫。其实，这就是现在的人们常说的心态健康。

超越得失心不累

《传习录》记载：孟源有自是好名之病，先生屡责之。一日，警责方已，一友自陈日来功夫请正。源从旁曰："此方是寻著源旧时家当。"先生曰："尔病又发。"源色变，议拟欲有所辨。先生曰："尔病又发。"因喻之曰："此是汝一生大病根。譬如方丈地内，种此一大树，雨露之滋，土脉之力，只滋养得这个大根。四傍纵要种些嘉谷，上面被此树树叶遮覆，下面被此树根盘结，如何生长得成？须用伐去此树，纤根勿留，方可种植嘉种。不然，任汝耕耘培壅，只是滋养得此根。"

孟源自以为是、贪求虚名的毛病屡屡不改，因而受到王阳明的多次批评。一天，王阳明刚刚教训了他，有位朋友谈了他近来的功夫，请先生指正。孟源却在一旁说："这正好找到了我过去的家当。"王阳明说："你的老毛病又犯了。"孟源闹了个大红脸，正想为自己辩解。王阳明说："你的老毛病又犯了。"接着开导他："这正是你人生中最大的缺点。就好比一丈方圆的地里种着一棵大树，滋润的雨露，土壤的肥力，只能养着这个树根。若在四周种上些优良的种子，大树的树叶会把其遮挡住，下面还会被树根盘结，它们怎么能够长活呢？所以必须将这棵树连根拔起，这个地方才能够再种植优良的种子。否则，任凭你努力耕耘和栽培，也只能仅仅滋养了那个树根。"

王阳明说："圣贤非无功业气节，但其循着这天理，则便是道，不可以事功气节名矣。"王阳明的意思是：圣贤不是没有功业气节，他们只是遵循天理，这就是道。圣贤不是以功业气节而闻名的。在王阳明看来，那些具有真才实学的人根本不用所谓的功业气节来证明自己学问广博或者人品出众，他们比常人高出的境界主要在于能够顺应天理，而这个天理就是我们常说的"道"。

王阳明告诫大家不要为"名"所累，读书学习也是这样，王阳明说："读书作文，安能累人？人自累于得失耳。"读书写文章，怎么能成为人的负担呢？人本来是被自己的计较得失牵累的。如果把读书当作一种更高层次的心灵追求，而不是为了普通人所看重的名利，这样就有一种出自内心的乐趣，当然就跳出了得失之累。

不忙不乱，不骄不躁

《传习录》记载：崇一问："寻常意思多忙，有事固忙，无事亦忙，何也？"先生曰："天地气机，元无一息之停。然有个主宰，故不先不后，不急不缓，虽千变万化而主宰常定，人得此而生。若主宰定时，与天运一般不息，虽酬酢万变，常是从容自在，所谓'天君泰然，百体从令'。若无主宰，便只是这气奔放，如何不忙？"

王阳明回答欧阳崇一问题时说：世间万物的变化本来就没有瞬息的停止。然而有了一个主宰之后，变化就会有所依据，有秩序可言，虽然千变万化，但主宰却是一成不变的，人有了这个主宰才能在瞬息万变的人世间生存。如果主宰恒定不变，就像天地运行一样永不停息，即使日理万机，却也从容自在，这就是所谓的"天君泰然，百体从令"。若没有主宰，便只有气在四处奔流，怎么会不忙呢？

由此可知，要做到"虽酬酢万变，常是从容自在"，便要有一颗不忙不乱、不骄不躁的"主宰"之心。具体到人们的日常生活、工作中，就是要用心去体悟繁杂中的快乐，学会用一颗平静的心去享受忙碌。

心体中正平和，品味音乐之美

王阳明说："古人为治，先养得人心和平，然后作乐。比如在此歌诗，你的心气和平，听者自然悦怿兴起，只此便是元声之始。《书》云'诗言志'，志便是乐的本。'歌永言'，歌便是作乐的本。'声依永，律和声'，律只要和声，和声便是制律的本。何尝求之于外？"

这段话的大意是：古人大治天下，首先需要培养人们心平气和，然后才进行礼乐教化。就像你领诵诗歌的时候，心里很平和，听的人才会自然愉快，才能激发起兴趣，这里只是元声的开始罢了。《尚书》说"诗言志"，"志"就是音乐的根本；"歌永言"，"歌"便是作乐的根本；"声依永，律和声"，律只要求声音和谐，声音和谐就是制作音律的根本，又何苦要到心外去寻求呢？

有一天，弟子钱德洪问王阳明："在心上如何寻找和谐的音律呢？"王阳明便做了上述回答。

古代传下来的经典音乐，如舜作《韶》乐九章，周武王作《武》九变，都是在具备了中正平和的心境的基础上制作的，因而具有较强的民风教化作用，对人们的身心健康十分有益。而后世制作的音乐，数量很大，参差不齐，有些作品是一些陈词滥调，与民风教化一点关系都没有，甚至还可能损害人们的身心健康。因此，王阳明才苦口婆心地劝诫人们：现在要想使民风返璞归真，人们就要将音乐中的淫词滥调都删去，只保留忠臣孝子的故事，使百姓人人都能明白道理，在潜移默化中激发他们的良知，长此以往，真正的音乐就能够恢复了。

由此可知，并非所有的音乐都是真正的音乐，真正的音乐应该能把人们日常生活中的沉重压力释放出来，让人们获得精神上的舒缓、休息和平和，并在音乐的美妙旋律中触到自己的良知，重拾生活的信心。不能起到这种功用的，就不是真正的音乐，而是噪音了。

王阳明看似在讨论音乐，其实他还是以音乐作为媒介去讨论心性的修炼过程。他如此看重音律的纯洁性，无非是让大家通过聆听这种乐曲而让内心保持中正平和；而有了中正平和才能创造出更加美妙的音乐，也就能够在提升的新境界中品味音乐和生命了。

为善最乐

《传习录》中，王阳明明白无误地告诉弟子：致良知就是集义，所谓集义，就是行善，做事符合道义。王阳明在《为善最乐文》中写了诸用明的故事：

> 君子乐得其道，小人乐得其欲。然小人之得其欲也，吾亦但见其苦而已耳。"五色令人目盲，五声令人耳聋，五味令人口爽，驰骋田猎令人心发狂"。营营戚戚，忧患终身，心劳而日拙，欲纵恶积，以亡其生，乌在其为乐也乎？
>
> 若夫君子之为善，则仰不愧，俯不怍；明无人非，幽无鬼责；优优荡荡，心逸日休；宗族称其孝，乡党称其弟；言而人莫不信，行而人莫

不悦。所谓无入而不自得也，亦何乐如之！

妻弟诸用明积德励善，有可用之才而不求仕。人曰："子独不乐仕乎？"用明曰："为善最乐也。"因以四字匾其退居之轩，率二子阶、阳日与乡之俊彦读书讲学于其中。已而二子学日有成，登贤荐秀。乡人啧啧，皆曰："此亦为善最乐之效矣！"用明笑曰；"为善之乐，大行不加，穷居不损，岂顾于得失荣辱之间而论之？"闻者心服。仆夫治圃，得一镜，以献于用明。刮土而视之，背亦适有"为善最乐"四字。坐客叹异，皆曰："此用明为善之符，诚若亦不偶然者也。"相与咏其事，而来请于予以书之，用以训其子孙，遂以勖夫乡之后进。

"为善最乐"这四个字出自《后汉书·东平宪王苍传》："日者问东平王，处家何等最乐？王言为善最乐。"东平王刘苍"少好经史，雅有智思"，后来到京城辅佐皇帝，声誉颇隆，因心上不安，于是回到封地，做最开心的事——为善。

"为善最乐"自然也是王阳明的家训，王阳明对这四个字的解析是这样的：为善的人，不仅仅他的家族爱他，朋友也爱他，纵然是鬼神也偷偷帮助他；而为恶的人，不仅仅他的家族厌恶他，朋友也恶心他，纵然是鬼神也偷偷诅咒他。所以说，积善之家必有余庆，积不善之家必有余殃。

归根结底，为善在王阳明心学那里，仍是磨炼本心。本心既明，心上则安，心安即是强大。

所以王阳明认为，为善最乐应该有两个方面，与人为善和与己为善，真正的为善最乐应该是二者兼备，合二为一。

所谓与己为善，应该是遵循本心，为善就是为善，不图其他，唯有如此，才能在与人为善时无牵无挂，自然流露。这才是真正的为善最乐，既乐他人，也乐自己。

仁者以天地万物为一体

王阳明说："仁者以天地万物为一体，使有一物失所，便是吾仁有未尽处。"为了进一步阐述天地万物共为一体的道理，王阳明又进一步说："禽兽与草木同是爱的，把草木去养禽兽，又忍得？人与禽兽同是爱的，宰禽兽以养亲与供祭祀、宴宾客，心又忍得？至亲与路人同是爱的，如箪食豆羹，得则生，不得则死，不能两全，宁救至亲，不救路人，心又忍得？"意思是说，人们既然同样喜爱动物与草木，怎么忍心拿草木去饲养禽兽呢？同样热爱人与禽兽，为什么忍心宰杀了禽兽去供养父母、祭祀和招待宾客呢？对至亲的人与路人同样充满仁爱，但是如果只有一箪食、一豆羹，无法保全两方的性命，怎么能忍心只让至亲的人吃了活命，让路人饿死呢？

《论语》中记载，樊迟问孔子什么叫仁。孔子说："能够爱一切人就是仁。"孔子所说的"一切人"并不单指人类这一种生命，而泛指世界上的一切生命，这才是圣人的"仁"。由此可见，孔子的仁是建立在人类最大可能的平等性基础上的，是没有半点私心的。

《庄子·内篇·大宗师第六》中写道："有亲，非仁也。"就是说，只要带有一点私情，就已经够不上仁了。佛家讲慈悲平等，则是爱一切众生。仁慈是爱天下，没有私心。有所亲，有所偏爱，就不是仁的最高目的了。

王阳明说："君子贤其贤而亲其亲，小人乐其乐而利其利。"他的意思是：君子尊重并赏识有贤德的人，而小人只顾自己享乐。他认为善待他人就是善待自己。善待他人就会觉得心安，心安，即是善待自己。假如一个人没有一颗善心，总喜欢他人为自己付出，自己却从来不想着为别人付出。表面上看来这样的人不吃亏，其实他们是吃了大亏。因为他们在缺乏对待他人的同时，因为自己的良心不安，已经在受着心灵的折磨，谁说他们没有吃亏，谁又能说他们善待自己。因此，善其实是通过善待他人，也善待了自己。

仁者，爱人

王阳明还说："性之本体原是无善无恶的，发用上也原是可以为善、可以为不善的，其流弊也原是一定善一定恶的。"王阳明认为善恶都是人心造成的区别，在这里主观能动性极大。王阳明提倡的良知、善爱不是纯粹的形式，而是看天下万物没有内外远近之分，都要施予仁爱之心。大爱无私，至善无痕，做善事并不是为了引起别人的关注，生命需要我们做的是敞开心扉爱他人。

王阳明进一步说："'亲民'就如《孟子》中的'亲亲仁民'，亲近就是仁爱。"《论语》说："仁者，爱人。"仁爱就是人性中应该有的朴素和美丽。在王阳明看来，仁爱也是人性中的"善"。仁爱思想讲究付出、不计回报，提倡扶贫济困、尊老爱幼。自古以来受到儒家先贤的推崇，也是王阳明终身推崇的为政思想。

王阳明对"仁爱"概念是非常看重的，他认为能够有效地化解社会矛盾的手段就是人们之间互相以仁爱相待。王阳明在贵州龙场的仁爱之道是教当地人种五谷，渐渐地把龙场带入文明社会的发展轨道；在江西镇压民变，设立和平县等三县，并兴修县学。王阳明的军事、行政取得巨大成功，就是因为他的仁爱之心打动了当地人，他们受到了教化，都愿意彼此之间以仁爱相待。

德政就是善政

王阳明说："君子之政，不必专于法，要在宜于人；君子之教，不必泥于古，要在入于善。"

这段话的意思是：立政治民，不必完全依靠严法，最关键的因素是要有道德高尚的人来执政；良好的教育，不必拘泥于老办法，关键是能更好地指引人们做善事走正路，从而培养其良好的道德秩序。

这就是人们经常提到的"为政以德"的具体阐述。简单说来，王阳明认为应该用道德的力量介入到政治生活中，这便是封建社会中儒家政治学说的典型体现。

《论语》有："其身正，不令而行；其身不正，虽令不从。"意思就是说只要领导者本身行为端正能够成为众人的楷模，那么即使他不下什么命令也能让部下认真地服从；反之，如果一个领导者作风不正，即使他制定了一大堆的法规条款，部下也照样不会听他的话——这就是以德服人在管理学上的活用。当然，在日常的社交生活中也同样适用：一个守信用、讲道德的人，朋友们肯定会以礼相待；一个品行恶劣的人，即使有那么一两个狐朋狗友，也注定会用流氓哲学去伺候他。

王阳明说："君子之致权也有道，本之至诚以立其德。"意思是：君子掌握权力也要遵守一定规则，其根本法则要以至诚之心为立德之本。王阳明自己非常重视以德服人。正德五年，他三十九岁时，升任庐陵县知县。这是他第一次任地方官，也是实践自己教化百姓的理想的开始，所以格外用心。

不为行善而行善

行善当然要出于内心，反对做作，不为行善而行善。王阳明说："且如事父，不成去父上求个孝的理；事君，不成去君上求个忠的理；交友、治民，不成去友上、民上求个信与仁的理。"

《论语·先进》中写道："子张问善人之道。子曰：'不践迹，亦不入于室。'"意思是说，子张问怎样算是一个好人，怎样做才叫行善？孔子的答复是："不践迹，亦不入于室。"什么叫"不践迹"呢？就是不留一丝痕迹。我们可以借用道家庄子所说的"灭迹易，无行地难"来加以理解。如果人们把这种"不践迹"的态度用到行善做好事上，就能很好地致良知，就能让世界更和谐、更快乐。而有意为善去恶，就是做样子，搞形式，出发点上就歪了。

关于是否要有意为善去恶的问题，王阳明又做了深入的分析。

薛侃说："草即非恶，即草不宜去矣。"

王阳明说："如此却是佛、老意见。草若有碍，何妨汝去？"

薛侃说："如此又是作好作恶。"

王阳明说："不作好恶，非是全无好恶，却是无知觉的人。谓之不作者，只是好恶一循于理，不去又着一分意思。如此，即是不曾好恶一般。"

王阳明的意思是，一个人不着意为善去恶，并不是说他的心中全无好恶，如果全无好恶，就会成为一个麻木不仁之人。所谓'不着意'，只是说好恶全凭天理，再无他意。

王阳明所提出的"不着意"之说，其实就是告诫我们要"慎独"。也就是说，一个人行事不需要外力的约束，而全凭内心的良知来行事。比如，给慈善机构捐款，没有人强迫你必须捐款，也没有要求你一定要捐多少，捐多捐少全在你自愿。所以说，不用特意行善，我们内心的"良知"自然会引导我们向善，这才是真善。而不是看别人捐款不捐不行，看别人让座不让不行，为善需要发自内心，不然就变成了伪善。

第八章　思田靖乱 "此心光明"成绝唱

天泉证道

　　嘉靖六年（1527）六月，王阳明接到朝廷的诏旨，任命他为南京兵部尚书总制军务，即刻赶往广西平乱。

　　王阳明还是老办法，以身体不适恐不能胜任为由请求皇上收回成命。病痛之身是实话，但朝廷没有别的选择，紧接着下了第二道诏旨。为了让王阳明放开手脚，还让原两广巡抚姚镆提前退休，任王阳明为南京兵部尚书兼都察院左都御史，提督两广、湖广、江西四省军务。随后又让他任两广巡抚。王阳明见朝廷并没有理会他的请求，甚至还为了他弄出了这么大的动静，所以也就不好再推辞，决定再次披上戎装。家中最不舍的当然是刚刚出生的小儿，王阳明安排好家中一切事宜后准备次日踏上前往两广的道路。因为他讲学的学院没有什么好让他担忧的，当时前来听王阳明讲学的弟子非常多，稽山书院都已经满足不了前来听讲学的人。到了嘉靖四年十月的时候，王阳明的弟子们建立了阳明书院，选址绍兴城西门内。除此之外每月还定期在余姚的龙泉寺聚会讲学，当然，讲学的人已经不再是王阳明一个人，他的得意门生们也都开始讲学，教授新来的学生。如何廷仁、黄弘纲、王艮、薛侃、欧阳德、邹守益、陆澄等人。所以有这些人在，讲学的事业还是可以继续下去，他就没有什么需要操心的。虽然不知道王阳明此去两广要离开多久，但是他的弟子们对于他的这次复出还是非常高兴的。

　　这天接待完访客已是深夜，王阳明正准备睡觉，却听闻学生王畿和钱德洪前来拜访，他有些奇怪。仔细一问才明白，原来两人在王阳明的四句教言上产生了分歧。王畿和钱德洪都是王阳明在绍兴讲学时收的弟子，两人入门的时间虽然不长，但是机灵聪敏的王畿和稳重踏实的钱德洪都很受王阳明的器重，在王门也有很高的地位。可能是由于不同的性格禀赋，两人对王阳明的训言带有不同的理解。

王畿认为王明阳的训言不一定是始终坚持不变的法则。钱德洪十分坚信王门的学说，也是坚决的恪守者。

两人各有各的道理，谁也不肯服谁，最后只好一起来见王阳明，探个对错。清楚了事情的始末之后，王阳明甚是开心，他早就希望自己的学生能够对这些所谓的教言提出自己的看法。

于是，他带着两人一块来到自己住宅附近的天泉桥上。王阳明此时的伯府曾是绍兴最大的"台门"，叫伯府台门。伯府台门始于王阳明的父亲王华建的状元台门，王华本在越城光相坊购有房子，那是专门为科举考试方便而买的。在王华父亲王伦去世后，王华在余姚丁忧，期间开始在越城建状元台门，有大小十多幢。建成之后，王华全家就迁到越城居住了。王阳明衣锦归越以后，就扩建了状元台门，除住宅外，还有观象台、碧芽池、天泉楼、天泉桥，等等，十分豪华气派。

天泉桥是王阳明经常与弟子们论学的地方。来到天泉桥上，王阳明并没有肯定维护自己学说的钱德洪，而是笑着对两人说："正要你们有此一问！我明天就要启程，朋友当中还没有论到这一层的。你们两人的看法正好相辅相成，没有谁对谁错，不可以非此即彼。王畿要用钱德洪的功夫，钱德洪要悟透王畿的本体。你们两人互取对方所长，我的学说就完满了。"《年谱三》的原话是：

> 德洪请问。先生曰："有只是你自有，良知本体原来无有，本体只是太虚。太虚之中，日月星辰，风雨露雷，阴霾饐气，何物不有？而又何一物得为太虚之障？人心本体亦复如是。太虚无形，一过而化，亦何费纤毫气力？德洪功夫须要如此，便是合得本体功夫。"畿请问。先生曰："汝中见得此意，只好默默自修，不可执以接人。上根之人，世亦难遇。一悟本体，即见功夫，物我内外，一齐尽透，此颜子、明道不敢承当，岂可轻易望人？二君已后与学者言，务要依我四句宗旨：无善无恶是心之体，有善有恶是意之动，知善知恶是良知，为善去恶是格物。以此自修，直跻圣位；以此接人，更无差失。"畿曰："本体透后，于

此四句宗旨何如？"先生曰："此是彻上彻下语，自初学以至圣人，只
此功夫。初学用此，循循有入，虽至圣人，穷究无尽。尧、舜精一功
夫，亦只如此。"先生又重嘱付曰："二君以后再不可更此四句宗旨。
此四句中人上下无不接着。我年来立教，亦更几番，今始立此四句。人
心自有知识以来，已为习俗所染，今不教他在良知上实用为善去恶功
夫，只去悬空想个本体，一切事为，俱不著实。此病痛不是小小，不可
不早说破。"是日洪、畿俱有省。

王阳明以为，人的心本来就是清澈透明的，在他的学生中，有一部分人能
够领悟到心就是本体，有一部分人却认为由于外界所蒙受的太多，应该扫除掉这
些，才能够领悟到本体。

钱德洪和王畿正好是这两部分人的代表。王畿应该注意钱德洪所说的为善去
恶的功夫，钱德洪则应该明白王畿所说的本体。

后来王阳明总结了四句话来进一步说明，这就是"四句教"：

> 无善无恶是心之体。
>
> 有善有恶是意之动。
>
> 知善知恶是良知。
>
> 为善去恶是格物。

四句教言本来就是一体的，不能够分割。两人听了王阳明的话后，都大感
收获颇丰。不过两人却依旧怀着自己的认识和想法，本想待以后有机会再聚时切
磋，却没有想到，此次同王阳明的道别却成了永诀。这两人之后在对心学的理解
上仍旧有着区别，所以导致后来心学出现了分化。

"四句教"是王阳明一生中最后的法言，阳明心学至此完满收尾。

对四句教的解释，《传习录·上》有比较浅显的阐述：

> 侃去花间草，因曰："天地间何善难培，恶难去？"先生曰："未
> 培未去耳。"少间，曰："此等看善恶，皆从躯壳起念，便会错。"侃
> 未达。曰："天地生意，花草一般，何曾有善恶之分？子欲观花，则以

花为善，以草为恶；如欲用草时，复以草为善矣。此等善恶，皆由汝心好恶所生，故知是错。"曰："然则无善无恶乎？"曰："无善无恶者理之静，有善有恶者气之动。不动于气，即无善无恶，是谓至善。"曰："佛氏亦无善无恶，何以异？"曰："佛氏着在无善无恶上，便一切都不管，不可以治天下。圣人无善无恶，只是'无有作好'，'无有作恶'，不动于气。然'遵王之道'，'会其有极'，便自'一循天理'，便有个'裁成辅相'。"曰："草既非恶，即草不宜去矣。"曰："如此却是佛、老意见。草若有碍，何妨汝去？"曰："如此又是作好作恶。"曰："不作好恶，非是全无好恶，却是无知觉的人。谓之不作者，只是好恶一循于理，不去又着一分意思。如此，即是不曾好恶一般。"曰："去草如何是一循于理，不着意思？"曰："草有妨碍，理亦宜去，去之而已。偶未即去，亦不累心。若着了一分意思，即心体便有贻累，便有许多动气处。"曰："然则善恶全不在物？"曰："只在汝心。循理便是善，动气便是恶。"曰："毕竟物无善恶。"曰："在心如此，在物亦然。世儒惟不知此，舍心逐物，将格物之学错看了，终日驰求于外，只做得个义袭而取，终身行不著，习不察。"曰："'如好好色，如恶恶臭'，则如何？"曰："此正是一循于理。是天理合如此，本无私意作好作恶。"曰："'如好好色，如恶恶臭'，安得非意？"曰："却是诚意，不是私意。诚意只是循天理。虽是循天理，亦着不得一分意，故有所忿懥好乐则不得其正，须是廓然大公，方是心之本体。知此即知未发之中。"伯生曰："先生云：'草有妨碍，理亦宜去。'缘何又是躯壳起念？"曰："此须汝心自体当。汝要去草，是甚么心？周茂叔窗前草不除，是甚么心？"

门人薛侃正在清除花丛中的杂草，有感而发，提出一个问题："天地间为什么善很难培养，恶却很难铲除呢？"

王阳明起先只是从"立志"的角度回答："善难培养，只因为没有立志去认真培养；恶难铲除，也只因为没有立志去认真铲除。"这依然是从"立志"角度讲的，但过了片刻，他又换了一个角度说："如此看待善恶，只是从表面上着眼，所以才有了错误的领会。"

薛侃不解。王阳明解释道："天地的生生不息之意，对花对草都是一般无二的，何曾有善恶之别？你想赏花，这才以花为善，以草为恶，一旦你想要的是草，善恶便颠倒过来了。可见这一种善恶都是由人心的好恶产生的，不是正确的见解。"

薛侃问道："如此说来，难道无善无恶才是对的？"

王阳明答道："无善无恶是理之静，有善有恶是气之动。不动于气，就是无善无恶了，也就是至善。"

薛侃又问："佛教也有无善无恶的说法，和您所讲的有什么区别？"

王阳明说，佛教执着于无善无恶上，对其他事全都不管，所以不可以治理天下。儒家圣人无善无恶，依着天理行事，便可以治理天下。

王阳明在离开绍兴去广西之前，对书院今后的讲课放心不下，特作《客座私祝》，以表警示：

> 但愿温恭直谅之友来此讲学论道，示以孝友谦和之行。德业相劝，过失相规，以教训我子弟，使毋陷于非僻。不愿狂懆惰慢之徒来此博弈饮酒，长傲饰非，导以骄奢淫荡之事，诱以贪财黩货之谋，冥顽无耻，扇惑鼓动，以益我子弟之不肖。呜呼！由前之说，是谓良士，由后之说，是谓凶人。我子弟苟远良士而近凶人，是谓逆子，戒之戒之！嘉靖丁亥八月，将有两广之行，书此以戒我子弟，并以告夫士友之辱临于斯者，请一览教之。

王阳明说，希望能有和气、谦恭、正直、诚信的高尚品德的朋友，来这里讲学论道，把孝顺、友爱和谦和的美德传播开来，并付诸实践。大家以道德和学业互相勉励，以过失和改正互相规劝，以训导我的子弟们，让他们万不可生邪恶之心。

不希望有轻狂懒惰之人，来此博弈喝酒。这种人只会传播傲慢和是非，散播骄奢淫逸的事，诱导人对钱财名利产生兴趣。他们都是些冥顽不灵的无耻之徒，煽动蛊惑弟子，让他们陷入不肖之境而无觉察。

"客座"是招待客人的房间；"私祝"即"私嘱"。王阳明写完这篇文字后，就将其挂于绍兴阳明书院的客座中，以视对来客及弟子有所嘱托，所以称为"客座私祝"。

王阳明的这篇文字主要是嘱托外来讲学的学者，应以正道教训而不是劣行诱惑浙中子弟，并严正告诫浙中子弟千万不可成为"远良士而近凶人"的"逆子"。

"天泉证道"的第二天，他踏上新的行程，一路上，王阳明回想学术路上的历程，《长生》一诗最有意思：

长生徒有慕，苦乏大药资。
名山遍探历，悠悠冀生丝。
微躯一系念，去道日远而。
中岁忽有觉，九还乃在兹。
非炉亦非鼎，何坎复何离；
本无终始究，宁有死生期？
彼哉游方士，诡辞反增疑；
纷然诸老翁，自传困多歧。
乾坤由我在，安用他求为？
千圣皆过影，良知乃吾师。

后人传诵最末两句"千圣皆过影，良知乃吾师"，但只有从起首处一路读下来，才会感受到最末两句的力量。

去广西前，王阳明作《别诸生》一诗，表达了自己的心愿：

绵绵圣学已千年，两字良知是口传。
欲识浑沦无斧凿，须从规矩出方圆。
不离日用常行内，直造先天未画前。
握手临歧更何语？殷勤莫愧别离筵！

这首七律诗，是对"良知"学说的高度概括。"绵绵圣学已千年，两字良知是口传。""良知"学说是孔孟传下来的，"不离日用常行内，直造先天未画前。""良知"也不是象牙塔，总是在日常生活之中。

一书抵万骑

　　王阳明这次受命处理思恩和田州的事务。这两个地方都是广西的土司，属于同一个族，知府都姓岑。洪武二年（1369），朝廷设立田州府，并任命岑伯颜为知府，官位世袭。传了三代后到岑溥，他有岑猇和岑猛两个儿子。内部矛盾爆发，发生了自相残杀。弘治十八年（1505），朝廷想发兵戡乱，控制田州。鉴于土司制度带来的矛盾，朝廷决定撤销思恩世袭的土司建置，改为"流官"制，也就是所谓的"改土归流"。同时田州也被思恩兼管，岑猛则被安排到福建平海卫千户任职。朝廷的这个做法是为了减轻自身的麻烦，但是岑猛对此却有所不满。世袭土司的制度取消了不说，自己的职位还降低了，于是他想尽办法恢复田州知府的职位，甚至还曾贿赂刘瑾，但是都没有成功。土司头目岑猛没有放弃，他竭尽全力经营着田州的事宜，势力自然变得强大起来。到了正德年间，由于岑猛协助剿灭江西寇匪立了功，朝廷升岑猛为"田州府指挥同知"但是仍旧没有恢复他田州知府的旧职。

　　嘉靖二年（1523），岑猛为了恢复旧有的田州版图，对泗城发起了攻打。这次起兵被朝廷认为是谋反，于是派兵讨伐岑猛。岑猛逃到了亲家归顺州岑璋家中，为了讨好朝廷，岑璋毒死了岑猛，还将他的首级献给了朝廷。至此，田州的土司建置被彻底撤销，改为"流官知府"。

　　嘉靖六年（1527）五月，思恩土目王受和田州土目卢苏打着岑猛的旗号召集了上万名乡兵起兵准备要恢复两地的土司建置。都御史姚镆也对此进行了大规模的征剿，但是却失败了。

　　嘉靖六年九月初八（1527年10月2日），王阳明踏上了前往广西的征途。

　　王阳明这次出征是从杭州经富春江，西向江西。王阳明一行在途经严子陵钓台时，作《复过钓台》一诗：

> 忆昔过钓台，驱驰正军旅。
> 十年今始来，复以兵戈起。
> 空山烟雾深，往迹如梦里。
> 微雨林径滑，肺病双足胝。

仰瞻台上云，俯濯台下水。

人生何碌碌？高尚当如此。

疮痍念同胞，至人匪为己。

过门不遑入，忧劳岂得已。

滔滔良自伤，果哉末难矣！

此诗后有跋："右正德己卯献俘行在，过钓台而弗及登。今兹复来，又以兵革之役，兼肺病足疮，徒顾瞻怅望而已。书此付桐庐尹沈元材刻置亭壁，聊以纪经行岁月云耳。嘉靖丁亥九月二十日书，时从行进士钱德洪、王汝中、建德尹杨思臣及元材，凡四人。"诗里展现了王阳明晚年忧国忧民的心态。

当王阳明一行途经江西昔日与朱宸濠的叛军大战的黄土脑时，王阳明驻足凝思，即兴一首《重登黄土脑》诗：

一上高原感慨重，千山落木正无穷。

前途且与停西日，此地曾经拜北风。

剑气晚横秋色净，兵声寒带暮江雄。

水南多少流亡屋，尚诉征求杼轴空。

王阳明抒发的是战争给百姓带来的苦难，没有说自己因此也受到的不公。

王阳明的船向南昌进发，此时有个叫徐樾的弟子上船看望王阳明。这个弟子在白鹿洞打坐，有禅定意，认为自己已经有功夫了。

王阳明说："你不必说你的功夫如何，请举例子。"

徐樾就兴奋地举起例子来，他举一个，王阳明否定一个，举了十几个，已无例可举，相当沮丧。

王阳明指点他道："你太执着于事物。"

徐樾不解。

王阳明就指着船里的蜡烛的光说："这是光。"在空中画了个圈说，"这也是光。"又指向船外被烛光照耀的湖面说，"这也是光"，再指向目力所及处，"这还是光。"

徐樾先是茫然，但很快就兴奋起来，说："老师我懂了。"

王阳明说："不要执着，光不仅在烛上。"

王阳明点化弟子，坐禅是没用的，关键是要发现自己的良知，并努力致良知。

十月，王阳明一行到达南昌。消息传开后，受当地父老乡亲的热烈欢迎，许多人还烧香点灯恭候，填途塞巷，致不能行。父老乡亲顶着王阳明坐的轿从头顶上经过，进入都司官衙。王阳明开始接见父老乡亲，从东门进从西门出，有的依依不舍，第二次又进去了，从早晨直到下午。有感于此，王阳明作《南浦道中》一诗，以示谢意：

> 南浦重来梦里行，当年锋镝尚心惊。
> 旌旗不动山河影，鼓角犹传草木声。
> 已喜闾阎多复业，独怜饥馑未宽征。
> 迂疏何有甘棠惠，惭愧香灯父老迎！

南浦，在南昌市西南，旧有南浦亭。王勃有"画栋朝飞南浦云，朱帘暮卷西山雨"，指的就是此地。此地也是当年平宸濠之乱时，攻打南昌的战场。"南浦重来梦里行，当年锋镝尚心惊。"受到父老乡亲顶香迎接，王阳明激动万分，以讲"良知"表示谢意。

到达梧州时，对于整个事情的来龙去脉王阳明已经理出清晰的头绪。他认为这次的作乱用武力来征剿只会更加地激化矛盾，岑猛既然已经被杀，相当于带头的人没有了，那么只需要好好地安抚背后里闹事的百姓就可以，而不是用武力解决。王阳明认为如果以武力进行压迫，可能会使双方的矛盾越积越深，这样冤冤相报何时才能结束？

王阳明在这年十二月上书朝廷建议以抚代剿，王阳明的奏疏上报到朝廷后，奏疏得以通过。

有了朝廷的批准，王阳明就解散了之前为了征剿而从各地调来的数万军队，只保留了从湖广、保靖这两个土司调来的乡兵。不久之后，王阳明又将行营搬到南宁，与思恩、田州只有一步之遥。于是王阳明开始寻找机会。

这个时候，王阳明获知反抗首领哈吉的母亲卧病在床，就赶紧派跟随自己的医生去给哈吉的母亲看病。不出几日，在医生的治疗下，哈吉的母亲能够下床走路了。但是出于双方是敌对关系，哈吉并没有过多地表示感谢。之后，哈吉从医生的口中听说了王阳明的为人，而且得知用来医治母亲病的药都是王阳明自己本人所必需的。王阳明在哈吉心中的好印象大为加深。

随后，王阳明写了一封信给哈吉，实事求是而又诚恳谦虚地劝哈吉要从大局出发，和睦相处为妙。哈吉早已被王阳明高尚的人格所折服，这封信正好说到了他的心坎里。就这样，王阳明未用一兵一卒，只是晓之以理，动之以情，便顺利解决了叛乱问题。

嘉靖七年（1528）的正月，卢苏、王受派手下头目向王阳明表示愿意受抚。因为起兵闹事毕竟是违规的事情，而且扰乱了地方上的安宁，所以王阳明要卢苏和王受担起责任，主动认罪。这天，两人进城后，王阳明命人捆绑了卢苏和王受，对他们施以杖刑，随后释放。

王阳明让卢苏、王受解散他们的军队，且各自回到自己的居住地，继续从事正常的生产。二月初二，王阳明上书《奏报田州、思恩平复疏》，将整个招抚的经过进行了详细的阐述。这个历时三年之久，且调动四省之兵的叛乱，却被王阳明轻而易举且未动用一兵一卒就解决了，奏疏一到朝廷，就震动了整个朝野。

王阳明的《南宁二首》形象地反映了当时南宁百姓的状况和平乱后的新面貌：

一

一驻南宁五月余，始因送远过僧庐。

浮屠绝壁经残爇，井灶沿村见废墟。

抚恤尚惭凋弊后，游观正及省耕初。

近闻襁负归瑶僮，莫陌夷方不可居。

二

劳矣田人莫远迎，疮痍未定犬犹惊。

爇余破屋须先缉，雨后荒畬莫废耕。

归喜逃亡来负襁，贫怜缞绔缀旗旌。

圣朝恩泽宽如海，甑鲋盆鱼纵尔生。

第一首描述了南宁在动乱中经过洗劫后的惨状："浮屠绝壁经残爇，井灶沿村见废墟。"第二首写王阳明阻止百姓的迎送，号召他们发展生产，重建家园。

王阳明还写诗赞扬了宣慰彭明辅祖孙三代，为平乱做出的贡献：

　　　　宣慰彭明辅，忠勤晚益敦。

　　　　归师当五月，冒暑净蛮氛。

　　　　九霄虽已老，报国意犹勤。

　　　　五月冲炎暑，回军立战勋。

　　　　爱尔彭宗舜，少年多战功。

　　　　从亲心已孝，报国意尤忠。

　　经朝廷批准，田州府设流官知府，另外也设土官，由岑猛的儿子领事。另外还设有土官巡检司，由卢苏、王受等人任职。土官和流官相互制约，田州府改名为田宁府。

　　成功解决了思恩、田州的事情之后，王阳明再次向朝廷复命，准备回到老家，继续他的讲学生涯。但是时任总督两广军务、两广巡抚的王阳明发现，当时的广西有几股不安分的力量在影响着朝廷的稳定。

终战断藤峡

　　广西的断藤峡和八寨等地的匪患开始发酵，贼匪经常袭击周边地区。

　　断藤峡位于今天广西桂平市境内，是属于黔江下游的一条峡谷。在明朝时期，居住在断藤峡周边的多为壮族、瑶族等少数民族。八寨是指瑶族的村寨，大多数位于今天广西壮族自治区永福县境内，在断藤峡以北。

　　断藤峡和八寨地区地形复杂，崇山峻岭，对外的交通十分不便，从唐宋以来，断藤峡和八寨与田州、思恩一样实行土司土官制度。

　　王阳明处理完田州、思恩的事情后，便投身到平定断藤峡、八寨等瑶民的闹事中来，此次围剿八寨等地的主力军队就是卢苏和王受投降时的军队。

　　王阳明对断藤峡是一次不折不扣的奇袭。当时的王阳明人还在南宁遣散湖广的士兵，实际上这群被遣散的士兵是在向桂平进军，先是对磨刀、六寺、牛肠三个大寨进行攻击；接着又攻击了花相和仙台两个大寨。顺利结束了断藤峡之战。

有了断藤峡之战的教训，八寨各处充分做好了防范的准备。但卢苏和王受的军队，都是趁夜行动，悄悄地前进，等部队集结完备，利用清晨，各路军队开始全面突袭八寨，山寨纷纷被拿下。六月中旬，八寨战役基本结束。

令朝廷头痛了多年的断藤峡及八寨的闹事，王阳明仅用了一个多月的时间就平灭了，这出乎所有人的意料。王阳明的《八寨断藤峡捷音疏》是如此总结这奇迹般的一战：

> 自思、田多事，两地之贼相连煽动，将有不可明言之变，千里之间，方尔汹汹朝夕。今幸朝廷威德宣扬，军门方略密授，因湖广之回兵而利导其顺便之势，作思、田之新附而善用其报效之机，翕若雷霆，疾如风雨，事举而远近不知有兵兴之役，敌破而士卒莫测其举动之端。两地进兵，各不满八千之众，而三月报绩。共已逾三千之功，盖其劳费未及大征十之一，而其斩获加于大征三之二，远近室家相庆，道路欢腾，皆以为数十年来未见其斯举也。
>
> ……
>
> 乃今于三月之内，止因湖广便道之归师，及用思、田报效之新附，两地进兵，不满八千，而斩获三千有奇，巢穴扫荡，一洗万民之冤，以除百年之患。此岂臣等知谋才略之所能及，皆是皇上除患救民之诚心，默赞于天地鬼神，而神武不杀之威，任人不疑之断，震慑远迩，感动上下；且庙廊诸臣咸能推诚举任，公同协赞，惟国是谋，与人为善。故臣等得以展布四体，无复顾虑，信其力之所能为，竭其心之所可尽，动无不宜，举无弗振，诸将用命，军士效力，以克致此。虽未足为可称之功，而朝廷之上所以能使臣等获成是功者，实可以为后世行事之法矣。不然，则兵耗财竭，凋弊困苦之余，仅仅自守，尚恐未克，而况敢望此意外之事哉？

这场胜利在战术上的原因，一言以蔽之，即"事举而远近不知有兵兴之役，敌破而士卒莫测其举动之端"，这是王阳明用兵的一贯原则。

从当时的诗作里，我们看得出王阳明对这场战功很有几分掩饰不住的自得。《破断藤峡》将平定思恩之乱比作大舜舞干戚平定三苗：

　　才看干羽格苗夷，忽见风雷起战旗。

　　六月徂征非得已，一方流毒已多时。

　　迁宾玉石分须早，聊庆云霓怨莫迟。

　　嗟尔有司惩既往，好将恩信抚遗黎。

　　诗里没有宣扬自己的战功，而是突出强调有必要处理好与少数民族的关系，要尊重少数民族的利益，关心民众的生活，不能光靠采取军事围剿的办法。"嗟尔有司惩既往，好将恩信抚遗黎。"《平八寨》：

　　见说韩公破此蛮，貔貅十万骑连山。

　　而今止用三千卒，遂尔收功一月间。

　　岂是人谋能妙算？偶逢天助及师还。

　　穷搜极讨非长计，须有恩威化梗顽。

　　这首诗的前面四句是写这次战役是个奇迹，当然原因是"偶逢天助"，"穷搜极讨非长计，须有恩威化梗顽"。落脚点还是要恩威并举，靠致良知，而不是靠天助。

　　确实，这次战功不同于以往。以往总有人议论赣州诸贼不过尔尔，宁王只是一介庸主，总之，全是不值一提的角色，言下之意，王阳明的名声也只是"时无英雄，使竖子成名"罢了。这样的讥讽伴随了王阳明许多年，但是，谁敢小觑"瑶贼"呢？

　　捷报上报到朝廷的时候，朝野上下个个都惊叹不已。

　　九月，朝廷对王阳明进行嘉奖。但是，除了表面上的奖励，和为招抚一事做出承诺之外，却再没有下文，王阳明关于招抚的很多建议也没有得到真正的实施。

　　经过了这次战争，王阳明本来就很虚弱的身体更加虚弱了，再加上来到广西，水土不服，气候不适，身体更是一天不如一天。王阳明预感到生命不久，需赶紧向朝廷复命。

攻敌先攻心

王阳明在《绥柔流贼》一文中说："盖用兵之法，伐谋为先，处夷之道，攻心为上。"

王阳明的这一思想，与三国时期蜀国的著名政治家诸葛亮《南征教》所说的"攻心为上，攻城为下；心战为上，兵战为下"相类似。

征战最主要的目的，并不是要消灭敌人的肉体，而是要使敌人心服口服。"攻心为上"，是历代兵家克敌的有力武器。《孙子兵法》中有言"上兵伐谋，其次伐交，其次伐兵，其下攻城"，虽然没有"攻心"之说，却包含了攻心策略。

王阳明的许多谋略是通过文件的形式实现的，在每次作战之前，王阳明都会通过发布榜谕，对百姓犯错的原因进行入情入理的分析，并阐述宽大政策以及自己不立即进兵的原因，殷切期望误入歧途者幡然悔悟。在《王阳明全集》所辑录的一百五十篇文章中，属于榜谕性质的就有二十一篇。很多起义的百姓看到他的榜谕，都自动缴械投降，这就是战争的最高境界。这其实就是群众性的心理战。

还有一种谋略就是劝降书。王阳明在剿灭浰头贼匪的时候，先对浰头诸贼赏赐以牛、酒、银、布等饮食财物，再亲自写一封信去劝降。在信中，王阳明动之以情，晓之以理，指出身为盗贼的耻辱，陈述各种利害关系，最后表明了自己坚决征剿到底的决心，让他们认清形势。"吾南调两广之狼达，西调湖湘之土兵，亲率大军，围尔巢穴，一年不尽，至于两年；两年不尽，至于三年。尔之财力有限，吾之兵粮无穷，纵尔等皆为有翼之虎，谅亦不能逃于天地之外矣。呜呼！民吾同胞，尔等皆吾赤子，吾终不能抚恤尔等，而至于杀尔，痛哉！痛哉！兴言至此，不觉泪下。"

劝降和武力结合是十分厉害的手段，尤其对组织性不强的山匪。当王阳明派人到巢穴里，先把犒劳物品分给大家，再当众宣读这封情真意切的抚谕信时，没想到的是，戏剧性的场面出现了。当听到最后一句"兴言至此，不觉泪下"时，不少感情丰富的山贼甚至情不自禁，当场相拥痛哭起来。后来，盗贼首领黄金巢、卢珂等，一经抚谕，即率众来投，愿效死已报。

王阳明面对的山匪，与一般的敌国军队不一样，用瓦解的办法比重兵围剿要好。军事上讲究"攻城为下，攻心为上"，说的就是心理博弈在竞争中的重要性。一个真正的强者是不会将威严流于表面的，他震慑的是人的内心，给人一种深不可测的"距离感"，使人无法真正了解他的内心世界，认为听从他也许是最好的选择，让人不得不跟随。正是这种不声张、不傲气、捉摸不透、神秘的感觉，彰显了强者的人格魅力，让人心甘情愿地敬畏、崇拜。

内心沉稳、不怒自威才是真正的内心气势。面对激烈的竞争，我们不要急于与对手搏斗，而要注重气势的培养。急于求成不但不利于竞争，反而会让我们一败涂地。韬光养晦、引而不发，培养自己内心深沉、淡泊名利的品质，当我们的修行到了一定境界的时候，内心的威慑力就会自然而然地流露出来，不需要激烈的竞争，我们的对手便会甘拜下风，失去了反抗抵触的心理。当我们掌握了王阳明所说的"攻心"之术，就能减少人际纠纷的烦恼，也能够专心探求自己的良知了。

此心不动，随机而行

钱德洪在《年谱》里说："德洪昔在师门，或问：'用兵有术否？'夫子曰：'用兵何术，但学问纯笃，养得此心不动，乃术尔。凡人智能想去不甚远，胜负之决不待卜诸临阵，只在此心动与不动之间。'"

王阳明此话的意思是：用兵的最好方法就是养成一颗不随外境而动的心，战场上决定胜负的关键只在此心动与不动之间。也就是指挥员能否具备优秀的心理素质。

王阳明弟子王畿在《读先师再报海日翁吉安起兵书序》文中说：

伏读吾师吉安起兵再报海日翁手书，至情溢发，大义激昂。虽仓卒遇变，而虑患周悉，料敌从容，条画措注，终始不爽，逆数将来，历历若道，其已然者，所谓良工苦心，非天下之至神，何以与此？而世之忌者，犹若未免于纷纷之议，亦独何哉？

夫宸濠逆谋已成，内外协应，虐焰之炽，熏灼上下，人皆谓其大事已定，无复敢撄其锋者。师之回舟吉安，倡义起兵也，人皆以为愚，或疑其诈。

时邹谦之在军中，见人情汹汹，入请于师。

师正色曰："此义无所逃于天地之间，使天下尽从宁王，我一人决亦如此做，人人有个良知，岂无一人相应而起者？若夫成败利钝，非所计也。"

宸濠始事，张乐高会，调探往来，且畏师之捣其虚，浃旬始出。人徒见其出城之迟，不知多方设疑用间，有以贰而挠之也。

宸濠出攻安庆，师既破省城，以三策筹之：上策直趋北都，中策取南都，下策回兵返救。

或问计将安出？

师曰："必出下策，驽马恋栈豆，知不能舍也。"

及宸濠回兵，议者皆谓归师勿遏，须坚守以待援。

师曰："不然，宸濠气焰虽盛，徒恃焚劫之惨，未逢大敌，所以鼓动煽惑其下，亦全恃封爵之赏。今未出旬日辄返，众心沮丧，譬之卵鸟破巢，其气已堕。坚守待援，适以自困。若先出锐卒，乘其情归而击之，一挫其锋，众将不战自溃矣。"已而果然。

人徒知其成擒之易，不知谋定而动，先有以夺其心也。

王阳明认为，如果一个将领有不错的指挥才能，也有谋略，但胆识不够，在十分凶险、瞬息万变的战场环境中，他也是无法洞悉转瞬即逝的战机的，当然也就无法表现出他的谋略水平了。

按照王阳明的说法，兵法运用之道，则为"此心不动，随机而行"，心若能处于清静、坦然的状态中，便能根据具体情况随机而变，而且妙算迭出，克敌制胜；其用兵法则，则是"奇正相生，动静相形"，虚虚实实，变化无穷。所以有人说，智慧和方法固然重要，但比智慧和方法更重要的是意志和胆识。

避实击虚

王阳明说："苏老泉云：'有形势，便有虚实。'盖能为校计索情者，乃能知虚实；能知虚实者，乃能避实击虚，因敌取胜。"

"避实击虚"是孙膑兵法中的一个重要思想，其经典战例有历史上著名的"围魏救赵之战"。而王阳明运用这个思想的战例就是平宁王时的"突袭南昌之战"。此战一举而胜，并促使宁王回师救南昌，从而解了安庆之围。

兵贵"拙速"

王阳明说:"兵贵'拙速',要非临战而能速胜也,须知有个先招在,'校之以计而索其情'是也。"

"拙速"就是行动特别迅速,出其不意,打敌人一个措手不及。这不是临阵速胜,而是如孙子所说的通过对双方各种条件的比较分析,来探索战争胜负的情势。也就是先要做好收集情报及分析、判断、谋划的工作,这样才能知己知彼,百战不殆。

善于造势与顺势

王阳明说:"不变不化,即不名奇,'奇正相生,如环无端'者,兵之势也。任势即不战而气已吞,故曰以'正合''奇胜'"。

这里说的是用兵之势,掌握驾驭情势去排兵布阵,还没有开战就已经在气势上震慑了对手,达到先声夺人的效果。王阳明在突袭南昌之战中就是运用了"造势"之术,他发现南昌边上有一千多人的伏兵,便用雷霆之势突袭伏兵,并故意放走一部分,让其逃回城中,利用逃回的伏兵传递信息,形成大军压境的气势,最后正面强攻,一举攻克了南昌。

应时而变,兵贵在"活"

王阳明说:"儒者患不知兵。仲尼有文章,必有武备。区区章句之儒,平日叨窃富贵,以词章粉饰太平,临事遇变,束手无策。此通儒之所羞也。"用兵,要懂得活络。王阳明应时而变,"兵贵在活"的思想契合了孙子"涂有所不由,军有所不击,城有所不攻,地有所不争,君命有所不受"的军事思想。当形势有所改变,不能按照原计划行事时,就必须采取灵活的战略战术。我又没说,遇到事情突变的时候,束手无策者应该感到羞耻。不论是战场还是官场,生活中处处都会有浅礁暗流,成功者就是那些懂得顺应时势事态而变化、及时调整自己步伐的人。

见微知著，"隐祸" 藏于 "显利" 之中

王阳明说 "防隐祸于显利之中，绝深奸于意料之外"。当然也可以让敌人的 "隐祸" 也藏于 "显利" 之中，王阳明在江西剿匪时经常用到这一谋略，先用利诱，让贼匪迷惑，然后一击取胜。

抓住时机，一击制胜

王阳明说："虽千魔万怪眩瞀变幻于前，自当触之而碎，迎之而解，如太阳一出，而魑魅魍魉自无所逃其形矣，尚何疑虑之有，而何异同之足惑乎？" 战机，这个词在古代的解释主要为天时、地利、人和及乘敌之隙。在战争中，谁抢占战机，谁就获得了战争的主动权。战机主要是由作战双方所形成的，通常都是稍纵即逝的。把握战机是组织智慧作战的重要环节，对歼灭敌人、夺取胜利具有十分重要的意义。所以，一些伟大人物，都具有非凡的洞察力和把握运用战机的能力，善于利用战机来扭转乾坤。

心灯不灭

嘉靖七年（1528）十月，王阳明的病情出现了恶化，咳嗽越来越严重之外，吃饭都成了问题，每天只能勉强喝点粥。其实早在九月初八，朝廷派冯恩前来嘉奖王阳明时，他就已经卧病在床了。

冯恩是嘉靖五年的新进士。他十分仰慕王阳明，笃信心学，在宣完朝廷的旨意后，冯恩便拜王阳明为老师，成为了王门子弟，也是王阳明的关门弟子。

十月，王阳明从广西横州返回南宁时，船队经过一片沙滩，王阳明问这是什么地方。船夫说这里是 "乌蛮滩"，又叫伏波庙前滩，因为岸上有伏波将军庙。王阳明一听赶紧命船夫靠岸，拖着沉重的病躯，拜谒伏波将军庙。四十多年前，年仅十几岁的王阳明独自考察居庸关返回京城时，曾经做过一个梦，梦中的自己

就是拜谒伏波将军马援的庙，在梦中他还题过一首诗，诗中的每一个字现在都还历历在目："卷家归来马伏波，早年兵法鬓毛幡……"

王阳明作《谒伏波庙二首》：

一

四十年前梦里诗，此行天定岂人为！

徂征敢倚风云阵，所过须同时雨师。

尚喜远人知向望，却惭无术救疮痍。

从来胜算归廊庙，耻说兵戈定四夷。

二

楼船金鼓宿乌蛮，鱼丽群舟夜上滩。

月绕旌旗千嶂静，风传铃柝九溪寒。

荒夷未必先声服，神武由来不杀难。

想见虞廷新气象，两阶干羽五云端。

王阳明在诗中提出了治国之策，即怎样对待少数民族，他认为光靠镇压是不能解决问题的，要靠"良知"治国。

起征思恩、田州的时候，亲子正聪还只有两岁，王阳明舟过严滩，写给正宪一封家书，让我们看到这位宗师的另一种样子，一个操碎了心的大家长的样子，亦看出齐家之难或许不在治国、平天下之下，《寄正宪男手墨二卷》：

即日舟已过严滩，足疮尚未愈，然亦渐轻减矣。家中事凡百与魏廷豹相计议而行。读书敦行，是所至嘱。内外之防，须严门禁。一应宾客来往，及诸童仆出入，悉依所留告示，不得少有更改。四官尤要戒饮博，专心理家事。保一谨实可托，不得听人哄诱，有所改动。我至前途，更有书报也。

舟过临江，五鼓与叔谦遇于途次，灯下草此报汝知之。沿途皆平安，咳嗽尚未已，然亦不大作。广中事颇急，只得连夜速进，南、赣亦不能久留矣。汝在家中，凡宜从戒谕而行。读书执礼，日进高明，乃吾之望。魏廷豹此时想在家，家众悉宜遵廷豹教训，汝宜躬率身先之。书至，汝即可报祖母诸叔。况我沿途平安，凡百想能体悉我意，铃束下人谨守礼法，皆不俟吾喋喋也。廷豹、德洪、汝中及诸同志亲友，皆可致此意。

近两得汝书，知家中大小平安。且汝自言能守吾训戒，不敢违越，果如所言，吾无忧矣。凡百家事及大小童仆，皆须听魏廷豹断决而行。近闻守度颇不遵信，致牴牾延豹，未论其间是非曲直，只是牴牾廷豹，便已大不是矣。继闻其游荡奢纵如故，想亦终难化导。试问他毕竟如何乃可，宜自思之。守悌叔书来，云汝欲出应试。但汝本领未备，恐成虚愿。汝近来学业所进吾不知，汝自量度而行，吾不阻汝，亦不强汝也。德洪、汝中及诸直谅高明，凡肯勉汝以德义，规汝以过失者，汝宜时时亲就。汝若能如鱼之于水，不能须臾而离，则不及人不为忧矣。吾平生讲学，只是 "致良知" 三字。仁，人心也；良知之诚爱恻怛处，便是仁，无诚爱恻怛之心，亦无良知可致矣。汝于此处，宜加猛省。家中凡事不暇一一细及，汝果能敬守训戒，吾亦不必一一细及也。余姚诸叔父昆弟皆以吾言告之。前月曾遣舍人任锐寄书，历此时当已发回。若未发回，可将江西巡抚时奏报批行稿簿一册，共计十四本，封固付本舍带来。我今已至平南县，此去田州渐近。田州之事，我承姚公之后，或者可以因人成事。但他处事务似此者尚多，恐一置身其间，一时未易解脱耳。汝在家凡百务宜守我戒谕，学做好人。德洪、汝中辈须时时亲近，请教求益。聪儿已托魏廷豹时常一看。廷豹忠信君子，当能不负所托，但家众或有骜惊不肯遵奉其约束者，汝须相与痛加惩治。我归来日，断不轻恕。汝可早晚常以此意戒饬之。廿二弟近来砥砺如何？守度近来修省如何？保一近来管事如何？保三近来改过如何？王祥等早晚照管如何？王祯不远出否？此等事，我方有国事在身，安能分念及此？琐琐家务，汝等自宜体我之意，谨守礼法，不致累我怀抱乃可耳。

在两广事毕，即将踏上归程的时候，王阳明还写过一封家信，语气相当严：

去岁十二月廿六日始抵南宁，因见各夷皆有向化之诚，乃尽散甲兵，示以生路。至正月廿六日，各夷果皆投戈释甲，自缚归降，凡七万余众。地方幸已平定，是皆朝廷好生之德感格上下，神武不杀之威潜孚默运，以能致此。在我一家则亦祖宗德泽阴庇，得天杀戮之惨，以免覆败之患。俟处置略定，便当上疏乞归。相见之期渐可卜矣。家中自老奶奶以下想皆平安。今闻此信，益可以免劳挂念。我有地方重寄，岂能复顾家事！弟辈与正宪，只照依我所留戒谕之言，时时与德洪、汝中辈切磋道义，吾复何虑。余姚诸弟侄，书到咸报知之。

八月廿七日南宁起程，九月初七日已抵广城，病势今亦渐平复，但咳嗽终未能脱体耳。养病本北上已二月余，不久当得报。即逾岭东下，则抵家渐可计日矣。书至即可上白祖母知之。近闻汝从汝诸叔诸兄皆在杭城就试。科第之事，吾岂敢必于汝，得汝立志向上，则亦有足喜也。汝叔汝兄今年利钝如何？想旬月后此间可以得报，其时吾亦可以发舟矣。因山阴林掌教归便，冗冗中写此与汝知之。

我至广城已逾半月，因咳嗽兼水泻，未免再将息旬月，候养病疏命下，即发舟归矣。家事亦不暇言，只要戒饬家人，大小俱要谦谨小心，余姚八弟等事近日不知如何耳？在京有进本者，议论甚传播，徒取快谗贼之口，此何等时节，而可如此！兄弟子侄中不肯略体息，正所谓操戈入室，助仇为寇者也，可恨可痛！兼因谢姨夫回，便草草报平安。书至，即可奉白老奶奶及汝叔辈知之。钱德洪、王汝中及书院诸同志皆可上覆，德洪、汝中亦须上紧进京，不宜太迟滞。

近因地方事已平靖，遂动思归之怀，念及家事，乃有许多不满人意处。守度奢淫如旧，非但不当重托，兼亦自取败坏，戒之戒之！尚期速改可也。宝一勤劳，亦有可取。只是见小欲速，想福分浅薄之故，但能改创亦可。宝三长恶不悛，断已难留，须急急遣回余姚，别求生理；有容留者，即是同恶相济之人，宜并逐之。来贵奸惰略无改悔，终须逐出。来隆、来价不知近来干办何如？须痛自改省，但看同辈中有能真心替我管事者，我亦何尝不知。添福、添定、王三等辈，只是终日营营，不知为谁经理，试自思之！添保尚不改过，归来仍须痛治。只有书童一人实心为家，不顾毁誉利害，真可爱念。使我家有十个书童，我事皆有托矣。来琐亦老实可托，只是太执拗，又听妇言，不长进。王祥、王祯务要替我尽心管事，但有阙失，皆汝二人之罪。俱要拱听魏先生教戒，不听者责之。

　　王阳明的伯府像一个社区，也是一个超级大宅，就像红楼梦的贾宅差不多，王阳明兄弟姐妹的家族、王阳明几个叔叔的家族、王阳明的叔叔的儿子们的家族、委员们几个夫人和几个妾的娘家人以及娘家人的家族、王阳明几个得意弟子、门生，等等。上百口人，还有卫士、用人，等等。这个家极其难管。当然王阳明的担心首先是继子王正宪的教育问题。王阳明少年时狂傲不羁，开始的时候王正宪也是这样，后来在钱德洪的教育下，逐渐有了好转。其次是王家的管理问题。王阳明托弟子魏廷豹管家务，虽然魏廷豹水平很高，但毕竟是外人，得依靠王正宪的支持配合。第三是对家中那些游手好闲的"坏蛋"的管理，看来对他们致良知没用，还得用严厉手段惩处。看来治理这个超级大家庭比打仗还难啊！

　　到达南宁后，王阳明立刻上书朝廷，陈述了自己的身体状况，希望皇帝允许他回家养病，并且安排人来接替他的职位。

　　王阳明的奏疏被奸臣扣押，病情却越来越严重，王阳明不能再等下去了，他安排好手中的一切公务之后，便离开了南宁，返回家乡，他准备边走边等待这迟来的批复。

　　东返的途中王阳明还抱病去了一趟广州增城祭祀自己的先祖王纲。来到增城，王阳明不仅祭拜了祖先，还顺便去了趟挚友湛若水的家中。

　　王阳明和湛若水相识于弘治十八年（1505），两人一见如故，虽然二十多年过去了，两人在学术观点上产生了分歧，但是友谊仍旧还在，而且是终生难忘的。只可惜，王阳明前来拜访湛若水的时候，他正好不在家，王阳明随即告辞，留下了生平最后的两首诗。先作《书泉翁壁》：

> 我祖死国事，肇裡在增城。
>
> 荒祠幸新复，适来奉初蒸。
>
> 亦有兄弟好，念言思一寻。
>
> 苍苍兼葭色，宛隔环瀛深。
>
> 入门散图史，想见抱膝吟。
>
> 贤郎敬父执，童仆意相亲。
>
> 病躯不遑宿，留诗慰殷勤。
>
> 落落千百载，人生几知音？
>
> 道通著形迹，期无负初心。

诗的前四句既歌颂了先祖为国捐躯的事迹，又赞扬了当地政府对王纲庙的修复。接下来是回忆与老朋友真挚的友情，最后与"知音"共勉共倡圣学。提示以后，王阳明觉得意犹未尽，又赋诗一首《题甘泉居》：

> 我闻甘泉居，近连菊坡麓。
> 十年劳梦思，今来快心目。
> 徘徊欲移家，山南尚堪屋。
> 渴饮甘泉泉，饥餐菊坡菊。
> 行看罗浮云，此心聊复足。

王阳明对道友抒发了绵绵的思念之情，以"菊坡菊"赞美湛若水，以"罗浮云"表达自己的无穷寄托。看来王阳明病入膏肓，把圣学倡明的希望寄托在湛若水的身上了。

在广州逗留了数日之后，王阳明的身体已经是极度虚弱，他的病情再次加重。但是朝廷的批复以及那位要来接替他官职的新任两广巡抚依旧没有踪影。

病情再也拖不起的王阳明只好继续东行，十一月中，王阳明在时任广东布政使的学生王大用的护送下翻越大庾岭，进入到江西省境内，随后又顺水而下，于十一月二十五日到达南安，随后前往南安府。在这里，王阳明的学生周积早已备好船在等待。这个时候的王阳明已经进入了病危的状态。

从南宁出发，王阳明归乡的心就非常急迫，也是因为心中的这股信念，他才一直支撑着，翻山涉水，终于到了江西的南安。对于这片土地，王阳明再熟悉不过了，他曾经在这里战斗，在这里体悟圣人的智慧，在这里感受山水。江西对于王阳明而言，可以算是第二故乡，所以当他到了这里的时候，心中总算有了一种踏实的感觉，有了一种回归故土的感觉。

早在王阳明离开广州之时，他的学生们看到他逐渐严重的病情，就已经做好老师要离去的准备，并且还准备好了制作棺材的木头。

十一月二十五日，王阳明一行坐轿翻过梅岭到了南安。到南安再坐船，登船时南安推官门人周积来看望，王阳明坐起来，咳喘不止。周积看着瘦骨嶙峋、咳嗽不断的王阳明，心中十分难受。王阳明徐徐地问周积近来如何，周积如实地汇报了自己的工作之后，又关切地问老师的身体状况。王阳明知道自己的气数已尽，说："病势危亟，所未死者，元气耳。"周积退出后，医生给王阳明看了病，配了药。二十八日晚，船靠岸停泊。王阳明问"何地？"侍者答："青龙铺。"第二天，即嘉靖七年十一月二十九日（1528年1月9日），王阳明的精神比起昨天要好些，于是召集自己的学生周积等来到床前，学生们的心情异样沉重。王阳明睁开了紧闭的双眼，微微动了动嘴角。周积俯下身子轻声问老师是否有什么话要说，王阳明看着弟子，微微笑了笑，说："此心光明，亦复何言？"说完，王阳明的双目紧闭，离开了人世。留下床前学生匍匐哀号。

王阳明一直等着朝廷的批复，一有批复就可以名正言顺地快速回绍兴故乡，他也是凭着回家的信念才坚持着自己生命的油灯，当他听说已经到达赣州大余县青龙铺的时候，他的心就放下了，因为赣州是他战斗过的地方，也是他的第二故乡，到了这里也就是回家了。没有朝廷的批复，回不了绍兴，回到赣州，他且带着一颗坦荡无私且宽大的心回到了赣州。

听到消息，赣州兵备门人张思聪追到南安，迎入南埜驿，就在中堂给王阳明沐浴袭敛，行礼。王思聪亲自督促工匠做好棺材，到十二月三日王思聪与官属师生举行入棺礼，第二天，棺舆登船，开始向赣州、南昌进发，沿途官员、门生、百姓夹道苦送。

嘉靖八年（1529）正月，丧发南昌。《年谱》记载：

> 是月连日逆风，舟不能行。赵渊祝于枢曰："公岂为南昌士民留耶？越中子弟门人来候久矣。"忽变西风，六日直至弋阳。先是德洪与畿西渡钱塘，将入京殿试，闻先生归，遂迎至严滩，闻讣，正月三日成丧于广信，讣告同门。是日，正宪至。初六日，会于弋阳。初十日，过玉山，弟守俭、守文，门人棻惠、黄洪、李珙、范引年、柴凤至。

二月庚午，棺舆到越城。《年谱》记载：

> 四日，子弟门人奠枢中堂，遂饰丧纪，妇人哭门内，孝子正宪携弟正亿与亲族子弟哭门外，门人哭幕外，朝夕设奠如仪。每日门人来吊者百余人，有自初丧至卒葬不归者。书院及诸寺院聚会如师存。

一直到十一月十一日王阳明落葬绍兴兰亭洪溪。

魂栖兰亭

王阳明去世的消息传到了京城，桂萼抓住之前奏疏的漏洞，弹劾王阳明。

桂萼说他"擅离职守、蔑视朝廷"。为此还怂恿皇帝召开专门的会议处置王阳明以及他的学说。桂萼污蔑王阳明的学说背离朱熹等圣人的学说。

明世宗嘉靖皇帝做出决定，保留了王阳明"新建伯"的爵位，不予追削，但也不准子孙世袭，却钦定阳明心学为伪学，从此严令禁止。

针对处罚王阳明的诏书，南京都察院王阳明弟子王绾上书替他辩护。王绾说："臣所以深知守任者，盖以其功与学耳。然功高而见忌，学古而人不识，此守任之所以不容于世也。"王绾认为，王阳明有四大功绩：平定宸濠之乱、讨伐南赣叛乱、平定思田之乱、讨伐八寨乱贼。王阳明在学术上有三大成就，即致良知、亲民和知行合一。

与此同时，老百姓不管朝廷说什么，他们以各种形式表达对王阳明的怀念。凡是王阳明曾所居之处，如南安、赣州、吉安、南昌等地群众百姓顶香祭拜，到处哭声震天，听闻死讯的王阳明的学生们也都从各地赶往江西。嘉靖八年二月四日，王阳明的灵柩抵达绍兴。

十一月十一日，王阳明棺木运到兰亭，此时还有一个神奇的传说。《年谱》记载：

> 是月十一日发引，门人会葬者千人，麻衣衰屦，抚柩而哭。四方来观者莫不交涕。洪溪去越城三十里，入兰亭五里，先生所亲择也。先是前溪入怀，与左溪会冲，啮右麓，术者心嫌，欲弃之。有山翁梦神人绯袍玉带立于溪上，曰："吾欲还溪故道。"明日雷雨大作，溪泛，忽从南岸，名堂周阔数百尺，遂定穴。门人李琪等筑治更番，昼夜不息者月余，而墓成。

从王阳明死于南安到回归古越，已近一年，在亲朋好友的注视下，最终入土为安。

嘉靖四十五年（1566）十二月，嘉靖皇帝去世了，第二年，他的儿子继位，即隆庆皇帝。至此，王阳明生前所受的各种毁誉才终于得以昭雪。在这期间，王阳明的学生不间断地为老师申冤平反。其中王阳明的学生黄绾更是上书朝廷，不仅陈述王阳明生前的事功，还阐述了他的学说：

> 是守仁之学，弗诡于圣，弗畔于道，乃孔门之正传也，可以终废其学乎？然以（桂）萼之非守仁，遂致陛下失此良弼，使守仁不获致君尧、舜，谁之过与？臣不敢以此为（桂）萼是也。况赏罚者，御世之权。以守仁之功德，劳于王事，乃常典不及，削罚有加，废褒忠之典，倡党锢之禁，非所以辅明主也。守仁客死，妻子屏弱，家童载骨，藁埋空山，鬼神有知，当为恻然。

由于黄绾曾在大礼议之争中有功，皇帝并没有同他计较，奏疏也就不了了之。

为了传播王阳明的学说，他的弟子薛侃、刘侯等人，于嘉靖九年五月在杭州城南十里的天真山建了一座书院，特意宣传心学。王门子弟也经常不顾及朝廷的禁止，聚集在一块相互激励、探讨心学。而学生们撰写的《阳明年谱》《阳明文录》，以及《朱子晚年定论》《山东甲子乡试录》等文稿也一再印行。特别是后来王艮发展出了一个泰州学派，更是发扬了心学。

隆庆皇帝即位后，便开始对嘉靖朝早前积累的弊病进行革除。隆庆元年（1567）五月，王阳明的学生们联名上书，为他平反。最后，皇帝下了一篇文告，对王阳明的事功、学说一一进行了肯定。追赠王阳明为新建侯，定谥"文成"，而王正亿，即征聪，以王阳明嗣子的身份获得了新建伯的世袭资格，其子孙继续以伯爵位世袭。

到万历十二年（1584），王阳明的牌位被搬进了孔庙，称为"先儒王子"，成为明代又一位大儒。

王阳明年谱

1472年（成化八年）九月三十日，王阳明出生于浙江省绍兴府余姚县龙泉山附近瑞云楼。

1476年（成化十二年）王阳明五岁，在余姚，仍未开口说话。改名"守仁"后即能说话，且能背诵爷爷竹轩翁所读之书。

1479年（成化十五年）王阳明八岁，在余姚作《象棋诗》。

1481年（成化十七年）王阳明十岁，父亲王华中状元。随父由余姚迁居山阴。

1482年（成化十八年）王阳明十一岁，王华迎养父亲王伦，因携王阳明入京师。途经金山寺，王阳明赋诗《蔽月山房》。尝问塾师曰："何为第一等事？"塾师曰："惟读书登第耳！"王阳明疑曰："登第恐未为第一等事，或读书学圣贤耳。"

1484年（成化二十年）王阳明十三岁，在京师，其母太夫人郑氏卒。居丧哭泣甚哀。

1486年（成化二十二年）王阳明十五岁，在京师。出游居庸三关，凭吊古战场，缅怀先辈于谦，慨然有经略四方之志。经月始返，夜梦拜谒伏波将军马援庙。

1487年（成化二十三年）王阳明十六岁，在京师。感慨时事，屡次欲上书皇帝，被父亲王华止之。

1488年（弘治元年）王阳明十七岁，在越。七月，亲迎夫人诸氏于洪都（今南昌）。诸氏，浙江余姚人，父诸养和时任江西布政使参议。新婚日，王阳明偶入铁柱宫，与道士相对而坐忘归。新婚期间，潜心书法，书艺大进。

1489年（弘治二年）王阳明十八岁，寓江西。十二月，迎夫人诸氏归余姚。是年始慕圣学。偕夫人归，舟至广信，谒大儒娄谅，信"圣人必可学而至"。

1490年（弘治三年）王阳明十九岁，祖父王伦卒。父亲王华以外艰（丧父）归姚，为王伦守墓，并叫从弟冕、阶、宫及妹婿牧相给王阳明讲习经义。

1491年（弘治四年）王阳明二十岁，娄谅（1422年—1491年）卒。准备浙江乡试。

1492年（弘治五年）王阳明二十一岁，中举浙江乡试。为宋儒格物之学。始侍父亲王华于京师，遍求考亭遗书读之。并在自家庭院内"格竹"。在京师国子监读书，与王轩、张宁、胡世宁等同学往来密切。

1493年（弘治六年）王阳明二十二岁，是年会试落第，首辅李东阳戏曰：待汝做来科状元，试作《来科状元赋》，王阳明拈笔而就。有忌者曰：此子若取第，目中无我辈矣。归余姚，结诗社龙泉山寺。父亲王华服阕，由翰林院修撰升迁为右春坊右谕德。王阳明来往于绍兴余姚之间，准备会试。

1494年（弘治七年）王阳明二十三岁，准备会试。

1495年（弘治八年）王阳明二十四岁，王家搬迁至山阴王衙弄，余姚老宅租给钱氏。

1496年（弘治九年）王阳明二十五岁，在京师。参加春闱，竟为忌者所抑，会试再不第。

1497年（弘治十年）王阳明二十六岁，寓京师。是年，始学兵法。凡兵家秘书，莫不精究。每遇宾宴，尝聚果核列阵为戏。

1498年（弘治十一年）王阳明二十七岁，寓京师。是年，谈养生。立下探究理学之志，苦读朱熹《四书集注》，循序致精，居敬持志。偶闻道士谈养生，遂有遗世入山之意。

1499年（弘治十二年）王阳明二十八岁，在京师。第三次参加会试，赐二甲进士出身第七人观政工部。秋，钦差督造威宁伯王越墓。

1500年（弘治十三年）王阳明二十九岁，在京师。观政期满，实授刑部云南清吏司主事。上书《陈言边务疏》。

1501年（弘治十四年）王阳明三十岁，在京师。任刑部主事，奉命到直隶、淮安审决积案重囚，平反多件冤案。游九华山，出入佛寺道观，作《九华山赋》。

1502年（弘治十五年）王阳明三十一岁，在京师。因肺病，疏请归乡养病。

父亲王华升翰林院学士。告病归越，筑室会稽山阳明洞天，静坐行导引术，自号"古越阳明子"，人称"阳明先生"。是年，渐悟释、道二氏之不足。

1503年（弘治十六年）王阳明三十二岁，是年，到杭州西湖养病，复思用世。父亲王华升詹事府少詹事兼翰林院学士，迁吏部右侍郎。

1504年（弘治十七年）王阳明三十三岁，在京师。秋季，主考山东乡试，撰写《山东乡试录序》。拜谒孔庙，登泰山。九月改兵部武选清吏司主事。

1505年（弘治十八年）王阳明三十四岁，在京师。开门授徒。与湛若水（号甘泉，广州府增城人）定交，共倡圣学。

1506年（正德元年）王阳明三十五岁，在京师，徐爱拜师，未收。刘瑾擅权，王阳明上奏折为南京言官戴铣辩冤，廷杖四十，下诏狱，贬谪贵州修文龙场驿驿丞。父亲王华明升暗降调任南京吏部尚书。家庭变故致王阳明夫人流产，后终身未再孕。

1507年（正德二年）王阳明三十六岁，是年夏，沿运河南下，赴谪至钱塘江，刘瑾派刺客随侦，王阳明托言投江而脱之，过武夷山，回越城。正式收徐爱为首席大弟子。父亲王华致仕归山阴。

1508年（正德三年）王阳明三十七岁，是年春，至贵州修文县龙场，途中收多名弟子，其中包括冀元亨。大悟"圣人之道，吾性自足，向之求理于事物者误也""知行合一"之道，史称"龙场悟道"。作《瘗旅文》和《象祠记》收录于《古文观止》。

1509年（正德四年）王阳明三十八岁，在贵阳。受提学副使席书聘请主讲文明书院，始揭"知行合一"之旨。十二月，被任命为江西吉安府庐陵知县，从而结束贬谪三年的生涯。

1510年（正德五年）王阳明三十九岁，三月，至吉安府庐陵。八月，宦官刘瑾被处死。九月，王阳明离庐陵，赴京"朝觐"。十一月，到京，馆于大兴隆寺。十二月，升南京刑部四川清吏司主事。

1511年（正德六年）王阳明四十岁，在京师。正月，尚未赴南京任职，又调任吏部验封清吏司主事。二月，为会试同考官。十月，升任文选清吏司员外郎。职事之暇与湛若水、黄绾讲学聚会。

1512年（正德七年）王阳明四十一岁，在京师。三月，升考功清吏司郎中。十二月，升南京太仆寺少卿，便道归省。

　　1513年（正德八年）王阳明四十二岁，在越。十月至滁州，督马政。地僻官闲，日与门人游琅琊山水间。新旧学生大集滁州，教人静坐入道。

　　1514年（正德九年）王阳明四十三岁，四月，升南京鸿胪寺卿。五月，至南京。在南京教人"存天理、去私欲"。

　　1515年（正德十年）王阳明四十四岁，在京师。是年，当两京考察。正月，上《自劾乞休疏》，不报。八月，拟《谏迎佛疏》，未上。立养子正宪为嗣子，时年八岁。

　　1516年（正德十一年）王阳明四十五岁，在南京。九月，经兵部尚书王琼特荐，升都察院左佥都御使、巡抚南、赣、汀、漳等处。十月，归省至越。

　　1517年（正德十二年）王阳明四十六岁，正月，至赣，二月平漳，奏设平和县。十月平横水、桶冈等地，奏设崇义县。行十家牌法。

　　1518年（正德十三年）王阳明四十七岁，在赣州。正月，征三浰，三月疏乞致仕，不允。袭平大帽、浰头诸寇。六月，升都察院右副都御使，荫子锦衣卫，世袭百户。辞免，不允。七月，刻古本《大学》《朱子晚年定论》。八月，门人薛侃刻《传习录》。九月，修濂溪书院，四方学者云集于此。徐爱卒，王阳明为之恸哭。

　　1519年（正德十四年）王阳明四十八岁，在江西。正月，王阳明由正四品都察院佥都御史升为正三品右副都御史。六月，奉命勘处福建叛军，至丰城，闻宁王朱宸濠反，遂返吉安，起义兵，平宁王之乱。八月，武宗南下，王阳明与前来抢功悦君的宦官张忠、许泰等周旋。祖母岑氏去世，乞便道省葬，不允。

　　1520年（正德十五年）王阳明四十九岁，在江西。王艮投门下，艮后创泰州学派。作《再上捷音疏》，在南京举行盛大的"受俘"仪式后，武宗离开南京，返回北京。

　　1521年（正德十六年）王阳明五十岁，在江西。始揭"致良知"之教。三月，正德崩。世宗嘉靖上台。五月，集门人于白鹿洞。六月升南京兵部尚书，参赞机务。八月，归越。九月，归余姚省祖茔。十一月，为父王华祝寿，封"新建伯"。

　　1522年（嘉靖元年）王阳明五十一岁，在越。正月，疏辞封爵，二月，父王华去世，享年七十岁，丁忧。首辅杨廷和旨意倡议禁遏王学。

　　1523年（嘉靖二年）王阳明五十二岁，在越。来从学者日众。南京刑部主事桂萼在"大礼议"之争中得宠。

　　1524年（嘉靖三年）王阳明五十三岁，在越。四月，服阕。八月，宴门人于天泉桥，盛况空前。应门人绍兴知府南大吉邀请为稽山书院剪彩并撰写《尊经阁记》。十月，南大吉续刻《传习录》，增五卷。

　　1525年（嘉靖四年）王阳明五十四岁，在越。夫人诸氏卒。礼部尚书席书力荐王阳明入阁，未果。九月，归余姚省祖茔。会门人于龙泉山中天阁，决定每月在中天阁讲课。十月，建阳明书院于越城。

　　1526年（嘉靖五年）王阳明五十五岁，在越。系统讲授心学理论。十一月庚申，继室张氏生子正聪，七年后黄绾为保护孤幼收为婿，改名正亿。

　　1527年（嘉靖六年）王阳明五十六岁，在越。五月，命兼都察院左都御史，征思、田。九月，出征广西思恩、田州。出发前夜，天泉桥上证道，与钱德洪、王畿立善恶四句教法，谓"天泉证道"。十二月，抵达广西梧州、南宁，开府议事。朝廷命兼任两广巡抚。

　　1528年（嘉靖七年）王阳明五十七岁，在梧。二月，平定思、田之乱。七月袭八寨、断藤峡。九月，冯恩奉钦赐至广州，赏思、田之功。十月，病重，乞骸骨，被桂萼压住。期间，拜谒伏波庙。十一月，启程返家，二十九日辰时许，病逝于江西南安府大庾县青龙铺码头舟上，年五十七岁，门人周积等人陪伴，留下"此心光明，亦复何言"的临终遗言。

　　1529年（嘉靖八年），正月，丧发南昌，十一月，归葬绍兴兰亭。